D0889554

ZOHAR

Learn more about
the Zohar

© 2000, 2021
Kabbalah Centre International, Inc.
All Rights Reserved

Published by:
Kabbalah Centre International, Inc.
1100 S. Robertson Blvd. Los Angeles, CA 90035

Director Rav Berg
Los Angeles : Tel Aviv : New York

www.kabbalah.com

ISBN: 978-1-57189-903-3

Printed in China

December 2021

PREFACE BY MICHAEL BERG

When I started working on the book *Secrets of the Zohar* many years ago, I had a dream that my father, Rav Berg, was talking to me about the Zohar. As time has passed, I have become fuzzy about the details of the dream, but never about the message; my father said, "I have been saying it for years, but nobody has heard, 'It's all about the Zohar.'"

The "it" he referred to in my dream is the great work to bring about the perfected world where there will be peace and fulfillment for all. The kabbalists teach this will be achieved when a critical mass of Light is revealed in our world through the positive actions of humanity.

However, what he said in the dream was no different than what he had said a thousand times before. The most important instrument we have to bring about this global transformation is the Zohar. It is my hope to do whatever I can to make the Zohar available to all, and it is my honor to share this book as another step in the process of bringing all of us closer to a world with no more pain, suffering, or even as the Zohar promises, death. I pray for myself and for all of us to remember: "It is all about the Zohar."

Before time, before space, before a single atom came into being, the Thought of Creation was already a reality in the mind of God. This thought was, and is, the vision of a perfect world—without pain, without suffering, without death—bringing unlimited abundance and fulfillment to every soul.

This perfect world is much more than a mere vision. It is a reality. It exists. It is a parallel universe right here, right now, concealed only until we achieve our purpose in this world.

Why is the perfect world concealed? Because nothing can be given to us unearned. We have come into this world in search of the Light—but the Light is already here, if only we can make ourselves ready to receive it.

That is our purpose. To help us achieve it, God has given us the supremely powerful instrument known as the Zohar.

As you begin your study and exploration of the Zohar, it is important to understand what the "Thought of Creation" really means. Before the creation of this physical world, a vision existed in the mind of God, a vision of a perfect world, free from all pain and suffering, with joy and fulfillment for everyone. But the Divine Thought of Creation is much more than a mere vision; because the Creator is not limited by time nor space, the perfected world already exists. That world, where all pain and suffering are removed, is a reality at this moment.

As the kabbalists teach, however, entrance to that world cannot simply be given to us. We must earn it and achieve it through our spiritual work and transformation. To make this possible, the Creator has given us a great gift—a portal into the perfect world. That portal is the Zohar, the most powerful tool for our transformation. As our hearts awaken to the Zohar, we literally step through a splendid gateway into the perfect world and bring it into our lives; the more we connect to the Zohar, the more our world merges with the Creator's vision. To advance this process, many translations of the Zohar and other kabbalistic writings have been completed over the centuries. As great as these accomplishments have been, however, they have not been accessible to everyone. This book takes the next step; it extends an invitation to the Zohar for anyone who wishes to enter.

The truth is, each of us already has a connection to the Supernal Reality. Our perfected self already exists in the Thought of Creation. As we study the Zohar, as our eyes pass over its Aramaic letters, and as we meditate on its teachings, we begin to reveal our perfect self in this world. Moreover, Kabbalah teaches that as greater numbers of people also begin this study, we will achieve the ultimate transformation of the physical world.

Physically, the Zohar is a book, or more often a set of books, but its physical form is actually a source of great misunderstanding. Its content provides commentary on the Bible in the form of conversations among spiritual masters. The greatest sages of Kabbalah teach that just as the Zohar's contents embody the Light of the Creator, so do the very words and letters themselves. The fact that the Zohar is given to us in the form of a book is part of a strategy to make it accessible to every person on Earth.

As our connection with the Zohar grows deeper, so does our connection to the Creator's Light. For those who approach the Zohar with sincerity and an open heart, it is the greatest gift that can be received or given. And as Rav Shimon bar Yochai explains in the Zohar's pages, only by bringing the Light of the Zohar to the world will the perfected world be achieved—a world set free from pain, suffering, and death.

READING THE ZOHAR: AWAKENING THE LIGHT

The experience of reading an ordinary book or article is exactly what it seems: we are just reading. But studying and reading the Zohar actually awakens the very energies we are reading about. When we study a passage concerning mercy, for example, that aspect of the Creator's Light is awakened within us and even in the world as a whole. We become more merciful, more forgiving, which in turn elicits the quality of mercy from others. When we connect with the Zohar's passages dealing with judgment, we gain the power to remove judgments placed upon us, while also erasing our own judgmental tendencies.

For most people, the Zohar, at first, can seem remote and even forbidding in its strangeness and complexity. However, it is my hope that this book can show you, simply and directly, that at the deepest level of your soul, there is a profound connection between the Zohar and who you are. The more you study the Zohar, the better you will grasp what this means. But right now, even if you do not completely understand it, I hope you will let yourself experience the connection with the Zohar that already exists within you. Open yourself to this power, and it will be there for you.

The Light of the Creator is like water in a bottomless well that is unlimited in the amount it can provide. Our consciousness is like a vessel of receiving that is also boundless. The larger this vessel becomes, the more water we can draw from the well, the higher our level of consciousness, and the more Light we receive. Our task is to open ourselves more and more to the Light by expanding the volume of our spiritual vessel.

Toward this end, studying and meditating upon the pages of the Zohar is vitally important. Since the kabbalists teach that simply having the Zohar brings connection with the Creator's Light, reading, meditating, or following the Aramaic letters with our eyes can be even more powerful. Once again, the reason for this lies in the fact that the Zohar is much more than just a book of wisdom; it is an energy source, a means of accessing the Divine Light that resides in the soul of every human being. Any connection with the Zohar brings Light. The deeper our connection, the greater the revelation of Light will be.

THE ZOHAR'S HISTORY

The Zohar has existed forever, although not in its present form as a book. The Zohar began as an oral tradition of secrets; Adam possessed the Zohar, as did the Patriarchs of the Bible. At Mount Sinai, Moses received the Torah and also the secrets of the Zohar in spoken form. These were passed from one generation to the next, but they were not written down until Rav Shimon bar Yochai was granted Divine permission to give the ancient secrets in written form.

The Zohar was originally composed in Aramaic, a language widely spoken in the ancient world, but now largely forgotten. It was first written down approximately two thousand years ago, although the exact date is uncertain. But more than being written, the Zohar was revealed. Although secular scholars have disagreed about the Zohar's authorship, kabbalists throughout history have agreed that the author must have been Rav Shimon bar Yochai.

During Rav Shimon's lifetime, the text of the Zohar was scribed by his student, Rav Abba. But in the centuries that followed, and as the Zohar itself had predicted, the Zohar was largely hidden from the world. The sages of Kabbalah realized that the revelation of the Zohar must await the day when humanity as a whole was ready to receive it. The Zohar re-emerged in the thirteenth century through the efforts of Rav Moses de Leon in Spain, yet it was not until 1540 that a prominent kabbalist of the era, Rav Abraham Azulai, declared that the time had come for the Zohar to be disseminated to all of humanity. "From now on," he wrote, "the basic levels of Kabbalah must be taught to everyone young and old. Only through Kabbalah will we forever eliminate war, destruction, and man's inhumanity to his fellow man." Rav Azulai invoked passages in the Zohar depicting a future in which even small children would come to know the teachings of Kabbalah.

The next great development in kabbalistic revelation came from Rav Isaac Luria, known as the Ari, who was born in Jerusalem in 1534. After moving from Jerusalem to Egypt as a young man, he adopted the existence of a hermit scholar, isolating himself with the Zohar in a cottage by the Nile River. According to Kabbalah, Elijah the Prophet and a whole host of angels joined him in his study, and there, the Ari, attained a supremely powerful connection to the Light of the Creator. At age thirty-six, the Ari went to the Holy Land, to the town of Safed, a spiritual community located in what is now Israel. There, he met a scholar, Rav Chaim Vital.

At that time, Rav Chaim Vital was struggling with a challenging section of the Zohar. He had spent weeks praying, meditating, and begging for the revelation of the wisdom, trying to decipher its code. At the time, the Ari was earning his living as a humble shopkeeper, and so after they met, Rav Chaim Vital asked himself how he could learn spiritual wisdom from a man who does nothing but work in a shop, and then he began to have a recurring dream, in which the Ari was effortlessly explaining the Zohar to him.

Compelled by the power of this dream, Rav Chaim Vital sought out Rav Isaac Luria, but again his doubt overcame him. As Rav Chaim Vital turned to leave, the Ari asked him if he was familiar with a certain section of the Zohar. Rav Chaim Vital turned in astonishment; it was precisely the passage with which he was struggling. Rav Isaac Luria did indeed reveal the wisdom of the text, and once the Light contained in that passage was revealed to Rav Chaim Vital, he knew the Ari was meant to be his teacher from that moment on. Like Rav Shimon bar Yochai, Rav Isaac Luria never wrote a word. His wisdom was passed orally to his students, who recorded his teachings.

CHRISTIAN KABBALISTS

Although some believe that the Zohar is a Jewish text meant only for select scholars, the Zohar has always been studied by all people. During the fifteenth century, for example, there was a significant movement of Christian Kabbalists across Europe. One of the first Christian scholars of Kabbalah was Giovanni Pico della Mirandola, an intellectual prodigy and renowned Italian humanist. Pico saw Kabbalah as an unbroken oral tradition extending back to Moses on Mount Sinai. He considered the Zohar a Divine revelation, the lost key to understanding ancient teachings that were capable of unraveling the inner secrets of Christianity.

Pico died at the age of thirty-one, and his efforts to disseminate Kabbalah to the Christian world were carried on by Johannes Reuchlin, a pioneer in the study of the Hebrew language. Like Pico, in his book *On the Art of the Kabbalah*, Reuchlin argued that Christian teachings could not be truly understood without an understanding of kabbalistic principles. A further development occurred in the seventeenth century, when Kabbalists Christian Knorr von Rosenroth and Francis von Helmont produced a Latin translation of the Zohar. This text, known as the *Kabbalah Denudata*, influenced many great scholars and scientists of the time, including Gottfried Leibniz in Germany and Sir Isaac Newton in England. Newton's copy of the Zohar in Latin can be seen today in the library of Cambridge University.

THE ZOHAR TODAY

Once it was opened, the door to the Zohar has never closed. Spiritual and intellectual giants throughout history have turned to the Zohar to unravel the mysteries of the universe, and Rav Isaac Luria predicted that a day would come when the Zohar would be available to "every man, woman, and child." This new era began with the work of Rav Yehuda Ashlag, who founded the organization, now known as The Kabbalah Centre, in 1922. Rav Ashlag is responsible for the first unabridged translation of the Zohar from the original Aramaic into Hebrew.

When Rav Ashlag passed, his student Rav Yehuda Brandwein took on the work of disseminating the wisdom of the Zohar, and after Rav Brandwein's passing in 1969, Rav and Karen Berg continued that endeavor. Their work led to a historic turning point in the process of making the Zohar accessible to all humanity: the first English translation of the entire Zohar, with Rav Ashlag's commentary, which was published by The Kabbalah Centre in 1995. I was blessed to be the editor of this work, which required ten years and the collective efforts of dozens of people. As a result, the Zohar is now available to the vast international community in both English and Spanish.

THE LETTERS AND LANGUAGE OF THE ZOHAR

The Zohar is written in the ancient language of Aramaic, a sister language to Hebrew, and employs Hebrew letters. While Hebrew was the language of the upper classes, Aramaic was the language of the common people. The Zohar's revelation in Aramaic is a message, therefore, that this tool of Light can and should be used by all people, regardless of their spiritual level. In our everyday lives, we are used to thinking of the letters of the alphabet in purely functional terms. The letters are units we put together to create words, just as bricks are the units we use to create a wall. We think of both the letters and the bricks in practical rather than spiritual terms; they are small, inert objects we use to create larger objects.

The letters of the Hebrew alphabet (used for both Aramaic and Hebrew) should be understood in an entirely different way. In addition to its functional importance as the component of a word, each Hebrew letter is also a channel of spiritual energy—and this is true whether or not we know what the letter sounds like or how it fits into a given word. The more we know about the combination and sequence of letters, the richer our connection through them becomes. As the kabbalists make clear, the Hebrew alphabet, the Hebrew language, and the Aramaic language are universal tools—the purpose of which is spiritual connection. They are intended for all humankind, just as the Zohar itself is a Divine gift to everyone, not just to one nation or religion. Focused concentration on the Hebrew letters is a powerful form of kabbalistic meditation. Just having our eyes look at the letters opens a channel to the Light. This is something anyone can and should do to make best use of the Creator's gift.

Blessings,
Michael

PINCHAS
CONNECTING TO HEALING

Kabbalists teach that contained within the portion of Pinchas is tremendously powerful healing energy. In this portion, Pinchas receives a blessing from the Creator: the eternal promise of *shalom* (peace: שָׁלוֹם). In the Torah, the letter Vav (ו) in the word *shalom* here is cracked down the middle (ו). Yet, the law of the scroll states that if there is one letter amongst the thousands that has even a hairline split, it invalidates the entire Torah. And this is the only instance in the entire Torah in which the Vav is intentionally split.

The Zohar reveals that the crack in the letter symbolizes the opportunity to heal that which is broken or damaged. The way to eliminate dis-ease is to transform our negativity or Desire to Receive for the Self Alone, into a Desire to Share. Such transformation is what removes the negativity that manifests dis-ease within our body, mind, or spirit, and brings healing. Therefore, keeping others in mind who need healing while meditating on this section can be extremely powerful.

This is the amazing gift of Pinchas. While connecting to it, we can ask for the assistance we need in transforming the root of our dis-ease—be it mental, emotional, or physical—and meditate on drawing the Light of healing, not only for ourselves, but the world.

The kabbalists teach that any disease or lack in the body is a representation of a lack in the soul. When the cells in the body are in harmony and are connected to the awesome force of the Light, no disease can enter the body. As Rav Berg taught, when we can awaken a collective consciousness of sharing and harmony we can achieve immortality because the Desire to Receive of the body is transformed into the Desire to Share.

When kabbalists pray for healing, they do not pray that a problem goes away because then another problem will appear somewhere else. That kind of prayer cannot draw down lasting healing. Rather, the kabbalists would send healing to the soul, which meant locating and shedding Light on the real inner issue. When we are aligned with the consciousness of the Light, healing is the natural result. When we read from the portion of Pinchas we draw down the Light of healing at the seed level, so we can align every cell in our body with the consciousness of the Light, which is sharing and harmony. We can also meditate on specific people who we know need healing.

MEDITATION

As you scan and read the words on the next page from right to left, envision the Light coming out of the letters and words. Meditate on areas in the body that need an extra boost of healing, and ask for the healing of the body and of the soul. Ask to have health and strength so that you may reveal more Light to others and the world. If there is someone you know who is in need of healing, you can think about them now.

וּבְחִבּוּרָא קַדְמָאָה, אֲמַר רַעְיָא מְהֵימְנָא,
mehemana raya amar kadma'ah uvechibura

בּוּצִינָא קַדִּישָׁא, כָּל מַה דְּאַמָרְת שַׁפִּיר, אֲבָל
aval shaper de'amart ma kol ,kadisha butzina

מוֹחָא אִיהוּ מַיִם, לֵב אִיהוּ אֵשׁ, וְתַרְוַויְהוּ אִיהוּ
ihu vetravayhu esh ihu lev ,mayim ihu mocha

רַחֲמֵי וְדִינָא, דָּא כִּסֵּא רַחֲמֵי, וְדָא כִּסֵּא
kiseh veda ,rachamei isseh da vedina rachamei

דִּינָא. וְקוּדְשָׁא בְּרִיךְ הוּא מֶלֶךְ, עוֹמֵד מִכִּסֵּא דִּין,
din mikiseh omed ,melech hu berich vekudsha dina

דְּאִיהוּ לֵב. וְיוֹשֵׁב עַל כִּסֵּא רַחֲמִים, דְּאִיהוּ מוֹחָא.
.mocha de'ihu rachamim kiseh al veyoshev lev de'ihu

MEDITATIONS FOR HEALING

The following meditations are visual meditations using the ancient Hebrew letters. As you scan the letters, envision in your mind's eye the Light of healing permeating from the letters, and entering your body and soul. These meditations can also be done to send healing to others, even if they are physically far away. When doing so, meditate on their name and their mother's name. If meditating on a man, we say *ben* (son of), when meditating on a woman we say *bat* (daughter of). Example: Abraham ben Sarah. Rachel bat Sarah.

TETRAGRAMMATON SEQUENCE

Take your right hand and gently hover it over the chest area of your body, as you meditate on the Name below, which brings healing to the torso and the internal organs. Envision a white bright healing light coming from the Endless Light (*Ohr Ein Sof*), to the Name below, and through your hands to your body. The four dots above the letter represent mercy from Above, and this Name helps to channel mercy to those in need of healing.

כהת	אכא	ללה	מהש	עלם	סיט	ילי	והו
הקם	הרי	מבה	יזל	ההע	לאו	אלד	הזי
חהו	מלה	ייי	נלך	פהל	לוו	כלי	לאו
ושר	לכב	אום	ריי	שאה	ירת	האא	נתה
ייז	רהע	חעם	אני	מנד	כוק	להח	יחו
מיה	עשל	ערי	סאל	ילה	וול	מיכ	ההה
פוי	מבה	נית	ננא	עמם	החש	דני	והו
מחי	ענו	יהה	ומב	מצר	הרח	ייל	נמם
מום	היי	יבמ	ראה	חבו	איע	מנק	דמב

This chart shows the 72 Names of God. Moses used these sequences and formulas to connect to the true laws of nature—miracles and wonders—and remove all the obstacles that prevent mankind from connecting to them. This is how the Red Sea was split (Exodus 14:19-21). The splitting of the Red Sea is an expression of connection to the 99 Percent Realm where miracles are the norm. Simply by scanning these configurations of letters, we connect to our true nature and power. We become more proactive and move closer to the true purpose of our soul.

MEM-HEI-SHIN

All blessings and healing come from the Endless Light (*Ohr Ein Sof*), and through various channels and branches the blessing comes down to us in this world. The first channel it goes through is the Tetragrammaton. Meditate to draw healing from the Endless Light, down to the Tetragrammaton (יהוה), from the Tetragrammaton to the Name Mem-Hei-Shin, all the way until it reaches you and/or the one you are meditating on. As you scan this Name, breathe in and out, and meditate to draw healing to your soul and body.

YUD-LAMED-YUD

יְהַב לֵיהּ יְדֵיהּ

ילי

"Rabbi Chiya bar Aba fell ill. Rabbi Yochanan entered to [visit] him, and said to him: 'Is your suffering dear to you?' [Rabbi Chiya] said to him: '[I welcome] neither [this suffering] nor its reward.' [Rabbi Yochanan] said to him: 'Give me your hand.' He gave him his hand, and stood him up [and restored him to health.]" (Tractate Berachot 5b)

Rabbi Isaac Luria writes that a deep secret for healing is alluded in this seemingly simple story. In the statement "he gave him his hand," which in Aramaic is יְהַב לֵיהּ יְדֵיהּ *yehav lei yadei*, there is the acronym of Yud-Lamed-Yud (ילי), which is the second Name of the 72 Names of God. This Name has the power to recapture lost sparks and to heal the sick. Therefore, when visiting the sick, say *hav li yedach* (give me your hand). Then take the hand of the sick person, [and if possible] raise him/her up, and say *yehav lei yadei ve'okmeih* (he gave him his hand, and stood him up) and meditate on the letters Yud-Lamed-Yud.

DRAWING THE 50TH GATE

יוד הא ואו הא

The Name of Mem-Hei (45) plus the four letters of the original Name equals 49, the same numerical value as the word *choleh* (sick person). Meditate by scanning this Name to draw to the sick person the 50th Gate so that they can rise up from their sickness.

ELEVEN-LETTER NAME FOR HEALING

This is a short prayer that Moses composed to heal his sister Miriam (taken from Numbers 12:13). The kabbalists explain that with this prayer we meditate to heal not only us but also the collective lack of the world. As you repeat this prayer, meditate on healing yourself, those who you know need healing, and the world as a whole.

La **לה** Na **נָא** Refa **רפא** Na **נָא** El **אל**

PREFACIO POR MICHAEL BERG

Cuando comencé a trabajar en el libro Los secretos del Zóhar hace muchos años atrás, tuve un sueño en el que mi padre, Rav Berg, me estaba hablando acerca del Zóhar. Con el paso del tiempo se me fueron olvidando detalles del sueño, pero nunca el mensaje; mi padre dijo: "Lo he dicho por años, pero nadie escucha. 'Todo consiste en el Zóhar'".

El "todo" al que se refería en mi sueño es la gran labor de alcanzar el mundo perfeccionado en el que haya paz y plenitud para todos. Los kabbalistas enseñan que esto se puede lograr cuando una masa crítica de Luz se revele en nuestro mundo mediante las acciones positivas de la humanidad.

No obstante, lo que él dijo en el sueño no era distinto a lo que había dicho mil veces antes. El instrumento más importante que tenemos para producir esta transformación global es el Zóhar. Mi esperanza es hacer todo lo que pueda para lograr que el Zóhar esté disponible para todos, y para mí es un honor compartir este libro como otro peldaño en el proceso de acercarnos a todos hacia un mundo donde no haya más dolor, sufrimiento o —incluso tal y como promete el Zóhar— muerte. Oro para que yo mismo y todos nosotros recordemos: "Todo consiste en el Zóhar".

Antes del tiempo, antes del espacio, antes de que siquiera un átomo existiera, el Pensamiento de la Creación ya era una realidad en la mente de Dios. Este pensamiento era, y es, la visión de un mundo perfecto —sin dolor, sin sufrimiento, sin muerte— que brinde abundancia y plenitud ilimitadas a cada alma.

Este mundo perfecto es más que una simple visión. Es una realidad. Existe. Es un universo paralelo presente aquí y ahora, oculto solo hasta que alcancemos nuestro propósito en este mundo.

¿Por qué el mundo perfecto está oculto? Porque no podemos obtener nada que no nos hayamos ganado. Hemos venido a este mundo en búsqueda de la

Luz, pero la Luz ya está aquí si tan solo pudiésemos
prepararnos para recibirla.

Ese es nuestro propósito. Para ayudarnos a alcanzarlo,
Dios nos ha dado el instrumento supremamente
poderoso conocido como el Zóhar.

Al momento de comenzar tu estudio y exploración del Zóhar, es importante entender lo que realmente significa el "Pensamiento de la Creación". Antes de la creación de este mundo físico, existía una visión en la mente de Dios, una visión de un mundo perfecto, libre de todo dolor y sufrimiento, con dicha y plenitud para todos. Pero el Divino Pensamiento de la Creación es mucho más que una simple visión; debido a que el Creador no está limitado por el tiempo ni el espacio, el mundo perfecto ya existe. Ese mundo, donde todo dolor y sufrimiento es eliminado, es una realidad en este momento.

Sin embargo, tal y como enseñan los kabbalistas, la entrada a ese mundo no se nos puede simplemente dar. Debemos ganarla y alcanzarla mediante nuestro trabajo y transformación espiritual. Para hacer esto posible, el Creador nos ha dado un gran regalo: un portal hacia el mundo perfecto. Ese portal es el Zóhar, la herramienta más poderosa para nuestra transformación. A medida que nuestros corazones despiertan ante el Zóhar, literalmente entramos en un espléndido umbral hacia el mundo perfecto y lo traemos a nuestra vida; cuanto más nos conectemos con el Zóhar, más se fundirá nuestro mundo con la visión del Creador. Para poner en marcha este proceso, a lo largo de los siglos se han completado muchas traducciones del Zóhar y otros escritos kabbalísticos. No obstante, a pesar de lo importantes que han sido estos logros, no siempre han sido accesibles para todos. Este libro da el paso siguiente: ofrece una invitación al Zóhar para todo el que desee entrar.

La verdad es que cada uno de nosotros ya tiene una conexión con la Realidad Celestial. Nuestro ser perfeccionado ya existe en el Pensamiento de la Creación. A medida que estudiamos el Zóhar, mientras nuestros ojos recorren sus letras arameas y meditamos en sus enseñanzas, comenzamos a revelar nuestro ser perfecto en este mundo.

Asimismo, la Kabbalah enseña que a medida que un mayor número de personas comience este estudio, lograremos la máxima transformación del mundo físico.

Físicamente, el Zóhar es un libro o generalmente un compendio de libros, pero su forma física es, de hecho, una fuente de grandes malentendidos. Su contenido proporciona un comentario sobre la Biblia en forma de conversaciones entre maestros espirituales. Los más grandes sabios de la Kabbalah enseñan que al igual que el contenido del Zóhar encarna la Luz del Creador, también lo hacen sus mismísimas palabras y letras. El hecho de que recibamos el Zóhar en forma de libro es parte de la estrategia de hacerlo accesible a cada persona del planeta.

En la medida que nuestra conexión con el Zóhar se hace más profunda, también se profundiza nuestra conexión con la Luz del Creador. Para aquellos que se acercan al Zóhar con sinceridad y un corazón abierto, es el mejor regalo que se puede recibir o dar. Tal y como Rav Shimón bar Yojái explica en las páginas del Zóhar: solo al llevar la Luz del Zóhar al mundo se puede alcanzar el mundo perfeccionado, un mundo libre de dolor, sufrimiento y muerte.

LEER EL ZÓHAR:
DESPERTAR LA LUZ

L a experiencia de leer un libro o artículo ordinario es exactamente lo que parece: tan solo estamos leyendo. Pero estudiar y leer el Zóhar en realidad despierta las mismísimas energías sobre las que estamos leyendo. Cuando estudiamos un pasaje relacionado con la misericordia, por ejemplo, ese aspecto de la Luz del Creador despierta en nuestro interior e incluso en el mundo entero. Nos volvemos más misericordiosos, más clementes, lo cual a su vez suscita en los demás la cualidad de la misericordia. Cuando nos conectamos con los pasajes del Zóhar relacionados con el juicio, obtenemos el poder de eliminar las sentencias destinadas a nosotros, a la vez que eliminamos nuestras propias tendencias prejuiciosas.

Para la mayoría de las personas, a primera vista el Zóhar puede parecer remoto y hasta excluyente debido a su extrañeza y complejidad. Sin embargo, es mi esperanza que este libro pueda mostrarte, simple y directamente, que en el nivel más interno de tu alma hay una conexión profunda entre el Zóhar y la persona que verdaderamente eres. Cuanto más estudies, mejor comprenderás lo que esto significa. Pero ahora, incluso si no lo entiendes por completo, espero que te permitas experimentar la conexión con el Zóhar que ya existe en tu interior. Ábrete a este poder y este estará presente para ti.

La Luz del Creador es como un pozo infinito que puede proveer ilimitadamente. Nuestra conciencia es como una vasija receptora que también es ilimitada. Mientras más amplia se vuelve esta vasija, más agua podemos obtener del pozo, más elevado será el nivel de nuestra conciencia y más Luz recibiremos. Nuestra tarea es abrirnos cada vez más a la Luz al expandir el volumen de nuestra vasija espiritual.

Con este fin, estudiar y meditar sobre las páginas del Zóhar es de vital importancia. Dado que los kabbalistas enseñan que simplemente tener el Zóhar propicia una conexión con la Luz del Creador, leer, meditar o recorrer visualmente las letras arameas puede ser todavía más poderoso. Una vez más, la razón para esto está en el hecho de que el Zóhar es mucho más que un libro de sabiduría: es una fuente de energía, un medio para acceder a la Luz Divina que habita en el alma de cada ser humano. Cualquier conexión con el Zóhar trae Luz. Mientras más profunda sea nuestra conexión, más revelación de Luz habrá.

LA HISTORIA DEL ZÓHAR

El Zóhar siempre ha existido, aunque no en su forma actual como un libro. El Zóhar comenzó como una tradición de transmisión oral de secretos. Adán poseyó el Zóhar, al igual que lo hicieron los Patriarcas de la Biblia. En el Monte Sinaí, Moshé recibió la Torá (la sabiduría espiritual) y los secretos del Zóhar de manera verbal. Estos fueron pasados de una generación a la siguiente, pero no fueron escritos hasta que Rav Shimón bar Yojái recibió el permiso Divino para dar a los secretos antiguos una forma escrita.

El Zóhar fue escrito originalmente en arameo, un idioma ampliamente hablado en el mundo antiguo pero olvidado en gran medida en la actualidad. Fue escrito por primera vez hace dos mil años aproximadamente, aunque la fecha exacta es incierta. Pero más allá de ser escrito, el Zóhar fue revelado. A pesar de que los eruditos seculares están en desacuerdo con respecto a la autoría del Zóhar, los kabbalistas a lo largo de la historia han acordado que el autor debe haber sido Rav Shimón bar Yojái.

Durante la vida de Rav Shimón, el texto del Zóhar fue escrito por su estudiante Rav Aba. Pero en los siglos que siguieron, y como el mismo Zóhar predijo, el Zóhar permanecería oculto del mundo. Los sabios de la Kabbalah se dieron cuenta de que la revelación del Zóhar debía esperar el día en que toda la humanidad estuviera lista para recibirlo. El Zóhar emergió nuevamente en el siglo XIII mediante los esfuerzos de Rav Moshé de León en España; aunque no fue sino hasta 1540 que un prominente kabbalista de la era, Rav Avraham Azulái, declaró que había llegado el tiempo para que el Zóhar fuera difundido a toda la humanidad. Él escribió: "De ahora en adelante, los niveles básicos de la Kabbalah deben ser enseñados a jóvenes y adultos. Solo mediante la Kabbalah eliminaremos para siempre la guerra, la destrucción y la inhumanidad del hombre por su prójimo". Rav Azulái evocó pasajes en el Zóhar que representaban un futuro en el cual incluso los niños pequeños conocerían las enseñanzas de la Kabbalah.

El siguiente gran desarrollo en la revelación kabbalística vino de Rav Yitsjak Luria, conocido como el Arí, quien nació en Jerusalén en 1534. Después de mudarse de Jerusalén a Egipto cuando era joven, adoptó la forma de vida de un erudito ermitaño, y se aisló con el Zóhar en una cabaña cerca del río Nilo. De acuerdo con la Kabbalah, Eliyahu el Profeta y una hueste de ángeles lo acompañaron en su estudio, y allí el Arí obtuvo una conexión supremamente poderosa con la Luz del Creador. A la edad de treinta y seis, el Arí fue a la Tierra Santa, a la ciudad de Safed, una comunidad espiritual ubicada en lo que es actualmente Israel. Allí conocería a un erudito, Rav Jayim Vital.

En ese tiempo, Rav Jayim Vital tenía dificultades con una sección compleja del Zóhar. Había pasado semanas orando, meditando, rogando por la revelación de la sabiduría, intentando descifrar su código. En ese tiempo, el Arí se ganaba la vida como un humilde tendero. Luego de conocerse, Rav Jayim Vital se preguntó: "¿Cómo puedo aprender sabiduría espiritual de un hombre que no hace más que trabajar en una tienda?". Luego comenzó a tener un sueño recurrente en el que el Arí le explicaba el Zóhar fácilmente.

Motivado por el poder de este sueño, Rav Jayim Vital buscó a Rav Yitsjak Luria, pero de nuevo sus dudas lo vencieron. Cuando Rav Jayim Vital se dio la vuelta para irse, el Arí le preguntó si estaba familiarizado con cierta sección del Zóhar. Rav Jayim Vital se volvió en completo asombro; era precisamente el pasaje con el cual estaba teniendo dificultades. Rav Yitsjak Luria realmente reveló la sabiduría del texto, y una vez que la Luz contenida en ese pasaje le fue revelada, Rav Jayim Vital supo que el Arí sería su maestro a partir de ese momento. Al igual que Rav Shimón bar Yojái, Rav Yitsjak Luria nunca escribió una sola palabra. Su sabiduría fue transmitida oralmente a sus estudiantes, quienes registraron sus enseñanzas.

KABBALISTAS CRISTIANOS

Si bien algunos creen que el Zóhar es un texto judío destinado solamente a unos eruditos selectos, el Zóhar ha sido estudiado por toda clase de personas. Durante el siglo XV, por ejemplo, hubo un movimiento significativo de kabbalistas cristianos en Europa. Uno de los primeros eruditos cristianos de la Kabbalah fue Giovanni Pico della Mirandola, un prodigio intelectual y reconocido humanista italiano. Pico vio la Kabbalah como una tradición oral ininterrumpida que se remontaba hasta Moshé en el Monte Sinaí. Él consideraba el Zóhar como una revelación Divina, el eslabón perdido para entender las enseñanzas ancestrales que eran capaces de dilucidar los secretos internos del cristianismo.

Pico murió a sus treintaiún años, y sus esfuerzos de difundir la Kabbalah en el mundo cristiano fueron sucedidos por Johannes Reuchlin, un pionero en el estudio del hebreo. Al igual que Pico, en su libro *Sobre el arte de la Kabbalah*, Reuchlin alegaba que las enseñanzas cristianas no podían comprenderse verdaderamente sin un entendimiento de los principios kabbalísticos. Hubo más desarrollos en el siglo XVII, cuando los Kabbalistas Christian Knorr von Rosenroth y Francis von Helmont produjeron una traducción del Zóhar al latín. Este texto, conocido como la *Kabbalah Denudata*, influyó en muchos eruditos y científicos de la época, incluyendo a Gottfried Leibniz en Alemania e Isaac Newton en Inglaterra. El ejemplar del Zóhar de Newton, en latín, se encuentra actualmente en la biblioteca de la Universidad de Cambridge.

EL ZÓHAR HOY EN DÍA

Una vez abiertas, las puertas del Zóhar nunca se volvieron a cerrar. Los gigantes espirituales e intelectuales a lo largo de la historia han acudido al Zóhar para develar los misterios del universo, y Rav Yitsjak Luria predijo que llegaría el día en que el Zóhar estaría disponible para "cada hombre, mujer y niño". Esta nueva era comenzó con la labor de Rav Yehuda Áshlag, quien fundó la organización que ahora se conoce como el Centro de Kabbalah en 1922. Rav Áshlag es responsable de la primera traducción íntegra del Zóhar del arameo original al hebreo.

Cuando Rav Áshlag falleció, su estudiante Rav Yehuda Brandwein asumió el trabajo de difundir la sabiduría del Zóhar; y después del fallecimiento de Rav Brandwein en 1969, el Rav y Karen Berg continuaron ese propósito. Su labor condujo a un momento histórico crucial en el proceso de hacer el Zóhar accesible a toda la humanidad: la primera traducción al inglés de todo el Zóhar, con el comentario de Rav Áshlag, la cual fue publicada por el Centro de Kabbalah en 1995. Yo tuve la bendición de ser el editor de esta obra, que necesitó diez años y el esfuerzo colectivo de decenas de personas. Como resultado, el Zóhar ahora está disponible para la amplia comunidad internacional en inglés y español.

LAS LETRAS Y EL IDIOMA DEL ZÓHAR

El Zóhar está escrito en el antiguo idioma arameo, un idioma hermano del hebreo que emplea las letras hebreas. Si bien el hebreo era el idioma de las clases altas, el arameo era el idioma de la gente común. Por lo tanto, la revelación del Zóhar en arameo es un mensaje de que esta herramienta de Luz puede y debería ser utilizada por todas las personas, indiferentemente de su nivel espiritual. En nuestra vida diaria, estamos acostumbrados a pensar en las letras del alfabeto en términos puramente funcionales. Las letras son unidades que juntamos para crear palabras, así como los ladrillos son las unidades que utilizamos para crear una pared. Pensamos en las letras y en los ladrillos en términos prácticos en lugar de espirituales: son objetos pequeños e inertes que usamos para crear objetos más grandes.

Las letras del alfabeto hebreo (usadas tanto en arameo como en hebreo) deberían ser entendidas de una manera completamente diferente. Además de su importancia funcional como componentes de una palabra, cada letra hebrea es también un conducto de energía espiritual; y esto es verdad ya sea que sepamos o no cómo suenan las letras o cómo están organizadas en una palabra específica. Mientras más sepamos acerca de la combinación y secuencia de letras, más rica se vuelve nuestra conexión a través de ellas. Tal y como dejan claro los kabbalistas: el alfabeto hebreo, el idioma hebreo y el arameo son herramientas universales cuyo propósito es la conexión espiritual y están destinadas para toda la humanidad, al igual que el Zóhar mismo es un regalo Divino para todos, no solo para una nación o religión. La atención concentrada en las letras hebreas es una forma poderosa de meditación kabbalística. Tan solo fijar nuestra mirada en las letras abre un canal para la Luz. Esto es algo que cualquiera puede y debería hacer para sacar provecho del regalo del Creador.

Bendiciones,
Michael

PINJÁS
CONEXIÓN CON LA SANACIÓN

Los kabbalistas enseñan que dentro de la porción de Pinjás está contenida una energía sanadora enormemente poderosa. En esta porción, Pinjás recibe una bendición del Creador: la promesa eterna de *Shalom* (la paz; שָׁלוֹם). En la Torá, la letra Vav (ו) en la palabra *shalom* está dividida en la mitad (ו). Sin embargo, las leyes de escritura del pergamino dicen que si hay siquiera una de entre las miles de letras que tenga la más mínima división, se invalida toda la Torá. Y esta es la única ocasión en toda la Torá en que una letra Vav está segmentada intencionalmente.

El Zóhar revela que esta división en la letra Vav simboliza la oportunidad para sanar aquello que esté roto o dañado. La forma de eliminar el *mal-estar* es transformar nuestra negatividad, o Deseo de Recibir para Sí Mismo, en Deseo de Compartir. Esta transformación es lo que elimina la negatividad que se manifiesta como *mal-estar* en nuestro cuerpo, mente o espíritu, y trae sanación.

Por ende, tener en mente a otras personas que necesitan sanación mientras meditamos en esta sección puede ser extremadamente poderoso.

Este es el asombroso regalo de Pinjás. Al conectarnos con este, podemos pedir la ayuda que necesitamos para transformar la raíz de nuestro *mal-estar* —sea mental, emocional o físico— y meditar en atraer la Luz de la sanación, no solo para nosotros sino para el mundo.

Los kabbalistas enseñan que cualquier enfermedad o deficiencia en el cuerpo es una representación de una carencia en el alma. Cuando las células en el cuerpo están en armonía y están conectadas con la maravillosa fuerza de la Luz, ninguna enfermedad puede entrar en el cuerpo. Tal y como Rav Berg enseñaba: cuando podamos despertar una conciencia colectiva de generosidad y armonía, podremos alcanzar la inmortalidad porque el Deseo de Recibir del cuerpo es transformado en Deseo de Compartir.

Cuando los kabbalistas oran por sanación, no oran para que un problema desaparezca porque entonces otro problema aparecerá en algún otro lugar. Ese tipo de oración no puede atraer sanación duradera. Más bien los kabbalistas enviaban energía de sanación al alma, lo cual significaba localizar y arrojar Luz sobre el verdadero problema interno. Cuando estamos alineados con la conciencia de la Luz, la sanación es el resultado natural. Cuando leemos de la porción de Pinjás, atraemos la Luz de la sanación al nivel de la semilla, a fin de que podamos alinear cada célula en nuestro cuerpo con la conciencia de la Luz, que es compartir y armonía. También podemos meditar en personas específicas que sepamos que necesitan sanación.

MEDITACIÓN

Mientras recorres visualmente y recitas las palabras de la siguiente página, de derecha a izquierda, visualiza la Luz saliendo de las letras y palabras. Medita en las áreas del cuerpo que necesitan un impulso adicional de energía, y pide sanación para el cuerpo y para el alma. Pide tener salud y fuerza para que puedas revelar más Luz para los demás y el mundo. Si conoces a alguien que necesite sanación, puedes pensar en esa persona ahora.

וּבְחִבּוּרָא קַדְמָאָה, אֲמַר רַעְיָא מְהֵימְנָא,
mehemaná rayá amar kadmaá uvejiburá

בּוּצִינָא קַדִּישָׁא, כָּל מַה דַּאֲמַרְתְּ שַׁפִּיר, אֲבָל
aval shapir deamart ma col ,kadishá butsiná

מוֹחָא אִיהוּ מַיִם, לֵב אִיהוּ אֵשׁ, וְתַרְוַיְיהוּ אִיהוּ
ihú vetravayehu esh ihú lev ,máyim ihú mojá

רַחֲמֵי וְדִינָא, דָּא כִּסֵּא רַחֲמֵי, וְדָא כִּסֵּא
kisé vedá ,rajaméi kisé da vediná rajaméi

דִּינָא. וְקוּדְשָׁא בְּרִיךְ הוּא מֶלֶךְ, עוֹמֵד מִכִּסֵּא דִּין,
din mikisé omed ,mélej hu berij vekudshá diná

דְּאִיהוּ לֵב. וְיוֹשֵׁב עַל כִּסֵּא רַחֲמִים, דְּאִיהוּ מוֹחָא.
.mojá deihú rajamim kisé al veyoshev lev deihú

MEDITACIONES PARA SANACIÓN

Las siguientes meditaciones son meditaciones visuales con las letras hebreas antiguas. Al recorrer las letras, visualiza en tu mente la Luz de sanación proyectándose desde las letras y entrando en tu cuerpo y alma. Estas meditaciones también se pueden hacer para enviar sanación a otras personas, aun si se encuentran físicamente lejos. Al hacerlo, medita en su nombre y el nombre de su madre. Al meditar en un hombre, decimos *ben* (hijo de), al meditar en una mujer decimos *bat* (hija de). Por ejemplo: Avraham ben Sará. Rajel bat Sará.

SECUENCIA DEL TETRAGRÁMATON

Toma tu mano derecha y pósala suavemente sobre el área de tu pecho, y medita en el Nombre a continuación, el cual trae sanación al torso y los órganos internos. Visualiza una luz blanca brillante emanando de la Luz Infinita (*Or Ein Sof*), hacia este Nombre y a través de tu mano hasta llegar a tu cuerpo. Los cuatro puntos sobre las letras representan misericordia celestial, y este Nombre ayuda a canalizar misericordia para todos aquellos que necesiten sanación.

יהוה

LOS 72 NOMBRES DE DIOS

כהת	אכא	ללה	מהש	עלם	סיט	ילי	והו
הקם	הרי	מבה	יזל	ההע	לאו	אלד	הזי
חהו	מלה	ייי	נלך	פהל	לוו	כלי	לאו
ושר	לכב	אום	ריי	שאה	ירת	האא	נתה
ייז	רהע	חעם	אני	מנד	כוק	להח	יחו
מיה	עשל	ערי	סאל	ילה	וול	מיכ	ההה
פוי	מבה	נית	ננא	עמם	החש	דני	והו
מחי	ענו	יהה	ומב	מצר	הרח	ייל	נמם
מום	היי	יבמ	ראה	חבו	איע	מנק	דמב

Esta tabla muestra los 72 Nombres de Dios. Moshé usaba estas secuencias y fórmulas para conectarse con las verdaderas leyes de la naturaleza —milagros y maravillas— y eliminar todos los obstáculos que impedían que la humanidad se conectase con ellas. Así es como se dividió el Mar Rojo (Éxodo 14:19-21). La división del Mar Rojo es una expresión de la conexión con el Reino del 99 Por Ciento donde los milagros son la norma. Con tan solo recorrer visualmente estas secuencias de letras, nos conectamos con nuestra verdadera naturaleza y poder. Nos volvemos más proactivos y nos acercamos al verdadero propósito de nuestra alma.

SECUENCIAS DE LOS 72 NOMBRES DE DIOS PARA SANACIÓN

Mem-Hei-Shin

מהש

Todas las bendiciones provienen de la Luz Infinita (*Or Ein Sof*), y mediante varios canales y ramificaciones las bendiciones descienden hacia nosotros en este mundo. El primer canal por el que pasa es el Tetragrámaton. Medita en atraer sanación de la Luz Infinita hacia el Tetragrámaton (יהוה), del Tetragrámaton hacia el Nombre Mem-Hei-Shin, hasta que llega a ti o a las personas en quienes estás meditando. Al recorrer visualmente este Nombre, inhala y exhala, y medita en atraer sanación a tu alma y tu cuerpo.

YUD-LÁMED-YUD

יְהַב לֵיהּ יְדֵיהּ

יל״י

"Rabí Jiyá bar Aba cayó enfermo. Rabí Yojanán entró [a visitarlo], y le dijo: '¿Tienes afecto por tu sufrimiento?'. [Rabí Jiyá] le dijo: 'No [deseo este sufrimiento] ni su recompensa'. [Rabí Yojanán] le dijo: 'Dame tu mano'. Le dio su mano, lo levantó [y le restauró su salud]". (Tratado Berajot 5b).

Rav Yitsjak Luria escribe que se alude a un profundo secreto para la sanación en esta historia aparentemente simple. En la frase "le dio su mano", que en arameo es יְהַב לֵיהּ יְדֵיהּ *yehav lei yadéi*, se encuentra el acrónimo Yud-Lámed-Yud (יל״י), que es el segundo Nombre de los 72 Nombres de Dios. Este Nombre tiene el poder de recapturar las chispas perdidas y sanar a los enfermos. Por lo tanto, cuando visites a alguna persona enferma, di: "*hav li yedaj*" (dame tu mano). Después toma la mano de la persona enferma, [y de ser posible] levántala y di: "*yehav lei yadéi veokmei*" (le dio su mano y lo levantó) y medita en las letras Yud-Lámed-Yud.

ACERCAR LA QUINCUAGÉSIMA PUERTA

יוד הא ואו הא

El Nombre de Mem-Hei (45) más las cuatro letras del Nombre original suman 49, el mismo valor numérico que la palabra "*jolé*" (persona enferma). Al recorrer visualmente este Nombre, medita en acercar a la persona enferma a la Quincuagésima Puerta a fin de que pueda levantarse y superar su enfermedad.

NOMBRE DE ONCE LETRAS PARA SANACIÓN

Esta es una oración corta que Moshé compuso para sanar a su hermana Miriam (extraída de Números 12:13). Los kabbalistas explican que con esta oración meditamos no solo para sanarnos a nosotros, sino también sanar la carencia colectiva en el mundo. Al repetir esta oración, medita en sanarte a ti mismo, a aquellos que conozcas que necesitan sanación y al mundo entero.

La לה Na נא Refá רפא Na נא El אל

א. וַיְדַבֵּר יְיָ' אֶל מֹשֶׁה לֵּאמֹר, פִּנְחָס בֶּן אֶלְעָזָר וְגוֹ', רַבִּי אֶלְעָזָר פָּתַח וְאָמַר, שְׁמַע בְּנִי מוּסַר אָבִיךָ וְאַל תִּטּוֹשׁ תּוֹרַת אִמֶּךָ. שְׁמַע בְּנִי מוּסַר אָבִיךָ, דָּא קוּדְשָׁא בְּרִיךְ הוּא. וְאַל תִּטּוֹשׁ תּוֹרַת אִמֶּךָ, דָּא כְּנֶסֶת יִשְׂרָאֵל. מַאי מוּסַר אָבִיךָ, מוּסַר, דָּא אוֹרַיְיתָא, דְּאִית בָּהּ כַּמָּה תּוֹכָחִין, כַּמָּה עוֹנָשִׁין. כד"א, מוּסַר יְיָ' בְּנִי אַל תִּמְאָס וְאַל תָּקוֹץ בְּתוֹכַחְתּוֹ.

ב. וּבְגִין דְּכָל מַאן דְּאִשְׁתַּדַּל בְּאוֹרַיְיתָא בְּהַאי עָלְמָא, זָכֵי דְּיִפְתְּחוּן לֵיהּ כַּמָּה תַּרְעִין לְהַהוּא עָלְמָא, כַּמָּה נְהוֹרִין. בְּשַׁעֲתָא דְּיִנְפּוֹק מֵהַאי עָלְמָא, הִיא אַקְדִּימַת קַמֵּיהּ, וְאַזְלָא לְכָל נְטוּרֵי תַּרְעִין, מַכְרֶזֶת וְאוֹמֶרֶת, פִּתְחוּ שְׁעָרִים וְיָבֹא גוֹי צַדִּיק. אַתְקִינוּ כָּרְסְיָין לִפְלַנְיָא עַבְדָּא דְּמַלְכָּא. דְּלֵית חֶדְוָו לְקוּדְשָׁא בְּרִיךְ הוּא אֶלָּא מַאן דְּאִשְׁתַּדַּל בְּאוֹרַיְיתָא, כ"ש ב"נ דְּמִתְעַר בְּלֵילְיָא לְאִשְׁתַּדְּלָא בְּאוֹרַיְיתָא, דְּהָא כָּל צַדִּיקַיָּיא דִּבְגִנְתָּא דְּעֵדֶן, צַיְיתִין לְקָלֵיהּ, וְקוּדְשָׁא בְּרִיךְ הוּא מִשְׁתַּכַּח בֵּינַיְיהוּ, כְּמָה דְּאוּקְמוּהָ הַיּוֹשֶׁבֶת בַּגַּנִּים חֲבֵרִים מַקְשִׁיבִים לְקוֹלֵךְ הַשְׁמִיעִנִי.

ג. ר"ש אָמַר הַאי קְרָא רָזָא דְּחָכְמְתָא אִית בֵּיהּ. הַיּוֹשֶׁבֶת בַּגַּנִּים, דָּא כְּנֶסֶת יִשְׂרָאֵל, דְּאִיהִי בְּגָלוּתָא עִם יִשְׂרָאֵל, וְאַזְלָא עִמְּהוֹן בְּעַקְתַיְיהוּ. וַחֲבֵרִים מַקְשִׁיבִים לְקוֹלֵךְ, מַשִּׁרְיָין עִלָּאִין. כֻּלְּהוּ צַיְיתִין לְקוֹלֵךְ, לְקוֹל תּוּשְׁבְּחָתֵךְ בְּגָלוּתָא. הַשְׁמִיעִנִי, כד"א הַרְאִינִי אֶת מַרְאַיִךְ הַשְׁמִיעִנִי אֶת קוֹלֵךְ. הַשְׁמִיעִנִי, קָלָא דְּאִינּוּן חַבְרַיָּיא דְּמִשְׁתַּדְּלֵי בְּאוֹרַיְיתָא דְּהָא לֵית תּוּשְׁבַּחְתָּא קַמָּאי, כְּאִינּוּן דְּמִשְׁתַּדְּלֵי בְּאוֹרַיְיתָא.

ד. אָמַר ר"ש, כִּבְיָכוֹל, כָּל אִינּוּן דְּזַכָּאן לְאִשְׁתַּדְּלָא בְּאוֹרַיְיתָא, וּמִכַּד פָּלִיג לֵילְיָא, וְאַתְיָין בְּמַטְרוֹנִיתָא כַּד נָהִיר יְמָמָא, לְקַבְּלָא אַנְפֵּי מַלְכָּא, אַתְקִיף וְאַחֲסִין בִּשְׁכִינְתָּא. וְלֹא עוֹד, אֶלָּא דְּשַׁרְיָא בֵּיהּ חוּט שֶׁל חֶסֶד, כְּמָה דְּאוּקִימְנָא.

ה) ת"ח, כָּל מַאן דְּזָכֵי לְאִתְתַּקְּפָא בִּשְׁכִינְתָּא, יִסְתַּמַּר גַּרְמוֹהִי מֵאִנּוּן מִלִּין דְּאַחֲיָדָן לְקַבְּלָהּ. כְּגוֹן מַאן. אִינּוּן דְּלָא מְשַׁקְּרֵי בְּאָת קַדִּישָׁא, כְּגוֹן בַּת אֵל נֵכָר. וְכָל מַאן דְּנָטִיר גַּרְמֵיהּ, כִּבְיָכוֹל כְּנֶסֶת יִשְׂרָאֵל אֲחִידָא בֵּיהּ, וְנַטְרָא לֵיהּ, וְהִיא אַקְדִּימַת לֵיהּ שָׁלָם. וכ"ש אִי זָכֵי וְקָנֵי לְהַאי.

ו. וְאָמַר ר"ש, אִתְחֲזִיָין יִשְׂרָאֵל לְאִשְׁתֵּצָאָה בְּהַהוּא שַׁעֲתָא, בַּר דְּאַקְדִּים פִּנְחָס לְהַאי עוֹבָדָא, וְשָׁכִיךְ רוּגְזָא. הה"ד, פִּנְחָס בֶּן אֶלְעָזָר בֶּן אַהֲרֹן הַכֹּהֵן הֵשִׁיב וְגוֹ'. ד"א, פִּנְחָס בֶּן אֶלְעָזָר וְגוֹ'. אר"ש, בֶּן בֶּן תְּרֵי זִמְנֵי, לְאַשְׁלְמָא עוֹבָדָא קָא אָתֵי.

ז. אָמַר רַבִּי שִׁמְעוֹן, הַאי ב"נ דְּנָטִיל גִּלְגּוּלָא דְּנִשְׁמָתָא, וְלָא זָכֵי דְּיִתְתַּקַּן בֵּיהּ, כְּאִילּוּ מְשַׁקֵּר בְּקוּשְׁטָא דְּמַלְכָּא. וַאֲנָא קָרֵינָא עָלֵיהּ הַאי קְרָא אוֹ מָצָא אֲבֵידָה וְכִחֶשׁ בָּהּ וְנִשְׁבַּע עַל שָׁקֶר. וְכִחֶשׁ בָּהּ, טַב לֵיהּ דְּלָא אִבְרֵי.

ח. תָּנֵינָן צַדִּיק גָּמוּר, אֵינוֹ נִדְחֶה. וְצַדִּיק שֶׁאֵינוֹ גָּמוּר, נִדְחֶה. מַאן הוּא צַדִּיק גָּמוּר, וּמַאן הוּא צַדִּיק שֶׁאֵינוֹ גָּמוּר, וְכִי מַאן דְּלָא שְׁלִים בְּמִלּוֹי, צַדִּיק אִקְרֵי. אֶלָּא, צַדִּיק גָּמוּר, יָדִיעַ, דְּהָא לָא נָטִיל גִּלְגּוּלִין עֲקִימִין, וּבְאַחֲסַנְתֵּיהּ בָּנֵי בִּנְיָין, וְאַתְקִין שׁוּרִין, וְחָצֵב בֵּירִין, וְנָטַע אִילָנִין.

ט. צדיק שאינו גמור, דבני בניין באוסנתא אחרא, וחפר בה בירין, ואעדר, הא אתקין אבני יסודא כמלקדמין, ואעמל בה, ולא ידע אי אשתאר דיליה. מסטרא דיליה, טב וצדיק אקרי. ומסטרא דההוא אוסנתא, לאו הכי.

י. לב"נ דבני בניין שפירן, יאן למחזי, אסתכל ביסודא, וחמי ליה שקיע עקימא מכל סטרין. הא בניינא לא שלים, עד דסתר ליה, ואתקין ליה כמלקדמין. מסטרא דההוא בניינא דיליה, אשתכח טב ושפיר. מסטרא דיסודא, ביש ועקים. ובגין כך, לא אקרי עובדא שלים, לא אקרי בניינא שלים. בג"כ צדיק שאינו גמור אקרי, ונדחה. וע"ד כבלע רשע צדיק ממנו.

יא. ת"ח, מאן דמקנא לשמא קדישא דקודשא בריך הוא, דאפילו לא יזכי לגדולה, ולא אתחזי לה, רווח לה ונטיל לה. פנחס לא אתחזי ליה בההוא זמנא, ובגין דקנא לשמא דמאריה, רווח לכלא, וסליק לכלא, ואתתקן ביה כלא וזכה לאשתמשא בכהונה עלאה. מההיא שעתא, פנחס בן אלעזר בן אהרן הכהן, דאשלים לתרין דרגין, בגין דקנא לשמא דמאריה, דאתתקן מה דאתעקם.

יב. רבי יהודה פתח ואמר, שמרה נפשי כי חסיד אני הושע עבדך וגו'. סופיה דקרא אית לאסתכלא, ולבתר קרא כלא, סופיה דקרא כתיב, הבוטח אליך, הבוטח בך מבעי ליה, מאי הבוטח אליך. אלא כביכול דוד מבטח ליה, דלא יעבר ליה פלגות ליליא בשנתא, כמה דכתיב חצות לילה אקום להודות לך. קמותי מבעי ליה. אלא, אקום, ואתקשר בך לעלמין.

יג. שמרה נפשי, שמור מבעי ליה. והא תנינן דלית את באורייתא דלא אית בה רזין עלאין ויקירין. שמרה. לקודשא בריך הוא קאמר, שמרה לההוא חולקא, דאתאחד ביה נפש. דכד נפשא נפקאת מהאי עלמא, אתיא למירת עלמא דאתי. אי זכי, כמה חילין עלאין נפקין לקבלא, ולנטרא לה, ולאעלא לה במדורא דדוכתהא, והאי ה' נטיל לה, לאתאחדא עמה בריש ירחי ושבתי.

יד. ואי לא זכי, כמה גרדיני טהירין אזדמנן לקבלה, ודחו לה לבר. ווי לההיא נפשא, דמתגלגלא בריקניא, כאבנא בקוספיתא. הה"ד, ואת נפש אויביך יקלענה בתוך כף הקלע. ודוד בעי בעותיה קמי קודשא בריך הוא ואמר, שמרה נפשי, דלא ידחון לה לבר. וכד מטי לקבלה, יפתחון לה פתחין, ותקבל לה קמך. כי חסיד אני, וכי חסיד אקרי. א"ר יהודה, אין. דכתיב, חסדי דוד הנאמנים. בגין כך שמרה נפשי, דלא תשבוק לה למהך לבר.

טו. ר' יצחק אמר, כל ב"נ דאית ליה חולקא בצדיק, ירית להאי ארץ, כמה דכתיב, ועמך כלם צדיקים וגו'. והאי צדיק חסיד אקרי. אמר דוד בתר דבהאי אתר אחידנא, חסיד אני, ובג"כ שמרה נפשי, לאתקשרא בך.

טז. רבי חייא פתח, עדות ביהוסף שמו וגו'. הא אוקמוה, דאוליף שבעין פתקין, ולשון הקדש יתיר. הה"ד, שפת לא ידעתי אשמע. אבל מאי עדות.

ת"ח, בשעתא דאתתיה דפוטיפר הות אוחידא ביה להיא מלה, הוה יוסף עביד גרמיה כמאן דלא ידע לישנא דילה, וכן בכל יומא עד ההיא שעתא בתרייתא, דכתיב ותתפשהו בבגדו. מאי ותתפשהו. אלא בגין דעביד גרמיה כמאן דלא ידע לישנא. ורוח הקדש צווח לקבליה, לשמרך מאשה זרה מנכריה אמריה החליקה. מאי קמ"ל. אלא כל מאן דנטיר גרמיה מהאי, אתקשר בה בשכינתא, ואחיד בההוא עדות. ומאי הוא. ה' דאתוסף ביה. דכתיב, עדות ביהוסף שמו. אוף הכא י' אתוסף בפנחס, על דקני בהאי.

יז. רבי ייסא פתח, על נהרות בבל שם ישבנו גם בכינו בזכרנו את ציון. את ירושלם מבעי ליה, כמה דכתיב אם אשכחך ירושלם תשכח ימיני, מאי בזכרנו את ציון. לב"נ דהו"ל היכלא יקירא, יאה ושפירא, אתו לסטין ואוקידו ליה. צערא דמאן הוא, לאו דמאריה דהיכלא. אוף הכא שכינתא בגלותא שריא, צערא דמאן הוא, לאו דצדיק. ואלא הא כמה דאוקמוה, דכתיב הצדיק אבד, אבד ממש. אוף הכא בזכרנו את ציון, בזכרנו ההוא צערא דיליה על זווגהא, צערא דיליה הוא.

יח. אמר רבי ייסא, מאן דאוקיר שמא דמאריה בהאי, ונטיר האי, זכה דיוקיר ליה מאריה על כלא. מנלן. מיוסף. דכתיב וירכב אותו במרכבת המשנה אשר לו, וכתיב ונתן אותו על כל ארץ מצרים ולא עוד, אלא כד עברו ישראל ית ימא, ארונא דיוסף עאל בגו בקדמיתא, ולא הוו מיא קיימין על קיומייהו קמיה, הדא הוא דכתיב, הים ראה וינוס. מאי וינוס. אלא ראה ההוא דכתיב ביה וינס ויצא החוצה.

יט. ת"ח, זכי ליקרא בחייוי וזכי ליקרא במיתתיה. בחייו אמאי. בגין ההוא זמן דלא בעא לאתדבקא בה, דכתיב וימאן ויאמר אל אשת אדניו. וכתיב ולא שמע אליה לשכב אצלה להיות עמה. בגין כך זכה בהאי עלמא. כיון דכתיב ותתפשהו בבגדו, וכתיב וינס ויצא החוצה, זכי לבתר דעאל לגו פרוכתא עלאה, והכי אתחזי ליה, דידיה נטל בהאי עלמא, ודידיה נטל בעלמא אחרא.

כ. פנחס זכי בהאי עלמא, וזכה בעלמא דאתי, וזכה לקיימא יתיר מכל אינון דנפקו ממצרים, וזכה לכהנא עלאה, הוא וכל בנוי אבתריה. ואי תימא דלא זכה לכהנא עד לא עבד עובדא דא. לא. דהא אינון דאמרי דזכה קודם. לאו הכי אלא במאי אוקימנא תחת אשר קנא לאלהיו, דמשמע דבגין עובדא דא רווח כהונתא, מה דלא הוה קודם.

כא. ת"ח, כל כהן דקטיל נפש, פסיל ליה כהונתיה לעלמין. דהא ודאי פסיל ההוא דרגא דיליה לגביה. ופנחס מן דינא פסיל לכהנא הוה, ובגין דקנא ליה לקודשא בריך הוא, אצטריך ליחסא ליה כהונת עלמין, ליה, ולבנוי אבתריה, לדרי דרין. א"ר יצחק, ת"ח, רשים הוא פנחס לעילא, ורשים הוא לתתא, עד לא יפוק לעלמא דהא עם אינון דנפקו ממצרים אתמני.

כב. רבי אלעזר ור' יוסי ור' חייא, הוו אזלי במדברא, א"ר יוסי, הא דכתיב

בפנחס הנני נותן לו את בריתי שלום. שלום ממלאך המות, דלא שליט ביה לעלמין, ולא אתדן בדינוי. ואי תימא דלא מית. ודאי לא מית כשאר בני עלמא, ואוריך יומין על כל בני דרא, בגין דבהאי ברית עלאה אוזיד, וכד אסתלק מעלמא, בתיאובתא עלאה ובדביקותיה שפירא אסתלק משאר בני עלמא.

כג. רבי אלעזר פתח ואמר, ויראני את יהושע הכהן הגדול עומד לפני מלאך יי' וגו'. ת"ח, ווי לאינון בני נשא, דלא מסתכלאן ביקרא דמאריהון, וכל יומא ויומא כרוזא קארי עלייהו, ולא משגיחין. אתא ב"נ לאסתכלא בפקודי אורייתא, כמה סניגורין קיימין לאדכרא עליה לטב. אתא ב"נ ואעבר על פקודי אורייתא, אינון עובדין קטיגורין עליה לביש, קמי קודשא בריך הוא. יהושע כהן גדול הוה, ואוקמוה, מה כתיב ביה. והשטן עומד על ימינו לשטנו. ומה בהאי כך, בשאר בני עלמא דלא מסתכלי ביקרא דמאריהון, על אחת כמה וכמה.

כד. וזמי מה כתיב, ויהושע היה לבוש בגדים צואים, ואוקמוה. אבל בגדים צואים, ודאי אינון לבושין דאתלבשא ביה רוחא בההוא עלמא. זכאה וזולקיה דמאן דלבושוי מתתקנין ושלמין בההוא עלמא. והא אתמר, כל מאן דבעיין לאעלא לגיהנם, אינון לבושין דמלבשין ליה, היך אינון. מה כתיב הכא, ויהושע היה לבוש בגדים צואים ועומד לפני המלאך. מאן מלאך. דא מלאך דממנא על גיהנם, וממנא על מאן דוזמי באינון לבושין. עד דאתיב קלא ואמר, הסירו הבגדים הצואים מעליו.

כה. מהכא אית לאסתכלא, דעובדין בישין דב"נ, עבדין ליה אינון לבושים צואים. ויאמר אליו ראה העברתי מעליך עונך והלבש אותך מחלצות. אלבישיניה לבושין אחרנין מתתקנן, דבהו אסתכל ב"נ בזיו יקרא דמאריה.

כו. ת"ח, כגוונא דא פנחס, דלא אסתלק מעלמא, עד דאתתקנו קמיה לבושין אחרנין, דרוחא אתהני בהו, לעלמא דאתי. בשעתא חדא אתפשט מאלין. ואתלבש באלין, לקיימא דכתיב הנני נותן לו את בריתי שלום. עד דהוו אזלי, שמשא הוה תקיפא, ויתבו תחות צלא דחד טנרא דמדברא. אמר ר' אלעזר, ודאי צלא וחדותא דנפשא הוא.

כז. אמר רבי חייא לרבי אלעזר, אלין יומין, מראש השנה עד יומא בתראה דחג, בעינא למיקם עלייהו. א"ר אלעזר, הא אתמר וחבריא אתערו בהו. א"ר חייא, ודאי הכי הוא, אבל אנא שמענא לבוצינא קדישא עלאה מלה בהו. אמר ליה, אימא ההוא מלה. א"ל עד לא קאימנא ביה. א"ר אלעזר, אף על גב דחבריא אוקמו מלה, ושפיר הוא, אבל סדורא דהני יומי, רזא דחכמתא הוא, בין מוזצדי וחקלא.

כח. ת"ח, הא אתמר סדורא דיחודא כלא בחד היך הוי. והא אתמר. פתח ואמר, חשף יי' את זרוע קדשו, דא דרועא חדא, דביה תליא ישועה, דביה תליא נוקמא, דביה תליא פורקנא. ולמה, למיקם לה לכנ"י מעפרא, ולקבלא

לָהּ לְגַבֵּיהּ, לְאִזְדַּוְּוגָא כַּחֲדָא. וְכַד הַאי אִתְּעַר לְקַבְּלָהּ, כְּמָה דְּזָחִילוּ שָׁרְיָא בְּעָלְמָא, עַד דְּיִנּוּחַ הַהוּא דְּרוֹעָא תְּחוֹת רֵישָׁהָא לְאִתְחַבְּרָא. כְּמָה דְּאַתְּ אָמֵר, שְׂמֹאלוֹ תַּחַת לְרֹאשִׁי וְגוֹ׳, וּכְדֵין נַיְיחָא דִּינָא, וּמְכַפֵּר חוֹבִין.

כט. לְבָתַר אָתֵי יְמִינָא לְחַבְּקָא, כְּדֵין חֶדְוָותָא שַׁרְיָיא בְּעָלְמָא, וְכָל אַנְפִּין נְהִירִין. לְבָתַר אִזְדַּוְּוגַת בְּגוּפָא, וּכְדֵין כֹּלָּא אִקְרֵי אֶחָד, בְּלָא פֵּרוּדָא, כְּדֵין הוּא שְׁלִימוּ דְּכֹלָּא, וְחֶדְוָותָא דְּכֹלָּא, וְאַחִידוּ וַדַּאי, מַה דְּלָא אִשְׁתְּכַח הָכִי בִּשְׁאַר זִמְנֵי.

ל. כְּגַוְונָא דְּהַאי, סִדּוּרָא דְּהָנֵי יוֹמִין, מֵרֹאשׁ הַשָּׁנָה עַד יוֹמָא בַּתְרָאָה דְּחַג. בְּרֹאשׁ הַשָּׁנָה, אִתְּעַר דְּרוֹעָא דִּשְׂמָאלָא, לְקַבְּלָא לָהּ לְמַטְרוֹנִיתָא, וּכְדֵין כָּל עָלְמָא בִּדְחִילוּ בְּדִינָא, וּבָעֵי הַהוּא זִמְנָא בִּתְיוּבְתָּא שְׁלִים, לְאִשְׁתַּכְּחָא עָלְמָא קַמֵּי קוּדְשָׁא בְּרִיךְ הוּא. לְבָתַר אַתְיָאת מַטְרוֹנִיתָא, וּבָעְיָין בְּנֵי הֵיכְלָא בְּתִשְׁעָה לְיַרְחָא, לְמֶעְבַּד חֶדְוָותָא, וּלְמִטְבַּל בְּנַהֲרָא, לְדַכָּאָה גַּרְמַיְיהוּ בְּזִוּוּגָא דְּמַטְרוֹנִיתָא, בְּיוֹמָא אָחֳרָא, הוּא זִוּוּגָא דִּילָהּ לְשַׁוָּואָה שְׂמָאלָא תְּחוֹת רֵישָׁהָא, כְּמָה דְּאַתְּ אָמֵר שְׂמֹאלוֹ תַּחַת לְרֹאשִׁי.

לא. וּכְדֵין יִשְׂרָאֵל בְּתַעֲנִיתָא עַל חוֹבַיְיהוּ, וּמְכַפְּרָא לְהוּ. דְּהָא אִימָּא עִלָּאָה אַנְהִירַת אַנְפָּהָא לְמַטְרוֹנִיתָא בְּזִוּוּגָהָא, וּמִתְכַּפְּרִין כָּל בְּנֵי הֵיכְלָא. כֵּיוָן דִּשְׂמָאלָא מְקַבְּלָה לָהּ בְּהַאי יוֹמָא, דְּרֵישָׁא דְּמַטְרוֹנִיתָא שַׁרְיָיא עַל שְׂמָאלָא.

לב. בְּיוֹמָא קַדְמָאָה דְּחַג, יִתְעַר יְמִינָא לְקַבְּלָהּ, בְּגִין לְחַבְּקָה וּכְדֵין כָּל חֶדְוָוא וְכָל אַנְפִּין נְהִירִין, וְחֶדְוָותָא דְּמַיִם צְלִילָן, לְנַסְּכָא עַל מַדְבְּחָא. וּבָעְיָין בְּנֵי נָשָׁא לְמֶחֱדֵי בְּכָל זִינִין דְּחֶדְוָה, דְּהָא יְמִינָא גָּרִים. בְּכָל אֲתַר דִּשְׁאַרֵי יְמִינָא, חֶדְוָותָא אִצְטְרִיךְ בְּכֹלָּא, כְּדֵין חֶדְוָותָא הִיא לְאִשְׁתַּעְשְׁעָא.

לג. לְבָתַר בְּיוֹמָא תְּמִינָאָה, חֶדְוָותָא דְּאוֹרַיְיתָא הוּא, דְּהָא כְּדֵין זִוּוּגָא דְּגוּפָא, הוּא זִוּוּגָא דְּכֹלָּא, לְמֶהֱוֵי כֹּלָּא חַד, וְדָא הוּא שְׁלִימוּ דְּכֹלָּא, וְדָא יוֹמָא דְּיִשְׂרָאֵל אִיהוּ וַדַּאי, וְעַדְבָּא דִּידְהוּ בִּלְחוֹדַיְיהוּ, דְּלֵית בֵּיהּ חוּלָקָא לְאָחֳרָא. זַכָּאִין אִינּוּן יִשְׂרָאֵל בְּעָלְמָא דֵּין, וּבְעָלְמָא דְּאָתֵי, עֲלַיְיהוּ כְּתִיב כִּי עַם קָדוֹשׁ אַתָּה לַיְיָ׳ אֱלֹהֶיךָ וְגוֹ׳.

לד. פִּנְחָס בֶּן אֶלְעָזָר בֶּן אַהֲרֹן הַכֹּהֵן הֵשִׁיב אֶת חֲמָתִי מֵעַל בְּנֵי יִשְׂרָאֵל וְגוֹ׳. ר׳ יְהוּדָה פָּתַח, זְכָר נָא מִי הוּא נָקִי אָבָד וְאֵיפֹה יְשָׁרִים נִכְחָדוּ, תַּמָּן תָּנֵינָן, מַאן דְּחָמֵי קֶשֶׁת בַּגְּוָונוֹי, אִצְטְרִיךְ לְבָרְכָא בָּרוּךְ זוֹכֵר הַבְּרִית. בְּגִין דְּדָא אִיהוּ בְּרִית קַיְימָא קַדִּישָׁא, דְּשַׁוֵּי קוּדְשָׁא בְּרִיךְ הוּא בְּאַרְעָא דְּלָא יֵיתֵי עָלָהּ מֵי טוֹפָנָא. בְּגִין דְּכַד סַגִּיאוּ חַיָּיבִין בְּעָלְמָא, בָּעֵי קוּדְשָׁא בְּרִיךְ הוּא לְאוֹבְדָא לוֹן, וּכְדֵין דְּכִיר לוֹן הַאי אוּמָאָה דְּאוֹמֵי לְאַרְעָא, דִּכְתִיב תְּרֵי זִמְנֵי לֹא לֹא. לֹא אוֹסִף לְקַלֵּל, וְלֹא אוֹסִף עוֹד לְהַכּוֹת, דָּא אִיהוּ אוּמָאָה. כְּמָה דִּכְתִיב אֲשֶׁר נִשְׁבַּעְתִּי מֵעֲבֹר מֵי נֹחַ.

לה/א. רִבִּי יוֹסֵי אָמַר, קֶשֶׁת אָתָא לְאַגָּנָא עַל עָלְמָא. לְמַלְכָּא, דְּכָל זִמְנִין דִּבְרֵיהּ חָב לְקַבְלֵיהּ, אָתָא מַלְכָּא לְאַלְקָאָה לֵיהּ, אִתְגַּלְיָא עָלֵיהּ מַטְרוֹנִיתָא בִּלְבוּשֵׁי יְקַר דְּמַלְכוּ, מַלְכָּא חָמֵי לָהּ סָלִיק רוּגְזָא דִּבְרֵיהּ, וְחָדֵי בָּהּ, דִּכְתִיב

וּרְאִיתִיהָ לִזְכּוֹר בְּרִית עוֹלָם. ועַ"ד, לָא אִתְחֲזֵי קֶשֶׁת בְּעָלְמָא, אֶלָּא בִּלְבוּשֵׁי יְקָר דְּמַלְכוּ. וּבְשַׁעֲתָא דְּאִית צַדִּיק בְּעָלְמָא, אִיהוּ בְּרִית, לְמֵיקַם בְּרִית, וְאַגִּין עַל עָלְמָא. לָא הֲוֵי צַדִּיק, הָא קֶשֶׁת, לְאִתְחֲזָאָה דְּהָא עָלְמָא אִיהוּ קַיְּימָא לְאוֹבְדָא, אֶלָּא בְּגִין קֶשֶׁת דָּא.

לה/ב. ר' אֶלְעָזָר אָמַר, לְעוֹלָם לָא אִתְלַבַּשׁ קֶשֶׁת דָּא, אֶלָּא בִּלְבוּשָׁא דַּאֲבָהָן קַדְמָאֵי. יָרוֹק וְסוּמָק וְחִיוָּור. יְרוֹקָא, דָּא לְבוּשָׁא דְּאַבְרָהָם, אִצְטְבַע לְבוּשָׁא דָּא, כַּד נָפַק מִנֵּיהּ יִשְׁמָעֵאל. סוּמָקָא, דָּא גָּוֶון יִצְחָק. דְּאַתְיָא סוּמָקָא וְאִצְטְבַע, כַּד נָפִיק מִנֵּיהּ עֵשָׂו. וְאִתְמְשַׁךְ הַהוּא סוּמָקָא לְתַתָּא, עַד כֹּכָבָא דְּמַאְדִּים, דְּאִתְאֲחִיד בֵּיהּ עֵשָׂו. וְחִוָּורָא, דָּא אִיהוּ לְבוּשָׁא טָבָא דְּיַעֲקֹב, דְּהָא לָא אִשְׁתָּנּוּ אַנְפּוֹהִי לְעָלְמִין.

לה/ג. ר' אַבָּא אָמַר יָאוּת הוּא, אֲבָל הָכִי אָמַר בּוּצִינָא קַדִּישָׁא, חִוָּור, דָּא אַבְרָהָם. דְּאִתְלַבַּן בְּחִוָּורָא דְּנוּרָא. סוּמָקָא, דָּא יִצְחָק וַדַּאי. יָרוֹק, דָּא הוּא יַעֲקֹב, דְּקַיְּימָא בֵּין תְּרֵין גַּוְונִין, וּכְתִיב בֵּיהּ בְּיַעֲקֹב, לֹא עַתָּה יֵבוֹשׁ יַעֲקֹב וְלֹא עַתָּה פָּנָיו יֶחֱוָרוּ דְּהָא כָּל עַרְסֵיהּ שְׁלִים הֲוָה. וְהָכִי הוּא לֹא עַתָּה יֵבוֹשׁ יַעֲקֹב, לְאִתְחֲזָאָה בְּגָוֶון סוּמָק, כְּיִצְחָק דְּנָפַק מִנֵּיהּ עֵשָׂו. וְלֹא עַתָּה פָּנָיו יֶחֱוָרוּ, כְּאַבְרָהָם לְאִתְחֲזָאָה בְּגָוֶון חִוָּור, דְּנָפַק מִנֵּיהּ יִשְׁמָעֵאל. אֶלָּא נָטַל גַּוְונִין, לְאִתְעַטְּרָא בְּהוּ, עַל אֲבָהָן דִּילֵיהּ, וּבְאִלֵּין לְבוּשִׁין מִתְלַבְּשַׁת קֶשֶׁת, בְּשַׁעֲתָא דְּאִתְחֲזֵי קַמֵּי מַלְכָּא.

לה/ד. תָּא חֲזֵי, רָזָא דִּבְרִית קַדִּישָׁא, הִיא אָת יו"ד, דְּמִתְעַטְּרָא בִּרְשִׁימוּ עִלָּאָה, וְדָא אִיהוּ דְּאִתְרְשִׁים בִּבְרִית תָּדִיר לְעָלְמִין, וּבְגִין דְּקַנֵּי פִּנְחָס עַל בְּרִית, אִתְרְשִׁים בִּשְׁמֵיהּ הָכָא אָת דָּא, פִּנְחָס יו"ד זְעֵירָא, אִיהוּ יו"ד דְּאִיהוּ בְּרִית וַדַּאי, דְּנָפִיק מִגּוֹ יו"ד עִלָּאָה קַדִּישָׁא. ועַ"ד, אִיהוּ קָאִים בְּקִיּוּמָא שְׁלִים קַמֵּי מַלְכָּא קַדִּישָׁא, דְּלָא אִתְאֲבִיד מִגּוֹ עָלְמָא. וְהָכִי הוּא נָקִי מֵהַהוּא חוֹבָא דִּפְעוֹר, וְלָא אִתְאֲבִיד תָּדִיר מִגּוֹ קַדִּישָׁא דְּעָלְמָא. וְאֵיפֹה יְשָׁרִים נִכְחָדוּ, אִלֵּין נָדָב וַאֲבִיהוּא, דְּלָא אִשְׁתְּצִיאוּ מִן הַהוּא עָלְמָא בְּגִינֵיהּ.

רעיא מהימנא

לו. אָמַר לֵיהּ רַעְיָא מְהֵימְנָא, שַׁפִּיר קָאָמַרְתְּ, אֲבָל בְּגִין דְּאֵלִיָּהוּ דְּאִיהוּ פִּנְחָס, קַנֵּי עַל בְּרִית, צָרִיךְ לְאוֹדְעָא מִלִּין סַגִּיאִין בֵּיהּ, דְּהַאי פָּרְשְׁתָא כְּתִיבָא בְּאוֹרַיְיתָא עַל שְׁמֵיהּ, דְּעָלֵיהּ אִתְּמַר קַנֹּא קִנֵּאתִי, תְּרֵי קִנְאוֹת, חַד בְּשַׁדַּ"י דִּלְעֵילָּא, וְתִנְיָינָא בְּשַׁדַּ"י דִּלְתַתָּא, וּבְגִין דָּא עָבִיד תְּרֵין שְׁבוּעוֹת בִּתְרַוַויְיהוּ, וּתְרֵין זִמְנִין לֹא לֹא.

לז. אֲבָל רַבִּי יְהוּדָה אָמַר, מַאן דְּחָמֵי קֶשֶׁת בְּגַוְונוֹי נְהִירִין, צָרִיךְ לְבָרְכָא בָּרוּךְ זוֹכֵר הַבְּרִית. וּבְגָלוּתָא דְּלָאו אִיהוּ נָהִיר בְּגַוְונוֹי כַּדְקָא יָאוּת, וְלָא עוֹד אֶלָּא דִּלְזִמְנִין נָהִיר זְעִיר, וְזִמְנִין לָא נָהִיר כְּלָל, זִמְנִין אִתְחֲזֵי בִּשְׁלִימוּ, וְזִמְנִין לָאו. דְּקֶשֶׁת קָא רָמִיז גַּוְונוֹי, לְקִבְלָן דְּכֹהֲנִים לְוִיִּם וְיִשְׂרְאֵלִים, כַּד אִינּוּן שַׁפִּירִין, דְּנָהִיר קֶשֶׁת בְּגַוְונוֹי דְּאִינּוּן תְּלַת.

לח. קוּם אַנְתְּ רַבִּי יוֹסֵי הַגְּלִילִי, וְאֵימָא, דְּהָא מִלִּין שַׁפִּירִין קָאָמַרְתְּ בְּחִבּוּרָה

קַדְמָאָה, דְּקֶשֶׁת לָא אַתְיָא אֶלָּא לְאַגָּנָא עַל עָלְמָא. לְמַלְכָּא, דְּבְכָל זִמְנָא דִּבְרֵיהּ חָב, וּמַלְכָּא חָזֵי לְמַטְרוֹנִיתָא, סָלִיק רוּגְזָא דִּבְרֵיהּ, דִּכְתִּיב וּרְאִיתִיהָ לִזְכּוֹר בְּרִית עוֹלָם. וְעַ"ד לָא אִתְחֲזֵי קֶשֶׁת, אֶלָּא לְאַגָּנָא עַל עָלְמָא. וְלָא אִתְגַּלְיָא, אֶלָּא בִּלְבוּשׁ יְקָר דְּמַלְכוּ, וּבְשַׁעְתָּא דְּאִית צַדִּיק בְּאַרְעָא, אִיהוּ בְּרִית. לְמֵיקַם בְּרִית.

לט. וְכִי בְּגָלוּתָא, קוּדְשָׁא בְּרִיךְ הוּא אִתְרְחַק מִמַּטְרוֹנִיתָא, וְאֵיךְ מַטְרוֹנִיתָא אִתְלַבְּשַׁת לְבוּשֵׁי מַלְכוּתָא בְּגָלוּתָא לָא. אֲבָל בְּגָלוּתָא, לְבוּשָׁהּ דְּקַדְרוּת, וְאִיהוּ אַמְרַת אַל תִּרְאוּנִי שֶׁאֲנִי שְׁחַרְחֹרֶת. אֶלָּא וַדַּאי הַהוּא קֶשֶׁת דְּאִתְגַּלְיָיא בְּגָלוּתָא, לָאו אִיהוּ אֶלָּא מְטַטְרוֹ"ן, דְּאִתְקְרֵי שַׁדַּ"י וְאִיהוּ עַבְדּוֹ זְקַן בֵּיתוֹ, דְּשַׁלִּיט בְּכָל דִּילֵיהּ, וּבְנוֹי, אִתְקְרִיאוּ עֲבָדִים דְּקוּדְשָׁא בְּרִיךְ הוּא. וּבְנֵי מַטְרוֹנִיתָא בָּנִים, וּבְגִין דָּא, אִם כְּבָנִים אִם כַּעֲבָדִים.

מ. וּבְזִמְנָא דְּאִתְחָרַב בֵּי מַקְדְּשָׁא, אוּקְמוּהָ דְּעֲבָדִים חָפוּ רֹאשָׁם, וְנִתְדַּלְדְּלוּ אַנְשֵׁי מַעֲשֶׂה. וַדַּאי אַנְשֵׁי מַעֲשֶׂה אִתְקְרִיאוּ, עַל שֵׁם מַטְרוֹנִיתָא, דְּאִתְּמַר עָלָהּ רַבּוֹת בָּנוֹת עָשׂוּ חָיִל וְאַתְּ עָלִית עַל כֻּלָּנָה. אֲבָל אִי אִית לֵיהּ צַדִּיק, דְּזַכְוֵוי וְעוֹבָדוֹי לְאַנְהָרָא, בְּהוֹן מַטְרוֹנִיתָא, וּלְמִפְשַׁט מִנָּהּ לְבוּשֵׁי קַדְרוּתָא דְּפָשְׁטִין וּלְקַשְּׁטָא לָהּ בִּלְבוּשִׁין דְּגַוְונִין נְהִירִין דְּרָזִין דְּאוֹרַיְיתָא, מַה כְּתִיב בֵּיהּ, וּרְאִיתִיהָ לִזְכּוֹר בְּרִית עוֹלָם. וּרְאִיתִיהָ, בְּרָזִין נְהִירִין דְּאוֹרַיְיתָא, דְּאוֹר רָ"ז אִתְקְרֵי, הה"ד, כִּי נֵר מִצְוָה תוֹרָה אוֹר. וּבְאִלֵּין רָזִין אִתְּמַר וּרְאִיתִיהָ.

מא. וּבְהַהוּא זִמְנָא סָלִיק מִנֵּיהּ רוּגְזָא דִּבְרֵיהּ, וַחֲמַת הַמֶּלֶךְ שָׁכָכָה, וְיֵימָא לָהּ מַלְכָּא בִּצְלוֹתָא דַּעֲמִידָה קַמֵּיהּ, מַה שְּׁאֵלָתֵךְ וְיִנָּתֵן לָךְ וּמַה בַּקָּשָׁתֵךְ. בְּהַהוּא זִמְנָא, שְׁאֵלְתָּא עַל פּוּרְקָנָא דִּילָהּ, וּבְנָהָא עִמֵּיהּ, הה"ד תִּנָּתֶן לִי נַפְשִׁי בִּשְׁאֵלָתִי וְעַמִּי בְּבַקָּשָׁתִי. אֲבָל קֶשֶׁת דְּאִתְחֲזְיָא בְּעָלְמָא בְּגָלוּתָא, דְּעַבְדָּא אִיהוּ, זִמְנִין דְּנָפִיק בִּשְׁלִימוּ, כַּד בְּנוֹי מַכְשִׁירִין עוֹבָדוֹי, וּלְזִמְנִין לָא אִשְׁתְּכַח בִּשְׁלִימוּ, כַּד בְּנוֹי לָא מַכְשִׁרִין עוֹבָדוֹי .

מב. אִלֵּין דְּמַכְשִׁרִין עוֹבָדֵיהוֹן קַמֵּי מַלְכָּא, וּמְקַנְּאִין עַל שְׁמֵיהּ, וּמַקְדִּישִׁין לֵיהּ בְּרַבִּים. הָכִי מַקְדִּשִׁין לֵיהּ לְעֵילָּא, בֵּין מִמְּנָן דִּשְׁאָר עַמִּין, וְאִשְׁתְּמוֹדְעִין לֵיהּ כָּל מְמַנָּא בְּכִנּוּיֵיהּ. אֲבָל יִשְׂרָאֵל אִשְׁתְּמוֹדְעִין לְעֵילָּא כֹּלָּא בְּשֵׁם יְדֹוָ"ד, דְּאִיהוּ חָזֵי כָּל כִּנּוּיִין.

מג. וְכָל שֵׁם וְכִנּוּי סָהִיד עָלֵיהּ, א"ל סָהִיד עָלֵיהּ, דְּאִית לֵיהּ יְכוֹלֶת עַל כָּל אֵל, הה"ד אֲנִי אֶדְרוֹשׁ אֶל אֵל. אֵל, מָארֵי דְּאֵל. אֱלֹהִים סָהִיד עָלֵיהּ, דְּאִיהוּ אֱלֹהֵי הָאֱלֹהִים. אֲדֹנָ"י סָהִיד עָלֵיהּ, דְּאִיהוּ אֲדוֹנֵי הָאֲדוֹנִים. אוּף הָכִי כָּל שֵׁם. דְּכָל מַלְאָךְ אִית לְכָל חַד שֵׁם יְדִיעַ, לְאִשְׁתְּמוֹדְעָא לְכָל כַּת בְּהַהוּא שֵׁם דְּמַלְכָּא דִּילֵיהּ. אֲבָל יִשְׂרָאֵל, אִשְׁתְּמוֹדְעָן לֵיהּ בְּיהו"ה.

מד. וְרָזָא דְּמִלָּה, ב"נ חַד יָכִיל לְמֶהֱוֵי לֵיהּ כַּמָּה סוּסְוָון, אוּף הָכִי כָּל יִשְׂרָאֵל אִינּוּן בְּנוֹי דְּאָדָם, וְכָל בְּרָא צָרִיךְ לְמֶהֱוֵי לֵיהּ לַאֲבוֹי כְּסוּס וְכַחֲמוֹר לְמִשְׁוֵי, וּלְמֶהֱוֵי כָּפִיף תְּחוֹתוֹי, וְהַאי אִיהוּ רָזָא אָדָם וּבְהֵמָה תוֹשִׁיעַ יְיָ'. דְּאִיהוּ בְּרָא דְּאָדָם, וְעָבִיד גַּרְמֵיהּ כִּבְהֵמָה תְּחוֹתוֹי.

מה. ובגין דא איהו פקודא דקודשא בריך הוא באורייתא, למהוי אח מיבם לאתתיה דאח, למעבד ברא לאחוי, בגין דלא יתאביד מההוא עלמא. והאי איהו כגון רזא דכלאים בציצית. דאמרו, מה שאסרתי לך כאן, התרתי לך כאן. אסרתי לך כלאים דעלמא, התרתי לך כלאים דציצית. אסרתי לך אשת אח, התרתי לך יבמה. כגון מרכיבים תפוחים או דקלים מין במינו. ואסור לארכבא מין בשאינו מינו. ואתמר ביה כי האדם עץ השדה. וביבמה מרכיבין מין בשאינו מינו, בגין דלא לתאביד נפש המת. ולא ימחה שמו מישראל.

מו. והאי איהו רזא דגלגול. גלגל לית ליה תנועה בלא אמת המים, אוף הכי, אמת המים רזא דאת ו', ביה אתעביד גלגל גלגול. ורזא דמלה, מה גלגל אין לו תנועה בלא אמת המים, אוף הכי, גלגל איהו י', ולית ליה תנועה בלא אמת המים דאיהו ו'. יבמה ה'. להאי איהו בינ"ה בן י"ה. באות י' ברא עלמא דאתי, עולם ארוך, דאיהו ו'.

מז. בגין דא, מאן דלית ליה בן, לאו איהו מבני עלמא דאתי, דימא לקבליה, ומניה נפיק, מבינייהו ו', ומניה מתפלגין כמה נחלי, דאינון מסבבין עלמא, עד דחזרו לימא דנפקו מתמן, ובגין דא אמר קרא, כל הנחלים הולכים אל הים והים איננו מלא אל מקום שהנחלים וגו'. עד דאהדרו כגוונא דנפקו.

מח. אוף הכי, והרוח תשוב אל האלהים אשר נתנה. כגוונא דיהיב לה שלימתא. אם תשוב בתיובתא, דאיהו בינ"ה בן י"ה, עלאה. את ה' סליקת באת י' לחמשין, עשר זמנין וחמש. הא איהו י"ם, י"ה. בן, נחל דנפק מן ימא, ואתפליג לכמה נחלין, כגוונא דאילנא דאתפשט לכמה ענפין.

מט. ואי לא חזר נשמתא שלימתא, כגוונא דאשתלמת. אתמר בה, שם הם שבים ללכת, איהי וכל נשמתין אחרנין. אוף הכי לאו איהו שלים בבן, אי לית ליה בת, דאיהו עלמא דין, למהוי שלים בהאי עלמא דאתברי בה', הה"ד אלה תולדות השמים והארץ בהבראם.

נ. יה"ו, הן כל אלה יפעל אל פעמים שלש עם גבר. ורשיעייא דאתמר בהון, ובכן ראיתי רשעים קבורים ובאו, גרמו אלה אלהיך ישראל, דאתמר עלייהו, על שלשה פשעי ישראל. בתר דקלקלו גרמייהו תלת זמנין, ולא זכי ביה"ו, דאתמר ביה מקום שיפול העץ שם יהו. על ארבעה לא אשיבנו, דהיינו ה'. ואתדנו בגיהנם, במשחית אף וחימה.

נא. ולבושין דתלת אתוון אלין, אשתמודעין בקשת, דאינון חיוור סומק וירוק. מאן דייתי בזמנא חדא, איהו חיוור. בתניינא, סומק. בתליתאה, ירוק. ובגין דביעקב אתכלילו אתוון, ואשתרש אילנא ואתנטע ואתרבא, ואתעביד איבא טבא, לא עתה יבוש יעקב ולא עתה פניו יחורו, למהוי מרכבתיה ביצר הרע, דאיהו נחש, וכל מיני חיה בישא. ובג"ד, וישר אל מלאך ויוכל. ובגין דאתקרי אדם אילנא, איהו רזא דא, לאילנא דאתנטע באתר דלא עביד איבא. מה עבד. עקר ליה ונטעיה באתר אחרא. ובגין דא אוקמוה מ"מ דלא

הוי מוזזק למהוי עקר, עד דאזיל לארץ ישראל, ואתנטע תמן באתתא.

נב. אוף הכי צדיק, דאיהו מטלטל מאתר לאתר, מבית לבית, כאילו ייתי בגלגולא זמנין סגיאין. והיינו ועושה וזסד לאלפים לאוהביו, עד דיזכה לעלמא. דאתי שלים. אבל לוזייביא, לא אייתי ליה יתיר מתלת זמנין. ואי וזזר בתיובתא, אתמר ביה גלות מכפרת עון. ובגין דא אוקמוה מ"מ, צדיקים שוב אינן וזוזרים לעפרם.

נג. אלא קא רמיז, ועפר אוזר יקוז וטוז את הבית. ואדם על עפר ישוב. וישוב העפר על הארץ כשהיה. בגין דהוא מנוגע, וליית ביה אלא אשה רעה, יצר הרע, דאתמר בה אשה רעה צרעת לבעלה. מאי תקנתיה. יגרשנה ויתרפא. דאיהי גרמת ויגרש את האדם האדם, דא נשמתא. א"ת, בת זוגו דאדם. כצפור נודדת מן קנה כן איש נודד ממקומו.

נד. ובגין דא, גם צפור מצאה בית, היינו יבמה. ודרור קן לה, היינו גואל, אשר שתה אפרוזיה, בן ובת. זכאה איהו מאן דעבד קינא, וגאל את ממכר אוזיו. דאיהו מכור בעבור דלאו דיליה.

נה. ובגין דא אמר משה, ויתעבר יי' בי למענכם. הכא הוא סוד העבור. רעיא מהימנא, שזיב שתין רבוא, כמה זמנין דאתי בגלגולא, ובגין דא זכות כלהו תלייא קודשא בריך הוא ביה. ובגין דא אוקמוה רבנן, אשה אוזת ילדה במצרים ששים רבוא בכרס אוזד. ואע"ג דאוקמוה רבנן במלין אוזרנין, שבעים פנים לתורה.

נו. דהכי ארוז דמארי רזין, אמרין מרגלית לתלמידיהון, ולא אשתמודעון ביה ברמיזא, אהדר לון ההוא מלה במלי שוזוק, כגוונא דההוא דאמר, דביצה אוזת, אפילת שתין כרכין. ואתא ביצה ונפלת מן עופא דהוה פרוז באוירא, ומוזאת אלין שתין כרכין, ומארי דליצנותא אמרו, דלא אמר הוא אלא דב"נ כתב ששים כרכין, ואתא ביצה דנפקת מן עופא ומוזקת שתין כרכין דכתיבה. וזס ושלום דמארי אורייתא אמרין מלין דשוזוק, ודברים בטלים באורייתא.

נז. אלא הא אוקמוה, אפרוזים, אלין מארי משנה. או ביצים, אלין מארי מקרא. וכגוונא דנפל מההוא נפול, דאיהו בר נפלי, נפילת ביצה דאיהו אתרוג שיעורא בכביצה. ובגינה אתמר ביום ההוא אקים את סכת דוד הנופלת. ונפלו עמה ששים המה מלכות, דאינון כריכין בה, כגון כיצד כורכין את שמע. ואינון לקבל ששים מסכתות. ועלמות אין מספר, אלין בתולות אוזריה רעותיה, דאינון הלכות, דלית לון וזושבן.

נח. וההוא ניפול איהו בן י"ה איהו בתוך נ' תרעין דבינ"ה, דהיינו י"ה וזמש זמנין עשר ו' איהו ניפול, דנפל בתר ההיא דאתמר, איך נפלת משמים הילל בן שוזר ואקרי ניפול, ולא נפל, ולא נופל. בגין דביה ניפול י"י ונוזית בהון לגבי ה' ה', דאתמר בהון ותלכנה שתיהן. הה"ד שלוז תשלוז וזד מבית ראשון ותניינא מבית שני, לאקמא לון. הה"ד, י"שמוזו ה"שמים ו"תגל ה"ארץ.

נט. ת"ח, הַאי שִׁמְשָׁא אִתְגַּלְיָא בִּימָמָא, וְאִתְכַּסְיָא בְּלֵילְיָא. וְנָהִיר בְּשִׁתִּין רִבּוֹא כֹּכְבַיָּא. אוּף הָכִי רַעְיָא מְהֵימְנָא, בָּתַר דְּאִתְכְּנִישׁ מֵעָלְמָא, נָהִיר בְּשִׁתִּין רִבּוֹא נִשְׁמָתִין דְּיִשְׂרָאֵל, אִי דָּרָא כַּדְקָא יָאוּת. וְהַאי אִיהוּ רָזָא דְּגִלְגּוּלָא, דְּאָמַר עָלֵיהּ קֹהֶלֶת, דּוֹר הוֹלֵךְ וְדוֹר בָּא. וְאוֹקְמוּהָ דְּלֵית דּוֹר פָּחוּת מִשִּׁשִּׁים רִבּוֹא. וְהָאָרֶץ לְעוֹלָם עוֹמָדֶת, דָּא כ"י. הַהִיא דְּאִתְּמַר בָּהּ, וְהָאָרֶץ הֲדוֹם רַגְלָי, וְהָיָה זַרְעֲךָ כַּעֲפַר הָאָרֶץ.

ס. וְעוֹד רָזָא אֲחֲרָא אוֹקְמוּהָ רַבָּנָן, הַדּוֹר שֶׁהוֹלֵךְ הוּא הַדּוֹר שֶׁבָּא, הָלַךְ וְזָגַר בָּא וְזָגַר, הָלַךְ סוּמָא בָּא סוּמָא. וְעוֹד אוֹקְמוּהָ רַבָּנָן, דַּעֲתִיד הֲוָה מֹשֶׁה לְקַבְּלָא אוֹרַיְיתָא בְּדָרָא דְּטוֹפָנָא, אֶלָּא בְּגִין דַּהֲווּ רַשִׁיעַיָּיא, הה"ד בְּשַׁגַּ"ם הוּא בָשָׂר. בְּשַׁגַּ"ם זֶה מֹשֶׁ"ה. וַאֲמַאי קָרֵי לֵיהּ בְּשַׁגָּם. אֶלָּא קֹהֶלֶת וְחִסֵּר ב' מִן בְּשַׁגַּ"ם לְכַסָּאָה מִלָּה. אָמַר אָמַרְתִּי שֶׁגַּם זֶה הָבֶל.

סא. וְאוֹקְמוּהָ עַל יִתְרוֹ, לָמָּה נִקְרָא שְׁמוֹ קֵינִי, שֶׁנִּפְרַד מִקַּיִן. קָם בּוֹצִינָא קַדִּישָׁא וְאָמַר, עַל דָּא כְּתִיב, קָנִיתִי אִישׁ אֶת יְדֹוָ"ד. דְּחָזָאת לֵיהּ בְּרוּחַ הַקֹּדֶשׁ, דַּעֲתִידִין בְּנוֹי לְמֵיתַב בְּלִשְׁכַּת הַגָּזִית.

סב. וְאוּף הָכִי ר' פְּדָת, דַּהֲוָה דְּחִיקָא לֵיהּ שַׁעֲתָא, דְּלָא הֲוָה לֵיהּ אֶלָּא קַב חֲרוּבִין מֵעָ"שׁ לְעָ"שׁ, כְּמוֹ לר' חֲנִינָא. אֲמַאי הַאי, בָּתַר דַּהֲוַת בַּת קוֹל נָפְקַת וְאוֹמֶרֶת, כָּל הָעוֹלָם כֻּלּוֹ אֵינוֹ נִזּוֹן אֶלָּא בִּשְׁבִיל חֲנִינָא בְּנִי.

סג. אֶלָּא אִיהוּ גָּרִים קוֹדֶם, דְּחָרַב קַ"ב מִן י', דְּאִיהוּ יַבַּ"ק. אוּף הָכִי לָא הוּ"ל אֶלָּא קַב חֲרוּבִין. דְּאָת י' אִיהוּ יוּוּד, וּמִנֵּיהּ אַתְיָא נְבִיעוּ לְאָת ב', דְּאִיהִי בְּרָכָה, וְאִיהִי קֹדֶשׁ, וּמִנֵּיהּ אִתְקַדַּשׁ ק', דְּאִיהִי קְדוּשָׁה. וְר' פְּדָת גָּרִים לְמֶהֱוֵי חֲרוּבִין דִּילֵיהּ קַ"ב, דְּאִינּוּן קְ"דוּשָׁה בְּ"רָכָה, אוּף הָכִי לָא הוּ"ל אֶלָּא קַב חֲרוּבִין, אוּף הָכִי אִיּוֹב בֶּן יְבָמָה הֲוָה, וּבְגִין דָּא אִתְעֲנַשׁ, עַל מַה דְּאִירַע לוֹ כְּבָר.

סד. וְאִינּוּן דְּלָא יָדְעֵי רָזָא דָּא, אַמְרֵי בְּנֵי חַיֵּי וּמְזוֹנֵי לָאו בִּזְכוּתָא תַּלְיָא מִלְּתָא, אֶלָּא בְּמַזָּלָא תַּלְיָא מִלְּתָא. וְהָא חֲזֵינָא לְאַבְרָהָם דְּחָזָא בְּמַזָּלֵיהּ, דְּלָא הֲוָה עָתִיד לְמֶהֱוֵי לֵיהּ בְּרָא, וְקוּדְשָׁא בְּרִיךְ הוּא אַפִּיק לֵיהּ לְבָרָא, כִּדְכְתִיב וַיּוֹצֵא אוֹתוֹ הַחוּצָה וַיֹּאמֶר הַבֶּט וְגוֹ'. וְאַקְמוּהָ, דְּא"ל צֵא מֵאִצְטַגְנִינוּת שֶׁלְּךָ, וְהֶעֱלָהוּ לְמַעְלָה מֵהַכֹּכָבִים, וְאָמַר לוֹ הַבֶּט נָא הַשָּׁמַיְמָה וּסְפוֹר הַכֹּכָבִים. עַד הָכָא מִלִּין דְּרַבָּנָן, וְצָרִיךְ לְפָרְשָׁא לוֹן בְּדֶרֶךְ נִסְתָּר.

סה. ת"ח, כָּל בִּרְיָין דְּעָלְמָא, קוֹדֶם דְּאִתְיְיהִיבַת אוֹרַיְיתָא לְיִשְׂרָאֵל, הֲווּ תַּלְיָין בְּמַזָּלָא, וַאֲפִילּוּ בְּנֵי חַיֵּי וּמְזוֹנֵי. אֲבָל בָּתַר דְּאִתְיְיהִיבַת אוֹרַיְיתָא לְיִשְׂרָאֵל, אַפִּיק לוֹן מִחִיּוּבָא דְּכֹכְבַיָּא וּמַזָּלֵי. וְדָא אוֹלִיפְנָא מֵאַבְרָהָם. בְּגִין דַּהֲווּ עֲתִידִין בְּנוֹי לְקַבְּלָא ה' מֵאַבְרָהָם, דְּאִיהִי חֲמִשָּׁה חוּמְשֵׁי תוֹרָה. דְּאִתְּמַר בָּהּ אֵלֶּה תוֹלְדוֹת הַשָּׁמַיִם וְהָאָרֶץ בְּהִבָּרְאָם, בְּה' בְּרָאָם. אָמַר לְאַבְרָהָם, בְּגִין הַאי ה' דְּאִתּוֹסַף בִּשְׁמָךְ, הַשָּׁמַיִם תְּחוֹתָךְ, וְכָל כֹּכְבַיָּא וּמַזָּלֵי דְּנַהֲרִין בָּהּ. וְלָא עוֹד, אֶלָּא דְּאִתְּמַר בָּהּ הֵ"א לָכֶם זֶרַע, וּזְרַעְתֶּם בְּהֵ"א. כִּי בְיִצְחָק יִקָּרֵא לְךָ זָרַע.

סו. וּבְגִ"ד, כָּל הַמִּשְׁתַּדֵּל בְּאוֹרַיְיתָא, בָּטִיל מִנֵּיהּ חִיּוּבָא דְּכֹכְבַיָּא וּמַזָּלֵי. אִי

אוֹלִיף לָהּ כְּדֵי לְקַיְּימָא פִּקּוּדָהָא. וְאִם לָאו, כְּאִלּוּ לָא אִשְׁתַּדַּל בָּהּ, וְלָא בָּטִיל מִנֵּיהּ וְזִיוּוּגָא דְּכֹכְבַיָּא וּמַזָּלֵי. כָּל שֶׁכֵּן עַמֵּי הָאָרֶץ דְּאִינּוּן אִתְמַתְלָן לִבְעִירָן. דְּאוּקְמוּהָ עֲלַיְיהוּ אָרוּר שׁוֹכֵב עִם כָּל בְּהֵמָה, דְּלָא אִתְבַּטְּלוּן מִנְּהוֹן וְזִיוּוּגָא דְּכֹכְבַיָּא וּמַזָּלֵי.

סז. אֱנוֹשׁ כֶּחָצִיר יָמָיו כְּצִיץ הַשָּׂדֶה כֵּן יָצִיץ, וְאִתְּמַר בֵּיהּ, נַעַר הָיִיתִי גַּם זָקַנְתִּי. לְבָתַר יָשׁוּב לִימֵי עֲלוּמָיו. דְּאִילָנָא דְּאִתְקְצִיצוּ עַנְפִין עַתִּיקִין דִּילֵיהּ, וְצִמּוּחוּ כְּמִלְּקַדְמִין בְּשָׁרָשׁוֹי, אִהַדְרוּ בְּעָלְמָא כְּמִלְּקַדְמִין. מִיתוּ סָבִין, וְאִתְהַדְּרוּ לְהַאי עָלְמָא עוֹלֵימִין. וְהַיְינוּ רָזָא דִּמְחַדֵּשׁ קוּדְשָׁא בְּרִיךְ הוּא בְּכָל יוֹם תָּמִיד מַעֲשֵׂה בְּרֵאשִׁית. דְּמֵתִין אֲלַף בְּכָל יוֹמָא וּמִתְחַדְּשִׁין אֲלַף בְּכָל יוֹמָא.

סח. וְיַיִן יְשַׂמַּח לְבַב אֱנוֹשׁ, דָּא יֵינָא דְּאוֹרַיְיתָא. דְּהָכִי סָלִיק יַיִן, כְּחוּשְׁבַּן סוֹ"ד. וּמַה יַּיִ"ן צָרִיךְ לְמֶהֱוֵי סָתִים וְחָתִים, דְּלָא יִתְנַסַּךְ לְעַ"ז. אוּף הָכִי צָרִיךְ לְמֶהֱוֵי סָתִים וְחָתִים סוֹד דְּאוֹרַיְיתָא, וְכָל רָזִין דִּילָהּ, וְלָא אִשְׁתַּקְיָין אֶלָּא לִירֵאָיו. וְלָאו לְמַגָּנָא עָבְדִין כַּמָּה פִּקּוּדִין בְּיַיִן, וּמְבָרְכִין בֵּיהּ לְקוּדְשָׁא בְּרִיךְ הוּא, וְיַיִן אִית לֵיהּ תְּרֵי גַּוְונִין, חִוָּור וְסוּמָק, דִּינָא וְרַחֲמֵי, וְהַיְינוּ ב' תּוֹסֶפֶת בְּיַיִן. כְּגַוְונָא דְּשׁוֹשַׁנָּה חִוָּורָא וְסוּמְקָא. חִוָּור מִסִּטְרָא דִּימִינָא, סוּמָק מִסִּטְרָא דִּשְׂמָאלָא.

סט. וּמַאי לְבַב אֱנוֹשׁ, לֵב הַו"ל לְמֵימַר. אֶלָּא אִית לֵב מָסוּר לְלֵב. וְאִינּוּן ל"ב אֱלֹהִים דְּעוֹבָדָא דִּבְרֵאשִׁית, ב' מִן בְּרֵאשִׁית, ל' מִן לְעֵינֵי כָּל יִשְׂרָאֵל, אִיהוּ ל"ב תִּנְיָינָא. דָּא לֵ"ב לֵ"ב שְׁנַיִם ס"ד, וְחָסֵר תְּמַנְיָא לְעַ"ב, דְּאִיהוּ וַיְכֻלּוּ. אִינּוּן שִׁבְעָה יְמֵי בְּרֵאשִׁית. תְּמִינָאָה מַאי הִיא. ז' יְמֵי בְּרֵאשִׁית, עִם זֶה סֵפֶר תּוֹלְדוֹת אָדָם. זֶה עַ"ב, בְּחוּשְׁבַּן בַּיַּיִן.

ע. מַאי לְהַצְהִיל פָּנִים מִשָּׁמֶן. אִינּוּן י"ב פָּנִים, ד' דְּאַרְיֵה, ד' דְּשׁוֹר, ד' דְּנֶשֶׁר, דְּאִינּוּן מִיכָאֵל אַרְיֵה, אַרְבַּע אַנְפִּין דִּילֵיהּ יְהֹוָ"ה. אַרְבַּע אַנְפִּין דְּשׁוֹר, וְאִיהוּ גַּבְרִיאֵל, וְאִינּוּן יְהֹוָ"ה. ד' אַנְפִּין דְּנֶשֶׁר, וְאִיהוּ נוּרִיאֵל, וְאִינּוּן יְהֹוָ"ה. וְאִינּוּן מִמָּמָן, תְּחוֹת וְחֶסֶ"ד פּוּזָ"ד אֱמֶ"ת, דַּרְגִּין דִּתְלַת אֲבָהָן. וְאוּקְמוּהָ רַבָּנָן, הָאָבוֹת הֵן הֵן הַמֶּרְכָּבָה. וְסַלְּקִין נְהוֹרִין לְחֻשְׁבַּן יַבַּ"ק. וְאִינּוּן מֶלֶךְ מָלַךְ יִמְלוֹךְ, יְהֹוָ"ה אֶהְיֶ"ה אֲדֹנָ"י. סַךְ הַכֹּל יַבַּ"ק .

עא. רִבִּי שִׁמְעוֹן הֲוָה יָתִיב וְלָעֵי בְּפָרְשָׁתָא דָּא, אָתָא לְקַמֵּיהּ ר' אֶלְעָזָר בְּרֵיהּ, א"ל, נָדָב וַאֲבִיהוּא מַאי עֲבִידְתַּיְיהוּ בְּפִנְחָס. אִי לָא הֲוָה פִּנְחָס בְּעָלְמָא כַּד מִיתוּ, וּבָתַר אָתָא לְעָלְמָא וְאַשְׁלִים דּוּכְתַּיְיהוּ שַׁפִּיר. אֲבָל פִּנְחָס בְּעָלְמָא הֲוָה, וְנִשְׁמָתֵיהּ בֵּיהּ בְּקִיּוּמָא קָאֵי.

עב. א"ל בְּרִי, רָזָא עִלָּאָה הָכָא, וְהָכִי הוּא. דִּבְשַׁעְתָּא דְּאִסְתַּלָּקוּ מִן עָלְמָא, לָא הֲווּ מִתְטַמְּרָן תְּחוֹת גַּדְפֵי טִנָּרָא קַדִּישָׁא. מ"ט. בְּגִין דִּכְתִיב וּבָנִים לֹא הָיוּ לָהֶם, דְּאַזְעִירוּ דְּיוּקְנָא דְּמַלְכָּא, דְּהָא אִינּוּן לָא אִתְחָזוּן לְשַׁמְּשָׁא בִּכְהוּנָּה רַבָּה.

עג. בְּשַׁעְתָּא דְּקַנֵּי פִּנְחָס עַל בְּרִית קַדִּישָׁא, וְעָאל בְּגוֹ כַּמָּה אוּכְלוּסִין, וְסָלִיק לוֹן, לְגַיְיפִין עַל רוֹמְחָא, לְעֵינֵיהוֹן דְּכָל יִשְׂרָאֵל. כַּד חָמָא שִׁבְטָא דְּשִׁמְעוֹן בְּכַמָּה אֻכְלוּסִין דְּאָתוּ לְגַבֵּיהּ, פָּרְחָא נִשְׁמָתֵיהּ מִנֵּיהּ, וּתְרֵין נִשְׁמָתִין דַּהֲווּ

עַרְטִירָאִין בְּלָא דּוּכְתָּא, אִתְקְרִיבוּ בָּהּ, וְאִתְכְּלִילוּ כַּחֲדָא, וְאִתְהַדְּרַת נִשְׁמָתֵיהּ, כְּלִילָא רוּחָא, דְּאִתְכְּלִיל בִּתְרֵין רוּחִין, וְאִתְתַּקְּפוּ בֵּיהּ, כְּדֵין רָוַוח דּוּכְתַּיְיהוּ, לְמֶיהֱוֵי כַּהֲנָא מַה דְּלָא אִתְחֲזֵי מִן קַדְמַת דְּנָא.

עד. וְעַ"ד כְּתִיב, זְכָר נָא מִי הוּא נָקִי אָבָד, דְּלָא אִתְאֲבִיד בְּהַהִיא שַׁעְתָּא, וְלָא אָבִיד רוּחֵיהּ כַּד פָּרְחָה מִנֵּיהּ. וְאֵיפֹה יְשָׁרִים נִכְחָדוּ. אִלֵּין בְּנֵי אַהֲרֹן, דְּאִתְהַדְּרוּ לְעָלְמָא, מַה דְּאָבַד בְּחַיֵּיהוֹן. וְעַ"ד כְּתִיב בֵּיהּ בְּפִנְחָס בֶּן בֶּן, תְּרֵי זִמְנֵי. פִּנְחָס בֶּן אֶלְעָזָר בֶּן.

עה. מַה כְּתִיב לְעֵילָּא מִפָּרְשָׁתָא דָּא. וַיֹּאמֶר יְיָ' אֶל מֹשֶׁה קַח אֶת כָּל רָאשֵׁי הָעָם וְהוֹקַע אוֹתָם לַיְיָ' נֶגֶד הַשָּׁמֶשׁ. וְכִי עַל דְּקַטְלִין בְּלֵילְיָא, אוֹ עַל דְּקַטְלִין בִּימָמָא בְּיוֹמָא דְּעִיבָא, כְּתִיב נֶגֶד הַשָּׁמֶשׁ. אָמַר ר' יְהוּדָה, דְּתֵהֵא מִיתָתְהוֹן בְּאִתְגַּלְיָיא, כְּמָה דְּחָבוּ בְּאִתְגַּלְיָיא.

עו. א"ר שִׁמְעוֹן, לָאו בְּגִין כָּךְ אִתְּמַר. אֶלָּא מֵהָכָא אוֹלִיפְנָא, בְּדַרְגָּא דְּחָב ב"נ לְקוּדְשָׁא בְּרִיךְ הוּא, לְהַהוּא אֲתָר אִצְטְרִיךְ לְמֶעְבַּד תִּקּוּנְתָא לְנַפְשֵׁיהּ. אִינּוּן חָבוּ בִּבְרִית קַדִּישָׁא דְּאִקְרֵי שֶׁמֶשׁ. בְּגִין כַּךְ דִּינָא וְתִקּוּנָא דִּילְהוֹן אִיהוּ כְּנֶגֶד הַשֶּׁמֶשׁ, וְלָאו בַּאֲתַר אָחֳרָא. מִכָּאן דְּלָא אִצְטְרִיךְ ב"נ לְתַקְּנָא נַפְשֵׁיהּ, אֶלָּא בְּהַהוּא אֲתָר דְּחָב לְגַבֵּיהּ וּמַאן דְּלָא יַעְבִיד הָכִי, לֵית לֵיהּ תִּקּוּנָא לְעָלְמִין כַּדְקָא יָאוּת.

עז. רִבִּי חִיָּיא פָּתַח, יִשְׂבְּעוּ עֲצֵי יְיָ' אַרְזֵי לְבָנוֹן אֲשֶׁר נָטָע, מַה כְּתִיב לְעֵילָּא, וְיַיִן יְשַׂמַּח לְבַב אֱנוֹשׁ וְגוֹ'. וְכִי מַאי הַאי לְהַאי. אֶלָּא הָכִי אוֹלִיפְנָא, דִּכְתִּיב מַצְמִיחַ חָצִיר לַבְּהֵמָה וְגוֹ'. וְכִי שְׁבָחָא דִּבְהֵמָה דְּאִית לָהּ חָצִיר אָתָא דָּוִד לְמֵימַר בְּרוּחַ קוּדְשָׁא. אֶלָּא מַצְמִיחַ חָצִיר, אִלֵּין אִינּוּן שִׁתִּין אֲלַף רִבּוֹא דְּמַלְאָכִין, שְׁלִיחָן, דְּאִתְבְּרִיאוּ בְּיוֹמָא תִּנְיָינָא דִּבְרֵאשִׁית, וְכֻלְּהוּ אֶשָּׁא מְלַהֲטָא. אִלֵּין אִינּוּן חָצִיר. אַמַּאי חָצִיר. בְּגִין דְּצַמְחִין כְּחָצִיר דָּא בְּעָלְמָא, דְּכָל יוֹמָא וְיוֹמָא אִתְקְצִירוּ הַשְׁתָּא, וּלְבָתַר צַמְחִין וּמִהַדְּרִין כְּמִלְקַדְמִין.

עח. וְעַ"ד כְּתִיב מַצְמִיחַ חָצִיר לַבְּהֵמָה, הה"ד יוֹדֵעַ צַדִּיק נֶפֶשׁ בְּהֶמְתּוֹ, וְתָנֵינָן, אֲלַף טוּרִין סַלְקִין לָהּ בְּכָל יוֹמָא וְיוֹמָא. וְכָל טוּרָא וְטוּרָא שִׁתִּין רִבּוֹא הֲוֵי, וְהִיא אָכְלָה.

עט. וְעֵשֶׂב לַעֲבוֹדַת הָאָדָם, אִלֵּין אִינּוּן נִשְׁמָתְהוֹן דְּצַדִּיקַיָּיא, דְּהַהוּא אָדָם דְּרָכִיב וְשָׁלִיט עַל בְּהֵמָה דָּא אָכִיל, וְאָעִיל לוֹן בְּגַוֵּיהּ, וּבִזְכוּתֵהוֹן אִתְּזָן כָּל עָלְמָא מֵהַהוּא אָדָם, דִּכְתִּיב בֵּיהּ, וְעַל דְּמוּת הַכִּסֵּא דְּמוּת כְּמַרְאֵה אָדָם וְגוֹ'. וְעַ"ד כְּתִיב הָאָדָם, הַהוּא דְּאִשְׁתְּמוֹדַע, בְּגִין לְהוֹצִיא לֶחֶם מִן הָאָרֶץ, לְאַפָּקָא מְזוֹנָא לְעָלְמָא מִן הָאָרֶץ קַדִּישָׁא.

פ. וְיַיִן, דָּא חַמְרָא עַתִּיקָא דְּנָגִיד מִלְּעֵילָּא. יְשַׂמַּח לְבַב אֱנוֹשׁ, אֱנוֹשׁ: דָּא רָזָא דְּהַהוּא נַעַר, דְּסָלִיק לְסִיבוּ, וְאִתְהַדַּר כְּמִלְקַדְמִין. וְעַ"ד כְּתִיב, אֱנוֹשׁ כֶּחָצִיר

יָמָיו.

פא. לְהַצְהִיל פָּנִים, אִלֵּין אִינּוּן פָּנִים: דְּאִקְרוּן אַנְפֵּי רַבְרְבֵי, וְאַנְפֵּי זוּטְרֵי. מִשָּׁמֶן: מִנְּגִידוּ דְּעָלְמָא דְּאָתֵי, מִשַּׁח וּרְבוּ קַדִּישָׁא עִלָּאָה. וְלֶחֶם לְבַב אֱנוֹשׁ יִסְעָד, הַהוּא לֶחֶם דְּאִלֵּין שְׁחָקִים, וְטָחֲנָן מַנָּא לְמֵיכְלָא דְּצַדִּיקַיָּיא סְתָמָא, וּמִתַּמָּן אִתְנְגִיד לְכַמָּה חַיָּילִין, דְּאִקְרוּן לְבַב אֱנוֹשׁ. וְכֹלָּא אָתָא מִנְּגִידוּ עִלָּאָה.

פב. יִשְׂבְּעוּ עֲצֵי יְיָ', אִלֵּין אִינּוּן אִילָנִין עִלָּאִין פְּנִימָאִין. אַרְזֵי לְבָנוֹן אֲשֶׁר נָטָע, דְּהָא אִתְעֲקָרוּ וְנָטַע לוֹן קוּדְשָׁא בְּרִיךְ הוּא. מַאי בֵּין עֲצֵי יְיָ', לְאַרְזֵי לְבָנוֹן. עֲצֵי יְיָ', אִלֵּין עֵץ הַחַיִּים, וְעֵץ הַדַּעַת וְטוֹב וָרָע. אַרְזֵי לְבָנוֹן, אִלֵּין חַמְשִׁין תַּרְעִין, דְּאִקְרוּן חָמֵשׁ מֵאוֹת שָׁנָה.

פג. אֲשֶׁר נָטָע. אֲשֶׁר שָׁם צִפֳּרִים יְקַנֵּנוּ, בְּטוּלֵיהוֹן, מְקַנְּנָן נִשְׁמָתֵהוֹן דְּצַדִּיקַיָּיא, וְכָל חַיָּילִין קַדִּישִׁין אִתְזָנוּ מִתַּמָּן. חֲסִידָה, בְּרַתֵּיהּ דְּאַבְרָהָם אָבִינוּ, דְּאִקְרֵי חָסִיד, וְעָבֵד חֶסֶד עִם כָּל בְּנֵי עָלְמָא, בג"כ אִקְרֵי חֲסִידָה. בְּרוֹשִׁים בֵּיתָהּ. בֵּין דְּרוֹעֵי עָלְמָא יָתְבָא (ע"כ רעיא מהימנא).

פד. רִבִּי אַבָּא וְר' יוֹסֵי, קָמוּ לְמִלְעֵי בְּאוֹרַיְיתָא בְּפַלְגוּת לֵילְיָא, עַד דַּהֲווּ יַתְבֵי וְלָעָאן בְּאוֹרַיְיתָא. א"ר יוֹסֵי, הָא דְּא"ר חִיָּיא אֱנוֹשׁ כֶּחָצִיר יָמָיו שַׁפִּיר קָאָמַר. אֲבָל בְּמַאי אוֹקִימְנָא סוֹפֵיהּ דִּקְרָא, כִּי רוּחַ עָבְרָה בּוֹ וְאֵינֶנּוּ וְלֹא יַכִּירֶנּוּ עוֹד מְקוֹמוֹ. א"ל הָכִי הוּא וַדַּאי, אֱנוֹשׁ כֶּחָצִיר יָמָיו כְּמָה דְּאָמַר, כְּצִיץ הַשָּׂדֶה הַהוּא שָׂדֶה דְּאִשְׁתְּמוֹדַע. כֵּן יָצִיץ דְּאִתְחַדַּשׁ וְאִתְהַדַּר כְּמִלְקַדְּמִין.

פה. כִּי רוּחַ עָבְרָה בּוֹ וְאֵינֶנּוּ, דָּא הוּא רוּחָא עִלָּאָה טְמִירָא קַדִּישָׁא גְּנִיזָא מִכֹּלָּא, דִּכְלִיל לֵיהּ בְּגַוֵּיהּ. וּכְדֵין וְאֵינֶנּוּ. וְדָא הוּא רָזָא דַּחֲנוֹךְ, דִּכְתִיב בֵּיהּ וְאֵינֶנּוּ כִּי לָקַח אוֹתוֹ אֱלֹהִים, דָּא אֱלֹהִים עִלָּאָה. רוּחַ עִלָּאָה, רוּחַ גְּנִיזָא טְמִירָא. וְלֹא יַכִּירֶנּוּ עוֹד מְקוֹמוֹ. דְּהָא אִתְכְּלִיל רוּחָא זְעִירָא, בְּרוּחָא עִלָּאָה. מַה כְּתִיב בַּתְרֵיהּ, וְחֶסֶד יְיָ' מֵעוֹלָם וְעַד עוֹלָם וְעָאל לֵיהּ כַּהֲנָא רַבָּא לְגוֹ קֹדֶשׁ קָדָשִׁים. וְנָטִיל לֵיהּ, וְאוֹלִיד לֵיהּ כְּמִלְקַדְּמִין, וְאִתְחַדַּשׁ כְּנֶשֶׁר עוֹלְמִין. וְאִתְהַדַּר אִיהוּ נַעַר.

רעיא מהימנא

פו. וּבְחִבּוּרָא קַדְמָאָה אָמַר רַעְיָא מְהֵימְנָא בּוּצִינָא קַדִּישָׁא, שַׁפִּיר אָמְרוּ ר' אַבָּא וְר' חִיָּיא וְר' יוֹסֵי, אֲבָל כִּי רוּחַ עָבְרָה בּוֹ וְאֵינֶנּוּ, הָכָא צָרִיךְ לְמִפְתַּח מִלִּין, מַאי עָבְרָה בּוֹ. דָּא עֶבְרָה וָזַעַם וְצָרָה. חַד מֵאִינּוּן מַלְאֲכִין רָעִים.

פז. דִּבְגִין דְּלָא יִשְׁתְּמוֹדְעוּ בֵּיהּ אִינּוּן מָארֵי חוֹבִין, צָרִיךְ לְמֶעְבַּד לֵיהּ שִׁנּוּי מָקוֹם, וְשִׁנּוּי הַשֵּׁם, וְשִׁנּוּי מַעֲשֶׂה. כְּגַוְונָא דְּאַבְרָהָם, דְּאִתְּמַר בֵּיהּ לֶךְ לְךָ מֵאַרְצְךָ וּמִמּוֹלַדְתְּךָ, הֲרֵי שִׁנּוּי מָקוֹם. וְלֹא יִקָּרֵא עוֹד שִׁמְךָ אַבְרָם, וְהָיָה שִׁמְךָ אַבְרָהָם, הֲרֵי שִׁנּוּי הַשֵּׁם. שִׁנּוּי מַעֲשֶׂה דְּאִשְׁתַּנֵּי מֵעוֹבָדִין בִּישִׁין דַּעֲבַד בְּקַדְמֵיתָא, לְעוֹבָדִין טָבִין. אִיהוּ מְתָלָא. לְרוּחַ דְּהַהוּא דְּמִית בְּלָא בְּנִין. כְּגַוְונָא

דָּא עָבֵד קוּדְשָׁא בְּרִיךְ הוּא לְאָדָם, כַּךְ תָּרִיךְ לֵיהּ מֵהַהוּא עָלְמָא, וְאַיְיתֵי לֵיהּ לְהַאי עָלְמָא. וְהָא אִתְּמַר לְעֵיל.

פח. מְשַׁנֶּה פָּנָיו וַתְּשַׁלְּחֵהוּ, וּבְגִ"ד כִּי רוּחַ עָבְרָה בּוֹ, וְחַד מֵאִינּוּן מַלְאֲכִין רָעִים, כַּד חָזֵי לֵיהּ מְשׁוּנֶּה, בְּזִמְנָא דְּאִעֲרַע עִמֵּיהּ, שָׁאֲלִין לֵיהּ שְׁאַר מַשְׁחִיתִין עָלֵיהּ, דָּא הוּא מָארֵי חוֹבָךְ. אִיהוּ עָנֵי לוֹן וְאָמַר, וְאֵינֶנּוּ.

פט. כַּד אִתְתָּרַךְ מֵאַתְרֵיהּ, וְאִתְנְטַע בְּאֲתָר אַחֲרָא, אִתְּמַר בֵּיהּ וְלֹא יַכִּירֶנּוּ עוֹד מְקוֹמוֹ. בְּגִין דְּעָפָר אַחֵר יִקַּח וְטָח אֶת הַבָּיִת. וְדָא אִיהוּ רָזָא, וְנָתַץ אֶת הַבַּיִת אֶת אֲבָנָיו וְאֶת עֵצָיו, אִינּוּן גַּרְמִין וְגִידִין וּבִשְׂרָא דְּהַהוּא חַד עַפְרָא. מַה כְּתִיב בֵּיהּ וְנָחָשׁ עָפָר לַחְמוֹ. בְּגִין דְּהַהוּא מְנוּגָע. וּלְבָתַר וְעָפָר אַחֵר יִקַּח וְטָח אֶת הַבָּיִת, וּבָנֵי לֵיהּ גַּרְמִין וְגִידִין. וְאִתְחַדַּשׁ, כְּבַיִת יְשָׁנָה דְּעַבְדִּין לֵיהּ חֲדָשָׁה. וַדַּאי אִיהוּ דְּאִתְחַדֵּשׁ.

צ. וּמַאי דְּאָמַר וְלֹא יַכִּירֶנּוּ עוֹד מְקוֹמוֹ. עַל רוּחַ, דְּאִתְכְּלִיל רוּחָא זְעֵירָא, בְּרוּחָא עִלָּאָה. הַאי אִיהוּ מַתְלָא, לְאִילָן דְּלָא עָבֵיד אִיבִּין, נַטְלִין עַנְפִּין דִּילֵיהּ, וּמַרְכִּיבִין לֵיהּ בְּעַנְפָּא דְּאִילָנָא אַחֲרָא עִלָּאָה, דְּעָבֵיד פֵּירִין, וְאִתְכְּלִיל דָּא בְּדָא, וְעָבֵיד פֵּירִין. בְּהַהוּא זִמְנָא אִתְּמַר בֵּיהּ, וְלֹא יַכִּירֶנּוּ עוֹד מְקוֹמוֹ.

צא. אוּף הָכִי בַּר נָשׁ דְּיָתִיב בְּקַרְתָּא דְּיָתְבִין בָּהּ אֲנָשִׁין בִּישִׁין, וְלָא יָכִיל לְקַיְּימָא פִּקּוּדִין דְּאוֹרַיְיתָא, וְלָא אַצְלַח בְּאוֹרַיְיתָא, עָבֵיד שִׁנּוּי מָקוֹם, וְאִתְעָקַר מִתַּמָּן, וְאִשְׁתְּרַשׁ בַּאֲתָר דְּדַיְירִין בֵּיהּ גּוּבְרִין טָבִין, מָארֵי תּוֹרָה, מָארֵי פִּקּוּדִין, דְּאוֹרַיְיתָא אִקְרֵי עֵץ. הה"ד, עֵץ חַיִּים הִיא לַמַּחֲזִיקִים בָּהּ. וּבַר נָשׁ הוּא עֵץ, דִּכְתִיב כִּי הָאָדָם עֵץ הַשָּׂדֶה. וּפִקּוּדִין דְּבָהּ, דַּמְיָין לְאִיבָּא, וּמַה כְּתִיב בֵּיהּ, רַק עֵץ אֲשֶׁר תֵּדַע כִּי לֹא עֵץ מַאֲכָל הוּא אוֹתוֹ תַּשְׁחִית וְכָרָתָּ. אוֹתוֹ תַּשְׁחִית מֵעָלְמָא דֵּין, וְכָרַתָּ מֵעָלְמָא דְּאָתֵי. וּבְגִין דָּא צָרִיךְ לְאַעְקְרָא מֵהַהוּא אֲתָר, וְיִתְנְטַע בַּאֲתָר אַחֲרָא בֵּין צַדִּיקַיָּיא.

צב. מַה בַּר נָשׁ בְּלָא בְּנִין, אִתְקְרֵי עָקָר, וְאִתְּתֵיהּ עֲקָרָה. אוּף הָכִי אוֹרַיְיתָא בְּלָא פִּקּוּדִין, אִתְקְרִיאַת עֲקָרָה, וּבְגִין דָּא אוֹקְמוּהָ, לֹא הַמִּדְרָשׁ הוּא הָעִיקָּר אֶלָּא הַמַּעֲשֶׂה. אָתוּ חַבְרַיָּיא וְאִשְׁתַּטְחוּ קַמֵּיהּ, וְאָמְרוּ וַדַּאי כְּעַן אוֹלִיפְנָא וְחִדּוּשָׁא, אֵיךְ אִתְכְּלִיל רוּחַ בְּרוּחַ, כְּמַאן דְּחָזֵי מִלָּה בְּעֵינָא וְאִתְבְּרִיר לֵיהּ. בְּקַדְמֵיתָא הֲוָה לָן קַבָּלָה, וּכְעַן בְּרִירוּ דְּמִלָּה.

צג. וְתוּ אִתְּמַר בְּחִבּוּרָא קַדְמָאָה, דְּהָא נַיְיחָא לֵיהּ לְסִטְרָא אַחֲרָא לְשַׁלְטָאָה עַל זַכָּאָה, יַתִּיר מִכֹּלָּא, וְלָא חָיֵישׁ כְּדֵין לְכָל עָלְמָא. אַדְּהָכִי, הָא טוּלָא אִזְדַּמַּן לְגַבַּיְיהוּ, וא"ל מִנָּלָן. מֵאִיּוֹב. דְּחָזָא קוּדְשָׁא בְּרִיךְ הוּא דְּדָרָא הֲווֹ מְחַיְּיבִין כָּלַיָּיה, וְאָתָא שָׂטָן לְקַטְרְגָא, אָמַר לֵיהּ קוּדְשָׁא בְּרִיךְ הוּא, הֲשַׂמְתָּ לִבְּךָ אֶל עַבְדִּי אִיּוֹב כִּי אֵין כָּמוֹהוּ בְּכָל הָאָרֶץ, לְאִשְׁתְּזָבָא בֵּיהּ דָּרָא. וְאִיהוּ מַתְלָא לְרַעְיָא דְּאָתָא זְאֵב לְמִטְרַף עָאנֵיהּ, וּלְמֵיבַד לֵיהּ. מַה עָבֵד הַהוּא רַעְיָא דַּהֲוָה

וזכימא, יהיב ליה אמרא תקיפא ושמנה ורברבא מכלהו, ההוא דהוו מתנהגין אבתריה כלהו. וברעו לשלטאה על ההוא אמרא טבא, שבק לכלהו. מה עבד ההוא רעיא, בשעתא דהוה זאב אשתדל בההוא אמרא, ברוז רעיא עם עאנא ושוי לון באתריהון. ולבתר תב לאמרא, ושזיב ליה מזאב.

צד. הכי עביד קודשא בריך הוא עם דרא, יהיב קודשא בריך הוא לצדיק, ברשו מקטרגא, לשזבא לדרא בגיניה. ואם הוא תקיף כיעקב, אתמר ביה ויאבק איש עמו, כ"ש וכ"ש דנצח ליה, עד דאמר שלחני. אמר טולא טולא, הכי הוא, זכאה וזולקיה דההוא צדיק, דאיהו תקיף למסבל ייסורין, כ"ש מאן דנצח בהון למקטרגא דיליה. דאיהו שולטנותיה על כל דרא, ואתחשיב ליה כאילו הוא שזיב לון, וקודשא בריך הוא עביד ליה רעיא עלייהו באתריה, ובגין דא זכה רעיא מהימנא. למהוי רועה על ישראל, ולא עוד אלא דהכי אשליט ליה עלייהו בעלמא דאתי. בגין דשזיב לון דלא אתאבידו מתמן, דאנהיג לון באורייתא ובעובדין טבין.

צה. אדהכי הא רעיא מהימנא, אמר לון, ואמאי לקי דרועא ימינא. דאורוז כל מארי אסוותא דאקיזין בקדמיתא דרועא ימינא, והא דרועא שמאלא איהו קריב ללבא, אמאי לא אקיזין ליה. אמר ליה בגין דקודשא בריך הוא לא בעי לאלקאה יתיר, דהא בהאי סגי, ואי אתיקר מרעא על שייפין דגופא, אקיז דרועא שמאלא.

צו. א"ל, אי לא הוו תרווייהו בחד זמנא, יאות אבל אית צדיק הכא, ואית צדיק הכא, לדא אית מרעין ומכתשין, ולדא אית טיבו. אמאי. אי אתייקר ביה מרעא יקיז לתרווייהו, דאינון תרין דרועין, למיהב אסוותא לכל שייפין, ואי לא אתייקר ביה מרעא על כל שייפין, אמאי אקיז לדרועא ימינא, יתיר משמאלא. אלא א"ל אימא אנת.

צז. אמר ליה, ודאי גופא ותרין דרועין, אינון לקבל אבהן. רישא, לקבל אדם קדמאה. דרועא ימינא, לקבל אברהם. דרועא שמאלא, לקבל יצחק. גופא, לקבל יעקב. ומלגו לגופא, כבד לימינא. טחול לשמאלא. עשו וישמעאל. לבא יעקב, באמצעיתא. כנפי ריאה וכוליין, לקבל אברהם ויצחק. ריאה מים. דאינון שואבין כל מיני משקין. כוליין אשא, דבשיל זרע דנוזית ממוחא.

צח. ובגין דאברהם איהו מים, שוי זרעיה בגלותא דאדום ובגין דא כבד לימינא דאברהם, ומרה, דכבד וחרב דיליה, איהי מרה, אתמר בה ואחריתה מרה כלענה. ואי חובין מתרבין בבני דאברהם דאינון בגלותא דאדום, אתיקר ביה מרע עלייהו מסטרא דכבד, דרועא ימינא צריך לאלקאה

לאקזא דמיה מניה, דמאן דנטלין מניה ממוניה, כאילו שפיכו דמיה, ואשתאר עני, דעני חשוב כמת.

צט. ואי חובין מתרבין מסטרא דבני יצחק, דאינון בגלותא בין ישמעאל, בי מרעיה יתיקר מסטרא דטחול לשמאלא, וצריך לאקזא דרועא שמאלא, ולא יתיר.

ק. ואי חובין מתרבין בבני יעקב, דאינון אחידן לתרין סטרין, דאינון מפוזרים בבני עשו וישמעאל, הא מרעא אתיקר על גופא, ובעי לאקזא ב׳ דרועין. ואי כלהו תלת במרעין כחדא. הא מרעא סליק לרישא, ובעי לאקזא ורידין דרישא, ואלין תלת אתעבידו מרכבה לאדם קדמאה ולאבהן, ובהון אתתקפו למסבל ייסורין, לאגנא על דרא לארבע סטרי דעלמא.

קא. ווי ליה לדרא, דגרמין דילקון אבהן ואדם קדמאה, ואלין צדיקייא דביניהו, דלית אפרשותא בין אלין צדיקיא, לאבהן ואדם, דאינון נשמתין דלהון, ודוחקא וצערא ויגונא דלהון, מטי לאבהן ואדם. כגוונא דימא, אלין נחלין דנפקין מתמן, אי חוזרין עכורין ומלוכלכין לימא, הא ימא נטיל מן עכירו ולכלוכא דלהון. ובחילא דימא דאיהי תקיפא, לא סבילת לכלוכא דלהון, וזריקת ליה לבר, ואשתארו נחלין צלילין ודכיין מההוא לכלוך.

קב. כגוונא דאימא, דדכיאת לכלוכין דבנהא זעירין, הכי אבהן מדכאין חובין ולכלוכין דבנייהו דישראל, כד אשתכחו בהון צדיקייא בעובדיהון, תקיפין למסבל ייסורין על דריהון. בההוא זמנא לית אפרשא בהון. אתו כלהו ובריכו ליה, ואמרו ליה סינ״י סינ״י, דקודשא בריך הוא ושכינתיה מליל בפומוי, מאן יכיל לקיימא קמיה בכלא. זכאה חולקנא, דזכינא לחדשא חבורא קדמאה דא בך, לאנהרא שכינתא בגלותא.

קג. אמר לון, רבנן דכל דרא הויתו בזמניהון, כ״ש בוצינא קדישא, דנהיר וחכמתיה בכל דרין דהוו אבתריה, אל תתנו דמי לקודשא בריך הוא באורייתא, עד יערה עלינו רוח קדשא דהא לא אית רשו לאשתמשא במטטרו״ן שר הפנים אלא לך, דאתוון דיליה רמיזין בשמך.

קד. וכען צריך אסיא, למנדע בכמה דרגין אסתלק דפיקו דההוא חולה בגלותא דאדום, דאתמר עליה שחולת אהבה אני. דהא כמה אסיין אתכנשו עליה, למנדע קץ דמרעא דיליה, באלין דפיקין, ולא הוה חד מנייהו דאשתמודע בהון, דדפיקו דההוא חולה, לא כל אסיא בקי לאשתמודע ביה, דאית דפיקין דקשר״ק קש״ק קר״ק, דאמר נביא עלייהו כמו הרה תקריב ללדת תחיל תזעק בחבליה.

קה. וכלהו עשר שופרות, כלילן בתלת, דאינון סימן קש״ר, דאיהו תקיעה שברים תרועה. ותקיעה אחזי אריכו דגלותא, שברים קריבו דגלותא.

תְּרוּעָה בֵּיהּ יֵיתֵי פּוּרְקָנָא, דְּאַחֲזֵי דּוּחֲקָא בָּתַר דּוּחֲקָא, וְלֵית רְוָוחָא בֵּין דָּא לְדָא, דְּוַדַּאי כֵּיוָן דִּשְׁאַר עַמִּין מְעַכְּבִין לוֹן לְיִשְׂרָאֵל בְּגָלוּתָא, דּוּחֲקָא דִּלְהוֹן מְקָרֵב לוֹן פּוּרְקָנָא. אוּף הָכִי מְהִירוּ דִּדְפִיקוּ דָּא בָּתַר דָּא, בֵּיהּ נָפִיק נַפְשָׁא דְּב"נ, בָּתַר דְּלֵית רֶיוַוח בֵּין דָּא לְדָא.

קו. קשר"ק קש"ק קר"ק, אִיהוּ דְּשַׁוֵּי קש"ר, תְּקִיעָה שְׁבָרִים תְּרוּעָה. דְּאִתְעֲבַר בֵּיהּ שֶׁקֶר מִן עָלְמָא, *. ט]יְדַבֵּיהּ אוּמָאָה, מִלְחָמָה לַיְיָ בַּעֲמָלֵק. יִתְעַר בְּעָלְמָא. שִׁיר פָּשׁוּט, וְכָפוּל, וּמְשׁוּלָשׁ, וּמְרוּבָּע. דְּאִיהוּ סָלִיק אַתְוָון דִּילֵיהּ, י', י"ה, יה"ו, יהו"ה, ע"ב. בְּהַהוּא זִמְנָא, וּבְכֵן צַדִּיקִים יִרְאוּ וְיִשְׂמָחוּ וִישָׁרִים יַעֲלוֹזוּ וַחֲסִידִים בְּרִנָּה יָגִילוּ. ו' תּוֹסֶפֶת, אֲלַף שְׁתִיתָאָה. קוֹדֶם דִּילֵיהּ עָקָ"ב, וְחָרֵב בֵּי מַקְדְּשָׁא, וּלְבָתַר דִּילֵיהּ, עַד תַּשְׁלוּם רָעָב, יְהֵיֶה עֶרֶב. הה"ד עֶרֶב וִידַעְתֶּם כִּי יְיָ' הוֹצִיא אֶתְכֶם וְגוֹ'. כִּי עַבְדְּךָ עָרַב אֶת הַנַּעַר וְגוֹ'. (ע"כ רעיא מהימנא).

קז. עַד דַּהֲווֹ יַתְבֵי, וְחָמוּ חַד טוּלָא דְּקַיְּימָא עֲלַיְיהוּ, אַזְלָא וְאַתְיָא, אַזְלָא וְאַתְיָא, בְּגוֹ בֵּיתָא. תַּוְּהוּ. א"ר אַבָּא, יוֹסֵי בְּנִי, אֵימָא לָךְ מַה דַּהֲוָה לִי עִם בּוֹצִינָא קַדִּישָׁא. יוֹמָא חַד הֲוֵינָן אַזְלִינָן בְּבִקְעָתָא דְּאוֹנוֹ, וַהֲוֵינָן לָעָאן בְּאוֹרַיְיתָא, כָּל הַהוּא יוֹמָא, וּמִגּוֹ תּוּקְפָּא דְּשִׁמְשָׁא אוֹתִבְנָן גַּבֵּי חַד טִינָרָא, בְּגוֹ נוּקְבָא וְחָדָא.

קח. אֲמֵינָא לֵיהּ, מַאי הַאי, דִּבְכָל שַׁעֲתָא דְּחַיָּיבִין אַסְגִּיאוּ בְּעָלְמָא, וְדִינָא שַׁרְיָא בְּעָלְמָא, זַכָּאִין דִּבְהוֹן לָקָאן עֲלַיְיהוּ. דְּהָכִי תָּנֵינָן, בְּחוֹבָא דְּדָרָא, קַדִּישַׁיָּיא וְצַדִּיקַיָּיא יִתְפְּסוּן. אֲמַאי, אִי בְּגִין דְּאִינּוּן דְּלָא מוֹכִיחִין לְעָלְמָא עַל עוֹבָדַיְיהוּ, כַּמָּה אִינּוּן דְּמוֹכִיחִין, וְלָא מְקַבְּלֵי מִנַּיְיהוּ, וְצַדִּיקַיָּיא אִתְכַּפְיָין קַמַּיְיהוּ. וְאִי בְּגִין דְּלָא הֲוֵי מַאן דְּיָגִין עַל עָלְמָא, לָא יְהוֹן מֵתִין, וְלָא יִתְפְּסוּן בְּחוֹבַיְיהוּ, דְּהָא חֶדְוָה אִיהוּ לְצַדִּיקַיָּיא בְּאַבְדָּא דִּלְהוֹן.

קט. א"ל, בְּחוֹבָה דְּדָרָא וַדַּאי מִתְפְּסִין צַדִּיקַיָּיא, וְהָא אוֹקִימְנָא הָנֵי מִילֵי. אֲבָל בְּשַׁעֲתָא דְּיִתְפְּסוּן צַדִּיקַיָּיא בְּמַרְעִין, אוֹ בְּמַכְתְּשִׁין, בְּגִין לְכַפְּרָא עַל עָלְמָא הֲוֵי, כְּדֵין יִתְכַּפְּרוּן כָּל חוֹבֵי דָּרָא, מְנָלָן. מִכָּל שַׁיְיפֵי גוּפָא, בְּשַׁעֲתָא דְּכָל שַׁיְיפִין בְּעָאקוּ, וּמַרְעָ סַגֵּי שַׁרְיָא עֲלַיְיהוּ, שַׁיְיפָא חֲדָא אִצְטְרִיךְ לְאַלְקָאָה, בְּגִין דְּיִתְסוּן כֻּלְּהוּ, וּמַנּוּ. דְּרוֹעָא. דְּרוֹעָא אַלְקֵי וְאַפִּיקוּ מִינֵּיהּ דְּמָא, כְּדֵין הָא אַסְוָותָא לְכָל שַׁיְיפֵי גּוּפָא.

קי. אוּף הָכִי בְּנֵי עָלְמָא אִינּוּן שַׁיְיפִין דָּא עִם דָּא. בְּשַׁעֲתָא דְּבָעֵי קוּדְשָׁא בְּרִיךְ הוּא לְמֵיהַב אַסְוָותָא לְעָלְמָא, אַלְקֵי לְחַד צַדִּיקָא בֵּינַיְיהוּ, בְּמַרְעִין וּבְמַכְתְּשִׁין, וּבְגִינֵיהּ יָהִיב אַסְוָותָא לְכֹלָּא. מְנָלָן. דִּכְתִיב וְהוּא מְחוֹלָל מִפְּשָׁעֵינוּ מְדוּכָּא מֵעֲוֹנוֹתֵינוּ וְגוֹ'. וּבַחֲבוּרָתוֹ נִרְפָּא לָנוּ. וּבַחֲבוּרָתוֹ, אֲקָזוּתָא דִּדְמָא, כְּמַאן דְּאָקִיז דְּרוֹעָא, וּבְהַהוּא חֲבוּרָא נִרְפָּא לָנוּ, אַסְוָותָא הוּא לָנָא לְכָל שַׁיְיפִין דְּגוּפָא.

קי״א. וּלְעוֹלָם לָא אַלְקֵי צַדִּיקָא, אֶלָּא לְמֵיהַב אַסְוָותָא לְדָרָא, וּלְכַפָּרָא עֲלַיְיהוּ. דְּהָא נַיְוזָא לְסִטְרָא אַחֲרָא דְּדִינָא שַׁלְטָא עַל זַכָּאָה יַתִּיר מִכֹּלָּא, דְּלָא וַוזַיִּישׁ כְּדֵין לְכָל עָלְמָא, וְלָא אַשְׁגַּוז בְּהוּ, מֵוֶודְוָה דְּשַׁלִּיט עָלֵיהּ. וְהַהוּא זַכָּאָה זָכֵי לְשׁוּלְטָנָא עִלָּאָה, בְּהַאי עָלְמָא, וּבְעָלְמָא דְּאָתֵי. צַדִּיק וְטוֹב לוֹ, דְּלָא וַוזַיִּישׁ קוּדְשָׁא בְּרִיךְ הוּא לְכַפְּרָא עַל עָלְמָא.

קי״ב. אֲמֵינָא לֵיהּ, אִלּוּ לָא הֲווּ בְּוַזד זִמְנָא, יָאוּת. אֲבָל אִית צַדִּיק הָכָא, וְאִית צַדִּיק הָכָא, לְדָא אִית מַרְעִין וּמַכְתְּשִׁין, וּלְדָא אִית כָּל טִיבוּ דְּעָלְמָא. אָמַר לִי, בְּוַזד מִנַּיְיהוּ אוֹ תְּרֵין סַגֵּי, דְּלָא בָּעָא קוּדְשָׁא בְּרִיךְ הוּא לְאַלְקָאָה כֹּלָּא, כְּמָה דְּלָא אִצְטְרִיךְ אֶלָּא דְּרוֹעָא וַוזֲדָא, לְאַלְקָאָה וּלְאַקְזָאָה לְמֵיהַב אַסְוָותָא לְכָל שַׁיְיפִין. אוּף הָכָא, בְּוַזד צַדִּיקָא סַגֵּי.

קי״ג. וְאִי אִתְקַף בֵּיהּ מַרְעָ, עַל כָּל שַׁיְיפִין, כְּדֵין אִצְטְרִיךְ תְּרֵין דְּרוֹעִין לְאַקְזָאָה. אוּף הָכִי, אִי אַסְגִּיאוּ וזוֹבִין יַקִּירִין עַל עָלְמָא, כְּדֵין כָּל זַכָּאִין אַלְקוּן, לְמֵיהַב אַסְוָותָא עַל כָּל דָּרָא. אֲבָל בִּזְמַן דְּלָא אַסְגִּיאוּ כָּל כָּךְ, כְּדֵין וַזד זַכָּאָה אַלְקֵי, וּשְׁאַר צַדִּיקַיָּא בִּשְׁלָם, דְּהָא לָא אִצְטְרִיךְ עָלְמָא דִּילְקוּן כֻּלְּהוּ. אִתְסִיאוּ עַמָּא. אִתְסִיאוּ צַדִּיקַיָּיא. וּלְזִמְנִין דְּכָל יוֹמֵיהוֹן קַיְימִין בְּמַרְעִין, לְאַגָּנָא עַל דָּרָא. מִיתוּ, הָא אִתְסֵי כֹּלָּא, וְאִתְכַּפַּר. לִזְמְנִין דְּוזוֹבִין אִינּוּן יַקִּירִין יַתִּיר.

קי״ד. קַמְנָא וְאָזְלְנָא. וְתוּקְפָּא דְּשִׁמְשָׁא הֲוָה יַתִּיר, וְדָוזִיק לָן בְּאוֹרְוָזא. וַוזֲמֵינָן אִילָנִין בְּמַדְבְּרָא, וּמַיִין תְּוזוֹתַיְיהוּ. יָתִיבְנָא תְּוזוֹת וַזד טוּלָא דְּאִילָנָא דְּמַדְבְּרָא. שָׁאִילְנָא לֵיהּ, מַאי הַאי דְּכָל עַמִּין דְּעָלְמָא לָא עַבְדִּין נִעְנוּעָא, אֶלָּא יִשְׂרָאֵל בִּלְוזוֹדַיְיהוּ, דְּכַד לָעָאן בְּאוֹרַיְיתָא, מִתְנַעְנְעָן הָכָא וְהָכָא, בְּלָא לִמוּדָא דְּבַר נָשׁ בְּעָלְמָא, וְלָא יַכְלִין לְמֵיקַם בְּקִיּוּמַיְיהוּ.

קט״ו. אָמַר לִי, אַדְכַּרְתָּן מִלְּתָא עִלָּאָה, וּבְנֵי עָלְמָא לָא יַדְעִין, וְלָא מַשְׁגִּיוזִין. יָתִיב שַׁעֲתָא וּבָכָה, אָמַר, וַוי לִבְנֵי נָשָׁא דְּאָזְלִין כִּבְעִירֵי וַוזֲקְלָא, בְּלָא סוּכְלְתָנוּ. בְּמִלָּה דָּא בִּלְוזוֹדוֹי אִשְׁתְּמוֹדְעָן נִשְׁמָתְהוֹן קַדִּישִׁין דְּיִשְׂרָאֵל, בֵּין נִשְׁמָתְהוֹן דְּעַמִּין עעכו״ם. נִשְׁמָתְהוֹן דְּיִשְׂרָאֵל אִתְגְּזָרוּ, מִגּוֹ בּוּצִינָא קַדִּישָׁא דְּדָלִיק, דִּכְתִּיב נֵר יְיָ׳ נִשְׁמַת אָדָם. וְהַאי נֵר בְּשַׁעֲתָא דְּאִתְדְּלִיק מִגּוֹ אוֹרַיְיתָא דִּלְעֵילָא, לָא שָׁכִיךְ נְהוֹרָא עָלֵיהּ אֲפִילּוּ רִגְעָא. וְרָזָא דָּא, אֱלֹהִים אַל דֳּמִי לָךְ. כְּגַוְונָא דָּא כְּתִיב, הַמַּזְכִּירִים אֶת יְיָ׳ אַל דֳּמִי לָכֶם, לָא שְׁכִיכוּ לְכוֹן. נְהוֹרָא דְּשַׁרְגָּא כֵּיוָן דְּאִתְאֲוזִידָא גּוֹ פְּתִילָה, הַהוּא נְהוֹרָא לָא שָׁכִיךְ לְעָלְמִין, אֶלָּא מִתְנַעְנְעָא נְהוֹרָא לְכָאן וּלְכָאן, וְלָא מִשְׁתְּכִיךְ לְעָלְמִין.

קט״ז. כְּגַוְונָא דָּא, יִשְׂרָאֵל, דְּנִשְׁמָתַיְיהוּ מִגּוֹ הַהוּא נְהוֹרָא דְּשַׁרְגָּא, כֵּיוָן דְּאָמַר מִלָּה וַוזֲדָא דְּאוֹרַיְיתָא, הָא נְהוֹרָא דָּלִיק, וְלָא יַכְלוּן אִינּוּן לְאִשְׁתַּכְּכָא, וּמִתְנַעְנְעָן לְכָאן וּלְכָאן, וּלְכָל סִטְרִין. כִּנְהוֹרָא דְּשַׁרְגָּא, דְּהָא נֵר יְיָ׳ נִשְׁמַת אָדָם כְּתִיב.

קיז. וּכְתִיב, אָדָם אַתֶּם, אַתֶּם קְרוּיִין אָדָם, וְלָא אוּמִין עכו"ם. נִשְׁמָתִין דְּעַמִּין עכו"ם, מִדְּעִיכוּ דְּקַשׁ, בְּלָא נְהוֹרָא דְּשָׁרֵי עֲלַיְיהוּ. וע"ד מִשְׁתַּכְּכִין, וְלָא מִתְנַעְנְעָן, דְּהָא לֵית לוֹן אוֹרַיְיתָא, וְלָא דַּלְקִין בָּהּ, וְלָאו נְהוֹרָא שַׁרְיָיא בְּהוֹן, אִינּוּן קַיְימִין כְּעֵצִים בְּגוֹ נוּרָא דְּדָלִיק, בְּלָא נְהוֹרָא דְּשַׁרְיָא עֲלַיְיהוּ, וע"ד מִשְׁתַּכְּכִין בְּלָא נְהוֹרָא כְּלָל. א"ר יוֹסֵי, דָּא אִיהוּ בְּרִירוּ דְּמִלָּה, זַכָּאָה ווֹלָקִי דְּזָכֵינָא לְהַאי, לְמִשְׁמַע דָּא.

קיח. קוּם ר' אַבָּא, לְחַדְּשָׁא מִילִין דְּאוֹרַיְיתָא, דְּאַמְרַת בְּחִבּוּרָא קַדְמָאָה. פָּתַח ר' אַבָּא וְאָמַר, שִׁירוּ לַיְיָ' שִׁיר חָדָשׁ תְּהִלָּתוֹ מִקְצֵה הָאָרֶץ וְגו'. כַּמָּה חֲבִיבִין יִשְׂרָאֵל קָמֵי קוּדְשָׁא בְּרִיךְ הוּא, דְּחֶדְוָה דִּלְהוֹן וְתוּשְׁבַּחְתָּא דִּלְהוֹן לָאו אִיהוּ, אֶלָּא בֵּיהּ דְּהָכָא תָּנֵינָן, כָּל חֶדְוָה דְּיִשְׂרָאֵל דְּלָא מִשְׁתַּתְּפֵי בָּהּ לְקוּדְשָׁא בְּרִיךְ הוּא, לָאו אִיהוּ חֶדְוָה. וְזַמִּין אִיהוּ סמאל וְכָל סִיַּיעְתָּא דִּילֵיהּ לְקַטְרְגָא לְהַהוּא חֶדְוָה, וְאִשְׁתְּאַר בְּצַעֲרָא וּבְכִיָּה, וְקוּדְשָׁא בְּרִיךְ הוּא לָא אִשְׁתַּתַּף בְּהַהוּא צַעֲרָא.

קיט. אֲבָל מַאן דְּשָׁתִּיף קוּדְשָׁא בְּרִיךְ הוּא וּשְׁכִינְתֵּיהּ בְּחֶדְוָה דִּילֵיהּ, אִם יֵיתֵי מְקַטְרְגָא לְקַטְרְגָא בְּהַהִיא חֶדְוָה. קוּדְשָׁא בְּרִיךְ הוּא וּשְׁכִינְתֵּיהּ מִשְׁתַּתֵּף בְּהַהוּא צַעֲרָא. מַה כְּתִיב בֵּיהּ בְּכָל צָרָתָם לֹא צָר. וּבְמָאי. בְּגִין דְּעִמּוֹ אָנֹכִי בְצָרָה.

קכ. וּמִנָּלָן, דְּאִית לוֹן לְיִשְׂרָאֵל לְשַׁתְּפָא לְקוּדְשָׁא בְּרִיךְ הוּא וּשְׁכִינְתֵּיהּ בְּחֶדְוָה דִּלְהוֹן. דִּכְתִיב יִשְׂמַח יִשְׂרָאֵל בְּעוֹשָׂיו. הַהִיא חֶדְוָה דְּיִשְׂרָאֵל לָאו אִיהוּ, אֶלָּא בְּעוֹשָׂיו. בְּעוֹשָׂיו, בְּעוֹשׂוֹ מִבָּעֵי לֵיהּ. אֶלָּא אִלֵּין קוּדְשָׁא בְּרִיךְ הוּא וּשְׁכִינְתֵּיהּ, וְאָבִיו וְאִמּוֹ, דְּאַף עַל גַּב דְּמִיתוּ, קוּדְשָׁא בְּרִיךְ הוּא אַעְקַר לוֹן מג"ע, וְאַיְיתֵי לוֹן עִמֵּיהּ לְהַהוּא חֶדְוָה, לְנַטְלָא חוּלָקָא דְּחֶדְוָה עִם קוּדְשָׁא בְּרִיךְ הוּא וּשְׁכִינְתֵּיהּ. כד"א הָעוֹשׂוֹ יַגֵּשׁ חַרְבּוֹ.

קכא. ד"א בְּעוֹשָׂיו, בְּגִין דב"נ אִתְעֲבֵיד בְּשׁוּתָּפוּת, גַּבְרָא וְאִתְּתָא, וְקוּדְשָׁא בְּרִיךְ הוּא. וְעַל רָזָא דָּא כְּתִיב, נַעֲשֶׂה אָדָם, בְּשׁוּתָּפוּ. דְּתָנֵינָן, תְּלַת אוּמָּנִין עָבֵד קוּדְשָׁא בְּרִיךְ הוּא, לְאַפָּקָא מִנַּיְהוּ עָלְמָא, וְאִלֵּין אִינּוּן: שְׁמַיָּא, וְאַרְעָא, וּמַיָּיא. וְכָל חַד שִׁמֵּשׁ חַד יוֹמָא, וְאָהַדְרוּ כְּמִלְּקַדְמִין.

קכב. יוֹמָא קַדְמָאָה, אַפִּיק שְׁמַיָּא אוּמָנוּתָא דִּילֵיהּ, דִּכְתִיב וַיֹּאמֶר אֱלֹהִים יְהִי אוֹר וַיְהִי אוֹר. יוֹמָא תִּנְיָינָא, אַפִּיקוּ מַיָּא אוּמָנוּתָא לַעֲבִידְתָּא, דִּכְתִיב וַיֹּאמֶר אֱלֹהִים יְהִי רָקִיעַ בְּתוֹךְ הַמָּיִם וְגו'. אִסְתַּלְּקוּ פַּלְגָּא מַיָּיא לְעֵילָּא, וּפַלְגָּא מַיָּיא לְתַתָּא אִשְׁתְּאָרוּ. וְאִלְמָלֵא כַּךְ דְּמַיָּא אִתְפָּרְשׁוּ, עָלְמָא לָא הֲוָה קָאִים. יוֹמָא תְּלִיתָאָה, עֲבִידַת אַרְעָא וְאַפִּיקַת כְּמָה דְּאִתְפַּקְדַת, דִּכְתִיב וַיֹּאמֶר אֱלֹהִים תַּדְשֵׁא הָאָרֶץ דֶּשֶׁא עֵשֶׂב, וּכְתִיב וַתּוֹצֵא הָאָרֶץ דֶּשֶׁא וְגו'.

קכג. עַד הָכָא כָּל אוּמָּנָא מֵאִלֵּין תְּלָתָא, אַפִּיק אוּמָנוּתָא דִּילֵיהּ, וְעַבְדוּ מַה

דְּאִתְפְּקָדוּ. אִשְׁתְּאָרוּ תְּלַת יוֹמִין אַחֲרָנִין. יוֹמָא ד', אִתְפְּקַד אוּמָּנָא קַדְמָאָה לְמֶעְבַּד אוּמָּנָא דִּילֵיהּ, דִּכְתִּיב וַיֹּאמֶר אֱלֹהִים יְהִי מְאֹרֹת וְגוֹ', וְהַיְינוּ שָׁמַיִם. בְּיוֹמָא חֲמִשָׁאָה, אַפִּיקוּ מַיָּא דְּאִיהוּ אוּמָּנָא אָחֳרָא, דִּכְתִּיב וַיֹּאמֶר אֱלֹהִים יִשְׁרְצוּ הַמַּיִם וְגוֹ'. בְּיוֹמָא שְׁתִיתָאָה, עַבְדַת אַרְעָא אוּמָּנוּתָא דִּילָהּ, דִּכְתִּיב וַיֹּאמֶר אֱלֹהִים תּוֹצֵא הָאָרֶץ נֶפֶשׁ חַיָּה וְגוֹ'.

קכד. כֵּיוָן דִּתְלַת אוּמָּנִין אִלֵּין אַשְׁלִימוּ עוֹבָדַיְיהוּ. אָמַר לוֹן קוּדְשָׁא בְּרִיךְ הוּא, אוּמָּנוּתָא חֲדָא אִית לִי לְמֶעְבַּד, וְאִיהוּ אָדָם. אִתְחַבָּרוּ כַּחֲדָא, וַאֲנָא עִמְּכוֹן, נַעֲשֶׂה אָדָם, גּוּפָא דִּלְכוֹן, וַאֲנָא אֶהֱא שׁוּתָּפוּ עִמְּכוֹן, וְנַעֲשֶׂה אָדָם. כְּמָה דִּבְקַדְמֵיתָא הֲוָה בְּשׁוּתָּפוּ, הָכִי נָמֵי לְבָתַר. אַבָּא, דְּבֵיהּ עָבֵיד עֲבִידְתָּא דִּשְׁמַיָּא, וַעֲבִידְתָּא דְּמַיָּא. וְאִתְּתָא, דְּאִיהִי אוּמָּנָא תְּלִיתָאָה, כְּגַוְונָא דְּאַרְעָא. וְקוּדְשָׁא בְּרִיךְ הוּא דְּאִשְׁתְּתַף בַּהֲדַיְיהוּ. וְעַל רָזָא דָּא כְּתִיב בְּעוֹשָׂיו.

קכה. וְאַף עַל גַּב דְּאַבָּא וְאִמָּא אִתְפָּרְשׁוּ מֵהַאי עָלְמָא, חֶדְוָה בְּכֹל שׁוּתָּפוּתָא הֲוֵי. דְּתָנֵינָן, בְּשַׁעֲתָא דְּבַר נָשׁ שָׁתִיף לְקוּדְשָׁא בְּרִיךְ הוּא לְחֶדְוָה דִּילֵיהּ, קוּדְשָׁא בְּרִיךְ הוּא אָתֵי לְגִנְּתָא דְּעֵדֶן, וְאַעְקַר מִתַּמָּן לַאֲבוּהִי וְאִמֵּיהּ, דְּאִינּוּן שׁוּתָּפִין בַּהֲדֵיהּ, וְאַיְיתֵי לוֹן עִמֵּיהּ לְהַהוּא חֶדְוָה, וְכֻלְּהוּ זְמִינִין תַּמָּן, וּבְנֵי נָשָׁא לָא יַדְעִין. אֲבָל בְּעָקוּ דְּב"נ, קוּדְשָׁא בְּרִיךְ הוּא זַמִּין לְגַבֵּיהּ בִּלְחוֹדוֹי, וְלָא אוֹדַע לַאֲבוּהִי וּלְאִמֵּיהּ, הה"ד בַּצַּר לִי אֶקְרָא יְיָ' וְאֶל אֱלֹהַי אֲשַׁוֵּעַ וְגוֹ'.

רעיא מהימנא

קכו. אָמַר קוּדְשָׁא בְּרִיךְ הוּא, אֲנָא וּשְׁכִינְתִּי שׁוּתָּפוּתָא דְּנִשְׁמָתָא, וַאֲבוֹי וְאִמֵּיהּ שׁוּתָּפוּתָא דְּגוּפָא, דַּאֲבוֹי מַזְרִיעַ לוֹבֶן, דְּעַיְינִין, וְדַגַּרְמִין, וְגִידִין, וּמוֹחָא. וְאִתְּתָא שְׁחוֹר דְּעַיְינִין, וְשַׂעֲרָא, וּבִשְׂרָא, וּמַשְׁכָא. וְאוּף הָכִי שְׁמַיָּא וְאַרְעָא. וְכָל חַיָּילִין דִּלְהוֹן, אִשְׁתַּתָּפוּ בִּיצִירָתֵיהּ. מַלְאָכִין, מִנְּהוֹן יֵצֶר הַטּוֹב וְיֵצֶר הָרָע לְמֶהֱוֵי מְצוּיָּיר מִתַּרְוַויְיהוּ. שִׁמְשָׁא וְסִיהֲרָא, לְאַנְהֳרָא לֵיהּ בִּימָמָא וְלֵילְיָא. חֵיוָן וּבְעִירָן וְעוֹפִין וְנוּנִין, לְאִתְפַּרְנְסָא מִנְּהוֹן. כָּל אִילָנִין וְזַרְעִין דְּאַרְעָא, לְאִתְפַּרְנְסָא מִנְּהוֹן.

קכז. מַה עָבֵד קוּדְשָׁא בְּרִיךְ הוּא, אַעְקַר לַאֲבוֹי וּלְאִמֵּיהּ מִגִּנְּתָא דְּעֵדֶן, וְאַיְיתֵי לְהוּ עִמֵּיהּ, לְמֶהֱוֵי בְּחֶדְוָה דִּבְנוֹי, וְלֵית חֶדְוָה כְּחֶדְוָה דְּפוּרְקָנָא, דִּכְתִּיב בָּהּ, יִשְׂמְחוּ הַשָּׁמַיִם וְתָגֵל הָאָרֶץ וַיֹּאמְרוּ בַגּוֹיִם יְיָ' מָלָךְ. אָז יְרַנְּנוּ עֲצֵי הַיָּעַר מִלִּפְנֵי יְיָ' כִּי בָא לִשְׁפּוֹט אֶת הָאָרֶץ. (ע"כ רעיא מהימנא).

קכח. אַהְדָר הַהוּא טוּלָא דְּמִלְקַדְּמִין, וְאַזְלָא גּוֹ בֵּיתָא, כְּמוֹ דְּיוּקְנָא דְּב"נ. נָפַל עַל אַנְפּוֹי ר' אַבָּא. אָמַר רִבִּי יוֹסֵי, אַדְכַּרְנָא דִּבְהַאי אַתְרָא זַמִּינָא לֵיהּ לר' פִּנְחָס בֶּן יָאִיר, יוֹמָא חַד הֲוָה קָאִים בְּהַאי דּוּכְתָּא, וַהֲוָה אָמַר הָכִי, פִּינְחָס בֶּן אֶלְעָזָר בֶּן אַהֲרֹן הַכֹּהֵן, בְּאַת י' זְעֵירָא.

קכט. בְּגִין דִּתְרֵין אַלְפִּין בָּתִּין רְשִׁימִין, אַלְפָּא בֵּיתָא דְּאַתְוָון רַבְרְבָן, וְאַלְפָּא

בֵּיתָא דְּאַתְוָון זְעִירָן. אַתְוָון רַבְרְבָן, אִינּוּן בְּעָלְמָא דְּאָתֵי. וְאַתְוָון זְעִירָן, אִינּוּן בְּעָלְמָא תַּתָּאָה. י' זְעֵירָא, בְּרִית קַיְּימָא קַדִּישָׁא. כֵּיוָן דְּקַנֵּי פִּנְחָס עַל בְּרִית דָּא, אִתּוֹסַף בֵּיהּ י' זְעֵירָא, רָזָא דִּבְרִית דָּא.

קל. בְּהַהוּא שַׁעֲתָא, אָמַר קוּדְשָׁא בְּרִיךְ הוּא, מָה אַעֲבִיד עִם מֹשֶׁה, בְּרִית דָּא מִמֹּשֶׁה הֲוֵי, וְכַלָּה דִּילֵיהּ הֲוֵי. גְּנַאי הוּא לְמֵיהַב לֵיהּ לְאַחֲרָא, בְּלָא דַּעְתָּא וּרְעוּתָא דְּמֹשֶׁה, לָאו יָאוּת הוּא. שָׁארֵי קוּדְשָׁא בְּרִיךְ הוּא וְאָמַר לְמֹשֶׁה, מֹשֶׁה, פִּנְחָס בֶּן אֶלְעָזָר בֶּן אַהֲרֹן הַכֹּהֵן. א"ל מֹשֶׁה, רבש"ע מַהוּ. א"ל, אַנְתְּ הוּא דִּמְסַרְתְּ נַפְשָׁךְ עַל יִשְׂרָאֵל דְּלָא יִשְׁתֵּצוּן מִן עָלְמָא בְּכַמָּה זִמְנִין, וְאִיהוּ הֵשִׁיב אֶת חֲמָתִי מֵעַל בְּנֵי יִשְׂרָאֵל וְגוֹ'. אָמַר מֹשֶׁה מַה אַתְּ בָּעֵי מִנִּי, הָא כַּלָּא דִּידָךְ.

קלא. א"ל, הָא כַּלָּא דִּידָךְ הִיא, אֵימָא לֵיהּ דְּתִשְׁרֵי בְּגַוֵּיהּ. אָמַר מֹשֶׁה, הָא בְּלִבָּא שְׁלִים תְּהֵא לְגַבֵּיהּ. א"ל אֵימָא אַנְתְּ בְּפוּמָךְ, וְאָרִים קָלָךְ, דְּאַנְתְּ מָסַר לֵיהּ בִּרְעוּתָא, בְּלִבָּא שְׁלִים. הה"ד, לָכֵן אֱמוֹר, אַתְּ אֵימָא בִּרְעוּתָא, הִנְנִי נוֹתֵן לוֹ אֶת בְּרִיתִי שָׁלוֹם. מֹשֶׁה הֲוָה אָמַר הִנְנִי נוֹתֵן לוֹ וְגוֹ', דְּאִילוּ קוּדְשָׁא בְּרִיךְ הוּא, ה"ל לְמֵימַר לָכֵן אֱמוֹר לוֹ הִנְנִי נוֹתֵן לוֹ אֶת בְּרִיתִי שָׁלוֹם, אֲבָל לָא כְּתִיב אֶלָּא לָכֵן אֱמוֹר. וְאִי תֵּימָא, דְּאִתְעַבְּרַת מִן מֹשֶׁה. לָא. אֶלָּא כְּבוּצִינָא דָּא דְּאַדְלִיקוּ מִינָּהּ, דָּא יָהִיב וְאַהֲנֵי, וְדָא לָא אִתְגְּרַע מִנָּהּ.

קלב. אָתָא הַהוּא טוּלָא, וְיָתִיב, וְנָשִׁיק לֵיהּ. שָׁמְעוּ חַד קָלָא דַּהֲוָה אָמַר, פַּנּוּן אֲתָר, פַּנּוּן אֲתָר לר' פִּנְחָס בֶּן יָאִיר, דְּאִיהוּ גַּבַּיְיכוּ. דְּתָנֵינָן, דְּכָל אֲתָר דְּצַדִּיקָא אִתְחַדַּשׁ בֵּיהּ מִלֵּי דְּאוֹרַיְיתָא, כַּד אִיהוּ בְּהַהוּא עָלְמָא, פָּקִיד לְהַהוּא אֲתָר, וְאָתֵי לֵיהּ לְגַבֵּיהּ. וכ"ש כַּד שָׁרָאן בְּגַוֵּיהּ צַדִּיקַיָּיא אַחֲרָנִין. לְחֶדְוָתָא בְּהַהוּא אֲתָר, דְּאַמְרִין מִלֵּי דְּאוֹרַיְיתָא. כְּגַוְונָא דָּא דַּהֲוָה אָתֵי ר' פִּנְחָס בֶּן יָאִיר לְמִפְקַד לְאַתְרֵיהּ, וְאַשְׁכַּח אִלֵּין צַדִּיקַיָּיא מְחַדְּתִין מִלִּין דְּאוֹרַיְיתָא, וְאִתְחַדַּשׁ כְּמִלְּקַדְּמִין, הַהוּא מִלָּה דר' פִּנְחָס בֶּן יָאִיר קַמֵּיהּ.

קלג. א"ר אַבָּא, יָאוּת מִלָּה דְּרַבִּי פִּנְחָס בֶּן יָאִיר, דְּהָא לָא כְּתִיב לָכֵן הִנְנִי נוֹתֵן, אֶלָּא לָכֵן אֱמוֹר הִנְנִי נוֹתֵן לוֹ. וְכִי מִלָּה דָּא הֲוָה גְּנִיזָא מְסֵידָא דָּא תְּחוֹת יְדָךְ, וְלָא הֲוֵית אָמַר. זַכָּאָה וְזוּלָקָנָא, דְּזָכֵינָא לְמֶהֱוֵי בְּסִיַּעְתָּא דְּטוּלָא קַדִּישָׁא הָכָא.

קלד. אוּף הוּא פָּתַח וְאָמַר, מִשְּׁמֵיהּ דר' פִּנְחָס כֹּל אֲשֶׁר תִּמְצָא יָדְךָ לַעֲשׂוֹת בְּכֹחֲךָ עֲשֵׂה וְגוֹ', כַּמָּה יָאוּת לֵיהּ לב"נ בְּעוֹד דְּבוּצִינָא דָּלִיק וְשַׁרְיָא עַל רֵישֵׁיהּ, לְאִשְׁתַּדְּלָא וּלְמֶעְבַּד רְעוּתָא דְּמָארֵיהּ. בְּגִין דְּהַהוּא נְהוֹרָא דְּבוּצִינָא, אִיהִי כ"ח דְּשַׁרְיָא עָלֵיהּ. וְעַ"ד כְּתִיב, יִגְדַּל נָא כֹּחַ יְיָ'. כֹּחַ יְיָ', דָּא הוּא כֹּחַ, דְּשַׁרְיָא עַל רֵישַׁיְיהוּ דְּצַדִּיקַיָּיא, וְכָל אִינּוּן דְּמִשְׁתַּדְּלִין בִּרְעוּתָא דְּמָארֵיהוֹן. וְעַל דָּא תָּנֵינָן, כָּל הָעוֹנֶה אָמֵן יְהֵא שְׁמֵיהּ רַבָּא מְבָרַךְ בְּכָל כֹּחוֹ.

קלה. ודאי אצטריך לאתערא כל שייפוי בחילא תקיף בגין דבאתערותא תקיף דאתתקף, אתער ההוא כח קדישא עלאה, ואסתלק גו קודשא ואתבר חילא ותוקפא דסטרא אחרא. וע"ד בכוון, אצטריך למעבד רעותא דמארך.

קלו. כי אין מעשה וחשבון וגו', בגין דבההוא כח איה מעשה, אשתדלותא לאשתדלא בהאי עלמא דאקרי מעשה, עלמא דעובדא, למשלם סופא דמחשבה. וחשבון, דא הוא עלמא, דתליא בדבורא, דהא חשבון בדבורא תלייא. וע"ד, כל גימטריאות, ותקופין, ועבורין דעלמא, בסיהרא הוו. ודעת, דא איהו רזא דשית סטרין, דתליין במחשבה, ואקרון עלמא דההוא מחשבה. וחכמה, דכלא תלייא מניה.

קלז. וכל אלין כלילן בההוא כח, מה דלאו הכי בסטרא דשאול, דרגא דגיהנם. דהא כל ב"נ דלא אשתדל בהאי כ"ח, בהאי עלמא, לאעלאה ביה, במעשה וחשבון ודעת וחכמה, סופיה לאעלאה בשאול, דלית ביה מעשה וחשבון ודעת וחכמה. דהא סטרא אחרא, ארח שאול איהי, דכתיב, דרכי שאול ביתה. מאן דאתרפי מהאי כ"ח קדישא, אתתקף ביה סטרא אחרא, דשאול ביתה.

קלח. אשר אתה הולך שמה, וכי כל בני עלמא אזלי לשאול. אין. אבל סלקין מיד, דכתיב, מוריד שאול ויעל. בר אינון חייבין, דלא הרהרו תשובה לעלמין, דנחתין ולא סלקין. ואפילו צדיקים גמורים נחתין תמן. אמאי נחתין. בגין דנטלין כמה חייבין מתמן, וסלקין לון לעילא. ומאן אינון. אינון דהרהרו בתשובה בהאי עלמא, ולא יכילו, ואסתלקו מן עלמא. וצדיקייא נחתין בגיניהון דחייבין גו שאול, ונטלין לון, וסלקין לון מן תמן.

קלט. אמר ר' יוסי, כתיב אחת לאחת למצא חשבון. וחשבון דגימטרייאות דקיימן בסיהרא, באן דרגא דילה אינון. לא אתיב ליה. אמר, שמענא, ולא אדכרנא מלה. קם ההוא טולא, ובטש בעיני דר' אבא, נפל על אנפוי מגו דחילו. עד דהוה נפל על אנפוי, נפל קרא בפומיה, דכתיב, עיניך ברכות בחשבון על שער בת רבים. ואלין עיינין דילה, פרפראות לגו חכמה עלאה, דאתמשכא מלעילא, ומגו חשבון ותקופין ועבורין אתמליין, ואתעבידו בריכות, דנפקו מימין, לכל סטרין, עד דאתפקדן לכל חושבן ועבורין דסיהרא דלבר, וככבין ומזלי למעבד חשבון, ודא איהו על שער בת רבים, דא איהי סיהרא דלבר.

קמ. א"ר אבא לר' יוסי, ההוא מרגלא קדישא דהוה תחות ידך, מגו סיעתא דחסידא קדישא דאיהו גבן, כמה שפיר איהו, ואהדרנא ביה. דהא ודאי לא אצטריך לאפקא אתתא, למשרי באתר אחרא, עד דבעלה יפקד לה ויהיב לה רשו למהך. ואודעין לבעלה בקדמיתא, ומפייסין ליה, דהוא יפקד לה,

וְיָהִיב לָהּ רְשׁוּ לְמֵיהַךְ לְהַהוּא אֲתָר. כַּךְ קוּדְשָׁא בְּרִיךְ הוּא פַּיִּיס לְמשֶׁה, וְעַד דְּיָהַב לֵיהּ רְשׁוּ, וא״ל אִימָא אַנְתְּ, הִנְנִי נוֹתֵן לוֹ אֶת בְּרִיתִי שָׁלוֹם, לְמִשְׁרֵי בְּגַוֵּויהּ, וְעַד דְּיָהַב לָהּ רְשׁוּ לְמֵיהַךְ תַּמָּן, לָא אָזְלַת.

קמא. מְנָלָן. מִצַּדִּיקוֹ שֶׁל עוֹלָם, דְּיָהִיב לָהּ רְשׁוּ, לְמִשְׁרֵי גּוֹ צַדִּיקֵי בְּהַאי עָלְמָא. וְיָתְבָא עִמְּהוֹן, כְּכַלָּה גּוֹ קִשּׁוּטָהָא. וְצַדִּיקָא דְּעָלְמָא זָמֵין, וְזַוֵּויג אֲבָל בֵּין דְּרוֹעֵי דְּבַעְלָהּ שְׁכִיבַת, וְאִתְהַדְּרַת לְמֶהֱוֵי בַּהֲדַיְיהוּ, וְתָבַת לְבַעְלָהּ. כד״א, בָּעֶרֶב הִיא בָאָה וּבַבֹּקֶר הִיא שָׁבָה. בָּעֶרֶב הִיא בָאָה, לְגַבֵּי בַּעְלָהּ. וּבַבֹּקֶר הִיא שָׁבָה, לְגַבֵּי צַדִּיקַיָּיא דְּעָלְמָא. וְכֹלָּא בִּרְשׁוּתָא דְּבַעְלָהּ.

קמב. וּמשֶׁה כַּךְ אָמַר, הִנְנִי נוֹתֵן לוֹ אֶת בְּרִיתִי, כְּמָה דְּצַדִּיק דִּלְעֵילָּא נוֹתֵן, אוּף אֲנָא הִנְנִי נוֹתֵן, מַתָּנָה לְמֶהֱדַר מַתָּנָה אִיהִי. וּבְגִין בְּרִית דָּא, רָוַוח כְּהוּנָּה עִלָּאָה. וְאִי לָא תְּהֵא בַּהֲדֵיהּ, לָא אִתְקַשַּׁר פִּנְחָס בְּדַרְגָּא דִּכְהוּנָּה עִלָּאָה, דְּהָא בְּרִית דִּבְקָא אִיהוּ תָּדִיר בִּימִינָא עִלָּאָה. וִימִינָא עִלָּאָה דָּא, זַמִּין לְמִבְנֵי בֵּי מַקְדְּשָׁא, דְּאִיהוּ בְּרִית.

קמג. אָמַר רִבִּי אַבָּא, אַדְכַּרְנָא מִלָּה חֲדָא, דְּשָׁמַעְנָא מִבּוּצִינָא קַדִּישָׁא, דְּשָׁמַע מִשְּׁמֵיהּ דְּרִבִּי אֱלִיעֶזֶר. יוֹמָא חַד, אָתָא לְקַמֵּיהּ חַד חַכִּים גּוֹי, א״ל סָבָא סָבָא, תְּלַת בָּעְיָין בָּעֵינָא לְמִתְבַּע מִנָּךְ. חַד, דְּאַתּוּן אַמְרִין דְּיִתְבְּנֵי לְכוֹ בֵּי מַקְדְּשָׁא אָחֳרָא, וְהָא לָא הֲוֵי לְמִבְנֵי אֶלָּא תְּרֵי זִמְנִין, בַּיִת רִאשׁוֹן וּבַיִת שֵׁנִי, בַּיִת שְׁלִישִׁי לָא תִּשְׁכַּח בְּאוֹרַיְיתָא, וְהָא מַה דַּהֲוָה לֵיהּ לְמִבְנֵי, כְּבַר אִתְבְּנוּן, וּלְעוֹלָם לֵית בֵּיהּ יַתִּיר, דְּהָא תְּרֵי בָּתֵּי יִשְׂרָאֵל קָרָא לוֹן קְרָא. וּכְתִיב, גָּדוֹל יִהְיֶה כְּבוֹד הַבַּיִת הַזֶּה הָאַחֲרוֹן מִן הָרִאשׁוֹן.

קמד. וְתוּ, דְּאַתּוּן אַמְרִין, דְּאַתּוּן קְרֵבִין לְמַלְכָּא עִלָּאָה, יַתִּיר מִכָּל שְׁאַר עַמִּין, מַאן דְּמִתְקָרִיב לְמַלְכָּא, אִיהוּ חַדֵּי תָּדִיר, בְּלָא צַעֲרָא, בְּלָא דְּחִילוּ, וּבְלָא דּוֹחֲקוּ. וְהָא אַתּוּן בְּצַעֲרָא וּבְדוֹחֲקָא וּבִיגוֹנָא תָּדִיר, יַתִּיר מִכָּל בְּנֵי עָלְמָא. וַאֲנָן לָא אִתְקְרִיב לָן צַעֲרָא וְדוֹחֲקָא וִיגוֹנָא כְּלָל. אֲנָן קְרִיבִין לְמַלְכָּא עִלָּאָה, וְאַתּוּן רְחִיקִין מִנֵּיהּ, וע״ד אִית לְכוֹ צַעֲרָא וְדוֹחֲקָא אֲבֵלָא וִיגוֹנָא, מַה דְּלָא אִית לָן.

קמה. וְתוּ, דְּאַתּוּן לָא אָכְלֵי נְבֵלָה וּטְרֵפָה, בְּגִין דְּתֶהֱווֹן בְּרִיאִין, וְגוּפָא דִּלְכוֹן לֶהֱוֵי בִּבְרִיאוּתָא. אֲנָן אָכְלִינָן כָּל מַה דְּבָעִינָן, וַאֲנָן תַּקִּיפִין בְּחֵילָא בִּבְרִיאוּתָא, וְכָל שַׁפִּירוּ דִּילָן בְּקִיּוּמַיְיהוּ. וְאַתּוּן דְּלָא אַכְלִין, חַלָּשִׁין כֻּלְּכוֹ בְּמַרְעִין בִּישִׁין, וּבִתְבִירוּ יַתִּיר מִכָּל שְׁאַר עַמִּין. עַמָּא דְּסָנֵי לְכוֹן אֱלָהָכוֹן בְּכֹלָּא. סָבָא סָבָא, לָא תֵּימָא לִי מִדִּי, דְּלָא אַשְׁמְעִינָךְ, וְלָא אֲקַבֵּל מִנָּךְ. זָקִיף עֵינוֹי ר׳ אֱלִיעֶזֶר, וְאַשְׁגַּח בֵּיהּ, וְאִתְעֲבֵיד תִּלָּא דְּגַרְמֵי.

קמו. כֵּיוָן דְּנָח רוּגְזֵיהּ, אַהְדַּר רֵישֵׁיהּ וּבָכָה, וְאָמַר, יְיָ׳ אֲדוֹנֵנוּ מָה אַדִּיר שִׁמְךָ בְּכָל הָאָרֶץ. כַּמָּה תַּקִּיף חֵילָא דִּשְׁמָא קַדִּישָׁא, תַּקִּיפָא בְּכָל אַרְעָא, וְכַמָּה חֲבִיבִין מִלֵּי דְּאוֹרַיְיתָא, דְּלֵית לָךְ מִלָּה זְעִירָא דְּלָא תִּשְׁכַּח לָהּ בְּאוֹרַיְיתָא,

וְלֵית מִלָּה זְעֵירָא דְּאַתְיָא בְּאוֹרַיְיתָא, דְּלָא נָפְקַת מִפּוּמֵיהּ דְּקוּדְשָׁא בְּרִיךְ הוּא. מִלִּין אִלֵּין דְּשָׁאַל הַהוּא רָשָׁע, אֲנָא שָׁאַלְנָא יוֹמָא וַחַד לְאֵלִיָּהוּ, וְאָמַר דְּהָא בְּמְתִיבְתָּא דִּרְקִיעָא, אִתְסְדָרוּ קַמֵּיהּ דְּקוּדְשָׁא בְּרִיךְ הוּא, וְהָכִי הוּא.

קמז. דְּכַד נָפְקוּ יִשְׂרָאֵל מִמִּצְרַיִם, בָּעָא קוּדְשָׁא בְּרִיךְ הוּא לְמֶעְבַּד לוֹן בְּאַרְעָא, כְּמַלְאָכִין קַדִּישִׁין לְעֵילָּא, וּבָעָא לְמִבְנֵי לוֹן בֵּיתָא קַדִּישָׁא, וּלְנַחְתָּא לֵיהּ מִגּוֹ שְׁמֵי רְקִיעִין, וּלְנַטְעָא לוֹן לְיִשְׂרָאֵל, נְצִיבָא קַדִּישָׁא, כְּגַוְונָא דְּדִיוֹקְנָא דִּלְעֵילָּא. הה"ד תְּבִיאֵמוֹ וְתִטָּעֵמוֹ בְּהַר נַחֲלָתְךָ. בְּאָן אֲתַר בְּמָכוֹן לְשִׁבְתְּךָ פָּעַלְתָּ יְיָ'. בְּהַהוּא דְּפָעַלְתָּ אַנְתְּ יְיָ', וְלָא אַחֲרָא. מָכוֹן לְשִׁבְתְּךָ פָּעַלְתָּ יְיָ', דָּא בַּיִת רִאשׁוֹן. מִקְּדָשׁ יְיָ' כּוֹנְנוּ יָדֶיךָ, דָּא בַּיִת שֵׁנִי. וְתַרְוַיְיהוּ, אוּמָנוּתָא דְּקוּדְשָׁא בְּרִיךְ הוּא אִינּוּן.

קמח. וּמִדְּאַרְגִּיזוּ קַמֵּיהּ בְּמַדְבְּרָא, מִיתוּ, וְאַכְנָס לוֹן קוּדְשָׁא בְּרִיךְ הוּא לִבְנַיְיהוּ בְּאַרְעָא. וּבֵיתָא אִתְבְּנֵי עַל יְדָא דְּבַר נָשׁ, וּבְגִין כַּךְ לָא אִתְקַיָּים. וּשְׁלֹמֹה הֲוָה יָדַע, דִּבְגִין דְּהַאי עוֹבָדָא דְּבַר נָשׁ לָא יִתְקַיָּים, וְעַל דָּא אָמַר, אִם יְיָ' לֹא יִבְנֶה בַיִת שָׁוְא עָמְלוּ בוֹנָיו בּוֹ, דְּהָא לֵית לֵיהּ בֵּיהּ קִיּוּמָא. בְּיוֹמוֹי דְּעֶזְרָא, גָּרַם חֶטְאָה, וְאִצְטְרִיכוּ אִינּוּן לְמִבְנֵי, וְלָא הֲוָה בֵּיהּ קִיּוּמָא. וְעַד כְּעַן, בִּנְיָינָא קַדְמָאָה דְּקוּדְשָׁא בְּרִיךְ הוּא, לָא הֲוָה בְּעָלְמָא, וּלְזִמְנָא דְּאָתֵי כְּתִיב, בּוֹנֵה יְרוּשָׁלַםִ יְיָ', אִיהוּ וְלָא אַחֲרָא. וּבִנְיָינָא דָּא אֲנָן מְחַכָּאן, וְלָא בִּנְיָינָא דְּבַר נָשׁ, דְּלֵית בֵּיהּ קִיּוּמָא כְּלַל.

קמט. בַּיִת רִאשׁוֹן, וּבַיִת שֵׁנִי, יָחֲזֵית לוֹן קוּדְשָׁא בְּרִיךְ הוּא כַּחֲדָא מִלְּעֵילָּא. בַּיִת רִאשׁוֹן בְּאִתְכַּסְיָא, וּבַיִת שֵׁנִי בְּאִתְגַּלְיָא. הַהוּא בַּיִת לֶהֱוֵי בְּאִתְגַּלְיָא, דְּאִתְקְרֵי בַּיִת שֵׁנִי, דְּיִתְחֲזֵי לְכָל עָלְמָא אוּמָנוּתָא דְּקוּדְשָׁא בְּרִיךְ הוּא. וְחֶדְוָה שְׁלִים, וּרְעוּתָא דְּלִבָּא בְּכָל קִיּוּמָא.

קנ. הַהוּא בַּיִת רִאשׁוֹן בְּאִתְכַּסְיָא, אִסְתַּלַּק לְעֵילָּא, עַל גַּבּוֹי דְּהַהוּא דְּאִתְגַּלְיָא. וְכָל עָלְמָא יֶחֱמוּן, עֲנָנֵי יְקָר דְּסַחֲרָן עַל גַּבֵּי דְּהַהוּא דְּאִתְגַּלְיָיא, וּבְגוֹ דְּאִינּוּן עֲנָנִין, הֱוֵי בַּיִת רִאשׁוֹן, בְּעוֹבָדָא טְמִירָא, דְּסָלִיק עַד רוּם יְקַר שְׁמַיָּיא, וּבִנְיָינָא דָּא אֲנָן מְחַכָּאן.

קנא. וְעַד כְּעַן, לָא הֲוָה בְּעָלְמָא, דַּאֲפִילּוּ קַרְתָּא דִּירוּשְׁלֵם לָא לֶיהֱוֵי אוּמָנוּתָא דְּבַ"נ, דְּהָא כְּתִיב, וַאֲנִי אֶהְיֶה לָּהּ נְאֻם יְיָ' חוֹמַת אֵשׁ סָבִיב וְגוֹ'. אִי לְקַרְתָּא כְּתִיב הָכִי, כָּל שֶׁכֵּן בֵּיתָא, דְּאִיהוּ דִּיוּרָא דִּילֵיהּ. וְעוֹבָדָא דָּא, הֲוֵי אִתְחֲזֵי לְמֶהֱוֵי בְּרֵישָׁא, כַּד נָפְקוּ יִשְׂרָאֵל מִמִּצְרַיִם, וְאִסְתַּלַּק עַד לְסוֹף יוֹמִין, בְּפוּרְקָנָא בַּתְרָאָה.

קנב. שְׁאֶלְתָּא אַחֲרָא, דְּוַדַּאי אֲנָן קְרֵבִין לְמַלְכָּא עִלָּאָה, יַתִּיר מִכָּל שְׁאַר עַמִּין. וַדַּאי הָכִי הוּא, דְּיִשְׂרָאֵל עֲבַד לוֹן קוּדְשָׁא בְּרִיךְ הוּא לִבָּא דְּכָל עָלְמָא. וְהָכִי אִינּוּן יִשְׂרָאֵל בֵּין שְׁאַר עַמִּין, כְּלִבָּא בֵּין שַׁיְיפִין, כְּמָה דְּשַׁיְיפִין לָא יַכְלֵי

לְמֵיקַם בְּעָלְמָא אֲפִילּוּ רִגְעָא וְחָדָא בְּלָא לִבָּא, הָכִי עַמִּין כֻּלְּהוּ, לָא יַכְלִין לְמֵיקַם בְּעָלְמָא, בְּלָא יִשְׂרָאֵל. וְאוּף הָכִי יְרוּשָׁלַם בְּגוֹ שְׁאַר אַרְעָאן, כְּלִבָּא בְּגוֹ שַׁייָפִין. וְעַל דָּא אִיהִי בְּאֶמְצָעִיתָא דְּכוּלֵי עָלְמָא. כְּלִבָּא גּוֹ שַׁייָפִין.

קנג. וְיִשְׂרָאֵל מִתְנַהֲגָן גּוֹ שְׁאַר עַמִּין, כְּגַוְונָא דְּלִבָּא גּוֹ שַׁייָפִין. לִבָּא אִיהִי רָכִיךְ וְחָלָשׁ, וְאִיהוּ קִיּוּמָא דְּכָל שַׁייָפִין, לָא יָדַע מִצַּעֲרָא וְעָקָא וִיגוֹנָא כְּלָל אֶלָּא לִבָּא, דְּבֵיהּ קִיּוּמָא, דְּבֵיהּ סוּכְלְתָנוּ, שְׁאַר שַׁייָפִין לָא אִתְקְרִיב בְּהוּ כְּלָל, דְּהָא לֵית בְּהוּ קִיּוּמָא, וְלָא יַדְעִין מִדִּי. כָּל שְׁאַר שַׁייָפִין לָא קְרִיבִין לְמַלְכָּא, דְּאִיהוּ חָכְמְתָא וְסוּכְלְתָנוּ, דְּשַׁרְיָא בְּמוֹחָא, אֶלָּא לִבָּא. וּשְׁאַר שַׁייָפִין, רְחִיקִין מִנֵּיהּ, וְלָא יַדְעִין מִנֵּיהּ כְּלָל. כַּךְ יִשְׂרָאֵל, לְמַלְכָּא קַדִּישָׁא קְרִיבִין, וּשְׁאַר עַמִּין רְחִיקִין מִנֵּיהּ.

קנד. שְׁאֶלְתָּא אַחֲרָא, דְּיִשְׂרָאֵל לָא אָכְלֵי נְבֵלוֹת וּטְרֵפוֹת, וְטִנּוּפָא וְלִכְלוּכָא דִּשְׁקָצִים וּרְמָשִׂים כִּשְׁאַר עַמִּין, הָכִי הוּא, דְּהָא לִבָּא דְּאִיהוּ רָכִיךְ וְחָלָשׁ, וּמַלְכָּא וְקִיּוּמָא דְּכָל שְׁאַר שַׁייָפִין, לָא נָטִיל לִמְזוֹנֵיהּ, אֶלָּא בְּרִירוּ וְצַחוּתָא דְּכָל דָּמָא, וּמְזוֹנֵיהּ נָקִי וּבְרִירָא, וְאִיהוּ רָכִיךְ וְחָלָשׁ מִכֹּלָּא, וּשְׁאַר פְּסוֹלֶת אַנַּח לְכָל שַׁייָפִין, וְכָל שְׁאַר שַׁייָפִין לָא מַשְׁגִּיחִין בְּהַאי, אֶלָּא כָּל פְּסוֹלֶת וּבִישׁ דְּכֹלָּא נַטְלִין, וְאִינּוּן בְּתַקִּיפוּ כְּמָה דְּאִתְחֲזֵי לוֹן.

קנה. וְעַל דָּא בְּכָל שְׁאַר שַׁייָפִין אִית אֲבַעְבּוּעִין, שְׂאֵת אוֹ סַפַּחַת, סְגִירוּ דְּצָרַעַת. לְלִבָּא, לָאו מִכָּל הָנֵי כְּלוּם, אֶלָּא אִיהוּ נָקִי בְּרִירָא מִכֹּלָּא, לֵית בֵּיהּ מוּמָא כְּלָל. כַּךְ קוּדְשָׁא בְּרִיךְ הוּא נָטִיל לֵיהּ לְיִשְׂרָאֵל דְּאִיהוּ נָקִי וּבְרִירוּ דְּלֵית בֵּיהּ מוּמָא עַל דָּא כְּתִיב, כֻּלָּךְ יָפָה רַעְיָתִי וּמוּם אֵין בָּךְ. אָתָא רִבִּי יוֹסֵי, נָשִׁיק יְדוֹי, אָמַר, אִילּוּ לָא אֲתֵינָא לְעָלְמָא, אֶלָּא לְמִשְׁמַע דָּא, דַּיִי.

קנו. וְשֵׁם אִישׁ יִשְׂרָאֵל הַמֻּכֶּה וְגוֹ'. אָמַר ר' יִצְחָק, הַאי קְרָא הָכִי הֲוָה לֵיהּ לְמִכְתַּב, וְשֵׁם אִישׁ יִשְׂרָאֵל אֲשֶׁר הִכָּה פִּנְחָס, וְלֹא הַמֻּכֶּה אֲשֶׁר הֻכָּה, לָא נֶאֱמַר אֶלָּא בְּאֹרַח סָתִים.

קנז. אֶלָּא הָכִי אָמַר ר' אֶלְעָזָר, כֵּיוָן דְּסַלְּקֵיהּ קוּדְשָׁא בְּרִיךְ הוּא לְפִנְחָס לְכַהֲנָא רַבָּא, לָא בָּעָא לְאַדְכְּרָא לֵיהּ לְפִנְחָס בְּקַטְלָנוּתָא דְּבַר נָשׁ. דְּהָא לָא אִתְחֲזֵי לְכַהֲנָא רַבָּא. עַד לָא סַלְּקֵיהּ לְכַהֲנָא רַבָּא, אַדְכַּר לֵיהּ, וְאָמַר וַיַּרְא פִּנְחָס וַיִּקַּח רֹמַח וְגוֹ', וַיִּדְקֹר אֶת שְׁנֵיהֶם וְגוֹ'. כֵּיוָן דְּסַלְּקֵיהּ לְכַהֲנָא רַבָּא לָא אַדְכַּר שְׁמֵיהּ בְּקַטְלָנוּתָא, דְּלָא אִתְחֲזֵי לֵיהּ, וְחָס עָלֵיהּ יְקָרָא דְּקוּדְשָׁא בְּרִיךְ הוּא, דְּכַהֲנָא רַבָּא לָא אִתְחֲזֵי לְאַדְכְּרָא בְּקַטְלָנוּתָא. וְשֵׁם הָאִשָּׁה הַמֻּכָּה, אוּף הָכִי.

קנח. רִבִּי שִׁמְעוֹן הֲוָה אָזִיל מִקַּפּוֹטְקִיָּא לְלוּד, וְר' יְהוּדָה אָזִיל עִמֵּיהּ, עַד דַּהֲווֹ אָזְלֵי פָּגַע בְּהוּ ר' פִּנְחָס בֶּן יָאִיר, וּתְרֵין גּוּבְרִין טוֹעֲנִין אֲבַתְרֵיהּ. שָׁכִיךְ חֲמָרֵיהּ דְּר' פִּנְחָס. טָעִינוּ לֵיהּ, וְלָא אָזִיל. אָמַר ר' פִּנְחָס, שְׁבִיקוּ לֵיהּ, דְּהָא רֵיחָא

דְּאַנְפִּין וְחֵדְתִּין קָא אַרַוַּח, אוֹ נִסָּא אִתְעָבֵיד לָן הַשְׁתָּא. עַד דְּאִינּוּן תַּמָּן, נָפַק ר' שִׁמְעוֹן מִבָּתַר חַד טִנָּרָא. נָטַל חֲמָרָא וְאַזִּיל, אָמַר ר' פִּנְחָס, וְלָא אֲמַרִית לְכוּ, דְּהָא רֵיחָא דְּאַנְפִּין חֵדְתִּין קָא אַרַוַּח.

קנט. נָחַת וְגָפִיף לֵיהּ ר' פִּנְחָס, וּבָכָה, אָמַר לֵיהּ, חֲמֵינָא בְּחֶלְמִי, דְּאַתְיָא שְׁכִינְתָּא לְגַבִּי, וְיָהֲבַת לִי נְבִזְבְּזָן רַבְרְבָן, וְחָדֵינָא בָּהּ. הַשְׁתָּא כְּמָה דַּחֲמֵינָא. אָמַר ר' שִׁמְעוֹן, מִקָּל פַּרְסֵי דַּחֲמָרָךְ, יְדַעְנָא דְּאַנְתְּ הוּא. הַשְׁתָּא חֶדְוָה שְׁלִים. אָמַר ר' פִּנְחָס, נֵתִיב בְּדוּךְ חַד, דְּמִלֵּי דְּאוֹרַיְיתָא אִצְטְרִיךְ צָחוּתָא. אַשְׁכְּחוּ עֵינָא דְּמַיָּא, וְאִילָנָא, יָתְבוּ.

קס. אָמַר ר' פִּנְחָס, מִסְתַּכַּל הֲוֵינָא דְּהָא לִתְחִיַּית הַמֵּתִים, בְּאָרְחָא אָחֳרָא יַעְבִיד לוֹן קוּדְשָׁא בְּרִיךְ הוּא, וּמַה דַּהֲוָה הַשְׁתָּא קַדְמָאָה, לֶיהֱוֵי כְּדֵין בַּתְרָאָה. מְנָלָן. מֵאִינּוּן עֲצָמוֹת, הַנְהוּ גַּרְמִין דְּאַחְיָא לוֹן קוּדְשָׁא בְּרִיךְ הוּא עַל יְדֵי יְחֶזְקֵאל, דִּכְתִּיב וַתִּקְרְבוּ עֲצָמוֹת עֶצֶם אֶל עַצְמוֹ בְּקַדְמֵיתָא, וּלְבָתַר כְּתִיב וְרָאִיתִי וְהִנֵּה עֲלֵיהֶם גִּידִים וּבָשָׂר עָלָה וְגוֹ'. וַיִּקְרַם עֲלֵיהֶם עוֹר מִלְמָעְלָה וְרוּחַ אֵין בָּהֶם. דְּהָא מַה דְּאַפְשִׁיט בְּקַדְמֵיתָא, לֶיהֱוֵי בַּתְרָאָה. בְּקַדְמֵיתָא אַפְשִׁיט מֵרוּחָא, וּלְבָתַר עוֹר, וּלְבָתַר בָּשָׂר, וּלְבָתַר עֲצָמוֹת.

קסא. אר"ש, בְּדָא אַקְשָׁן קַדְמָאֵי, אֲבָל גַּרְמִין אִלֵּין דְּאַחְיָא קוּדְשָׁא בְּרִיךְ הוּא, נִסִּין וְאָתִין מְשַׁנְּיָין, עָבַד בְּהוּ קוּדְשָׁא בְּרִיךְ הוּא. ת"ח מַה כְּתִיב, זְכָר נָא כִּי כַחוֹמֶר עֲשִׂיתָנִי וְאֶל עָפָר תְּשִׁיבֵנִי. מַה כְּתִיב בַּתְרֵיהּ, הֲלֹא כֶחָלָב תַּתִּיכֵנִי וְכַגְּבִינָה תַּקְפִּיאֵנִי, עוֹר וּבָשָׂר תַּלְבִּישֵׁנִי וּבַעֲצָמוֹת וְגִידִים תְּסוֹכְכֵנִי. זַמִּין קוּדְשָׁא בְּרִיךְ הוּא, לְבָתַר דְּיִתְבַּלֵּי ב"נ בְּעַפְרָא, וּמְטֵי זִמְנָא דִּתְחִיַּית הַמֵּתִים, דְּהַהוּא גַּרְמָא דְּיִשְׁתְּאַר. לְמֶעְבַּד לֵיהּ כְּעִסָּה דָּא, וְכַגְּבִינָה דְּחָלָב, וְנָבִיעַ דְּחָלָב, דְּהוּא נְבִיעוּ נָקִי מִצּוֹחְצָח בְּצָחוּתָא. יִתְעָרַב הַהוּא גַּרְמָא וְיִתְמְחֵי כְּחָלָבָא, וּלְבָתַר יַקְפִּיא לֵיהּ, וְיִתְצַיֵּיר בְּצִיּוּרָא כַּגְּבִינָה בְּקַפִּיאוּתָא, וּלְבָתַר יִתְמְשַׁךְ עֲלֵיהּ עוֹר וּבָשָׂר וַעֲצָמוֹת וְגִידִים.

קסב. הה"ד הֲלֹא כֶחָלָב תַּתִּיכֵנִי וְכַגְּבִינָה תַּקְפִּיאֵנִי. הִתַּכְתָּנִי לָא כְּתִיב, אֶלָּא תַּתִּיכֵנִי. הִקְפִּיתָנִי לָא כְּתִיב, אֶלָּא תַּקְפִּיאֵנִי. הִלְבַּשְׁתָּנִי לָא כְּתִיב, אֶלָּא תַּלְבִּישֵׁנִי. סוֹכַכְתָּנִי לָא כְּתִיב, אֶלָּא תְּסוֹכְכֵנִי. כֻּלְּהוּ לְבָתַר זִמְנָא מַשְׁמַע.

קסג. וּלְבָתַר מַה כְּתִיב, חַיִּים וָחֶסֶד עָשִׂיתָ עִמָּדִי, דָּא רוּחָא דְּחַיֵּי. וְאִי תֵּימָא עָשִׂיתָ עִמָּדִי כְּתִיב, וְלָא כְּתִיב תַּעֲשֶׂה. אֶלָּא הָכִי אָמַר, חַיִּים וָחֶסֶד עָשִׂיתָ עִמָּדִי. בְּהַהוּא עָלְמָא שָׁדִית בִּי רוּחָא דְּחַיִּים, אֲבָל וּפְקוּדָּתְךָ, דְּמַטְרוֹנִיתָא דְּמַלְכָּא, שָׁמְרָה רוּחִי, אִיהִי נַטְרַת לְרוּחִי, בְּהַהוּא עָלְמָא. מַאי וּפְקֻדָּתְךָ, דְּאַתְּ זַמִּין לְפַקְדָא לָהּ בְּקַדְמֵיתָא.

קסד. וְרָזָא דְּמִלָּה דָּא, כָּל נַפְשִׁין דְּצַדִּיקַיָּיא, גְּנִיזִין וּטְמִירִין תְּחוֹת כָּרְסְיָיא דְּמַלְכָּא, וְאִיהִי נַטְרָא לוֹן, לְאַתְבָא לוֹן לְדוּכְתַּיְיהוּ, הה"ד וּפְקֻדָּתְךָ שָׁמְרָה

רוּחִי. מַאי וּפְקוּדָתְךָ. כד״א, פְּקוּדָּתוֹ יִקַּח אַחֵר. פְּקוּדָתְךָ, דָא מַטְרוֹנִיתָא דְּמַלְכָּא, דְּכָל רוּחִין אִינּוּן פִּקְדוֹנִין בִּידָהָא, הה״ד בְּיָדְךָ אַפְקִיד רוּחִי וְגוֹ׳, וְאִיהִי נַטְרָא לוֹן, בְּגִין דָא שֹׁמְרָה רוּחִי, וְאִיהִי נוֹטֶרֶת לָהּ.

קסה. כְּגַוְונָא דָא אָמַר דָּוִד, שָׁמְרָה נַפְשִׁי כִּי חָסִיד אָנִי. שָׁמְרָה: דָא מַטְרוֹנִיתָא דְּמַלְכָּא. דְּאִיהִי נַטְרָא נַפְשִׁי, בְּגִין כִּי חָסִיד אָנִי. וּבְכָל אֲתָר דִּכְתִיב סְתָם, דָא מַטְרוֹנִיתָא. כד״א, וַיִּקְרָא אֶל מֹשֶׁה. וַיֹּאמֶר אִם שָׁמוֹעַ תִּשְׁמַע בְּקוֹל יְיָ׳ אֱלֹהֶיךָ.

קסו. בָּכָה ר׳ פִּנְחָס, וְאָמַר, וְלָאו אֲמָרִית לָךְ דִּשְׁכִינְתָּא יָהֲבַת לִי נְבִזְבְּזָן וּמַתְּנָן, זַכָּאָה וְחוּלָקִי דְּזָכֵינָא לְמֶחֱמֵי לָךְ, וּשְׁמַעְנָא דָא. א״ל, בְּהַהוּא זִמְנָא, תִּינַח הַהוּא גַּרְמָא, שְׁאַר גַּרְמִין דְּיִשְׁתַּכְּחוּן מַה יִתְעֲבִיד מִנְּהוֹן. א״ל, כֻּלְּהוּ יִתְכְּלִילוּ בְּהַהוּא נְבִיעוּ דְּהַאי גַּרְמָא, וְיִתְכְּלִילוּ בַּהֲדֵיהּ, וְיִתְעֲבִיד כֹּלָּא עִסָּה חֲדָא, וְתַמָּן יִתְצַיֵּיר צִיּוּרָא, כְּמָה דְּאִתְּמַר. הה״ד, וְעַצְמוֹתֶיךָ יַחֲלִיץ. מַאי יַחֲלִיץ. כד״א וְחִלַּץ מֵהֶם. כֻּלְּהוּ יִתְעַבְּרוּן מִקִּיּוּמַיְיהוּ, וְיִתְכְּלִילוּ בְּהַאי גַּרְמָא, לְמֶהֱוֵי עִסָּה חֲדָא. וּכְדֵין וְהָיִיתָ כְּגַן רָוֶה וּכְמוֹצָא מַיִם וְגוֹ׳.

רעיא מהימנא

קסז. אָמַר רַעְיָא מְהֵימְנָא, וַוי לוֹן לִבְנֵי נָשָׁא, דְּאִינּוּן אֲטִימִין לִבָּא, סְתִימִין עַיְינִין, דְּלָא יַדְעִין דְּכַד אָתֵי לֵילְיָא, תַּרְעִין דְּגֵיהִנָּם אִתְפַּתְּחוּ, דְּאִיהִי מָרָה. וַעֲשָׁנִין דִּילָהּ, דְּמִתְפַּשְּׁטִין סַלְּקִין עַד מוֹחָא. וְכַמָּה חַיָּילִין דְּיֵצֶר הָרָע, מִתְפַּשְּׁטִין בְּכָל אֵבָרִין דְּגוּפָא. וְתַרְעִין דג״ע, דְּאִיהוּ עַיְינִין דְּלִבָּא, מִסְתַּתְּמִין וְלָא מִתְפַּתְּחִין. דְּכָל נְהוֹרִין דְּעַיְינִין, מִלִּבָּא נָפְקִין.

קסח. וְתַרְעִין דְּלִבָּא, אִינּוּן עַיְינִין מִסְתַּתְּמִין, בְּגִין דְּלָא מִסְתַּכְּלִין בְּאִלֵּין מַזִּיקִין, דְּאִינּוּן לִילִית. וְלָא שַׁלְטִין בִּנְהוֹרִין דְּלִבָּא, דְּאִינּוּן מַלְאָכִים דְּמִתְפַּשְּׁטִין בְּכָל אֵבָרִים, כְּעַנְפִּין דְּאִילָנָא לְכָל סִטְרָא. בְּהַהוּא זִמְנָא אִינּוּן כֻּלְּהוּ נְהוֹרִין סְתִימִין בְּלִבָּא, וּמִתְכַּנְשִׁין לְגַבֵּיהּ, כַּיּוֹנִים אֶל אֲרֻבּוֹתֵיהֶם. כְּנֹחַ וְאִתְּתֵיהּ, וְכָל מִין וּמִין, דְּעָאלוּ עִמֵּיהּ בַּתֵּיבָה.

קסט. וּמַזִּיקִין דְּמִתְגַּבְּרִין עַל כָּל אֵבָרִים דְּגוּפָא, כְּמֵי טוֹפָנָא דְּגָבְרוּ עָלֵיהּ ט״ו אַמָּה, בְּגִין דְּחָב בְּיָ״הּ, וְאִסְתַּלַּק יָ״הּ מִן גּוּפָא, וְאִשְׁתְּאַר אִלֵּם, בְּלָא רְאִיָּה וּשְׁמִיעָה וְרֵיחָא וְדִבּוּר. וְרָזָא דְּמִלָּה, נֶאֱלַמְתִּי דוּמִיָּה, דוּמִיָּ״ה: דו״ם יָ״ה. כְּהַהוּא זִמְנָא, וַחֲמֵשׁ עֶשְׂרֵה אַמָּה, גָּבְרוּ מַזִּיקִין עַל גּוּפָא. וְאִינּוּן כְּכִסְלָא לְעוּגְיָא.

קע. וּכְגַוְונָא דְּנֹחַ, שִׁלַּח אֶת הַיּוֹנָה בִּשְׁלִיחוּתֵיהּ. אוּף הָכִי שָׁלַח נִשְׁמְתָא בָּאָדָם. רוּחֵיהּ בִּשְׁלִיחוּתֵיהּ. וּבְגִין דָא צָרִיךְ ב״נ לְפַקְדָא לָהּ בְּמַטְרוֹנִיתָא. הה״ד בְּיָדְךָ אַפְקִיד רוּחִי. וְאִם הִיא אֲסִירָא בְּחוֹבוֹי דְּגוּפָא, בִּידָא דְּחַיָּילִין דְּיֵצֶר הָרָע, מַה כְּתִיב, בְּיָדְךָ אַפְקִיד רוּחִי פָּדִיתָ אוֹתִי יְיָ׳ אֵל אֱמֶת.

קְעָא. וְעוֹד בְּזִמְנָא דְּאִיהִי וְזַיְּיבֶת, מַה כְּתִיב בִּרְווֹיָה, יָד לְיָד לֹא יִנָּקֶה רָע. דְּאָזִיל מִיַּד לְיַד, בְּמַשִׁרְיָין דְּיֵצֶר הָרָע, דְּשַׁרְיָין עֲלֵיהּ בְּחוֹבִין דִּילֵיהּ, וְזָרְקִין לֵיהּ מֵאֲתָר לַאֲתָר. וְהַאי אִיהוּ דְּאַחְזֵי גַּרְמֵיהּ בִּמְדִינָה אַחֶרֶת, אוֹ בְּמַלְכוּ אַחֲרָא, וּלְזִמְנִין בָּאַשְׁפָּה, כְּפוּם חוֹבוֹי. וְאִי אִיהוּ זַכָּאָה, כָּל מַשְׁרְיָין דְּיֵצֶר טוֹב כֻּלְּהוּ, וּפְנֵיהֶם וְכַנְפֵיהֶם פְּרוּדוֹת, לְקַבְּלָה רוּחֵיהּ, וְסַלְקִין לֵיהּ לְעֵילָא, לַאֲתָר דְּחֵיזָן דְּכֻרְסְיָיא, וְתַמָּן חָזֵי, כַּמָּה חֶזְיוֹנוֹת, דְּמִיּוּנוֹת, וּמַרְאוֹת דִּנְבוּאָה. וּבְגִין דָּא אוֹקְמוּהָ רַבָּנָן, דַּחֲלוֹם אֶחָד מִשִּׁשִּׁים בַּנְּבוּאָה.

קְעָב. וְעוֹד שָׁמְרָה נַפְשִׁי כִּי חָסִיד אָנִי, אֶלָּא הָכִי אוֹקְמוּהָ רַבָּנָן. וְלֹא עַם הָאָרֶץ חָסִיד. דְּאוֹרַיְיתָא אִתְיְהִיבַת מִימִינָא דְקוּדְשָׁא בְּרִיךְ הוּא, דְּאִיהוּ חֶסֶד. וּבְגִין דָּא, מַאן דְּאִתְעַסַּק בְּאוֹרַיְיתָא, אִתְקְרֵי חָסִיד. בְּגִין דָּא, אֲמֵינָא לְקוּדְשָׁא בְּרִיךְ הוּא, שָׁמְרָה נַפְשִׁי, וְלָא תִדּוּן לָהּ כְּעוֹבָדֵי אִלֵּין עַמֵּי הָאֲרָצוֹת, דְּאִתְמַר בְּהוּ וְלֹא עַם הָאָרֶץ חָסִיד. וְאִי תֵימָא, כַּמָּה עַמֵּי הָאֲרָצוֹת אִינּוּן דְּעָבְדוּ חֶסֶד. אֶלָּא הָכִי אוֹקְמוּהָ, אֵי זֶהוּ חָסִיד, זֶה הַמִּתְחַסֵּד עִם קוֹנוֹ. כְּגוֹן דָּוִד דַּהֲוָה מְחַבֵּר. וּמַאי הֲוָה מְחַבֵּר. אוֹרַיְיתָא דִּלְעֵילָא, הֲוָה מְחַבֵּר עִם קוּדְשָׁא בְּרִיךְ הוּא. וּבְגִין דָּא, שָׁמְרָה נַפְשִׁי כִּי חָסִיד אָנִי.

קְעָג. וְכַד ב"נ מִית, מַה כְּתִיב בָּהּ בְּהַאי נֶפֶשׁ בְּהִתְהַלֶּכְךָ תַּנְחֶה אוֹתָךְ בְּשָׁכְבְּךָ תִּשְׁמוֹר עָלֶיךָ, וַהֲקִיצוֹתָ לִתְחִיַּית הַמֵּתִים, הִיא תְשִׂיחֶךָ. דָּא לִתְחִיַּית הַמֵּתִים שַׁפִּיר, דְּיוֹקִים לֵיהּ לב"נ, אֲבָל לַאֲגָרָא לְנִשְׁמְתָא בְּעָלְמָא דְּאָתֵי, מַאי הֲוֵי.

קְעָד. אֶלָּא קוּדְשָׁא בְּרִיךְ הוּא מַלְבִּישׁ לָהּ כְּקַדְמֵיתָא בַּעֲנָנֵי כָבוֹד. כְּקַדְמֵיתָא תֵּיעוּל בְּמַרְאָה, דְּאִיהוּ כְּגַוְונָא דְּגוּפָא, כָּלִיל בְּרמ"ח אֵבָרִים. אוּף הָכִי תֵּיעוּל בְּמַרְאָה, כָּלִיל בְּמָאתַיִם וְאַרְבָּעִים וּשְׁמֹנָה. נְהִירִין דְּמִתְפָּרְשָׁן מֵהַהוּא מַרְאָה. דְּאִתְמַר בֵּיהּ, וַיֹּאמֶר אִם יִהְיֶה נְבִיאֲכֶם יְיָ' בַּמַּרְאָה אֵלָיו אֶתְוַדָּע. וּבִלְבוּשִׁין דַּעֲנָנֵי כָבוֹד וּרְאִיתִיהָ לִזְכּוֹר בְּרִית עוֹלָם, דָּא אַסְפַּקְלַרְיָאה הַמְּאִירָה. בַּחֲלוֹם אֲדַבֶּר בּוֹ, דָּא אַסְפַּקְלַרְיָאה דְּלָא נְהֲרָא. כָּלִיל מש"ה נְהִירִין, כְּחֻשְׁבַּן יְשֵׁנָה. וְהַיְינוּ אֲנִי יְשֵׁנָה. חַד בְּעָלְמָא דֵּין. וְחַד בְּעָלְמָא דְּאָתֵי. וְאִינּוּן בְּעוֹבָדֵי יְדוֹי דְּקוּדְשָׁא בְּרִיךְ הוּא.

קְעָה. וְרָזָא דִּלְהוֹן, זֶה שְּׁמִי לְעוֹלָם. י"ה עִם שְׁמִי, שְׁלֹשׁ מֵאוֹת וַחֲמִשָּׁה וְשִׁשִּׁים. ו"ה עִם זִכְרִי, מָאתַיִם וּשְׁמֹנָה וְאַרְבָּעִים. וְכָרוֹזִין נַחְתִּין וְסַלְקִין קַמֵּיהּ, הָבוּ יְקָר לְדִיוֹקְנָא דְּמַלְכָּא.

קְעו. וְהַיְינוּ וַיִּבְרָא אֱלֹהִים אֶת הָאָדָם בְּצַלְמוֹ בְּצֶלֶם אֱלֹהִים בָּרָא אוֹתוֹ. וְהוּא דַּעֲבַד לֵיהּ בִּתְרֵין דְּיוֹקְנִין, בִּתְרֵין פָּנִים דְּאִתְמַר עָלָהּ כִּי לֹא רְאִיתֶם כָּל תְּמוּנָה. וְעַל שְׁאַר דְּיוֹקְנִין כְּתִיב, תְּמוּנַת כָּל וְגוֹ'. וּתְמוּנַת יְיָ' יַבִּיט. ותרי"ג מַלְאָכִין סַלְקִין לָהּ לְנִשְׁמְתָא. בְּאִלֵּין דְּיוֹקְנִין, כֻּלְּהוּ וּפְנֵיהֶם וְכַנְפֵיהֶם פְּרוּדוֹת, לְקַיֵּים קְרָא דִּכְתִיב בְּהוֹן וָאֶשָּׂא אֶתְכֶם עַל כַּנְפֵי נְשָׁרִים וָאָבִיא אֶתְכֶם אֵלָי.

קעז. כְּגַוְונָא דְּנָפְקוּ מִמִּצְרַיִם, וְאִלּוּ בְּעַנְנֵי כָבוֹד, וּבְכָל הַהוּא יְקָר, כְּהַהוּא גַּוְונָא תְּהֵא מִפְּקָנוּתָא דִּנְשָׁמְתָא, מִגּוּפָא דְּטִפָּה סְרוּחָה, לְמֵיזַל לִתְרֵין גַּנִּים, דְּאִתְבְּרִי שְׁמַיָּא וְאַרְעָא דִּלְהוֹן בְּשֵׁם יְיָ׳. וּבְגִינֵיהּ אִתְּמַר, יִשְׂמְחוּ הַשָּׁמַיִם וְתָגֵל הָאָרֶץ. בְּהַהוּא זִמְנָא יִתְקַיֵּים בְּבַ״נ וְלֹא יִכָּנֵף עוֹד מוֹרֶיךָ לְגַבָּךְ, בִּשְׁתַּיִם יְכַסֶּה פָּנָיו, אֶלָּא וְהָיוּ עֵינֶיךָ רוֹאוֹת אֶת מוֹרֶיךָ. וּמִסִּטְרָא דְּאִלֵּין מַרְאוֹת, זָכָה מרע״ה, רַבָּן שֶׁל נְבִיאִים וַחֲכָמִים. אָמַר בּוּצִינָא קַדִּישָׁא, אַנְתְּ הוּא דְּזָכִית בְּחֵזְיָיךְ, לְמָה דְּיִזְכּוּן צַדִּיקַיָּא בָּתַר חַיֵּיהוֹן, זַכָּאָה חוּלָקָךְ.

קעח. ד״א שָׁמְרָה נַפְשִׁי כִּי חָסִיד אָנִי, אַמַּאי. כְּדֵי שֶׁאֶתְחַסֵּד עִם אֲנִ״י. דְּאִתְּמַר בֵּיהּ אֲנִ״י וְה״ו. וַוי לֵיהּ לְמַאן דְּאַפְרִישׁ אֲנִי מִן הוּא. דְּאִתְּמַר הוּא עָשָׂנוּ וְלֹא אֲנַחְנוּ. דְּכֹלָּא חַד בְּלָא פֵּרוּדָא. הה״ד, רְאוּ עַתָּה כִּי אֲנִי אֲנִי הוּא אֲנִי אָמִית וַאֲחַיֶּה מָחַצְתִּי וַאֲנִי אֶרְפָּא וְאֵין מִיָּדִי מַצִּיל. אֲנִי יְדֹוָ״ד, אֲנִי הוּא וְלֹא אַחֵר. וְדָא אֲנִי מִן אֲדֹנָ״י. יְדֹוָד עַמּוּדָא דְּאֶמְצָעִיתָא.

קעט. וּבְגִין דִּיְדֹוָ״ד אִיהוּ לִימִינָא דְּאִיהִי חֶסֶד, אָמַר, שָׁמְרָה נַפְשִׁי דְּאֶתְחַסֵּד בָּךְ עִם אֲנִי, וְאִיהוּ אֲדֹנָ״י לִגְבוּרָה. וּבְתִפְאֶרֶת, אִתְחַבְּרָן תְּרֵין שְׁמָהָן יאהדונה״י. וְרָזָא דְּמִלָּה בְּחֶסֶד וּבִגְבוּרָה, וּפְנֵיהֶם וְכַנְפֵיהֶם פְּרוּדוֹת מִלְמַעְלָה וּבְתִפְאֶרֶת, דְּאִתְקְרֵי יְדֹוָ״ד אִישׁ מִלְחָמָה, מַה כְּתִיב שְׁתַּיִם חוֹבְרוֹת אִישׁ, תַּרְתֵּין שְׁמָהָן מִתְחַבְּרָן בֵּיהּ כַּחֲדָא. וּשְׁתַּיִם מְכַסּוֹת אֶת גְּוִיֹּתֵיהֶנָה. תִּפְאֶרֶת אִתְקְרֵי גּוּף, וּגְוִיָּתוֹ כְתַרְשִׁישׁ יאהדויה״ה.

קפ. הוֹשַׁע עַבְדְּךָ אַתָּה אֱלֹהַי שַׂמֵּחַ נֶפֶשׁ עַבְדֶּךָ תְּנָה עֻזְּךָ לְעַבְדֶּךָ. תְּלַת זִמְנִין אִתְעָבֵיד דָּוִד עֶבֶד בִּתְהִלָּה דָּא, לְקַבֵּל ג׳ זִמְנִין, דְּאוֹקְמוּהָ מָארֵי מַתְנִיתִין, דְּבָעֵי בַּ״נ לְמֶהֱוֵי עַבְדָּא בִּצְלוֹתָא. בִּבְרָכָאן קַדְמָאִין, כְּעֶבֶד דִּמְסַדֵּר שְׁבָחוֹי קַמֵּי רַבֵּיהּ. בְּאֶמְצָעִיּוֹת, כְּעַבְדָּא דְּבָעֵי פְּרָס מֵרַבֵּיהּ. בָּאַחֲרוֹנוֹת, כְּעֶבֶד דְּמוֹדֶה קֳדָם רַבֵּיהּ, בִּפְרָס דְּקַבִּיל מִינֵּיהּ, וְאָזִיל לֵיהּ.

קפא. וּתְלַת זִמְנִין דְּבָעֵי לְמֶעְבַּד עֶבֶד, מִסִּטְרָא דַּעֲבוֹדָה. דְּאוֹקְמוּהָ מָארֵי מַתְנִיתִין, דְּלֵית עֲבוֹדָה אֶלָּא תְּפִלָּה. וּתְלַת אֲבָהָן, אִתְקְרִיאוּ עֲבָדִים מִסִּטְרָהָא, ע״ש שְׁכִינְתָּא, דְּאִיהִי עֲבוֹדַת יְיָ׳. וְאוּף הָכִי מֹשֶׁה עֶבֶד יְיָ׳. וּבְגִ״ד, כִּי לִי בְנֵי יִשְׂרָאֵל עֲבָדִים. אֲבָל לְגַבֵּי אַחֲרָנִין, כָּל יִשְׂרָאֵל בְּנֵי מְלָכִים הֵם, מִסִּטְרָא דְּמַלְכוּת. וְאִיהִי אַמַּאי אִתְקְרִיאַת עֲבוֹדָה. כְּאוֹרַח דְּאִתְּתָא לְמִפְלַח לְבַעְלָהּ, וְאוֹרַח בְּנִין, לְמִפְלַח לַאֲבוּהוֹן.

קפב. וְדָוִד, אִתְעָבֵיד עָנִי, וְחָסִיד, וְעֶבֶד. הה״ד, תְּפִלָּה לְדָוִד הַטֵּה אֲדֹנָי אָזְנְךָ עֲנֵנִי כִּי עָנִי וְאֶבְיוֹן אָנִי. שָׁמְרָה נַפְשִׁי כִּי חָסִיד אָנִי. הוֹשַׁע עַבְדְּךָ אַתָּה אֱלֹהַי הַבּוֹטֵחַ אֵלֶיךָ. אִתְעָבֵיד עָנִי לְתַרְעָא דְּמַלְכָּא, דְּאִתְּמַר בָּהּ, אֲדֹנָי שְׂפָתַי תִּפְתָּח. אֲדֹנָ״י הֵיכַ״ל, אִתְעָבֵיד עָנִי לְתַרְעָא דְּהֵיכָלָא דְּמַלְכָּא. וּמַה כְּתִיב. הַטֵּה אֲדֹנָי אָזְנְךָ עֲנֵנִי וְדָא שְׁכִינְתָּא תַּתָּאָה. דְּאִיהוּ אֹזֶן לְקַבְּלָא צְלוֹתִין וּלְמִשְׁמַע לוֹן.

כִּדְכְתִיב, כִּי לֹא בָזָה וְלֹא שִׁקַּץ עֱנוּת עָנִי וְלֹא הִסְתִּיר פָּנָיו מִמֶּנּוּ וּבְשַׁוְּעוֹ אֵלָיו שָׁמֵעַ.

קפג. דְּאִיהוּ אִתְעֲבֵיד עָנִי וְדַל, מִסִּטְרָא דְּאָת ד' מִן אֶחָד, לְמִשְׁאַל מִן א"ח, דְּאִיהוּ עַמּוּדָא דְּאֶמְצָעִיתָא. לְקַיְּימָא בֵּיהּ, דַּלּוֹתִי וְלִי יְהוֹשִׁיעַ, דְּלָא יְמוּת מָשִׁיחַ בֶּן אֶפְרַיִם. וְשָׁאִיל מִנֵּיהּ בְּהַהוּא תַּרְעָא, בְּגִין יִשְׂרָאֵל הָעֲנִיִּים, לְקַיֵּים בְּהוּ וְאֶת עַם עָנִי תּוֹשִׁיעַ.

קפד. וּלְבָתַר שָׁאִיל בְּגִין כַּהֲנַיָּיא, דְּיִתְהֲדַר עֲבוֹדָה לִמְקוֹמָהּ, וְאִתְעֲבֵיד עֶבֶד. וּלְבָתַר דְּיָהִיב לוֹן אוֹרַיְיתָא מִסִּטְרָא דְּחֶסֶד, לְמֶעְבַּד גְּמוּל עִם דַּלַּ"ת מִן אוֹרַיְיתָא, וּבְגִין דָּא אִתְעֲבֵיד חָסִיד. כַּךְ מָטָא לְג' סְפִירָאן עִלָּאִין, פָּתַח וְאָמַר יְיָ' לֹא גָּבַהּ לִבִּי וְלֹא רָמוּ עֵינַי וְלֹא הִלַּכְתִּי בִּגְדוֹלוֹת וּבְנִפְלָאוֹת מִמֶּנִּי.

קפה. שְׁלֹמֹה אָמַר, הָא בִּינָה אִיהִי דְּמֹשֶׁה, אֶשְׁאַל בְּחָכְמָה עִלָּאָה, דְּאִיהִי לְעֵילָּא מִדַּרְגֵּיהּ. מַה כְּתִיב, אָמַרְתִּי אֶחְכָּמָה וְהִיא רְחוֹקָה מִמֶּנִּי. וְהָא כְּתִיב וַיְיָ' נָתַן חָכְמָה לִשְׁלֹמֹה. חָכְמָה זְעֵירָא. וּבָעָא לְסַלְּקָא מִתַּתָּא לְעֵילָּא, דְּאִתְרְחִיקַת מִנֵּיהּ. בְּגִין דַּאֲפִילוּ לְבִינָה לֵית בַּר נָשׁ בְּעָלְמָא דְּיָכִיל לְסַלְּקָא, בַּר מִמֹּשֶׁה, כ"ש לְעֵילָּא מִנֵּיהּ, דְּאִיהוּ חָכְמָה עִלָּאָה, מִסִּטְרָא דִּילֵיהּ חָכָם עָדִיף מִנָּבִיא. ואע"ג דְּאוֹקְמוּהָ בְּאֹרַח דְּרָשָׁא, עַל פָּרָה אֲדוּמָה. שִׁבְעִים פָּנִים לַתּוֹרָה.

קפו. ר' אֶלְעָזָר, קוּם לְחַדְּשָׁא מִלִּין קַמֵּי שְׁכִינְתָּא, דִּי תְּהֵא עֵזֶר לְאָבִיךְ, דִּשְׁמָא גָּרִים, עֵזֶר אֵל, אֵל מִימִינָא, עֵזֶר מִשְּׂמָאלָא. הה"ד, אֶעֱשֶׂה לוֹ עֵזֶר כְּנֶגְדּוֹ. בְּמַאי. בְּזֶרַע שַׁפִּיר, דְּאִיהוּ הֶפֶךְ עֵזֶר.

קפז. וְיֵקוּם ר' יוֹסֵי עִמָּךְ, דְּאִיהוּ כֻּרְסְיָיא שְׁלִימְתָּא לְמָארֵיהּ, דְּהָכִי סָלִיק יוֹסֵי, לְחֶשְׁבּוֹן הַכִּסֵּ"א, אֱלֹהִים בְּחוּשְׁבָּן. וְיֵקוּם עִמֵּיהּ ר' יְהוּדָה, דְּבֵיהּ הו"ד, וּבֵיהּ י"ה, וּבֵי יְדוּד ד', ד' חֵיוָן. וּפְנֵיהֶם וְכַנְפֵיהֶם פְּרוּדוֹת, כֻּלְּהוּ, לְקַבְּלָא לֵיהּ. וּמִנֵּיהּ דָּוִד, דְּהוֹדָה לְקוּדְשָׁא בְּרִיךְ הוּא, דַּרְגָּא בְּהוֹדָאוֹת דְּאִיהוּ מִצַּד הוֹד. וְיֵקוּם עִמֵּיהּ ר' אֶלְעָאִי, בְּגִי' יַבּ"ק, בָּקִי בְּהִלְכְתָא.

קפח. וְיֵקוּם עִמֵּיהּ ר' יוּדָאִי, דְּחוּשְׁבָּנֵיהּ א"ל. כְּגוֹן מִיכָאֵל, מַלְאָכִין רְשִׁימִין בְּאֵל. כְּגוֹן יֵשׁ לְאֵל יָדִי. וְרָזָא דְּאֵל, א' דְּמוּת אָדָם. ל' תְּלַת חֵיוָן, דְּאִינּוּן ד' אַנְפִּין לְכָל חַד, דִּרְמִיזִין תְּלַת יוּדִין, הָעוֹלִים ל'. וְאִינּוּן בְּרָאשֵׁי תְּלַת אַזְכָּרוֹת, דְּאִינּוּן יְיָ' מֶלֶךְ, יְיָ' מָלָךְ, יְיָ' יִמְלוֹךְ לְעוֹלָם וָעֶד. וְיֵקוּם ר' אַבָּא עִמְּהוֹן, דְּאִיהוּ חוּשְׁבָּנֵיהּ ד', ד' חֵיוָן.

קפט. רִבִּי שִׁמְעוֹן אִיהוּ כְּאִילָנָא, ור' אֶלְעָזָר בְּרֵיהּ וְחַבְרוֹי, דְּאִינּוּן חֲמִשָּׁה דְּאַדְכַּרְנָא, כַּעֲנָפִין דְּאִילָנָא רַבְרְבִין דְּדַמְיָין לִדְרוֹעִין וְשׁוֹקִין.

קצ. קוּם ר"ש, וְיִתְחַדְּשׁוּן מִלִּין מִפּוּמָךְ, בְּהַאי קְרָא דְּמִלְקַדְּמִין. לַמְנַצֵּחַ, תַּמָּן נֶצַח, נִגּוּן צַח. וּבֵיהּ אִתְקְרֵי מָארֵי יְדוּד נִצּוּחַ קְרָבִין, לְגַבֵּי אוּמִין עכו"ם דְּעָלְמָא, וְרַחֲמִין וְדִינָא לְיִשְׂרָאֵל. וְרָזָא דְּמִלָּה, וּבַאֲבוֹד רְשָׁעִים רִנָּה. מ"ל,

שַׁבְעִין שְׁמָהָן אִית לֵיהּ, וְעִם נֶצַח וְהוֹד, ע"ב, כְּחוּשְׁבַּן חֶסֶ"ד, וְרָזָא דְמִלָּה, נְעִימוֹת בִּימִינְךָ נֶצַח.

קְצא. הוֹד, בֵּיהּ הוֹדוּ לַיְיָ. צַדִּיק, בֵּיהּ רַנְּנוּ צַדִּיקִים בַּיְדֹוָד. וּבֵיהּ רָנּוּ לְיַעֲקֹב שִׂמְחָה. תִּפְאֶרֶת, בֵּיהּ הַלְלוּ אֵל. הַלְלוּיָהּ, הַלְלוּ יָהּ. דְּתַמָּן יְדֹוָ"ד. בְּנִגּוּן וּבִזֶמֶר, חֶסֶד וּגְבוּרָה. בְּשִׁיר וּבִבְרָכָה, חָכְמָה וּבִינָה. בְּאַשְׁרֵי, כֶּתֶר. בִּתְהִלָּה, מַלְכוּת.

קְצב. מִזְמוֹר, בֵּיהּ רָ"ז, וּבֵיהּ מו"ם. מִסִּטְרָא דְזֶמֶר דְּאוֹרַיְיתָא זֶמֶר דִּצְלוֹתָא. זֶמֶר מִסִּטְרָא אַחֲרָא, אִיהִי מו"ם זָ"ר. זְמָרָא בְּבֵיתָא, חָרְבָּא בְּבֵיתָא. נִדָּה שִׁפְחָה בַּת עכו"ם זוֹנָה. וְדָא אַתְוָון מִזְמוֹ"ר. נִגּוּ"ן, תַּמָּן גַּ"ן. הָכִי שַׁפִּירוּ דְנִגּוּנָא, בֵּיהּ הַלֵּל. כְּגוֹן לֵיל שִׁמּוּרִים הוּא לַיְיָ לְהוֹצִיאָם מֵאֶרֶץ מִצְרָיִם. אַשְׁרֵי דְבֵיהּ שָׁרֵי עָלְמָא מִשַּׁבְחִין, אַשְׁרֵי הָעָם שֶׁכָּכָה לּוֹ. בִּבְרָכָה, אֲבָרְכָה אֶת ה' בְּכָל עֵת. בִּתְהִלָּה, תָּמִיד תְּהִלָּתוֹ בְּפִי.

קְצג. עַל שׁוֹשַׁן עֵדוּת, דָּא הוֹד. דְּאִיהוּ שׁוֹשַׁן, סוֹמָךְ שַׁלִּיט עַל וְזָוֶר, דְּנֶצַח שַׁלִּיט אִיהוּ וְזָוֶר עַל סוֹמָךְ. מַאי עֵדוּת. דָּא צַדִּיק. אִיהוּ בְּרִית, דְּאִיהוּ אוֹחִיד לִשְׁמַיָּא וְאַרְעָא. הה"ד הַעִידוֹתִי בָכֶם הַיּוֹם אֶת הַשָּׁמַיִם וְאֶת הָאָרֶץ. מַאי מִכְתָּם. מָ"ךְ תָּ"ם מָךְ, אִיהוּ צַדִּיק. תָּם, עַמּוּדָא דְאֶמְצָעִיתָא, דַּרְגָּא דְיַעֲקֹב. אִישׁ תָּם. גּוּף וּבְרִית חֻשְׁבִּינָן חַד. לְלַמֵּד, חֶסֶד וּגְבוּרָה, דְּמִתַּמָּן אוֹרַיְיתָא אִתְיְהִיבַת, לִלְמוֹד וּלְלַמֵּד.

קְצד. א"ל שַׁפִּיר קָאַמְרַת, אֲבָל לַמְנַצֵּחַ עַל הַשְּׁמִינִית, דְּלָא תָּוֵי נֶצַח מִן הוֹד, דְּאִיהִי סְפִירָה ח', אָמַר לַמְנַצֵּחַ עַל הַשְּׁמִינִית. אָמַר בּוּצִינָא קַדִּישָׁא, אִי הָכִי, בִּינָה דַּרְגָּא דִילָךְ, וַאֲמַאי אוֹקְמוּהָ וְנָתַן הַהוֹד לְמֹשֶׁה, שֶׁנֶּאֱמַר וְנָתַתָּה מֵהוֹדְךָ עָלָיו.

קְצה. א"ל, שַׁפִּיר קָא שָׁאַלְתָּ. ה' סַלְקָא בְּאָת י', וְחָמֵשׁ זִמְנִין עֶשֶׂר, לְחַמְשִׁין תַּרְעִין דְּבִינָה, וְאִתְפַּשְׁטוּתָא דִלְהוֹן מֵחֶסֶד עַד הוֹד, הֵן חָמֵשׁ עֶשְׂרֵה בְּכָל סְפִירָה, אִינּוּן חַמְשִׁין. וּבְגִין דָּא, מִבִּינָה עַד הוֹד, כְּלָּא אִתְפַּשְׁטוּתָא חֲדָא. לְבָתַר אָתָא צַדִּיק, וְנָטִיל כֹּל חַמְשִׁין תַּרְעִין בִּלְחוֹדוֹי, לְמֶהֱוֵי שָׁקִיל לְכָל חָמֵשׁ, וְאִתְקְרֵי כֹּל, דְּנָטִיל כֹּל חַמְשִׁין תַּרְעִין. וְאוּף הָכִי כַּלָּה, נְטִילַת לְהוּ כֻּלְּהוּ. אָמַר, כְּעָן וַדַּאי אִתְיַישַּׁב מִלָּה עַל בּוּרְיֵיהּ.

קְצו. וְעוֹד לַמְנַצֵּחַ, תַּמָּן מ"ל עִם נֶצַח. וְדָא מ"ל מִן חַשְׁמַ"ל. מִן ח"ש, הוֹד וְנֶצַח, אִינּוּן לְקָבֵיל תְּרֵין שִׂפְוָון. וּבְגִ"ד אִתְקְרִיאוּ שִׂפְוָון, חַיּוֹן אֶשָּׁא מְמַלְלָא. וּבְהַגִּיגָה עַד הֵיכָן מַעֲשֵׂה מֶרְכָּבָה, וְאוֹקְמוּהָ מִן וָאֵרֶא עַד חַשְׁמַל. דְּמִסִּטְרָא דִגְבוּרָה אִתְקְרִיאוּ חַיּוֹן אֶשָּׁא. וְנָהָר דְּנָפִיק מִזִּיוָן דִּלְהוֹן, יְסוֹד. כֻּלְּהוּ תְּלַת אִינּוּן מֶרְכָּבָה לְתִפְאֶרֶת, אָדָם.

קְצז. מַעֲשֵׂה מֶרְכָּבָה, דָּא מַלְכוּת. וּבִתְלַת אִלֵּין, אִיהוּ חָכְמָה וּבִינָה וָדַעַת. וּבְגִ"ד אוֹקְמוּהָ מָארֵי מַתְנִיתִין, דְּאֵין דּוֹרְשִׁין בְּמַעֲשֵׂה מֶרְכָּבָה בְּיָחִיד, אא"כ

הוּא וְחָכָם וּמֵבִין מִדַּעְתּוֹ.

קצז. וְאִית מֶרְכָּבָה לְתַתָּא מִזְּעֵיר אַנְפִּין, דְּאִיהוּ מְטַ"טְרוֹן. אָדָם הַקָּטָן. דִּבְמֶרְכָּבָה דִּילֵיהּ דְּאִיהוּ פַּרְדֵּס, רְדִיפֵי מַיָּא דְּאוֹרַיְיתָא, דְּנָפִיק מִגּוֹ פַּרְדֵּס דִּילֵיהּ, לִתְלַת מֵאַרְבַּע, דְּאִתְּמַר עֲלַיְיהוּ, אַרְבָּעָה נִכְנְסוּ לַפַּרְדֵּס. וְהָא אִתְּמַר.

קצט. דְּאִיהוּ צִפְּרָא דְּחָזָא רַבָּה בַּר בַּר חָנָה, לְכֵיף יַמָּא דְּאוֹרַיְיתָא, דְּיַמָּא מָטֵי עַד קוֹרְסוּלוֹי. וְרֵישֵׁיהּ מָטֵי עַד צֵית שְׁמַיָּא, וְלָא אַכְשִׁילוּ תְּלַת בֵּיהּ, מִשּׁוּם דִּנְפִישֵׁי מַיָּא דִּילֵיהּ, אֶלָּא מִשּׁוּם דִּרְדִיפֵי מַיָּא וְאוֹקְמוּהָ.

ר. אבג כָּלִיל לוֹן דְּסַלְקִין לְשִׁית, לְקַבֵּל אַתְוָון מְטַטְרוֹ"ן. רְבִיעָאָה ד', קוֹל דְּמָמָה דַּקָּה, דְּתַמָּן אָתֵי מַלְכָּא. וְאִיהוּ אָדָם לָשֶׁבֶת עַל הַכִּסֵּא.

רא. א י"י, מַיִם עֶלְיוֹנִים, וּמַיִם תַּחְתּוֹנִים. דְּלֵית בֵּינַיְיהוּ אֶלָּא כִּמְלֹא נִימָא, דְּאִיהוּ ו', נָטוּי בֵּינַיְיהוּ, בְּרָקִיעַ דְּאִיהוּ מַבְדִּיל בֵּין מַיִם לָמַיִם, דִּיהֵא הַבְדָּלָה בֵּין נוּקְבָא לִדְכוּרָא. בְּג"ד וִיהִי מַבְדִּיל וְרָזָא דְּמִלָּה, יאהדונהי. מַיִם עֶלְיוֹנִים זְכָרִים י' עִלָּאָה, מַיִם תַּחְתּוֹנִים נְקֵבוֹת, י' תַּתָּאָה. שִׁית אַתְוָון בֵּינַיְיהוּ, כְּחוּשְׁבַּן ו', דָּא מְטַטְרוֹן, דְּאִיהוּ בֵּין א.

רב. וְעוֹד, יוד נְקוּדָה. ו' גַּלְגַּל. וְלֵית תְּנוּעָה בְּגַלְגַּל בְּשִׁית סִטְרִין כְּחוּשְׁבַּן ו', אֶלָּא בְּהַהִיא נְקוּדָה. וְהַהוּא נְקוּדָה אִיהוּ יִחוּדָא דְּכֹלָּא, וְאַסְהִידַת עַל הַהוּא יָחִיד, דְּלֵית לֵיהּ שֵׁנִי, דְּאוֹקְמוּהָ עָלֵיהּ רַבָּנָן, שֶׁצָּרִיךְ לְיַחֲדוֹ כְּדֵי שֶׁתַּמְלִיכֵהוּ עַל הַשָּׁמַיִם וְעַל הָאָרֶץ, וְעַל ד' רוּחוֹת עָלְמָא. ב', שָׁמַיִם וָאָרֶץ. ג', עַמּוּדָא סָבִיל לוֹן. ד', אַרְבַּע וַזִּין. ה' כָּרְסַיָּיא. ו', שִׁית דַּרְגִּין לְכָרְסַיָּיא. וְעוֹד, א ב ג ד ה ו ז ח ט : אָדָם. י' יִיחוּד דִּילֵיהּ, מַלְכוּת, עֲשִׂירָאָה דְּאָדָם. תֵּשַׁע, אִיהוּ לְקַבֵּל תֵּשַׁע אַתְוָון. זַכָּאִין אִינּוּן יִשְׂרָאֵל, דְּיָדְעִין רָזָא דְּמָארֵיהוֹן.

רג. ד"א, צַו אֶת בְּנֵי יִשְׂרָאֵל וְאָמַרְתָּ אֲלֵיהֶם אֶת קָרְבָּנִי לַחְמִי לְאִשַּׁי רֵיחַ נִיחוֹחִי. ר' יְהוּדָה אָמַר, בְּקָרְבָּנָא אִית עָשָׁן, וְאִית רֵיחַ, וְאִית רֵיחַ נִיחוֹחַ, עָשָׁן אִיהוּ מִסִּטְרָא דְּדִינָא, הה"ד, כִּי אָז יֶעְשַׁן אַף יְיָ'. עָלָה עָשָׁן בְּאַפּוֹ וְאֵשׁ מִפִּיו תֹּאכֵל. רֵיחַ נִיחוֹחִי, רַחֲמֵי. וְרֵיחַ אַפֵּךְ כַּתַּפּוּחִים.

רד. אָמַר רַעְיָא מְהֵימְנָא, וְהָא תַּרְוַויְיהוּ עָשָׁן וְרֵיחַ, אִינּוּן בְּאַף, וְקָרָאִין סַהֲדִין. חַד, עָלָה עָשָׁן בְּאַפּוֹ. וְתִנְיָינָא, וְרֵיחַ אַפֵּךְ כַּתַּפּוּחִים. וְאַמַּאי אִתְקְרֵי חַד עָשָׁן דִּינָא וְתִנְיָינָא רַחֲמֵי. אֶלָּא, בְּחוֹטְמָא אִית תְּרֵין חַלּוֹנִין, וְאִתְּמַר בִּשְׂמָאלָא, עָלָה עָשָׁן בְּאַפּוֹ, מַאי עָלָה. אֶלָּא מִלִּבָּא דְּאִיהוּ בִּשְׂמָאלָא, לְקַבֵּל גְּבוּר. מִימִינָא נָחִית רוּחָא לְגַבֵּיהּ, לְקָרְרָא לֵיהּ, וּלְשַׁכְּכָא רוּגְזֵיהּ, מִסִּטְרָא דְּחֶסֶד, דְּתַמָּן מוֹחָא. וְחָכְמָה לִימִינָא, הָרוֹצֶה לְהַחְכִּים יַדְרִים. בִּינָה בְּלִבָּא, כְּלַפֵּי שְׂמָאלָא, הָרוֹצֶה לְהַעֲשִׁיר יַצְפִּין. וּבְג"ד עָלָה עָשָׁן בְּאַפּוֹ, מִן בִּינָה לְגַבֵּי חָכְמָה, דְּאִיהִי לִימִינָא, וּמְקַבֵּל לֵיהּ בְּחֶדְוָה, בְּנִגּוּנָא דְּלֵיוָאֵי.

רה. וְהַאי עָשָׁן לָא סָלִיק, אֶלָּא ע"י אֵשׁ, דְּאַדְלִיק בְּעֵצִים, דְּאִינּוּן אֵבָרִים מַלְיָין

פִּקּוּדִין, עֲצֵי עוֹלָה. מַאֲרֵי תוֹרָה, אוֹרַיְיתָא דְּאִיהִי אַדְלִיקַת בְּהוֹן, אֵשׁ בְּתוּקְפָּא דִּגְבוּרָה, וְעָלָה עָשָׁן בְּהוֹן. בַּבִּינָה עָשָׁן הַמַּעֲרָכָה.

רו. וּמִדְּסָלִיקַת לְאַף, אִתְקְרֵי קְטֹרֶת, הה"ד, יָשִׂימוּ קְטוֹרָה בְּאַפֶּךָ. וְלֵית דְּבָטִיל מוֹתָנָא בְּעָלְמָא, כַּקְּטֹרֶת, דְּאִיהוּ קְשׁוּרָא דְּדִינָא בְּרַחֲמֵי, עִם רֵיחַ נִיחוֹחַ בְּאַף. תַּרְגּוּם דְּקֶשֶׁר קְטִירוּ. א"ר יְהוּדָה, זַכָּאָה חוּלָקָנָא דְּרָוַוחְנָא מִלִּין סְתִימִין בְּאִתְגַּלְיָיא. עוֹד אָמַר בּוּצִינָא קַדִּישָׁא, דְּבָתַר דִּצְלוֹתָא אִיהִי כְּקָרְבְּנָא, מַאן דְּיֵימָא פִּטּוּם הַקְּטֹרֶת, בָּתַר תְּהִלָּה לְדָוִד, בָּטִיל מוֹתָנָא מִבֵּיתָא.

רז. אָמַר רַעְיָא מְהֵימְנָא, כְּעַן בָּעֵי לְמִנְדַּע, אֵיךְ אַתְקִינוּ צְלוֹתִין לְקָבֵל קָרְבְּנִין. אֶלָּא תְּלַת צְלוֹתִין, לְקָבֵל אֶת הַכֶּבֶשׂ הָאֶחָד תַּעֲשֶׂה בַבֹּקֶר, דָּא צְלוֹתָא דְּשַׁחֲרִית, דְּאִתְּמַר בָּהּ, וַיַּשְׁכֵּם אַבְרָהָם בַּבֹּקֶר אֶל הַמָּקוֹם אֲשֶׁר עָמַד שָׁם אֶת פְּנֵי יְיָ'. וְאוֹקְמוּהָ רַבָּנָן, דְּלֵית עֲמִידָה אֶלָּא צְלוֹתָא. וְאֵת הַכֶּבֶשׂ הַשֵּׁנִי תַּעֲשֶׂה בֵּין הָעַרְבַּיִם, לְקָבֵל צְלוֹתָא דְּמִנְחָה, דְּתַקִּין לָהּ יִצְחָק. הה"ד, וַיֵּצֵא יִצְחָק לָשׂוּחַ בַּשָּׂדֶה לִפְנוֹת עָרֶב. וְלֵית שִׂיחָה, אֶלָּא צְלוֹתָא. צְלוֹתָא דְּעַרְבִית, לְקָבֵל אֵמוּרִין וּפְדָרִין דְּמִתְאַכְלִין כָּל הַלַּיְלָה. הה"ד, וַיִּפְגַּע בַּמָּקוֹם וַיָּלֶן שָׁם כִּי בָא הַשֶּׁמֶשׁ. וְלֵית פְּגִיעָה, אֶלָּא צְלוֹתָא.

רח. אִי הָכִי דְּאִנּוּן בַּאֲתָר דָּא, אַמַּאי כְּתִיב וַיִּקַּח מֵאַבְנֵי הַמָּקוֹם וַיָּשֶׂם מְרַאֲשׁוֹתָיו וַיִּשְׁכַּב בַּמָּקוֹם הַהוּא, וְכִי לָא הֲווֹ לֵיהּ כָּרִים וּכְסָתוֹת לְמִשְׁכַּב. אֶלָּא הוֹאִיל וְאָתָא וְחָתָן לְגַבֵּי כַּלָּה, אע"ג דְּלָא הֲוָה אַרְזוּוֵי לְמִשְׁכַּב אֶלָּא בְּכָרִים וּכְסָתוֹת, וְאִיהִי יְהִיבַת לֵיהּ אֲבָנִים לְמִשְׁכַּב, יְקַבֵּל כֹּלָּא בִּרְעוּתָא דְּלִבָּא, וְהָא אִתְּמַר. וְאוּף הָכִי אִתְּמַר בְּחִבּוּרָא קַדְמָאָה. מ"ד וַיֹּאמֶר יַעֲקֹב כַּאֲשֶׁר רָאָם, אר"ש תִּיב. וְאֵימָא קְרָא, (ע"כ רעיא מהימנא).

רט. אָמַר רִבִּי פִּנְחָס, מִסְתַּכֵּל הֲוֵינָא, שְׁמִירָה בַּלֵּב אִיהוּ וַדַּאי, וע"ד שָׁמוֹר בַּלֵּב, וְלָאו בַּאֲתָר אַחֲרָא. זְכִירָה בַּזָּכָר, בְּמוֹחָא, דְּרָכִיב וְשָׁלִיט עַל הַלֵּב. וְלֵית זְכִירָה אֶלָּא בְּמוֹחָא. וע"ד זָכוֹר לְזָכָר וְשָׁמוֹר לִנְקֵבָה. מוֹחָא דְּאִיהוּ דְּכוּרָא, רָכִיב וְשָׁלִיט עַל הַלֵּב. לֵב שַׁלִּיט וְרָכִיב עַל הַכָּבֵד. כָּבֵד סָמָאֵל וְנָחָשׁ דָּא בְּדָא, וְאִיהוּ חַד. יוֹתֶרֶת הַכָּבֵד וְכָבֵד. וע"ד בְּקוּרְבְּנָא, יוֹתֶרֶת הַכָּבֵד, דָּא נָחָשׁ. כָּבֵד מֵיכְלָא דִּדְכוּרָא, רָזָא דְּסָמָאֵ"ל.

רי. אָמַר ר"ש, וַדַּאי כַּךְ הוּא, וְיָאוּת הוּא. וּבְרִירָא דְּמִלָּה, וְרָזָא וְסִתְרִין דְּקָרְבָּן, הָכִי הוּא. כָּבֵד נָטִיל בְּקַדְמֵיתָא, הוּא וְיוֹתֶרֶת דִּילֵיהּ, סָמָאֵל וּבַת זוּגוֹ. וְכָל אִינּוּן עַרְקִין דְּכַבְדָּא. חַיָּילִין וּמַשִּׁרְיָין דִּלְהוֹן. וְנָטִילוּ דִּלְהוֹן, דְּאַכְלִין חֲלָבִין שַׁמְנִינוּ דְּקָרְבְּנָא. הה"ד, וְאֶת הַחֵלֶב אֲשֶׁר עֲלֵיהֶם. וּכְדֵין קָרִיב כֹּלָּא לְגַבֵּי לֵב.

ג

ריא. וְלֵב לָא נָטִיל מִכֹּלָּא. אֶלָּא וִדּוּי דְּאִתְעֲבֵיד בֵּיהּ, וְסָלִיק בְּהַהוּא תְּנָנָא וּצְלוֹתָא דְּאִתְעֲבֵיד עָלֵיהּ דְּקָרְבְּנָא. לֵב קָרִיב לְגַבֵּי מוֹחָא, רְעוּתָא דְּיִחוּדָא

דְּכַהֲנָא בֵּיהּ, וְחֶדְוָותָא דְּלֵיוָאֵי. מוֹחָא דָּא, נְהוֹרָא דְּאַתְיָא מִמּוֹחָא עִלָּאָה. מוֹחָא קָרִיב לְגַבֵּיהּ טָמִיר מִכֹּלָּא, דְּלָא אִתְיְדַע כְּלַל. וְכֹלָּא אִתְקְשַׁר דָּא בְּדָא. וּמוֹחָא קָרִיב נַחַת רוּחַ דְּכֹלָּא.

ריב. עַרְקִין דְּכַבְדָא, אִלֵּין אִשִּׁים, וְכָל אִינּוּן חַיָּילֵיהוֹן. כָּבֵד, כְּמָה דְּאִתְּמַר. יוֹתֶרֶת נְקֵבָה, נוּקְבָא דִּילֵיהּ. אֲמַאי יוֹתֶרֶת. דְּלָא אִתְחַבְּרַת בִּדְכוּרָא. אֶלָּא כַּד אַשְׁאָרַת לָהּ שַׁעֲתָא, לְבָתַר דַּעֲבַדַת נָאוּפְהָא, וְשַׁבְקָא לֵיהּ. תּוּ, יוֹתֶרֶת נְקֵבָה, דְּכַד בַּעְיָא לְאִתְחַבְּרָא בְּב"נ, אִתְעָבֵידַת לְגַבֵּיהּ שִׁיּוּרִין, דְּלָא אִתְחַשְׁבַת כְּלַל. לְבָתַר אִיהִי אִתְקְרִבַת זְעֵיר זְעֵיר לְגַבֵּיהּ, עַד דְּאִתְעֲבֵידַת לֵיהּ חִבּוּרָא חֲדָא. וּמֵאִלֵּין עַרְקִין דְּכַבְדָא, מִתְפַּשְׁטָן אוֹחֳרָן זְעִירִין, לְכַמָּה זִינִין, וְכֹלָּא נַטְלִין אֵמוּרִין וּפְדָרִין. וְכֻלְּהוּ כְּלִילָן בְּכָבֵד.

ריג. לֵב דְּאִיהוּ עִקָּרָא בִּקְדוּשָׁה, נָטִיל וּמַקְרִיב לְמוֹחָא כְּמָה דְּאִתְּמַר. לֵב שַׁרְיָא עַל תְּרֵין כּוּלְיָין, וְאִינּוּן תְּרֵין כְּרוּבִין. יָהֲבִין עֵיטָא. וְאִינּוּן רוּחִין קְרִיבִין, יְמִינָא וּשְׂמָאלָא. וְכֻלְּהוּ נַטְלִין וְאָכְלִין כָּל חַד כַּדְקָא יָאוּת, עַד דְּאִתְקַשַּׁר כֹּלָּא כַּחֲדָא.ריד. זִבְחֵי אֱלֹהִים רוּחַ נִשְׁבָּרָה, דָּא מִתְקָרִיב לַלֵּב, רוּחַ נִשְׁבָּרָה, וִדּוּי וּצְלוֹתָא. דְּהָא וַדַּאי וְהָרוּחַ תָּשׁוּב אֶל הָאֱלֹהִים אֲשֶׁר נְתָנָהּ. וְכָבֵד מַקְרִיב לֵיהּ לְגַבֵּיהּ לֵב, דְּאִיהוּ סַנֵּיגוֹרָא עָלֵיהּ, וְכֹלָּא קְשׁוּרָא כַּחֲדָא בְּקוּרְבְּנָא.

רטו. מִן כָּבֵד, נָפְקִין כָּל מַרְעִין, וְכָל מַכְתְּשִׁין, לְכָל שַׁיְיפֵי גּוּפָא, וּבֵיהּ שַׁרְיָין. לֵב, אִיהוּ זָכִיךְ מִכֹּלָּא. מִנֵּיהּ נָפְקִין כָּל טַב, וְכָל בְּרִיאוּתָא דְּשַׁיְיפִין כֻּלְּהוּ, וְכָל תּוּקְפָּא, וְכָל חֶדְוָה, וְכָל שְׁלִימוּ דְּאִצְטְרִיךְ לְכָל שַׁיְיפִין.

רעיא מהימנא

רטז. אָמַר רַעְיָא מְהֵימְנָא, לֵית קָרְבְּנִין, אֶלָּא לְרַחֲקָא סִטְרִין מְסָאֲבִין, וּלְקָרְבָא דַּרְגִּין קַדִּישִׁין. וְאִתְּמַר בְּחִבּוּרָא קַדְמָאָה, דִּלְהוֹן, עַרְקִין דְּכַבְדָא, אִית מִנְּהוֹן רַבְרְבִין, אִית מִנְּהוֹן רַבְרְבִין וּזְעִירִין, וּמִתְפַּשְׁטִין מִנְּהוֹן לְכַמָּה סִטְרִין. וְאִלֵּין נַטְלִין אֵבָרִין וְאֵמוּרִין וּפְדָרִין דְּמִתְאַכְּלִין כָּל הַלַּיְלָה, דְּהָא קָרְבָּן כֹּלָּא לַיְיָ.

ריז. אָמַר בּוּצִינָא קַדִּישָׁא, רַעְיָא מְהֵימְנָא, וַהֲלָא אַמְרַת לְעֵיל דְּקָרְבְּנִין דְּקוּדְשָׁא בְּרִיךְ הוּא לָאו אִינּוּן אֶלָּא לְקָרְבָא י' בְּה' ו' בְּה'. אֶלָּא, אע"ג דְּכָל קָרְבְּנִין צְרִיכִין לְקָרֵב קַמֵּיהּ, אִיהוּ פָּלִיג לְכָל מַשִּׁרְיָין, מַאֲכָלִין דְּקָרְבְּנִין, לְכָל חַד כַּדְקָא חֲזֵי לֵיהּ, לְשִׂכְלִיִּים, מְזוֹנֵי דְּאוֹרַיְיתָא, וּמַשְׁקְיָיא דְּיֵינָא וּמַיָּא דְּאוֹרַיְיתָא. לְטִבְעִיִּים, דְּאִינּוּן שֵׁדִים דְּאִינּוּן כִּבְנֵי אָדָם, יָהִיב לוֹן אִלֵּין מַאֲכָלִין טִבְעִיִּים, דְּנָחִית אֶשָּׁא דִּלְהוֹן, לְמֵיכַל לוֹן.

ריח. כְּמָה דְּאוֹקְמוּהָ רַבָּנָן, אִי זָכוּ, הֲוָה נָחִית כְּמוֹ אַרְיֵה דְּאֶשָּׁא לְמֵיכַל קָרְבְּנִין. וְאִי לָא, הֲוָה נָחִית תַּמָּן כְּמִין כַּלְבָּא דְּאֶשָּׁא. וְאוּף הָכִי כַּד מִית ב"נ, אִי זָכֵי, נָחִית בִּדְמוּת אַרְיֵה, לְקַבְּלָא נַפְשֵׁיהּ. וְאִי לָאו בִּדְמוּת כֶּלֶב, דְּאָמַר דָּוִד עָלֵיהּ, הַצִּילָה מֵחֶרֶב נַפְשִׁי מִיַּד כֶּלֶב יְחִידָתִי.

ריט. ובגין לשיזבא קודשא בריך הוא גופיהון דישראל מנהון ונפשהון. מני, לקרב קרבנין דבעירן וגופן באתרייהו, לקיים אם רעב שונאך האכילהו לחם ואם צמא השקהו מים. אבל קודשא בריך הוא, לא נטיל אלא רעותא דלבא, ותבירו דיליה. הה"ד, זבחי אלהים רוח נשברה לב נשבר ונדכה אלהים לא תבזה. כגוונא דכלי חרס, דאתמר בהון נשברו נטהרו.

רכ. כהנא מוחא. לוי לבא. גופא ישראל. ואתמר בהון, כהנים בעבודתם, ולוים בדוכנם, וישראל במעמדם. ואי כבד בעי לקרבא לגבי דלבא, וחלביה דאינון מסאבין, איהו לא נטיל. אלא שמנונו דחלב טהור. כגוונא דאית בגופא, חלב טהור וחלב טמא, דם צליל בלא פסולת, ודם עכור בפסולת. ועורקין דלבא, חיילין קדישין. ועורקין דכבד, חיילין מסאבין. אוף הכי אינון משריין דיצר הרע, ומשריין דיצר הטוב, אלין ממנן על ערקין דלבא, ואלין ממנן על ערקין דכבדא. אוף הכי תרי אומי, ישראל, ואומין דעלמא עכו"ם.

רכא. אמר ליה רעיא מהימנא, שפיר קא אמרת בכלא, אבל אפילו ישראל לאו כלהו שוין, דאית בהון בני מלכות, מסטרא דמלכות קדישא, כלילא מעשר ספירן, ומכל הויין וכנויין. ואית מנהון עבדין, מסטרא דעבד, דאיהו עבדו זקן ביתו. ואית מנהון כבעירן, ואתמר בהון, ואתן צאני צאן מרעיתי אדם אתם. ואינון דדמיין לענא, קודשא בריך הוא מני לקרבא בעירן באתרייהו, לכפרא עלייהו. ואינון דדמיין למלאכין, קרבנין דלהון אינון עובדין טבין, דממנן עלייהו מלאכים, דמקריבין לקודשא בריך הוא באתרייהו.

רכב. ואינון דהוו בנין לידוד, הה"ד בנים אתם ליי' אלהיכם. בזווגין דלהון מתפרדי אתוון, ותקונא דלהון הוא אורייתא, דאיהו שם ידוד, לקרבא אתוון, י' בה', ו' בה', בקרבנא דלהון.

רכג. הרי בכל קרבנין, בין דבעירי, בין דמלאכין דממנן על פקודין, בין במלכותא, בין בשמיה. כלא צריך לקרבא לקודשא בריך הוא באתוון קדישין. ואיהו רכיב בארבע חיון דמלאכים. ואיהו רכיב בארבע יסודין, דמנהון אתבריאו ארבע חיון טבעיים. ואיהו הוא דמקרב מיא באשא, ורוחא בעפרא. הה"ד, עושה שלום במרומיו. ואוף הכי הוא מקרב מיכאל דאיהו מים שכליים, עם גבריאל. דהוא אש שכלי. ואיהו מקרב אוריאל, דאיהו אויר. דהיינו רוח שכלי. עם רפאל, דאיהו אפר, דהיינו עפר שכלית. דמיד דאסתלק קודשא בריך הוא מבינייהו, לית בהון חילא.

רכד. ואי תימא, הא כתיב בכל קרבנין לידו"ד, ואיך אמרנא דאית פרודא באתוון. אלא האי אתמר, בדרגין דאתבריאו ואתקריאו בשמיה. ולא דאינון איהו ממש. הה"ד, כל הנקרא בשמי ולכבודי בראתיו יצרתיו אף עשיתיו.

דאית אתוון דידו"ד באצילות, דלית בהון פרודא והפסקה, דאינון כמבועין לגבייהו, דאשקיין לאילנין. ובגין אלין דאתבריאו, אדמיין י' לרישא, ו' לגופא, ה' ה' לעשר אצבען.

רכה. אבל עלות העלות על כלא, דאתקרי ידו"ד, אתמר ביה, ואל מי תדמיוני ואשוה יאמר קדוש. ואל מי תדמיון אל ומה דמות תערכו לו. אני יי' לא שניתי. לא מטי ביה חובין לאפרשא אתווי, י' מה', ו' מה', דלית ביה פרודא. ועליה אתמר, לא יגורך רע. איהו שליט על כלא, ולית מאן דשליט ביה. איהו תפיס בכלא, ולית מאן דתפיס ביה. ואיהו לא אתקרי ידו"ד, ובכל שמהן, אלא באתפשטות נהוריה עלייהו. וכד אסתליק מנייהו, לית ליה מגרמיה שם כלל מנהון. עמוק עמוק מי ימצאנו.

רכו. לית נהורא יכיל לאסתכלא ביה, דלא אתחשכת. אפילו כתר עליון, דאיהו נהוריה תקיף על כל דרגין, ועל כל חילי שמיא, עלאין ותתאין, אתמר עליה, ישת חשך סתרו. ועל חכמה ובינה, ענן וערפל סביביו. כ"ש שאר ספירן. כ"ש חיון. כ"ש יסודין, דאינון מתים. איהו סובב על כל עלמין, ולית סובב לון לכל סטרא, עילא ותתא, ולארבע סטרין, בר מניה. ולית מאן דנפיק מרשותיה לבר. איהו ממלא כל עלמין. ולית אחרא ממלא לון.

רכז. איהו מחיה לון ולית עליה אלהא אחרא, למיהב ליה חיין. הה"ד, ואתה מחיה את כולם. ובגיניה אמר דניאל, וכל דארי ארעא כלא חשיבין וכמצביה עביד בחיל שמיא. איהו מקשר ומייחד זינא לזיניה, עילא ותתא. ולית קורבא להו בד' יסודין, אלא קודשא בריך הוא כד איהו בינייהו.

רכח. מיד דחזבו, אלין דאתקריאו בנים אתם לידוד אלקיכם, אסתלק מן אתוון, אשתארו בפרודא. ומאי תקוניה, לקרבא אתוון בקודשא בריך הוא, י' בה', ו' בה'. אוף הכי אינון עבדין דיליה, מסטרא דחיון. בחובין דלהון גרמו ליה, לאסתלקא מנהון. מאי תקנתא דלהון. לנחתא קודשא בריך הוא עלייהו, לקרבא לון. אוף הכי אינון דהוו מארבע יסודין, דאינון ענא דקודשא בריך הוא, דגרמו לסלקא קודשא בריך הוא מינייהו. מאי תקנה. לקרבא לון לקודשא בריך הוא.

רכט. ובגין דא בכלהו מני, קרבן לידוד, את קרבני לחמי לאשי. אוף את הכבש אחד תעשה בבקר ואת הכבש השני תעשה בין הערבים. וכתיב שתי תורים או שני בני יונה, כל זינא אזיל לזיניה. וקודשא בריך הוא מקרב כלא באתר דא, איהו עלת על כלא, דלית אלהא בר מניה. ולית מאן דיכיל לקרבא חילין, בר מניה.

רל. אבל חילין דאומין עעכו"ם, אינון מסטרא דפרודא. ווי למאן דגרים בחובוי, לאעלא אתוון וחיון ויסודין. דמיד אסתלק קודשא בריך הוא

מִיִּשְׂרָאֵל. וְיֵיעֲלוּן אוּמִין עעכו"ם בֵּינַיְיהוּ. לֵית לוֹן קְרִיבוּת בְּקוּדְשָׁא בְּרִיךְ הוּא, דְּלֵית קוּרְבְּנִין בְּחוּצָה לָאָרֶץ. וּבג"ד אוֹקְמוּהָ רַבָּנָן, הַדָּר בְּחוּצָה לָאָרֶץ דּוֹמֶה כְּמִי שֶׁאֵין לוֹ אֱלוֹהַּ. בְּהַהוּא זִמְנָא דְּאָמַר מִלִּין אִלֵּין, נָחֲתוּ כָּל אַתְוָון קַדִּישִׁין, וְזִיוָון קַדִּישִׁין, וְד' יְסוֹדִין, לְגַבֵּיהּ, וּבָרִיכוּ לֵיהּ וְאָמְרוּ, עַל יָדְךָ רַעְיָא מְהֵימָנָא, נָזִית עֲלָךְ קוּדְשָׁא בְּרִיךְ הוּא, וּמִתְקָרְבִין זִינָא לְזִינֵיהּ, בְּרִיךְ אַנְתְּ לְקוּדְשָׁא בְּרִיךְ הוּא, בְּאַרְבַּע יְסוֹדִין. כְּעַן אִתְבְּרִיר כֹּלָּא עַל בּוּרְיֵיהּ. (ע"כ רעיא מהימנא)

רלא. פָּתַח וְאָמַר, בְּטַח בַּיְיָ' וַעֲשֵׂה טוֹב שְׁכָן אֶרֶץ וּרְעֵה אֱמוּנָה. בְּטַח בַּיְיָ', כַּדְקָא יָאוּת. וַעֲשֵׂה טוֹב, תִּקּוּנָא דִּבְרִית קַדִּישָׁא. דְּתֶהֱא מְתַקֵּן לֵיהּ, וְנָטִיר לֵיהּ כַּדְקָא יָאוּת. וְאִי תַּעֲבִיד דָּא, אַנְתְּ תְּהֵא הָכָא בְּאַרְעָא, וְיִתְזַן מִנָּךְ, וְיִתְפַּרְנֵס מִנָּךְ, הַהִיא אֱמוּנָה דִּלְעֵילָּא.

רלב. וְתוּ, הִתְעַנַּג עַל יְיָ' וְיִתֶּן לְךָ מִשְׁאֲלוֹת לִבֶּךָ. כָּל דָּא אִתְתַּקְּנַת בְּתִקּוּנָא דִּבְרִית. כֵּיוָן דְּאִתְתַּקְּנַת בְּרִית, אִתְתַּקַּן כֹּלָּא. פִּנְחָס בְּגִין דְּקַנֵּי עַל בְּרִית דָּא, זָכָה לְכֹלָּא. וְלָא עוֹד אֶלָּא דְּאַגֵּין עַל כָּל יִשְׂרָאֵל, וּבֵיהּ אִתְקַיַּים וְהִתְעַנַּג עַל יְיָ'. דְּהָא סָלִיק וְאִתְקַשַּׁר לְעֵילָּא, בְּאוֹר קַדְמָאָה דִּבְרָא קוּדְשָׁא בְּרִיךְ הוּא, וְגָנִיז לֵיהּ. בְּהַהוּא אוֹר דְּאִתְהֲנֵי אַבְרָהָם מִנֵּיהּ, וְאַהֲרֹן כַּהֲנָא אִתְקַשַּׁר בֵּיהּ.

רלג. לְבָתַר דְּאִסְתַּלַּק לְכַהֲנָא רַבָּא, לָא אַדְכַּר לֵיהּ קְטָלְנוּתָא דְּזִמְרִי, וְלָא יָאוּת בְּגִין דְּלָא יִתְאֲחִיד כְּלַל בְּעַנְפּוֹי דְּסִטְרָא אַחֲרָא, וְלָא אִתְחֲזֵי לְאַדְכְּרָא עָלֵיהּ. דְּכָל מַאן דְּקָטִיל, עַנְפִּין דְּסִטְרָא אָחֳרָא אִית בֵּיהּ. וּפִנְחָס הָא מִתְאַחִיד בִּימִינָא, וְלֵית לֵיהּ חוּלָק בְּסִטְרָא אָחֳרָא כְּלָל, וְעַל דָּא לָא אַדְכַּר הָכָא. מַה דְּאִתְחֲזֵי שְׁבָחָא, אִיהוּ גְּנַאי לֵיהּ, וּנְחִיתוּ מִדַּרְגָּא עִלָּאָה דְּאִתְאַחִיד בֵּיהּ. וְעַ"ד כְּתִיב הַמּוּכֶּה אֲשֶׁר הוּכָּה סְתָם, וְשֵׁם הָאִשָּׁה הַמּוּכָּה, וְלָא אַדְכַּר עַל יְדָא דְּמַאן.

רלד. א"ר פִּנְחָס, זַכָּאָה דָּרָא דְּשַׁמְעִין מִילָּךְ בְּאוֹרַיְיתָא, וְזַכָּאָה חוּלָקֵי דְּזָכֵינָא לְכָךְ. אָמַר רַבִּי שִׁמְעוֹן, זַכָּאָה דָּרָא, דְּאַנְתְּ וַחֲסִידוּתָךְ אִשְׁתְּכַח בְּגַוֵּיהּ. עַד דַּהֲווּ יַתְבִין וּמְפַיְּיסִין דָּא לְדָא, אָתָא רִבִּי אֶלְעָזָר בְּרֵיהּ דר"ש, וְאַשְׁכַּח לוֹן תַּמָּן. א"ר פִּנְחָס, וַדַּאי דִּכְתִּיב וַיֹּאמֶר יַעֲקֹב כַּאֲשֶׁר רָאָם מַחֲנֵה אֱלֹהִים זֶה. א"ל ר"ש, אֶלְעָזָר בְּרִי, תִּיב בְּרִי, וְאֵימָא קְרָא. יָתִיב רִבִּי אֶלְעָזָר.

רלה. פָּתַח וְאָמַר, וְיַעֲקֹב הָלַךְ לְדַרְכּוֹ וַיִּפְגְּעוּ בוֹ מַלְאֲכֵי אֱלֹהִים. מַאי וַיִּפְגְּעוּ בוֹ. אֶלָּא אִית פְּגִיעָה לְטָב. וְאִית פְּגִיעָה לְבִישׁ. וְאִית פְּגִיעָה לִצְלוֹתָא. אֶלָּא בְּשַׁעְתָּא דַּהֲוָה אָזִיל לְחָרָן, מַה כְּתִיב. וַיִּפְגַּע בַּמָּקוֹם, צְלוֹתָא דְּעַרְבִית הֲוָה דְּצַלֵּי בְּהַהוּא מָקוֹם. כד"א, הִנֵּה מָקוֹם אִתִּי. וּצְלוֹתָא דְּעַרְבִית בְּהַהוּא אֲתָר אִתְחֲזֵי.

רלו. תּוּ וַיִּפְגַּע בַּמָּקוֹם, מִלֵּי פִּיּוּסִין אִיהוּ. דְּאָתָא שִׁמְשָׁא קַדִּישָׁא לְגַבֵּי סִיהֲרָא,

בַּעְלָהּ לְגַבֵּי אִתְּתָא. מִכָּאן דְּלָא יָאוּת לְבַעַל לְמֵיתֵי לְגַבֵּי אִתְּתָא, אִי לָא הֲוֵי בְּמִלֵּי פִּיּוּסִין לְפַיְּסָא לָהּ. דִּכְתִּיב וַיִּפְגַּע בַּמָּקוֹם, וּלְבָתַר וַיָּלֶן שָׁם. כַּד הֲוָה אָתֵי יַעֲקֹב מֵחָרָן, מַה כְּתִיב, וַיִּפְגְּעוּ בוֹ, שֶׁדָּרַת הִיא לְפַיְּסָא לֵיהּ, לְמֵיתֵי לְגַבָּהּ.

רלז. וַיֹּאמֶר יַעֲקֹב כַּאֲשֶׁר רָאָם. מַאי כַּאֲשֶׁר רָאָם. אִלֵּין מַלְאָכִין דְּיוֹם, וּמַלְאָכִין דְּלַיְלָה הֲווּ, וְאִתְכַּסִּיאוּ מִנֵּיהּ, וּלְבָתַר אִתְגַּלְיָין לֵיהּ. וְעַ"ד כַּאֲשֶׁר רָאָם, כְּתִיב מַחֲנֵה אֱלֹהִים זֶה. מֵהָכָא דַּהֲווּ אִלֵּין דִּימָמָא, וְאִלֵּין דְּלֵילְיָא. אִינּוּן דְּלֵילְיָא כְּתִיב בְּהוּ, מַחֲנֵה אֱלֹהִים, וְאִינּוּן דִּימָמָא, כְּתִיב בְּהוּ, זֶה. וְעַ"ד וַיִּקְרָא שֵׁם הַמָּקוֹם הַהוּא מַחֲנָיִם. תְּרֵין מַשִּׁרְיָין. וְהַשְׁתָּא מַשִּׁרְיָין קַדִּישִׁין וְזַמִּינָא הָכָא. זַכָּאָה אָרְחוֹי דְּאַתֵּינָא הָכָא.

רַעְיָא מְהֵימְנָא

רלח. אֶלָּא פְּגִיעָה אִיהִי פִּיּוּסָא, דְּכַד יֵיתֵי זִוּוּגָא לְגַבֵּי כַּלָּה, לֵית אָרַח לְזַוְּתָן לְיִיחוּדָא בְּכַלָּה, אֶלָּא בְּפִיּוּסָא. וּלְבָתַר יַעֲבֵד עִמָּהּ לִינָה. וְהַיְינוּ כִּי בָא הַשֶּׁמֶשׁ.

רלט. אָמַר רַעְיָא מְהֵימְנָא, אִי הָכִי מַאי נִיהוּ כִּי בָא הַשֶּׁמֶשׁ דְּהָא אָרַח דְּרַשָּׁא אוֹקְמוּהָ, לְשׁוֹן כְּבִיָּה, וְהַיְינוּ כִּי בָא הַשֶּׁמֶשׁ. אֶלָּא מֵהָכָא אוֹלִיפְנָא, מַאן דְּמִיַּיחֵד בְּאִתְּתֵיהּ, צָרִיךְ בְּלֵילְיָא לְמִכְבֵּי שְׁרָגָא, וּבִימָמָא לָאו אָרַח דְּרַבָּנָן לְשַׁמֵּשׁ מִטָּתָן, אֶלָּא בַּלַּיְלָה, אָרַח צְנִיעָא. וּבְגִין דָּא, מָתַי אִתְעֲבֵיד לִינָה. כִּי בָא הַשֶּׁמֶשׁ, דְּאִתְפְּנֵי שִׁמְשָׁא מֵעָלְמָא.

רמ. וּבְגִין דָּא, אוּף הָכִי דְּצָרִיךְ לְאִתְכַּסְיָא מִן שִׁמְשָׁא, וְהָכִי צָרִיךְ לְאִתְכַּסְיָא מֵאִלֵּין מַלְאָכִין, דְּאִינּוּן מִיֵּצֶר הַטּוֹב מִימִינָא, בְּכַמָּה מַשִּׁרְיָין. וּמִיֵּצֶר הָרַע, דְּאָזִיל לִשְׂמָאלָא בְּכַמָּה מַשִּׁרְיָין. וּבְגִין דָּא, בָּתַר דְּאָתָא צַפְרָא, אָמַר כַּאֲשֶׁר רָאָם. וּמִסִּטְרָא דְּיַעֲקֹב דַּהֲוָה אִישׁ תָּם, לָא הֲוָה עִמֵּיהּ אֶלָּא זִיִּילִין דְּמַלְכָּא וּמַטְרוֹנִיתָא. וּבְגִין דָּא וַיִּקְרָא שֵׁם הַמָּקוֹם הַהוּא מַחֲנָיִם. אִינּוּן מַלְאָכִין דִּימָמָא כְּתִיב. כַּאֲשֶׁר רָאָם מַחֲנֵה אֱלֹהִים זֶה. וְכַד אָתוּ מַלְאָכִים דְּלֵילְיָא, דְּאִתְכַּנְּשׁוּ בַּהֲדֵיהּ, לְנַטְרָא לֵיהּ אָמַר וַיִּקְרָא שֵׁם הַמָּקוֹם הַהוּא מַחֲנָיִם.

רמא. בְּגִין דִּצְלוֹתָא אִיהִי כַּלָּה, הה"ד אִתִּי מִלְּבָנוֹן כַּלָּה אִתִּי וְגוֹ'. אִתְקְרֵי הָכָא אִתִּי. וּבְאוֹרַיְיתָא דְּבִכְתָב אִתְמַר עָלָהּ, הִנֵּה מָקוֹם אִתִּי. וּבְגִין דְּאִיהִי אִתְקְרִיאַת מָקוֹם בְּעָלְמָא דֵּין, אִתְמַר בָּהּ וַיִּפְגַּע בַּמָּקוֹם וַיָּלֶן שָׁם.

רמב. וּבְגַ"ד אִיהִי אַמְרַת, מִי יִתְּנֵנִי בַמִּדְבָּר מְלוֹן אוֹרְחִים. דַּהֲוַת רְשׁוּ בִּפְנֵי עַצְמָהּ, וְלָאו עִם אִינּוּן דְּקַבְעִין לָהּ חוֹבָה עִמְּהוֹן, בְּלָא זִוּוּגָא דִּילָהּ. וּבְכָל שַׁעְתָּא דְּבַ"נ מְצַלֵּי, קוּדְשָׁא בְּרִיךְ הוּא אַקְדִּים וְנָטַר לָהּ. וְרָזָא דְּמִלָּה, וְהָאִישׁ מִשְׁתָּאֵה לָהּ. וְלֵית אִישׁ, אֶלָּא קוּדְשָׁא בְּרִיךְ הוּא. הה"ד יְיָ אִישׁ מִלְחָמָה. וַיְהִי הוּא טֶרֶם כִּלָּה לְדַבֵּר וְהִנֵּה רִבְקָה יוֹצֵאת, כְּגוֹן וַיֵּצֵא כַבָּרָק וְזָצוּ.

רמג. וְאִי תֵּימְרוּן, דְּהָא אוֹקְמוּהָ רַבָּנָן, לַעֲשָׂרָה קַדְמָאָה שְׁכִינְתָּא וְאַתְיָא, לְאֶחָד עַד דְּיָתִיב. לַעֲשָׂרָה דְּהִיא י' קַדְמָה ה'. לְאֶחָד דְּאִיהוּ ו', עַד דְּיָתִיב, לָא אַתְיָא

לְגַבֵּיהּ ה' תִּנְיָינָא. וְרָזָא דְמִלָּה, דִּבְאֲתַר דְּלֵית תַּמָּן יָ"הּ, לָא אַתְיָא תַּמָּן ה'. וּמַאן דְּבָעֵי לְיַחֲדָא אַתְוָון, צָרִיךְ בִּתְחִנָּה וּבְתַחֲנוּנֵי. וּבְגִ"ד, וְאֶתְחַנַּן אֶל יְיָ, בַּאֲדֹנָ"י לִשְׁכִינְתָּא בְּתַחֲנוּנִים. וּלְקוּדְשָׁא בְּרִיךְ הוּא בְּרַחֲמֵי, עַד הָכָא.

רמד. אֶת הַכֶּבֶשׂ הָאֶחָד תַּעֲשֶׂה בַבֹּקֶר וְאֵת הַכֶּבֶשׂ הַשֵּׁנִי תַּעֲשֶׂה בֵּין הָעַרְבָּיִם. דְּאִיהוּ רָזָא דְּכִבְשֵׁי דְּרַחֲמָנָא, דְּאוֹקְמוּהָ עָלַיְיהוּ רַבָּנָן, גַּבֵּי כִּבְשֵׁי דְּרַחֲמָנָא לָמָּה לָךְ. אֶלָּא מִלִּין דִּיהוֹן תְּחוֹת כִּבְשׁוֹנֵי דְּעָלְמָא, יְהוֹן מְכוּסִין תְּחוֹת לְבוּשָׁךְ. מַה לְבוּשׁ אִיהוּ מְכַסֶּה עַל גּוּפָא, אוּף הָכִי צָרִיךְ לְכַסָּאָה רָזִין דְּאוֹרַיְיתָא. כ"ש רָזִין דְּקָרְבְּנִין, דְּאִינּוּן כְּגַוְונָא דְּקָרִיבוּ דְּאִתְּתָא לְגַבֵּי בַּעְלָהּ.

רמה. וּמַה קָרִיבוּ דְּתַרְוַויְיהוּ צָרִיךְ בְּאִתְכַּסְיָא. אוּף הָכִי צָרִיךְ קָרְבָּן לְכַסָּאָה לוֹן, מִבְּנֵי עַרְיָין רַשִׁיעַיָּיא וַחֲצִיפִין, דְּלֵית לוֹן בֹּשֶׁת פָּנִים וְלָא עֲנָוָה. וְכַמָּה מִינַּיְיהוּ מַמְזֵרִין אִינּוּן, בְּנֵי עֲרָיוֹת, בְּנֵי נִדָּה, דְּנָד ה' מִנֵּהּ, וְאִשְׁתַּכַּח בְּאַתְרֵהּ. שִׁפְחָה בַּת אֵל נֵכָר זוֹנָה. וְהַאי אִיהוּ רָזָא, תַּחַת שָׁלֹשׁ רָגְזָה אֶרֶץ וְגוֹ', תַּחַת עֶבֶד כִּי יִמְלוֹךְ וְנָבָל כִּי יִשְׂבַּע לָחֶם וְשִׁפְחָה כִּי תִירַשׁ גְּבִירְתָּהּ. דְּנָד ה' מֵאַתְרָאָה, דְּאִיהִי מַטְרוֹנִיתָא, יצה"ט. וְעָאלָא בְּאַתְרָהָא שִׁפְחָה יצה"ר.

רמו. וְרָזָא דְמִלָּה, כְּנֶגַע נִרְאָה לִי בַּבָּיִת, הַיְינוּ דָּם טָמֵא דְּנִדָּה. וּמַה הָתָם וְהִסְגִּירוֹ הַכֹּהֵן שִׁבְעַת יָמִים. אוּף הָכִי שִׁבְעַת יָמִים תִּהְיֶה בְנִדָּתָהּ. וְכָאִין אִינּוּן אֵבָרִים דְּמִתְקַדְּשֵׁי בְּשַׁעַת תַּשְׁמִישׁ, דְּאִינּוּן עֲצֵי הָעוֹלָה, דְּאַחֲזִידָן בְּהוֹן אֶשִּׁין קַדִּישִׁין, עִם יְדוֹ"ד דְּאָחִיד בְּאֶשִּׁין דִּלְהוֹן. וּבְגִ"ד בָּאוּרִים כַּבְּדוּ יְיָ' ע"כ כִּבְשֵׁי דְּרַחֲמָנָא, הַיְינוּ אֶת הַכֶּבֶשׂ הָאֶחָד תַּעֲשֶׂה בַבֹּקֶר וְאֵת הַכֶּבֶשׂ הַשֵּׁנִי תַּעֲשֶׂה בֵּין הָעַרְבָּיִם.

רמז. שְׁלִימוּ דִּקְרָא, וַעֲשִׂירִית הָאֵיפָה סֹלֶת. זַכָּאָה אִיהוּ מַאן דְּאַנְגִּיד מִמּוֹחֵיהּ, טִפָּה סֹלֶת נְקִיָּה בְּלָא פְּסוֹלֶת. וְאִיהִי רְמִיזָא בְּאָת י' מִן אֲדֹנָ"י, כְּלִילָא בְּעֶשֶׂר סְפִירָאן. דְּאִיהִי בְּלוּלָה בְּשֶׁמֶן כָּתִית רְבִיעִית הַהִין. וְאִיהִי בְּלוּלָה, בַּמִּקְרָא, בַּמִּשְׁנָה, בַּתַּלְמוּד, בְּקַבָּלָה.

רמח. יְחֶזְקֵאל כַּד חָמָא שְׁכִינְתָּא מִגּוֹ קְלִיפִין, חָזָא עִמָּהּ עֶשֶׂר סְפִירָאן. בְּלָא פְּרוּדָא כְּלַל. וְאִלֵּין אִינּוּן מוֹחָא, מִלְּגוֹ, כֻּלְּהוּ חָזָא לוֹן מִגּוֹ נְהַר כְּבָר דִּלְתַתָּא, אִיהִי רֶכֶב אֱלֹהִים רִבּוֹתַיִם, כָּל רִבּוֹא עֶשֶׂר אַלְפִין, רִבּוֹתַיִם כ' אֶלֶף, אַפִּיק תְּרֵי שְׁאִינָן, אִשְׁתָּאֲרוּ תְּמָנֵי סַר, בְּחוּשְׁבַּן ח"י עָלְמִין. דִּכְלִיל עֶשֶׂר סְפִירָאן, דְּאִתְלַבַּשׁ בְּטַ"ט מִן מְטַטְרוֹן. טַ"ט מִן טֹטָפֹת, וְאִתְּמַר בֵּיהּ וְהָיוּ לְטֹטָפֹת בֵּין עֵינֶיךָ. מַאן עַיְינִין. אִלֵּין לְעֵילָא, דְּאִתְּמַר בְּהוּ נִפְתְּחוּ הַשָּׁמַיִם וָאֶרְאֶה מַרְאוֹת אֱלֹהִים. מַאן מַרְאוֹת. אִלֵּין אִינּוּן עֲשָׂרָה מַרְאוֹת דִּמְטַטְרוֹן, דְּחָזָא כִּשְׁרָגָא בְּגוֹ עֲשִׁישִׁיתָא. תֵּשַׁע בְּאִתְגַּלְיָיא, וְחַד סָתִים.

רמט. מַרְאָה חֲדָא דְּאִיהוּ חָזוּ קַדְמָאָה מֵאִלּוּ עֲשָׂרָה, דָּא אִיהוּ דְּאִתְּמַר בֵּיהּ, וּמִמַּעַל לָרָקִיעַ אֲשֶׁר עַל רֹאשָׁם כְּמַרְאֵה אֶבֶן סַפִּיר דְּמוּת כִּסֵּא. ואע"ג

דאתפרש לעילא, צריך לוודתא עליה מלין דוודושין.

רנ. אמר קודשא בריך הוא, למשריין דלעילא, מאן דמצלי, בין יהא גבור, בין יהא וחכם, בין יהא עשיר. בזכוון גבור. וחכם בתורה. ועשיר במצות. לא ייעול בהיכלא דא צלותיה, עד דתוזון ביה סימנין אלין, דיהב גרמיה ביה תקונין דילי. ובגין דא אוקמוה מארי מתניתין, אם הרב דומה למלאך יי' צבאות תורה יבקשו מפיהו. למאן דיהא רשים באלין סימנין בלבושיה, תקבלון צלותיה. סימנא וחדא דיהא רשים בצלותיה, בתכלת, בכנפי מצוה ציצית. דאיהו דמי לרקיע, דאיהו מטטרון. דיוקנא דיליה, תכלת שבציצית.

רנא. ובגין דא, שיעור הציצית אוקמוה רבנן, טלית שהקטן מתכסה בה ראשו ורובו. והאי איהו דאתמר ביה, ונער קטן נוהג בם. והאי איהו נוהג בד' וזיון, דאינון ד', ואיהו כליל שש מעלות לכסא, דאינון ו'. ובגין דאיהו כליל עשר, מתלבשין ביה עשר ספיראן, י'. וביה הוה אתחזי קודשא בריך הוא בשכינתיה, דאיהי כלילא מעשר ספיראן, לנביאי. ומסטרא דשכינתא דאיהי עשיראה, תכלת שבציצית, איהו תכלת דכל גוונין.

רנב. דאיהי תכלית די' ספיראן. וביה ותכל כל עבודת אהל מועד. ואיהי לשון כלה. הה"ד, ויהי ביום כלת משה להקים את המשכן. ואוקמוה רבנן, כלת כתיב, ואיהו תכלת דשרגא, דאכיל תרבין ועלוון.

רנג. ועליה אמר יחזקאל דמות כמראה אבן ספיר דמות כסא. סגולה דהאי אבן, מאן דירית לה, לא שלטא נורא דגיהנם עליה. לית נורא בעלמא מקלקל לה, ולא כל מיני מתכות. כל שכן מיא, דלא מזיקו לה. מאן דירית לה, אתקיים ביה כי תעבור במים אתך אני וגו'. וכל עלאין ותתאין דסטרא אחרא דחלין מניה. תכלת דימא בגיניה אתמר, כי תעבור במים אתך אני. דבסגולה דא, סוס ורוכבו רמה בים, דא ממנא דמצרים.

רנד. מגוון דא, דחלין עלאין ותתאין. משריין דימא דחלין מניה. ומשריין דרקיעא דאיהו תכלת, מניה דחלין. משריין דתכלת דנורא דגיהנם דחלין מניה.

רנה. והאי תכלת איהו דין. דינא אדנ"י. דינא דמלכותא דינא ותרין גוונין רשימין בטלית, וחד חוור, וחד תכלת. ועל תרין גוונין אלין אתמר, ותחת רגליו כמעשה לבנת הספיר. לבנת, לובן דספיר. דאיהו כליל בתרין גוונין, רחמי ודינא, חוור ואוכם. אוכמו דתכלת. ועל תרין גוונין, רמיזו רבנן, מאימתי קורין את שמע בשחרית, משיכיר בין תכלת ללבן. למהוי ברתא דמלכא, ק"ש, יחודא דקודשא בריך הוא, כליל מתרין גוונין אלין, דאינון ידו"ד אדנ"י, רחמי ודינא. כגוונא דקודשא בריך הוא כליל ב' גוונין, יהו"ה אדנ"י למהוי רחמי ודינא, כסא דין וכסא רחמים.

רנו. כְּמַרְאֵה אֶבֶן סַפִּיר דְּמוּת כִּסֵּא. מַאי דְּמוּת כִּסֵּא. אֶלָּא לְקַבֵּל כָּרְסְיָיא, דְּאִית לֵיהּ ע"ב גְּשָׁרִים. דְּיָהֵא ב"ן רָשִׁים בְּע"ב קְשָׁרִים, וְחוּלְיָין דְּצִיצִית, לְקַבֵּל ע"ב גְּשָׁרִים דְּכָרְסְיָיא. דְּאִינּוּן ו"ז קְשָׁרִים, וְחוּלְיָין לְכָל סִטְרָא. דְּכָרְסְיָיא דְּאִיהוּ ה', לְכָל סִטְרָא בְּד' חֵיוָן דְּכָרְסְיָיא, דְּאִינּוּן ד'.

רנז. וְשִׁית דַּרְגִּין דְּכָרְסְיָיא, דְּאִינּוּן ו', וְדָא מְטַטְרוֹן, אִיהוּ כָּלִיל ד' חֵיוָן. הה"ד וְנַעַר קָטֹן נֹהֵג בָּם. וְאִינּוּן מִיכָאֵל גַּבְרִיאֵל נוּרִיאֵל רְפָאֵל. מְטַטְרוֹן שֵׁשׁ מַעֲלוֹת לַכִּסֵּא, דְּסַלְקִין שִׁית מְאָה, צִיצִית בִּתְרֵין יוּדִי"ן. וְאִי וְחָסֵר יוּד, הָא וְזִירֵק בְּאַתְרֵיהּ, הָכִי סַלְקָא. בְּכָל סִטְרָא בְּד' כַּנְפֵי, צִיצִית וּתְלַת עֲשַׂר וְחֻלְיָין דְּצִיצִית, אִינּוּן תרי"ג.

רנח. וְעוֹד. שֵׁשׁ מַעֲלוֹת לַכִּסֵּא, בְּרָזָא דָּא וָא"ו, סָלִיק לְחֻשְׁבַּן י"ג, דְּאִתְרְמִיז בִּתְלַת תֵּיבִין, וַיִּסַּע וַיָּבֹא וַיֵּט. דְּאִינּוּן וָהוּ אֲנִי וָהוּ. וְחָמֵשׁ קִשְׁרִין, ה' לְכָל סִטְרָא. א' טַלִּית וְחַד לְכֻלְּהוּ. וּבְאַת ה' אִשְׁתְּלִים ו"ז. דְּאִינּוּן ט"ט. לְמֶהֱוֵי חַיָּה לְכָל סִטְרָא. כָּלִיל ד' חַיּוֹת. וּלְכָל חַיָּה, אַרְבַּע אַנְפִּין, וְאַרְבַּע גַּדְפִּין, אִינּוּן ל"ב אַנְפִּין וְגַדְפִּין. וְאִינּוּן תַּלְיָין מֵחַיָּה דְּאִיהוּ אָדָם.

רנט. וְאִינּוּן ל"ב, כְּחוּשְׁבַּן יו"ד הֵ"א הֵ"א. שְׁלִימוּ דִּלְהוֹן, וָא"ו. תְּלֵיסַר וְחוּלְיָין בְּכָל ד' כַּנְפֵי, וְהָוָא"ו מִתְיַיחֵד עִם כָּל אַרְבַּע חַיּוֹת, וְאַשְׁלִים לְעֵילָּא, אַשְׁלִים לְתַתָּא. עַמּוּדָא דְּאֶמְצָעִיתָא אִיהוּ מְטַטְרוֹן, לְאַשְׁלָמָא לְעֵילָּא, כְּגַוְונָא דְּתִפְאֶרֶת, שְׁמֵיהּ כְּשֵׁם רַבֵּיהּ. בְּצַלְמוֹ כִּדְמוּתוֹ אִתְבְּרֵי. דְּאִיהוּ כָּלִיל כָּל דַּרְגִּין, מֵעֵילָּא לְתַתָּא, וּמִתַּתָּא לְעֵילָּא. וְאִיהוּ אוֹחִיד בְּאֶמְצָעִיתָא. הה"ד, וְהַבְּרִיחַ הַתִּיכוֹן בְּתוֹךְ הַקְּרָשִׁים מַבְרִיחַ מִן הַקָּצֶה אֶל הַקָּצֶה.

רס. וְאִיהוּ כָּלִיל ד' אַנְפִּין, וְאַרְבַּע גַּדְפִּין דְּכָל חַיָּה וְחַיָּה דִּלְעֵילָּא, דְּאִינּוּן, יְאֲהַדוֹנָהִי. אָז יָשִׁיר מֹשֶׁה. בְּכָל חַיָּה אַרְבַּע אַנְפִּין, וְאַרְבַּע גַּדְפִּין, כְּגַוְונָא דָּא. א"ז בְּאַרְיֵה. א"ז בְּשׁוֹר. א"ז בַּנֶּשֶׁר. א"ז בְּאָדָם. דְּאִינּוּן ל"ב אַנְפִּין וְגַדְפִּין, בְּחוּשְׁבַּן א"ז ד' זִמְנִין.

רסא. וְאִינּוּן ד' אַנְפִּין: יְדֹוָ"ד. אַרְבַּע גַּדְפִּין: אֲדֹנָי. לָקֳבֵל ד' בִּגְדֵי זָהָב, וְאַרְבַּע בִּגְדֵי לָבָן, דְּלָבִישׁ כַּהֲנָא לְכַפָּרָא עַל יִשְׂרָאֵל. לָקֳבֵל, אֲדֹנָי שְׂפָתַי תִּפְתָּח. וּצְלוֹתָא. דִּתְפִלָּה יְדֹוָ"ד, בַּחֲתִימָה ו"ז בִּרְכָאן דִּצְלוֹתָא. וּתְמַנֵּי סְרֵי זִמְנִין יְדֹוָ"ד, אִית בְּהוֹן ע"ב אַתְוָון, בְּחוּשְׁבַּן וַיְכֻלּוּ, דִּכְלִילָן בְּצַדִּיק חַ"י עָלְמִין.

רסב. וּבְאַרְבַּע חֵיוָן, יְדֹוָ"ד אֲדֹנָי. תְּמַנֵּי לְכָל סִטְרָא, אִינּוּן ל"ב אַתְוָון, וי"ג אַתְוָון, דְּאִשְׁתְּכָחוּ מִן וָה"ו אֲנִי וָה"ו, הָא תְּלַת עֲשַׂר, דִּכְלִילָן עֵילָּא וְתַתָּא. בְּהוֹן אִשְׁתְּלִים אָדָם, דְּאִיהוּ מ"ה, עַמּוּדָא דְּאֶמְצָעִיתָא.

רסג. לְעֵילָּא בְּאִילָנָא דְּחַיֵּי, לֵית, קְלִיפִּין. כִּי אֵין לָבֹא אֶל שַׁעַר הַמֶּלֶךְ בִּלְבוּשׁ שָׂק. לְתַתָּא אִית קְלִיפִּין בִּמְטַטְרוֹן, דְּאִיהוּ בְּדִיוּקְנָא דְּעַמּוּדָא דְּאֶמְצָעִיתָא. דִּבְזִמְנָא דְּקוּדְשָׁא בְּרִיךְ הוּא לְבַר מִמַּלְכוּתֵיהּ, אִתְכַּסֵּי בְּגַדְפִּין וְאַנְפִּין דְּעֶבֶד

דִּילֵיהּ, הה"ד וַיִּרְכַּב עַל כְּרוּב וַיָּעֹף.

רסד. וְאִינּוּן קְלִיפִּין דְּסַחֲרִין לְד' חֵיוָן דְּמְטַטְרוֹן, אִינּוּן: תֹּהוּ, וְהִנֵּה רוּחַ גְּדוֹלָה וְחָזָק מְפָרֵק הָרִים וּמְשַׁבֵּר סְלָעִים לֹא בָרוּחַ יְיָ. בֹּהוּ, וְאַחַר הָרוּחַ רַעַשׁ לֹא בָרַעַשׁ יְיָ, הָא תְּרֵין קְלִיפִּין, יָרוֹק וְחִוָּור, דִּקְלִיפִּין דֶּאֱגוֹזָא, וְחַד תֹּהוּ, קַו יָרוֹק, תִּנְיָינָא בֹּהוּ, אַבְנִין מְפוּלָמִין, קְלִיפָּא תַּקִּיפָא, כְּאַבְנָא מְפוּלָמָא. לְקָבֵל תְּרֵין קְלִיפִּין אִלֵּין, מוֹץ וְתֶבֶן דְּחִטָּה.

רסה. קְלִיפָּא תְּלִיתָאָה, דְּקִיקָא. לָקֳבֵל סוּבִּין דְּחִטָּה, דְּהָכָא אִיהוּ מִתְדַּבַּק בְּחִטָּה, וְלָא יָכִיל לְאִתְפָּרְשָׁא מִתַּמָּן, עַד דְּטָחֲנִין לֵיהּ בְּרֵיחַיָּיא, דְּאִינּוּן לָקֳבֵל טוֹחֲנוֹת דְּפוּמָא דְּב"נ, דְּצָרִיךְ לְמִטְחַן בְּהוֹן מִלִּין דְּאוֹרַיְיתָא, עַד דִּיהוֹן כְּקֶמַח סֹלֶת נְקִיָּה, וּבְנָפָה דְּאִיהִי שָׂפָה, אִתְבְּרִיר פְּסוֹלֶת דְּאִיהִי סוּבִּין דְּאוֹרַיְיתָא עַד דְּיִשְׁתַּכַּח הֲלָכָה סֹלֶת נְקִיָּה. בְּהַהוּא זִמְנָא, נָטִיל לָהּ לִבָּא וּמוֹחָא, וְכָל אֵבָרִין דְּגוּפָא דְּאִתְפַּשַּׁט בְּהוֹן נִשְׁמְתָא, וְאִתְפַּרְנֶסֶת בָּהּ נִשְׁמְתָא, כְּגַוְונָא דְּגוּפָא אִתְפַּרְנֶסֶת בְּמִלִּין דְּעָלְמָא, דְּזֶה לְעוּמַּת זֶה עָשָׂה אֱלֹהִים, נַהֲמָא דְּגוּפָא, וְנַהֲמָא דְּאוֹרַיְיתָא. הֲדָא הוּא דִּכְתִּיב, לְכוּ לַחֲמוּ בְלַחְמִי.

רסו. וְהַאי קְלִיפָּא, אִיהוּ כִּקְלִיפָּא דְּמִתְדַּבְּקָא בְּמוֹחָא דֶּאֱגוֹזָא, וּבְזִמְנָא דֶּאֱגוֹזָא אִיהִי רְכִיכָא, אִתְפָּרַשׁ הַהִיא קְלִיפָּא מִמּוֹחָא דֶּאֱגוֹזָא, בְּלָא קוּשְׁיָא. וּבְזִמְנָא דֶּאֱגוֹזָא אִיהִי יְבֵשָׁה, קָשֶׁה לְב"נ לְאַעְבְּרָא לֵיהּ מִתַּמָּן, כִּי עֲדַיִין הַקּוּשְׁיָא בִּמְקוֹמָהּ עוֹמֶדֶת. וּבְגִין דָּא מָנֵי קוּדְשָׁא בְּרִיךְ הוּא לְב"נ, לְאַהְדְּרָא בִּתְיוּבְתָּא בְּבַחֲרוּתֵיהּ, קוֹדֶם דְּיִזְקִין בֵּיהּ יֵצֶר הָרָע. הה"ד, מִפְּנֵי שֵׂיבָה תָּקוּם, קוֹדֶם שֵׂיבָה דִּילָךְ. וְהַאי קְלִיפָּה אִיהִי אֵשׁ, וְאִתְּמַר בָּהּ וְאַחַר הָרַעַשׁ אֵשׁ לֹא בָאֵשׁ יְיָ. רְבִיעָאָה, תְּהוֹם. וְחַלָּל דֶּאֱגוֹזָא, בֵּיהּ קוֹל דְּמָמָה דַקָּה, תַּמָּן קָא אָתֵי מַלְכָּא, וּמִתּוֹכָהּ כְּעֵין הַחַשְׁמַל מִתּוֹךְ הָאֵשׁ.

רסז. וְאִינּוּן קְלִיפִּין, אִינּוּן רְשִׁימִין בְּד' אֵבָרִים דְּגוּפָא. בְּרִיאָה, תַּמָּן לֵיוָזָא, דְּמִינָהּ אִשְׁתַּכְּחוּ סִרְכוֹת דְּרֵיאָה, רַגְלֶיהָ יוֹרְדוֹת מָוֶת שְׁאוֹל צְעָדֶיהָ יִתְמוֹכוּ. וְתַמָּן רוּחַ וְחָזָק מְפָרֵק, דְּדָפִיק בְּכַנְפֵי רֵיאָה דְּב"נ, וְהַאי אִיהוּ רוּחָא דְּאַסְעִיר גּוּפֵיהּ דְּב"נ, מַה דְּכָפִף לֵיהּ אֵלִיָּהוּ תְּחוֹתוֹי, וְסָלִיק לְעֵילָּא בֵּיהּ. הה"ד, וַיַּעַל אֵלִיָּהוּ בַּסְּעָרָה הַשָּׁמָיְמָה. וְהַאי דָּפִיק עַל רֵיאָה, דְּשׁוֹתָה כָּל מַשְׁקִין. וּבְהוֹן, וְרוּחַ אֱלֹהִים מְרַחֶפֶת עַל פְּנֵי הַמָּיִם, הַאי אִיהוּ קְלִיפָּה לְרוּחָא דְּקוּדְשָׁא. לִשְׂמָאלָא, רוּחַ סְעָרָה, עֲלַיְיהוּ אִתְּמַר, לֵב חָכָם לִימִינוֹ וְלֵב כְּסִיל לִשְׂמֹאלוֹ.

רסח. דָּוִד אַעְבָּר לֵיהּ מִלִּבּוֹ, וְקָטִיל לֵיהּ. הה"ד, וְלִבִּי חָלַל בְּקִרְבִּי וּבְגִין דָּא זָכָה, לְנָשְׁבָא רוּחַ צְפוֹנִית, בְּכִנּוֹר דִּילֵיהּ. וְאִתְּמַר בֵּיהּ, כֹּה אָמַר יְיָ מֵאַרְבַּע רוּחוֹת בֹּאִי הָרוּחַ, וַהֲוָה מְנַגֵּן בֵּיהּ בְּכִנּוֹר, בְּד' מִינֵי נִגּוּנִין, בְּשִׁיר פָּשׁוּט, דְּאִיהוּ י'. וּבְשִׁיר כָּפוּל, דְּאִיהוּ י"ד. וּבְשִׁיר מְשׁוּלָּשׁ, דְּאִיהוּ יד"ו. וּבְשִׁיר מְרוּבָּע, דְּאִיהוּ יְדוָ"ד. הָא אִינּוּן עֶשֶׂר אַתְוָון. דְּעָבַד דָּוִד לְקָבְלַיְיהוּ, י' מִינֵי תִּלִּים.

וסלקין לע"ב אנפין, כחושבן י' אתוון אלין.

רסט. ומתי סליקו בע"ב מיני נגונא. כד אתעבר שולטנותא דעון משוזית אף וזימה. דבהון דפיק רוח סערה. בארבע סטרין, דסלקין לי' כתרין לע"ב אומין, הה"ד, ובאבוד רשעים רנה.

רע. דמיכא"ל גבריא"ל נוריא"ל רפא"ל, שלטין על ד' יסודין טבין דב"נ, דאינון מיא ואשא ורוחא ועפרא, וכל חד אית ליה ד' אנפין. עון משוזית אף וזימה, תליין על מרה לבנה, דריאה דעביד סרכא. ובמרה סומקא דכבד, דאתאדם במאדים. ובמרה ירוקא דאחידא בכבדא, דאיהו חרבא דמלאך המות, דאתמר בה ואחריתה מרה כלענה חדה כחרב פיות. ובמרה שחורה, לילית, שבתי, שולטנותא בטחול, דאיהו עציבו, שאול תחתית, עניותא וחשוכא בכיה והספדא ורעבון.

רעא. מיד דמתעברין אלין קליפין מב"נ, שלטא עליה אילנא דחיי, בע"ב אנפין, דאינון י' י"ד יד"ו ידו"ד, דאשתכחו עשרה תליין מארבע רוחות, דאינון ידו"ד, דאתמר בהון, כה אמר ידו"ד מארבע רוחות באי הרוח, דא הוא רוחו דמשיח. דאתמר ביה, ונחה עליו רוח יי', כד איהו מנשב באודן ימינא דלבא, דתמן חכמה מסטרא דחסד, דביה הרוצה להחכים ידרים בחכמה. וחס"ד נשב בבינה, דבחכמה י'. בבינה ה'. בתפארת ו'. במלכות ה'. ידו"ד דפיק בכלהו ארבע. דסלקין לעשר. ולע"ב מחשבה דלבא.

רעב. דא יו"ד ה"א וא"ו ה"א, ימינא איהו מים. ואיהו יד הגדולה. משמאלא אש. ואיהי יד החזקה. בעמודא דאמצעיתא, י"ד רמה. דאיהי רוחא דקדשא. וכלא בן י"ד.

רעג. כי רוח החיה באופנים אל אשר יהיה שמה הרוח ללכת ילכו. ביה מתנהגים מיא ואשא. דאחיד בתרוייהו, ודפיק בערקין דמוחא, דאיהו מים. ובערקין דלבא, דאיהו אש. ורוח בכנפי ריאה.

רעד. בכל אבר ואבר דגופא, אשתכח גלגלי ימא דאורייתא, וגלגלי רקיעא, דאינון אשא. כלהו סלקין ונחתין ביה. ואיהו אתריה בין רקיעא וימא, מאנא דיליה ארעא, דאיהי שכינתא.

רעה. וכגוונא דעופין, פתיחו גדפייהו, לקבלא רוחא לפרחא ביה. הכי כל אברים דגופא, פתיחן בכמה מקורין, בכמה פרקין, בכמה ערקין, בכמה אדרין דלבא, אדרין דמוחא, לקבלא ליה. דאי לאו דנשיב בבתין דלבא, הוה נורא דלבא, אוקיד כל גופא. וכמה סולמין, ואדרין, דערקין דקנה דלבא, וקנה דריאה, כלהו מתתקנין לגביה.

רעו. כד סליק דבורא, על כנפי דריאה, אתעביד קול. בההוא זמנא כי עוף השמים יוליך את הקול. קול יי' על המים. מסטרא דמיא, דאיהו מוחא,

דְּתַמָּן סָלִיק בְּכַנְפֵי רֵיאָה. קוֹל יְיָ' חוֹצֵב לַהֲבוֹת אֵשׁ, מִסִּטְרָא דְּלִבָּא, כַּד נָפִיק מִפּוּמָא, אִתְקְרֵי דִּבּוּר.

רעז. וּלְקַבֵּל תְּרֵין כַּנְפֵי רֵיאָה, דְּפַתּוּחִין גַּדְפִּין לְקַבְּלָא לֵיהּ, הֲדָא הוּא דִּכְתִיב, וּפְנֵיהֶם וְכַנְפֵיהֶם פְּרוּדוֹת מִלְמָעְלָה. הָכִי שִׂפְוָון נַטְלִין לֵיהּ לְדִיבּוּר, וּפָרְחִין לֵיהּ לְעֵילָּא.

רעח. וּכְגַוְונָא דְּאִינּוּן חֲמִשָּׁה כַּנְפֵי רֵיאָה, כֻּלְּהוּ פְּתִיחָן בְּלָא סִרְכָא, לְקַבְּלָא הַאי קוֹל, הָכִי נָמֵי צְרִיכִין לְמֶהֱוֵי חֲמִשָּׁא תִּקּוּנִין דְּפוּמָא, כֻּלְּהוּ פְּתִיחָן בְּלָא סִירְכָא, בְּחָמֵשׁ תִּקּוּנִין דְּאִינּוּן: אחה"ע בַּגָּרוֹן. בומ"ף בְּשִׂפְוָון. גיכ"ק בַּחֵיךְ. דטלנ"ת בְּלִישָּׁנָא. זסשר"ץ בַּשִּׁינַּיִם.

רעט. וְדִבּוּר דְּיְהֵא בְּהוֹן, בְּלָא סִרְכָא וְעִכּוּבָא כְּלַל. הה"ד, וַיְהִי הוּא טֶרֶם כִּלָּה לְדַבֵּר וְהִנֵּה רִבְקָה יוֹצֵאת. דָּא צְלוֹתָא, דְּאִיהוּ דִּבּוּר. וּבְגִינָהּ אִתְּמַר, אִם שְׁגוּרָה תְּפִלָּתִי בְּפִי יוֹדֵעַ אֲנִי שֶׁמְּקוּבָּל. וְאִי אִית סִרְכָא וְנָפְקָא בְּעִכּוּבָא, יוֹדֵעַ אֲנִי שֶׁמְּטוֹרָף. בְּגִין סִרְכָא בְּרֵיאָה דְּאִיהִי טְרֵפָה.

רפ. וְקוֹל דָּא שְׁמַע יִשְׂרָאֵל, דְּבֵיהּ וָאֶשְׁמַע אֶת קוֹל כַּנְפֵיהֶם. וְדָא יְדֹוָ"ד דְּאִיהוּ קוֹל, כַּד נָפִיק לְקַבְּלָא שְׁכִינְתָּא בִּצְלוֹתָא בַּחֲשַׁאי, דְּאִיהוּ דִּבּוּר, דְּבֵיהּ אֲדֹנָ"י שְׂפָתַי תִּפְתָּח, כָּל אֵבָרִין פְּתִיחָן כֻּלְּהוּ גַּדְפַּיְיהוּ, בְּרמ"ח תֵּיבִין, דְּאִינּוּן בְּד' פָּרְשִׁיָּין דק"ש, דִּבְהוֹן נָחִית קָלָא.

רפא. וְכַד נָחִית, כַּמָּה צִפֳּרִין מְצַפְצְפִין לְגַבֵּיהּ, בְּכַמָּה מִינֵי נִגּוּן, כֻּלְּהוּ עַל אֵבָרִין דְּגוּפָא, דְּאִינּוּן עַנְפֵי אִילָנָא. וּבְכָל גַּדְפִּין דְּכָל אֵבֶר, דְּתַמָּן דְּיוּרָא דְּצִפּוֹרָא, דְּאִיהִי אֲדֹנָ"י, בְּכָל עַנְפָּא וְעַנְפָּא, אִשְׁתַּכַּח פְּתִיחָא לְגַבֵּי דְּבַעְלָהּ. אֲדֹנָ"י שְׂפָתַי תִּפְתָּח, אִיהוּ פְּתִיחָא לְגַבֵּיהּ, בִּצְלוֹתָא דַּעֲמִידָה. לֵית אֵבֶר מרמ"ח אֵבָרִים דִּשְׁכִינְתָּא, דְּלָאו אִיהִי פְּתִיחָא לְקַבְּלָא לֵיהּ. וּבְגִ"ד אִתְקְרִיאַת שִׁירַת מַלְאֲכֵי הַשָּׁרֵת. אִיהוּ צִפְצוּף עוֹפוֹת, דְּאִינּוּן נִשְׁמָתִין דְּשָׁרְיָין בְּאֵבָרִים. אִיהִי שִׁירַת דְּקָלִים, דְּאִינּוּן עַנְפִּין דְּאִילָנָא.

רפב. וּבְהַהוּא זִמְנָא, דְּנָחִית יְדֹוָ"ד לְגַבֵּי אֲדֹנָ"י בְּכָל אֵבֶר, אִתְּמַר בְּהוּ, בְּעָמְדָם תְּרַפֶּינָה כַנְפֵיהֶם. וְהַאי רָזָא דְּחַשְׁמַל. חַיּוֹת אֵשׁ, עִתִּים חָשׁוֹת, וְעִתִּים מְמַלְּלוֹת. וְאָמְרוּ מָארֵי מַתְנִיתִין, בְּמַתְנִיתָא תָּנָא, כְּשֶׁהַדִּבּוּר יוֹצֵא מִפִּי הַקּוּדְשָׁא בְּרִיךְ הוּא, חָשׁוֹת, וּכְשֶׁאֵין הַדִּבּוּר יוֹצֵא מִפִּי הַקּוּדְשָׁא בְּרִיךְ הוּא, מְמַלְּלוֹת. בְּהַהוּא זִמְנָא דְּמִתְיַיחֲדִין קוֹל וְדִבּוּר כַּחֲדָא, דְּאִינּוּן יְאֲהדֹוָנָהִי, חָשׁוֹת. אֲבָל בְּזִמְנָא דִּפְנֵיהֶם וְכַנְפֵיהֶם פְּרוּדוֹת, יְדֹוָ"ד מִן אֲדֹנָ"י בְּפֵרוּדָא, אִיהוּ אִשְׁתַּכַּח בְּאַרְבַּע אַנְפֵּי חֵיוָן, כֻּלְּהוּ פְּתִיחָן, לְקַבְּלֵיהּ מְמַלְּלוֹת, לְמִשְׁאַל מְזוֹנָא, בְּגִין דְּמָזוֹן לְכֹלָּא בֵּיהּ. אֲדֹנָ"י אִשְׁתַּכַּח בְּכַנְפֵי הַחַיּוֹת, כֻּלְּהוּ פְּתִיחָן לְגַבֵּי חֵיוָן.

רפג. שַׁאֲגִין בְּקוֹל דְּאִיהוּ יְדֹוָ"ד, כֻּלְּהוּ בִּימִינָא. אוֹפַנִּים מְצַפְצְפָן בְּדִבּוּר, דְּאִיהוּ אֲדֹנָ"י בִּשְׂמָאלָא. בִּשְׂרָפִים מִתְחַבְּרִים קוֹל וְדִבּוּר בְּאֶמְצָעִיתָא. יְאֲהדֹוָנָהִי.

בְּהוֹן וְעוֹף יְעוֹפֵף. הה"ד, וַיָּעָף אֵלַי אֶחָד מִן הַשְּׂרָפִים. וְאִתְּמַר בְּהוֹן, וְעוֹף הַשָּׁמַיִם יוֹלִיךְ אֶת הַקּוֹל וּבַעַל כְּנָפַיִם יַגִּיד דָּבָר. וּשְׂרָפִים שֵׁשׁ כְּנָפַיִם לְאֶחָד. מִסִּטְרָא דְּאָת ו', דְּאִיהוּ עַמּוּדָא דְּאֶמְצָעִיתָא, כָּלִיל יְמִינָא וּשְׂמָאלָא. וְאִיהוּ כָּלִיל שִׁית תֵּיבִין, בִּשְׁתַּיִם יְכַסֶּה פָנָיו וּבִשְׁתַּיִם יְכַסֶּה רַגְלָיו וּבִשְׁתַּיִם יְעוֹפֵף סִימָן.

רפד. תִּקּוּנָא תִּנְיָינָא, וְעַל דְּמוּת הַכִּסֵּא דְּמוּת כְּמַרְאֵה אָדָם עָלָיו מִלְמָעְלָה. רְשִׁימוּ דס"ת, וְאִיהוּ כְּתִפְאֶרֶת אָדָם לָשֶׁבֶת בָּיִת.

רפה. וְאוֹקְמוּהָ רַבָּנָן, כָּל הַקּוֹרֵא ק"ש עַרְבִית וְשַׁחֲרִית, כְּאִילּוּ מְקַיֵּים וְהָגִיתָ בּוֹ יוֹמָם וָלַיְלָה. דְּטַלִּית לְבָנָה, אִיהוּ לִימִינָא מִסִּטְרָא דְּחֶסֶד. וְאִתְּמַר, אֵל מֶלֶךְ יוֹשֵׁב עַל כִּסֵּא רַחֲמִים וּמִתְנַהֵג בַּחֲסִידוּת. וְהוּכַן בַּחֶסֶד כִּסֵּא. וְחֶסֶד סָלִיק ע"ב חוּלְיָין וְקִשְׁרִין דְּטַלִּית.

רפו. וְאִית טַלִּית מִסִּטְרָא דְּמֶטַטְרוֹ"ן, דְּאִיהוּ ט"ט, כָּלִיל ח"י, בֵּין קִשְׁרִין וְחוּלְיָין לְכָל סִטְרָא. ה' קִשְׁרִין לְקַבֵּל ה' חוּמְשֵׁי תוֹרָה. וּתְלֵיסַר חוּלְיָין, לְקַבֵּל תְּלֵיסַר מְכִילָן דְּרַחֲמֵי דְּאוֹרַיְיתָא. דְּאִתְּמַר בְּהוֹן, בי"ג מִדּוֹת הַתּוֹרָה נִדְרֶשֶׁת.

רפז. וּבְגִינָהּ אִתְּמַר, כְּמַרְאֵה אָדָם עָלָיו מִלְמָעְלָה. בִּדְיוּקְנָא דְּתִפְאֶרֶת, דְּאִיהוּ ת"ת אָדָם עָלָיו מִלְמָעְלָה. וְאִתְקְרֵי בִּשְׁמֵיהּ, יו"ד הֵ"א וָא"ו הֵ"א. כֹּל הַנִּקְרָא בִשְׁמִי וְלִכְבוֹדִי בְּרָאתִיו יְצַרְתִּיו אַף עֲשִׂיתִיו. וּלְעֵילָא כְּמַרְאֵה אָדָם, דָּא שְׁכִינְתָּא, דְּאִיהִי כְּחֵיזוּ דְּעַמּוּדָא דְּאֶמְצָעִיתָא, בְּד' אַנְפִּין, וּבְעֶשֶׂר סְפִירָאן, דְּאִינּוּן אָדָם. וְאַרְבַּע אַנְפִּין דְּאָדָם, אַרְבַּע אַתְוָון. וְאִינּוּן י"ד אַתְוָון, וּבְהוֹן וּבְיַד הַנְּבִיאִים אֲדַמֶּה.

רפח. וְעוֹד אִתְקְרֵי חַ"י, מִסִּטְרָא דְּצַדִּיק, וּבֵיהּ קוּדְשָׁא בְּרִיךְ הוּא וּשְׁכִינְתֵּיהּ אִתְקְרֵי אָז אָדָם, דְּאִיהוּ עַמּוּדָא דְּאֶמְצָעִיתָא, ט"ל, וּשְׁכִינְתֵּיהּ ה'. וּבָהּ אִיהוּ אָדָם. בְּגִין דְּטַ"ל הָכִי סָלִיק בְּחוּשְׁבַּן יו"ד ה"א וא"ו. וְהַאי אִיהוּ מוֹרִיד הַטַּ"ל, לְגַבֵּי הֵ"א. קֶשֶׁר דְּטַלִּית, חַ"י עָלְמִין, דְּקָשִׁיר קוּדְשָׁא בְּרִיךְ הוּא וּשְׁכִינְתֵּיהּ בְּכָל סִטְרִין, בְּאַרְבַּע כַּנְפוֹת דְּטַלִּית.

רפט. תְּפִלִּין מִשְּׂמָאלָא, הה"ד, נִשְׁבַּע יְיָ' בִּימִינוֹ וּבִזְרוֹעַ עֻזּוֹ. בִּימִינוֹ, זוֹ תּוֹרָה. וּבִזְרוֹעַ עֻזּוֹ, אֵלּוּ תְּפִלִּין. יְהוָ"ה בְּד' פָּרָשִׁיָּין. אֲדֹנָ"י הֵיכָלָא לְד' אַתְוָון, בְּד' בָּתֵּי דִּתְפִלִּין. קֶשֶׁר שֶׁל תְּפִלִּין דְּיַד, דָּא צַדִּיק חַ"י עָלְמִין, דְּאִיהוּ קְשׁוּרָא דִּתְרַוַויְיהוּ. בִּזְרוֹעַ שְׂמָאלָא. קֶשֶׁר דְּרֵישָׁא, דָּא עַמּוּדָא דְּאֶמְצָעִיתָא, דְּאָחִיד בֵּיהּ יְדֹוָ"ד אֶהְיֶ"ה לְעֵילָא, דְּאִינּוּן חָכְמָ"ה וּבִינָ"ה.

רצ. ק"ש דְּאִיהוּ יִחוּדָא בְּאֶמְצָעִיתָא, וְאִיהוּ אָחִיד בֵּין צִיצִית וּתְפִלִּין, דְּכֻלְּהוּ פָּרָשִׁיָּין דְּצִיצִית וּתְפִלִּין, אִינּוּן כְּלִילָן בְּיִחוּדָא דק"ש. וּמִסִּטְרָא דְּעַמּוּדָא דְּאֶמְצָעִיתָא, דְּאִיהוּ טַלִּית וּתְפִלִּין, דְּאִתְּמַר בְּהוּ, וְהָיָה לְאוֹת עַל יָדְכָה וּלְטוֹטָפוֹת בֵּין עֵינֶיךָ. וְעָשׂוּ לָהֶם צִיצִית.

רצא. ש' שֶׁל תְּפִלִּין, הֲלָכָה לְמֹשֶׁה מִסִּינַי. וְרָאוּ כָּל עַמֵּי הָאָרֶץ כִּי שֵׁם יי' נִקְרָא עָלֶיךָ וְיָרְאוּ מִמֶּךָּ. וְאוּקְמוּהָ מַאי שֵׁם יְדוָ"ד. אֵלּוּ תְּפִלִּין שֶׁבָּרֹאשׁ. ש' שֶׁל תְּפִלִּין. תְּרֵין שִׁינִין שִׁית מְאָה. ש' שִׁית דַּרְגִּין. וְשֶׁבַע עַנְפִּין דִּתְרֵין שִׁינִין, הָא תְּלַת עֲשַׂר, וְכֹלָּא תרי"ג. וְלֵית פִּקּוּדָא דְּלָאו אִיהִי שְׁקִילָא לְכָל אוֹרַיְיתָא.

רצב. כְּגַוְונָא דָא, כָּל מִצְוָה אִיהִי יְהוָ"ה. יָ"הּ עִם שְׁמִ"י שס"ה. ו"ה עִם זִכְרִי רמ"ח. וּבְגַ"ד כָּל מִצְוָה אִיהִי שְׁקִילָא לתרי"ג. וְהָא אוּקְמוּהָ, שְׁמַע יִשְׂרָאֵל כָּלִיל תרי"ג, מִסִּטְרָא דְּצִיצִית. ותרי"ג מִסִּטְרָא דִּתְפִלִּין אִיהוּ בְּכָל אֲתָר.

רצג. וְהָיוּ לְטוֹטָפוֹת, טֹטָפֹת: טט, ו"ז עָלְמִין, צַדִּיק, לְקַבְּלֵיהּ מְטַטְרוֹן. פַּת, תִּפְאֶרֶת. מְטַטְרוֹן סוּס דְּתִפְאֶרֶת, דְּבֵיהּ כָּל סְפִירָאן מִתְלַבְּשִׁין. וְהָכִי אִיהוּ כְּגוּפָא לְנִשְׁמְתָא. וְכַד קוּדְשָׁא בְּרִיךְ הוּא אִסְתַּלָּק מִנֵּיהּ, אִשְׁתְּאַר אִלֵּם, לֵית לֵיהּ קוֹל וְלָא דִּבּוּר. אִשְׁתְּכַח, דְּקוּדְשָׁא בְּרִיךְ הוּא וּשְׁכִינְתֵּיהּ אִיהוּ קוֹל וְדִבּוּר. דְּכָל מַלְאָךְ וּמַלְאָךְ. וּבְכָל קָלָא וְדִבּוּר דְּאוֹרַיְיתָא, וּבְכָל קָלָא דִּצְלוֹתָא. וּבְכָל פִּקּוּדָא וּפִקּוּדָא. בְּכָל אֲתָר שׁוּלְטָנוּתֵיהּ בְּעִלָּאִין וְתַתָּאִין, אִיהוּ וַזַּיִּים דְּכֹלָּא, אִיהוּ סָבִיל כֹּלָּא.

רצד. וְלֵית אֲדֹנָי בְּלָא יְדוָ"ד, כְּגַוְונָא דְּלֵית דִּבּוּר בְּלָא קוֹל. וְלֵית קוֹל בְּלָא דִּבּוּר. וְהַאי אִיהוּ קְשׁוֹט, בְּעָלְמָא דַּאֲצִילוּת. אֲבָל בְּעָלְמָא דְּפִרוּדָא, אִית קוֹל בְּלָא דִּבּוּר. קֶשֶׁר שֶׁל תְּפִלִּין שַׁדַּי, אָחִיד בֵּיהּ עֵילָּא וְתַתָּא. וְדָא צַדִּיק וַזַי עָלְמִין, אָחִיד בֵּין קוֹל וְדִבּוּר.

רצה. אַדְּהָכִי, הָא רַעְיָא מְהֵימְנָא אִזְדַּמַּן לְגַבֵּי סָבָא, וְאָמַר סָבָא סָבָא, תְּפִלִּין וְצִיצִית וּפָרָשַׁת מְזוּזָה, אִינּוּן ג' פִּקּוּדִין, כְּלִילָן בק"ש. וק"ש פִּקּוּדָא רְבִיעָאָה. וְצִיצִית אַדְכַּר ג' זִמְנִין. וּבַתְּפִלִּין אַדְכַּר בְּהוּ תְּרֵין זִמְנִין אוֹת. וּבַצִּיצִית ז' שֶׁל תּוֹכְרוּ דְּצָרִיךְ לְהַתִּיז בָּהּ. וּבִמְזוּזָה, שַׁדַּי מִלְּבַר, יְדוָ"ד מִלְּגָו.

רצו. וּפָרָשִׁיִּין סְתִימִין וּפְתִיחָן אֲמַאי. וְשִׁיעוּר אַרְכָּה דְּצִיצִית וּרְווֹחְבָּהּ, דְּתַקִּינוּ אֹרֶךְ כָּל הַצִּיצִית תְּרֵין עֲשַׂר אֶצְבְּעָן בְּגוֹדֶל. מִצְוַת תְּכֵלֶת, שָׁלִישׁ גְּדִיל, וּשְׁנֵי שְׁלִישֵׁי עָנָף. וּבֵין קֶשֶׁר לְקֶשֶׁר כִּמְלֹא גוֹדֶל. וְכָל וְזוּלְיָא וְזוּלְיָא תִּהְיֶה מְשׁוּלֶּשֶׁת. וְהָכִי תְּפִלִּין אֲמַאי בְּמוֹחָא. וּלְקָבֵל לִבָּא. וְשִׁיעוּר רְצוּעָתְהוֹן אֲמַאי אִינּוּן עַד לִבָּא לִשְׂמָאלָא. וְעַד טַבּוּרָא לִימִינָא. וּרְצוּעָא דְּיַד עַד דְּיִכְרוֹךְ וִישַׁלֵּשׁ תְּלַת זִמְנִין בְּאֶצְבַּע צְרָדָא.

רצז. אֶלָּא, וַדַּאי בֶּגֶד וְזָשׁוּב לָאו אִיהוּ, אֶלָּא שָׁלֹשׁ עַל שָׁלֹשׁ לְכָל סִטְרָא. אִינּוּן תְּרֵיסַר, לָקֳבֵל ד' בִּגְדֵי לָבָן, וְד' בִּגְדֵי זָהָב, וְד' בִּגְדֵי דְּכֹהֵן הֶדְיוֹט. וּמִסִּטְרָא דְּבִרְכַּת כֹּהֵן הֶדְיוֹט קָא רָמִיז, אַל תְּהִי בִּרְכַּת הֶדְיוֹט קַלָּה בְּעֵינֶיךָ. שָׁלִישׁ גְּדִיל, וּשְׁנֵי שְׁלִישֵׁי עָנָף, דְּאִיהוּ תְּכֵלֶת.

רצח. וְכָל וְזוּלְיָא מְשׁוּלֶּשֶׁת, כָּל מְשׁוּלָּשׁ מִסִּטְרָא דִּקְדוּשָּׁה. הה"ד קְדוּשָּׁה לְךָ יְשַׁלֵּשׁוּ. וְיִשְׂרָאֵל שְׁלִישִׁיָּה, בְּגִין דְּשָׁלִישִׁים עַל כֻּלּוֹ. דְּצִיצִית מִסִּטְרָא דְּעַמּוּדָא

דאמצעיתא, דאיהו תליתאה לאבהן, וכל דבר משולש, וה"ו יל"י, כל תיבה משולשת מסטרוי. וזוליא כלילא מתלת כריכות משולשין, דא שכינתא. קדושה לך ישלשו. ואיהי משולשת בעמודא דאמצעיתא, כליל תלת ענפי אבהן, דאינון ש' מן שבת, שכינתא בת יחידה. וזליא, תכלת שבציצית.

רצט. וכאה גופא, דהכי איהו רשים, בשכינתא וקודשא בריך הוא, על כנפי דמצוה. רשים ברצועא דאיהו תפלה דיד, בתלת כריכות באצבע צרדא. דאיהי כגוונא דזוליא, כריכא בתלת כריכות באצבעא. רשים בקשר דתפלין, כליל בתרין קשרין, סלקין וחמשה עשר משולשין, תרין בקשרא וחד.

ש. שלשה עשר זולין, אית בהון תשעה ושלשים כריכן, כחושבן ט"ל. ושלשה עשר זלין, כחושבן אחד. סלקין ב"ן. והאי איהו בן י"ה. עמודא דאמצעיתא.

שא. כל קשר בדיוקנא דכף ימינא, כל זוליא בדיוקנא דאצבע, דאית ביה תלת פרקין, לקבל תלת כריכות. והכי בכל אצבע תלת פרקין, לבר מגודל. דאיהו שיעור בין קשר לקשר דציצית, כמלא גודל. איהי מדה דזוטמא. ומדה דעין ימינא ושמאלא. ואיהו מדה בין עין לעין. ומדה דאזן ימינא ושמאלא. ומדה דכל שפה ושפה. ומדה דלישנא. מדה אוות לכל היריעות.

שב. אמה שיעור דגופא, לארבע סטרין ועילא ותתא. דאינון שית אמות. ובכל אמה ואמה שלשה פרקין, וח"י פרקין בשית אמין. ואינון רזא דחו"י נענועין דלולב. לשית סטרין. תלת נענועין לכל סטרא. ועלייהו אתמר, זאת קומתך דמתה לתמר. ודא שיעור קומה, מקוה ישראל בשכינתא, איהו ח"י ארבע זמנין, דאינון ארבע סלקין שבעים ושנים.

שג. ורזא דחזיון, קומה דלהון וגביהם וגובה להם ויראה להם וגבותם וגו', וגביהם, ארבע חזיון דמרכבתא תתאה. וגובה להם, ד' חזיון דמרכבתא מציעתא. וגבותם, ארבע חזיון דמרכבתא תליתאה. וכלהו י"ב. ואינון מלאות עינים, סביב לארבעתן, ידוד ידוד ידוד.

שד. ומארי דקומה רשימין בהון בצלותא, באן אתר. אלא כל הכורע כורע בברוך. וכל הזוקף זוקף בשם. זקיפות ארבעה. וכריעות ד'. הא הכא קא רמיז באלין זקיפות וכריעות, מוליך ומביא למי שד' רוחות העולם שלו, מעלה ומוריד למי שהשמים והארץ שלו. ואינון שית סטרין, שמים וארץ וד' רוחות. לקבל תלת ברכאן קדמאין, ותלת בתראין, בעושה שלום במרומיו ד', כריעה וזקיפא לשמאלא, וכריעה וזקיפא לימינא. והאי איהו נותן שלום לשמאלו וימינו, לשמאל רבו, ולימין רבו.

שה. הא אינון תריסר, בין כריעות וזקיפות. ובהון ע"ב עיינין. ו' כריעות בהון ח"י נענועין, ג' בכל פעם, ראש וגוף וזנב, דצריך למכרע. בח"י זולין סלקין

ע״ב. בְּאִלֵּין ע״ב עַיְינִין דְּקוּדְשָׁא בְּרִיךְ הוּא, נָהֲרִין ע״ב גַּדְפִין דִּשְׁכִינְתָּא, וְקָמַת עָלַיְיהוּ, וְאִתְקְרִיאַת עֲמִידָה. דִּבְקַדְמֵיתָא נְפִילָה אִיהִי, וְצָרִיךְ לְאַקָּמָא לָהּ בְּשֵׁם יְדֹוָד, בְּוָ״ו עָלְמִין, וּבְאַרְבַּע זְקִיפוֹת בְּשִׁית בִּרְכָאן, דְּאִיהוּ תִּפְאֶרֶת, כָּלִיל תְּלַת בִּרְכָאן קַדְמָאִין, וּתְלַת בִּרְכָאן בַּתְרָאִין.

שו. וּלְמִכְרַע בְּוָ״ו עָלְמִין, וְהַאי אִיהוּ ו״ו ו׳. כָּל הַכּוֹרֵעַ כּוֹרֵעַ בְּבָרוּךְ, וְכָל הַזּוֹקֵף זוֹקֵף בְּשֵׁם יְהוָֹה. עַמּוּדָא דְּאֶמְצָעִיתָא וְצַדִּיק ו״ו ו׳. וְאִינּוּן רְמִיזִין בְּוַיִּסַּע וַיָּבֹא וַיֵּט ו״ו עִלָּאָה. אֲחִיד בִּזְקִיפָה וּכְרִיעָה, וְכֻלְּהוּ סַלְקִין ח״י בִּרְכָאן דִּצְלוֹתָא.

שז. ד׳ כְּרִיעוֹת בַּאֲדֹנָי, ד׳ זְקִיפוֹת בַּיְדֹוָד, עַמּוּדָא דְּאֶמְצָעִיתָא. וּשְׁכִינְתָּא ח״י עָלְמִין, קָשִׁיר לוֹן, וְדָא יְאֲהַדוֹנָהִ״י, אָמֵן, בְּכָל בִּרְכָתָא מח״י בִּרְכָאן, וח״י זִמְנִין יְדֹוָד אִינּוּן ע״ב עַיְינִין, דְּנָהֲרִין בְּע״ב גַּדְפִין, דְּאִינּוּן ח״י זִמְנִין אֲדֹנָי.

שח. וְרָזָא דְּמִלָּה, וְגַבֵּיהֶן, וְגוֹבַהּ לָהֶם, וְגַבּוֹתָם. וְגַבֵּיהֶן: גַּדְפִין. וְגוֹבַהּ לָהֶם: אַנְפִּין. וְגַבּוֹתָם: דְּאִינּוּן עָלַיְיהוּ. מְלֵאוֹת עֵינַיִם סָבִיב לְאַרְבַּעְתָּן, כֻּלְּהוּ מְרוּבָּעוֹת. וְכֻלָּא קְשׁוֹט, ע׳ אַנְפִּין לְאוֹרַיְיתָא. גַּדְפִין, אֲדֹנָי. אַנְפִּין, יְהוָֹה. עַיְינִין, אֶהְיֶה. וְסַלְקִין יַבֵּ״ק בְּחוּשְׁבָן, אֲדֹנָי, בְּמַעֲשֶׂה. יְדֹוָד, בְּדִבּוּר. אֶהְיֶה, בְּמַחֲשָׁבָה.

שט. בְּכָל עַיִן וְעַיִן, שִׁיעוּר גּוֹדֶל. וְדָא ו׳ בֵּינוֹנִי. וּב׳ פִּרְקִין בְּגוֹדֶל, אִינּוּן י׳ י׳. לָקֳבֵל חוֹטְמָא ו׳. לָקֳבֵל ב׳ נֻקְבֵי חוֹטְמָא, י׳ י׳. וְסַלְקִין יוד הֵא. וְדָא וַיִּיצֶר. שִׁיעוּר דְּכָל מִדָּה וּמִדָּה, יוד הֵא, בְּכָל אֲתָר שָׁלְטָנוּתֵיהּ, בְּכָל אֵבֶר וְאֵבֶר. כָּל אֵבֶר, כְּגוֹן יִפְרוֹשׂ כְּנָפָיו יִקָּחֵהוּ יִשָּׂאֵהוּ עַל אֶבְרָתוֹ.

שי. לֵית אֵבֶר בְּכָל מֶרְכַּבְתּוֹ, דְּלָאו אִיהוּ כָּל אֵבֶר בְּדִיוּקְנֵיהּ. וּבְכָל אֲתָר אִשְׁתְּכַח, וּפְנֵיהֶם וְכַנְפֵיהֶם פְּרוּדוֹת מִלְמָעְלָה. לָקֳבֵל פָּרָשִׁיָּין פְּתִיחָן דִּתְפִלִּין. לָקֳבֵל תּוֹרָה. וְכַד לְתַתָּא, אִינּוּן סְתִימִין פָּרָשִׁיָּין, לָקֳבֵל יְאֲהַדוֹנָהִי עָלַיְיהוּ. בְּאַנְפּוֹי וְגַדְפּוֹי.

שיא. וְקוּדְשָׁא בְּרִיךְ הוּא רָשִׁים בְּיִשְׂרָאֵל לְקַבְּלַיְיהוּ, בִּצְלוֹתָא לְמֶהֱוֵי חֲבֵרִים בַּהֲדַיְיהוּ, לְמִכְרַע בְּכָל גּוּפַיְיהוּ, בִּתְמַנֵי סְרֵי בִּרְכָאן דִּצְלוֹתָא, לְאַמְלְכָא עָלַיְיהוּ אָמֵן, וְאִיהוּ יְאֲהַדוֹנָהִי, בְּכָל אֵבֶר וְאֵבֶר דִּלְהוֹן, וְאָמַר קוּדְשָׁא בְּרִיךְ הוּא, מַאן דְּלָא הֲוֵי רָשִׁים קֳדָמַיְיכוּ, לְמֶהֱוֵי כּוֹרֵעַ בְּבָרוּךְ, וְזוֹקֵף בַּיהוָֹה, בְּקוֹמָה דְּגוּפָא, לָא יֵיעוֹל צְלוֹתֵיהּ בְּהֵיכָלָא דִּילִי, דְּאִיהוּ אֲדֹנָי. לָא תְקַבְּלוּן מִלִּין דִּילֵיהּ, עַל גַּדְפַּיְיכוּ וְאַנְפַּיְיכוּ, דְּכָל מַאן דִּמְצַלֵּי בַּאֲדֹנָי, וּמְצָרֵף לַיְדֹוָד אַנְפִּין דְּמַלְאָכִין, וּפְנֵיהֶם וְכַנְפֵיהֶם פְּרוּדוֹת לְעֵילָא, לְנַטְלָא יְאֲהַדוֹנָהִ״י, בְּמִלִּין דִּצְלוֹתָא דְּנָפְקִין מִפּוּמוֹי דְּבַר נָשׁ.

שיב. וְגָדוֹל הָעוֹנֶה אָמֵן יוֹתֵר מִן הַמְּבָרֵךְ. דִּלְגַבֵּי אֲדֹנָי יְהוָֹה בִּצְלוֹתָא, וּפְנֵיהֶם וְכַנְפֵיהֶם פְּרוּדוֹת. לָקֳבֵל יְהוָֹה בְּאַנְפִּין, אֲדֹנָי בְּגַדְפִין, כְּרוּב אֶחָד מִקָּצָה מִזֶּה וּכְרוּב אֶחָד מִקָּצָה מִזֶּה. אֲבָל כַּד חָזַר ש״ץ צְלוֹתָא, וְעוֹנֶה אָמֵן, אִיהוּ בַּמְּחֻבֶּרֶת הַשֵּׁנִית, מִתְחַבְּרִין תְּרֵין שְׁמָהָן בַּמְּחֻבֶּרֶת הַשֵּׁנִית. בְּקַדְמֵיתָא,

מַקְבִּילוֹת הַלֻּלָאוֹת אַחַת אֶל אֶחָת בַּקְּרָשִׁים, דְּאִינּוּן קֶשֶׁר אֶצְבְּעָאן. אֲבָל בְּאָמֵן, וְהָיָה הַמִּשְׁכָּן אֶחָד, דְּבֵיהּ וְחוֹבְרוֹת אִשָּׁה אֶל אֲחוֹתָהּ.

שיג. תִּקּוּנָא תְּלִיתָאָה סֵדֶר דִּבּוּרָא דִּצְלוֹתָא, דְּבֵיהּ חֵיוָן אֶשָּׁא מְמַלְּלָן. וְהַאי הִיא וָאֵרֶא כְּעֵין חַשְׁמַל כְּמַרְאֵה אֵשׁ בֵּית לָהּ סָבִיב. הַאי אִיהוּ רָזָא דְּחַשְׁמַל. דְּאִינּוּן חֵיוָן אֶשָּׁא, עִתִּים חָשׁוֹת עִתִּים מְמַלְּלוֹת. וְאִינּוּן דְּחָשׁוֹת לס"ת, בְּזִמְנָא דְּדִבּוּר נָפִיק מִפִּי הַקּוֹרֵא, אִיהוּ חָשִׁיב לְגַבַּיְיהוּ, כְּאִלּוּ מְקַבְּלִים אוֹרַיְיתָא בְּטוּרָא דְּסִינַי. וּבְזִמְנָא דְּאָמַר אִיהוּ אָנֹכִי, לָא אִשְׁתְּמַע קָלָא, וְלָא דִּבּוּרָא אַחֲרָא דְּחֵיוָן, אֶלָּא דִּילֵיהּ.

שיד. כְּגַוְונָא דָא, כַּד דִּבּוּרָא דָא נָפִיק מִפּוּמֵיהּ דְּקוּדְשָׁא בְּרִיךְ הוּא, חֵיוֹת אֵשׁ חָשׁוֹת. וּבְזִמְנָא דִּשְׁתִיק חַיּוֹת אֵשׁ מְמַלְּלוֹת. הֲדָא הוּא דִּכְתִיב, וְכָל הָעָם רוֹאִים אֶת הַקּוֹלוֹת, קָלִין דְּחֵיוָן, דַּהֲווֹ שָׁאֲגִין. וְאֶת הַלַּפִּידִים, דַּהֲווֹ נָפְקִין בְּדִבּוּר דְּחֵיוָן, בְּכַמָּה מִינֵי נִגּוּן קֳדָם מַלְכָּא. וְאִלֵּין דְּאִינּוּן דְּחָשׁוֹת לס"ת, אִינּוּן בְּדִיוּקְנַיְיהוּ דְּחֵיוָן. וּמָנֵי לוֹן קוּדְשָׁא בְּרִיךְ הוּא, לְאַעֲלָא לוֹן, בְּחֶדֶר דְּמַרְאֵה אֵשׁ בֵּית לָהּ.

שטו. וְעוֹד אִינּוּן דְּחָשׁוֹת בִּצְלוֹתָא בח"י בִּרְכָאן, יֵיעֲלוּן בְּחֶדֶר דְּמַרְאָה דָא. וְעוֹד אִינּוּן דְּחָשׁוֹת לַהֲלָכָה, דְּאִתְּמַר בָּהּ, אַגְרָא דִּשְׁמַעְתְּתָא סְבָרָא, יֵיעֲלוּן בְּחֶדֶר דְּאִיהוּ הֵיכַל דְּמַרְאָה דָא, דְּאוֹרַיְיתָא, עָלָהּ אִתְּמַר הֲלֹא כֹה דְבָרִי כָּאֵשׁ נְאֻם יְיָ' וּכְפַטִּישׁ יְפוֹצֵץ סָלַע. וְדָא סֶלַע דְּאִתְּמַר בֵּיהּ וְדִבַּרְתֶּם אֶל הַסֶּלַע לְעֵינֵיהֶם וְנָתַן מֵימָיו. אִלֵּין דְּמִשְׁתַּדְּלִין בָּהּ לִשְׁמָהּ, נָפִיק לוֹן מַיָּא דְּאוֹרַיְיתָא מְתִיקָן, וְאִתְּמַר בְּהוֹן, וַתֵּשְׁתְּ הָעֵדָה וּבְעִירָם. וְאִלֵּין דְּלָא מִשְׁתַּדְּלִין בָּהּ לִשְׁמָהּ, נָפִיק לוֹן מַיִם מְרִירִין, דְּאִתְּמַר בְּהוֹן וַיְמָרְרוּ אֶת חַיֵּיהֶם בַּעֲבוֹדָה קָשָׁה: דָּא קוּשְׁיָא. בְּחוֹמֶר: דָּא קַל וָחוֹמֶר. וּבִלְבֵנִים: בְּלִבּוּן הֲלָכָה.

שטז. תִּקּוּנָא רְבִיעָאָה וַחֲמִשָׁאָה, מִמַּרְאֵה מָתְנָיו וּלְמַעְלָה וּמִמַּרְאֵה מָתְנָיו וּלְמַטָּה. דִּבְהוֹן שׁוֹקֵי הַחַיּוֹת כְּנֶגֶד כֻּלָּן, וּבִסְפִירָן נֶצַח וְהוֹד. מְטַטְרוֹן אוֹת בְּצָבָא דִּילֵיהּ, וְאִיהוּ דְּיוּקְנָא דְּצַדִּיק. דְּצַדִּיק אוֹת בְּצָבָא דִּלְעֵילָא, וּמְטַטְרוֹן אִיהוּ אוֹת בְּצָבָא דִּלְתַתָּא. מְטַטְרוֹן שַׁדַּי בֵּיהּ, וְהַחַיּוֹת רָצוֹא וָשׁוֹב כְּמַרְאֵה הַבָּזָק.

שיז. וְרַגְלֵיהֶם רֶגֶל יְשָׁרָה, דְּרַגְלִין דְּמַזִּיקִין כֻּלְּהוּ עֲקַלְתּוֹן. וְרַגְלֵיהֶן, וְרַגְלִין דְּחֵיוָן, קַדִּישִׁין, אִתְּמַר בְּהוֹן וְרַגְלֵיהֶם רֶגֶל יְשָׁרָה, מִצַּד חַיָּה דְּאִיהוּ יִשְׂרָאֵל, יִשְׂרָאֵל כְּלִיל תְּלַת חֵיוָן, דְּאִתְּמַר בְּהוֹן הָאָבוֹת הֵן הֵן הַמֶּרְכָּבָה.

שיח. וְכַף רַגְלֵיהֶם כְּכַף רֶגֶל עֵגֶל, מִסִּטְרָא דְּחַיָּה דְּאִיהוּ שׁוֹר. וְנוֹצְצִים כְּעֵין נְחֹשֶׁת קָלָל, מִסִּטְרָא דְּנָחָשׁ בָּרִיחַ דְּיַמָּא. דְּאִיהוּ סָלִיק לְגַבֵּיהּ בִּיבַשְׁתָּא. רָצוֹא, מִסִּטְרָא דְּנוּרִיאֵל, דְּסָלִיק רָצוֹא. וָשׁוֹב, מִסִּטְרָא דְּשַׁדַּי. דְּהָכִי סָלִיק בְּחוּשְׁבַּן. וְאִיהוּ סָלִיק מְטַטְרוֹן.

שיט. וְכַד הֲווּ יִשְׂרָאֵל שַׁמְעִין קָלָא מִמִּזְרָח, הֲווּ רָצִין תַּמָּן. וּלְמַעֲרָב הָכִי, וְכֵן

לְדָרוֹם וְלִצָּפוֹן. אָמַר קוּדְשָׁא בְּרִיךְ הוּא לְמַלְאֲכֵי הַשָּׁרֵת, אִלֵּין דִּרְהָטִין לִצְלוֹתָא דְּמִצְוָה, וּרְהָטִין לְפִרְקָא בְּשַׁבְּתָא, וּרְהָטִין לְמֶעְבַּד רְעוּתָא דִילִי, וְתַיְיבִין בְּתְיוּבְתָּא. קַבִּילוּ לוֹן בְּהֵיכָלָא דְּהַאי מַרְאָה, דִּבְאִלֵּין סִימָנִין, אִינּוּן וְזַבְרִים בַּהֲדַיְיכוּ, אִינּוּן דִּרְצִין וְשָׁבִין בְּאוֹרַיְיתָא, בְּדִבּוּרָא דַּהֲלָכָה, אִינּוּן רְשִׁימִין בַּהֲדַיְיכוּ, וְאַעִילוּ לוֹן בְּהַאי הֵיכָלָא.

שכ. הָכִי כַּד מְצַלִּין יִשְׂרָאֵל, מִיכָאֵ"ל טָאס עָלְמָא בְּטִיסָא וַחֲדָא. וְגַבְרִיאֵ"ל טָאס בִּתְרֵין טָאסִין. וְכַד נָפִיק דִּבּוּרָא מִיִּשְׂרָאֵל, בַּהֲלָכָה, בִּצְלוֹתָא, וּבְכָל פִּקּוּדָא דִּשְׁכִינְתָּא תַּמָּן. אִינּוּן רָצִין לְגַבָּהּ, וְשָׁבִין בָּהּ בִּשְׁלִיווּת מָארֵיהוֹן. וּבְכָל אֲתַר דְּשָׁמְעִין קָלָא דְּאוֹרַיְיתָא, דְּתַמָּן קוּדְשָׁא בְּרִיךְ הוּא, אִינּוּן רָצִין לְגַבֵּי הַהוּא קָלָא, וְתַיְיבִין בָּהּ בִּשְׁלִיווּתָא דְּמָארֵיהוֹן. דִּבְכָל קָלָא דְּשֵׁם יְדֹוָ"ד לֵית תַּמָּן, בְּדִבּוּרָא דְּלֵית תַּמָּן אֲדֹנָי, לָא רָצִין וְשָׁבִין תַּמָּן. וּבְגִ"ד, וְרַגְלֵיהֶם רֶגֶל יְשָׁרָה, כִּי יְשָׁרִים דַּרְכֵי יְדֹוָ"ד, בַּאֲתַר דִּידֹוָ"ד תַּמָּן, אִיהוּ דֶּרֶךְ יְשָׁרָה. וְאִי לֵית תַּמָּן יְדֹוָ"ד, לָאו אִיהוּ דֶּרֶךְ יְשָׁרָה.

שכא. וְעוֹד רַגְלֵיהֶם רֶגֶל יְשָׁרָה, אָמְרוּ מָארֵי מַתְנִיתִין, דְּמַאן דִּמְצַלֵּי, בָּעֵי לְתַקְּנָא רַגְלוֹי בִּצְלוֹתֵיהּ, כְּמַלְאֲכֵי הַשָּׁרֵת. כְּכַף רֶגֶל עֵגֶל, לְמֶהֱוֵי רְשִׁים בַּהֲדַיְיהוּ. וּבְגִין דָּא, אוֹקְמוּהָ רַבָּנָן, הַמִּתְפַּלֵּל צָרִיךְ לְכַוֵּין אֶת רַגְלָיו, שֶׁנֶּאֱמַר וְכַף רַגְלֵיהֶם כְּכַף רֶגֶל עֵגֶל. וְאָמַר קוּדְשָׁא בְּרִיךְ הוּא, אִלֵּין דְּאִינּוּן רְשִׁימִין בִּצְלוֹתַיְיהוּ הָכִי, לְכַוֵּין רַגְלוֹי כְּוָותַיְיכוּ, אַפְתָּחוּ לוֹן תַּרְעֵי הֵיכָלָא, לְאַעֲלָא בְּמַרְאָה דָּא.

שכב. תִּקּוּנָא שְׁתִיתָאָה, רָאִיתִי כְּמַרְאֵה אֵשׁ, הָכָא רְאִיָּיה מַמָּשׁ. אָמַר קוּדְשָׁא בְּרִיךְ הוּא, מַאן דְּיֵיעוּל בְּחֶזְוָו דָּא, וִיהֵא בִּצְלוֹתֵיהּ לִבֵּיהּ לְעֵילָא, לְשֵׁם יְדֹוָ"ד, וְעֵינוֹי לְתַתָּא בִּשְׁמָא דַּאֲדֹנָ"י, תֵּיעֲלוּן בְּהֵיכָלָא דָּא, כְּגַוְונָא דְּמַלְאָכִין, וְגַבֵּיהֶן לְעֵילָא, וְיִרְאָה לָהֶם לְתַתָּא, לְקַבֵּל שְׁכִינְתָּא דְּאִיהִי יִרְאַת יְדֹוָ"ד.

שכג. וּבִרְאִיָּיה וּשְׁמִיעָה וְרֵיחָא וְדִבּוּר, שַׁרְיָא יְדֹוָ"ד. בַּעֲשִׂיָּיה, בְּמִשּׁוּשׁ, שִׁמּוּשׁ, הִלּוּךְ, שַׁרְיָא אֲדֹנָי. וְדָא רְאִיָּה, דְּאוֹר וָנֵר, דְּאִתְּמַר בָּהּ וְתוֹרָה אוֹר. רֵיחָא דְּקָרְבְּנִין, דְּאִינּוּן צְלוֹתִין, דִּבּוּר בְּאוֹרַיְיתָא, דִּבּוּר בִּצְלוֹתָא. וַעֲשִׂיָּיה דְּמִצְוָה, וְשִׁמּוּשׁ דִּילָהּ, וּמִשּׁוּשׁ דִּילָהּ, וְהִלּוּךְ דִּילָהּ. וּרְאִיָּיה וּשְׁמִיעָה, דְּלֵית תַּמָּן אוֹרַיְיתָא וּמִצְוָה, קוּדְשָׁא בְּרִיךְ הוּא וּשְׁכִינְתֵּיהּ לָא שַׁרְיָא תַּמָּן. דְּקוּדְשָׁא בְּרִיךְ הוּא שַׁרְיָא בִּרְאִיָּה, וְכֵן שְׁכִינְתֵּיהּ, דְּאוֹרַיְיתָא וְתוֹרָה אוֹר, שְׁכִינְתֵּיהּ רְאִיָּה דִּילֵיהּ יְדֹוָד בַּמַּרְאָה אֵלָיו אֶתְוַדָּע, שְׁכִינְתֵּיהּ.

שכד. בְּמַחֲשָׁבָה מִלְּגוֹ בִּינָה, בֵּן יָהּ. יִשְׂרָאֵל עָלָה בְּמַחֲשָׁבָה. הִרְהוּר וְחָכְמָה, לְחַכִּימָא בִּרְמִיזָא. וְחָכְמָה עָלָה בְּמַחֲשָׁבָה דְּאִיהוּ בִּינָה, מַחֲשָׁבָה וְהִרְהוּר כֹּלָּא חַד. וְחָכְמָה לָא אִשְׁתְּמוֹדַע אֶלָּא בְּבִינָה, וּבִינָה בַּלֵּב. וּבְגִין דָּא, מַחֲשָׁבָה בַּלֵּב, הִרְהוּר בַּלֵּב.

שכה. וְכֵן אוֹרַיְיתָא ס"ת. מִצְוָה לִשְׁמוֹעַ. וְכֵן בְּווֹטָמָא, רֵיחַ נִיחוֹחַ לַיהֹוָ"ה. שְׁכִינְתָּא אִיהִי קָרְבָּן דִּילֵיהּ, עוֹלָה דִּילֵיהּ, וּצְלוֹתָא אִיהִי כְּקָרְבָּן, וּכְרֵיחַ נִיחוֹחַ סְלִיקַת לְגַבֵּיהּ, וְאִתְקְרִיבַת לְגַבֵּיהּ בִּצְלוֹתָא, וְהָכִי בְּדִבּוּר, הֲלֹא כֹה דְבָרִי כָּאֵשׁ נְאֻם יְדֹוָ"ד. ה' שְׁכִינְתָּא, דִּבּוּר דִּילֵיהּ.

שכו. כְּגַוְונָא דִּשְׁכִינְתָּא, אִיהִי מַרְאָה דִּילֵיהּ, שְׁמִיעָה דִּילֵיהּ, רֵיחַ נִיחוֹחַ דִּילֵיהּ, דִּבּוּר דִּילֵיהּ, בְּרֵישָׁא. הָכִי אִיהוּ בְּיָדִין, עֲשִׂיַּית מִצְוָה דִּילֵיהּ, בְּגוּפָא כְּרִיעָא דִּילֵיהּ. בִּצְלוֹתָא זְקִיפָא דִּילֵיהּ, בִּצְלוֹתָא עֲמִידָה דִּילֵיהּ, דְּאִיהוּ דְּקַיְימָא קַמֵּיהּ בְּכָל אֲתַר, וּכְרָעַת לְגַבֵּיהּ, וְאִתְנַפְּלַת לְרַגְלוֹי בִּנְפִילַת אַפַּיִם, לְמִשְׁאַל מִנֵּיהּ רַחֲמִים עַל בְּנָהָא, אִיהִי עֲנָוָה לְגַבֵּיהּ, וְאִית לָהּ בֹּשֶׁת פָּנִים מִינֵּיהּ.

שכז. וְלָא כִּשְׁפְחָה בִּישָׁא, לִילִית, וַחֲצוּפָה בְּלָא עֲנָוָה, לֵית לָהּ בֹּשֶׁת פָּנִים, אִימָא דְּעֵרֶב רַב, וּבְגִין דָּא אָמַר שְׁלֹמֹה, אֵשֶׁת חַיִל עֲטֶרֶת בַּעְלָהּ וּכְרָקָב בְּעַצְמוֹתָיו מְבִישָׁה. דִּשְׁכִינְתָּא אִיהִי מַטְרוֹנִיתָא, שִׁפְחָה דִּילָהּ לִילִית, לֵית לָהּ עֲנָוָה, וְלָא בֹּשֶׁת אַנְפִּין מִקּוּדְשָׁא בְּרִיךְ הוּא. וְהָכִי בְּנָהָא עֵרֶב רַב, וְקוּדְשָׁא בְּרִיךְ הוּא עָתִיד לְאַעְבְּרָא לָהּ וְלִבְנָהָא מֵעָלְמָא, דְּמַמְזֵרִים אִינּוּן מִבְּנֵי ט' מִדּוֹת, אַסְנַ"ת מַשְׁגַּחַ"ת, מַמְזֵרֵי דְּרַבָּנָן.

שכח. וְכֵן שְׁכִינָה אִיהִי שִׁמּוּשׁ דְּקוּדְשָׁא בְּרִיךְ הוּא, יִחוּד דִּילֵיהּ בְּצַדִּיק חַי עָלְמִין. וְאִיהִי הֲלִיכָה דִּילֵיהּ, צֶדֶק לְפָנָיו יְהַלֵּךְ, לְמֶעְבַּד רְעוּתֵיהּ. וַיְהִי הוּא טֶרֶם כִּלָּה לְדַבֵּר וְהִנֵּה רִבְקָה יוֹצֵאת, רְהִיטַת לְגַבֵּיהּ, לְמֶעְבַּד רְעוּתֵיהּ. בִּרְאִיָּה, בִּשְׁמִיעָה, בְּרֵיחָא, בְּדִבּוּר, בַּעֲשִׂיָּה, בְּגוּפָא, בְּשִׁמּוּשׁ, בְּהִלּוּךְ, בְּכָל אֵבֶר, אִיהִי מִצְוָה לְשַׁמְּשָׁא לֵיהּ, וּלְמֶעְבַּד רְעוּתֵיהּ.

שכט. וּבְנָהָא, הָכִי אִינּוּן בְּדִיוּקְנָהָא, בְּנֵי עֲנָוָה, בְּנֵי בֹּשֶׁת אַנְפִּין, כֻּלְּהוּ כְּמִדּוֹת דִּילָהּ. וּבְגִין דָּא מָנֵי קוּדְשָׁא בְּרִיךְ הוּא לְמֹשֶׁה, וְאַתָּה תֶחֱזֶה מִכָּל הָעָם אַנְשֵׁי חַיִל יִרְאֵי אֱלֹהִים אַנְשֵׁי אֱמֶת שׂוֹנְאֵי בָצַע. אַנְשֵׁי חַיִל, מִסִּטְרָא דִּימִינָא דְּאַבְרָהָם, דְּתַמָּן רְאִיָּה דְּאוֹרַיְיתָא, מִימִינוֹ אֵשׁ דָּת לָמוֹ. יִרְאֵי אֱלֹהִים, מִסִּטְרָא דְּיִצְחָק, דְּתַמָּן שְׁמִיעָה, דְּאָמַר חֲבַקּוּק נְבִיאָה יְיָ' שָׁמַעְתִּי שִׁמְעֲךָ יָרֵאתִי. אַנְשֵׁי אֱמֶת, מִסִּטְרָא דְּיַעֲקֹב, דְּתַמָּן רֵיחַ נִיחוֹחַ לְדָוִד, בְּווֹטָמָא. שׂוֹנְאֵי בָצַע, מִסִּטְרָא דְּדִבּוּר, סַמְכָא רְבִיעָאָה, דְּאָדָם הָרִאשׁוֹן, דְּאִתְחַבַּר בַּאֲבָהָן. תְּלַת חֵיוָן אִינּוּן, אַרְיֵה שׁוֹר נֶשֶׁר, בִּרְאִיָּה שְׁמִיעָה רֵיחָא, אָדָם בְּדִבּוּר.

של. וְשַׂמְתָּ עֲלֵיהֶם שָׂרֵי אֲלָפִים, מִסִּטְרָא דְּאָת א'. וְשָׂרֵי מֵאוֹת, מִסִּטְרָא דְּאָת ד' ד' מֵאוֹת שָׁנָה דְּאִשְׁתַּעְבִּידוּ יִשְׂרָאֵל בְּמִצְרַיִם. שָׂרֵי חֲמִשִּׁים נ'. וְשָׂרֵי עֲשָׂרוֹת י'.

שלא. יִשְׂרָאֵל בְּאִינּוּן מִדּוֹת אִשְׁתְּמוֹדְעוּן, דְּאִינּוּן בְּנוֹי דְּקוּדְשָׁא בְּרִיךְ הוּא וּשְׁכִינְתֵּיהּ. לְמֶהֱוֵי בְּהוֹן אַנְשֵׁי חַיִל, כְּגוֹן אֵשֶׁת חַיִל עֲטֶרֶת בַּעְלָהּ, מָארֵי דְּחֶסֶד. יִרְאֵי אֱלֹהִים. אַנְשֵׁי אֱמֶת, וְלָא אַנְשֵׁי שֶׁקֶר, דִּבְנֵי יִשְׂרָאֵל לֹא יַעֲשׂוּ עַוְלָה וְלֹא

יְדַבְּרוּ כָזָב וְלֹא יִמָּצֵא בְּפִיהֶם לְשׁוֹן תַּרְמִית. וְשׂוֹנְאֵי בָצַע, כְּכַ"נ שָׁמֵן בְּחֶלְקוֹ. וְלָא כְּעֵרֶב רַב בְּנוֹי דִּשְׁפְחָה בִּישָׁא, דְּאִינּוּן כְּחֶזְוָיא דְּכָל אַרְעָא קֳדָמֵיהּ. הה"ד וְנָחָשׁ עָפָר לַחְמוֹ, וְדָחִיל לְמִשְׂבַּע מֵעַפְרָא, דְּדָחִיל דְּתֶחְסַר לֵיהּ. וְהָכִי מָארֵי בָצַע. דְּלָא שָׂבְעִין מִכָּל מָמוֹן דְּעָלְמָא.
שלב. ובג"ד אוֹקְמוּהָ מָארֵי מַתְנִיתִין, לֹא הַמִּדְרָשׁ הוּא הָעִיקָּר אֶלָּא הַמַּעֲשֶׂה. בְּגִין דְּקוּדְשָׁא בְּרִיךְ הוּא אִיהוּ סָתִים בְּסִתְרֵי הַתּוֹרָה, בְּמַאי אִשְׁתְּמוֹדַע. בַּמִּצְוֹת, דְּאִיהִי שְׁכִינְתֵּיהּ, דְּאִיהִי דְּיוֹקְנֵיהּ. כְּגַוְונָא דְּאִיהוּ עָנָו, שְׁכִינְתֵּיהּ עֲנָוָה. אִיהוּ חָסִיד, וְאִיהוּ חֲסִידָה. אִיהוּ גִּבּוֹר, וְאִיהִי גְּבוּרָה עַל כָּל אוּמִין דְּעָלְמָא. אִיהוּ אֱמֶת, וְאִיהִי אֱמוּנָה. אִיהוּ נָבִיא, וְאִיהִי נְבִיאָה. אִיהוּ צַדִּיק וְאִיהִי צֶדֶקֶת. אִיהוּ מֶלֶךְ, וְאִיהִי מַלְכוּת. אִיהוּ חָכָם, וְאִיהִי חָכְמְתָא. אִיהוּ מֵבִין, וְאִיהִי תְּבוּנָה דִּילֵיהּ. אִיהוּ כֶּתֶר, וְאִיהִי עֲטָרָה דִּילֵיהּ, עֲטֶרֶת תִּפְאֶרֶת. ובג"ד אוֹקְמוּהָ רַבָּנָן, כָּל מִי שֶׁאֵין תּוֹכוֹ כְּבָרוֹ אַל יִכָּנֵס לְבֵית הַמִּדְרָשׁ. כְּדִיּוֹקְנָא דְּקוּדְשָׁא בְּרִיךְ הוּא, דְּאִיהוּ תּוֹכוֹ וּשְׁכִינְתָּא בָּרוֹ, אִיהוּ תּוֹכוֹ מִלְּגוֹ, וְאִיהִי בָּרוֹ מִלְּבַר. וְלָא אִשְׁתְּנִיאַת אִיהִי דִּלְבַר, מֵהַהוּא דִּלְגוֹ, לְאִשְׁתְּמוֹדְעָא דְּהִיא אֲצִילוּתֵיהּ, וְלֵית אַפְרָשׁוּתָא תַּמָּן כְּלָל, דְּמִבַּיִת וּמִבַּחוּץ תְּצַפֶּנּוּ.
שלג. וּבְגִין דְּאִיהוּ יְדֹוָ"ד, סָתִים מִלְּגָיו, לָא אִתְקְרֵי אֶלָּא בִּשְׁכִינְתֵּיהּ, אֲדֹנָ"י. וּבְגִין דָּא אָמְרוּ רַבָּנָן, לֹא כְּשֶׁאֲנִי נִכְתָּב אֲנִי נִקְרָא, בעוה"ז, נִכְתָּב אֲנִי בִּיְדֹוָ"ד, וְנִקְרָא אֲנִי בַּאֲדֹנָ"י. אֲבָל בעוה"ב, נִכְתָּב בִּיְדֹוָ"ד, וְנִקְרָא בִּיְדֹוָ"ד. לְמֶהֱוֵי רַחֲמֵי מִכָּל סִטְרָא וּבְגִין דָּא מָנֵי קוּדְשָׁא בְּרִיךְ הוּא לְמַלְאֲכֵי הַשָּׁרֵת, מַאן דְּלָא יְהֵא תּוֹכוֹ כְּבָרוֹ, בְּכָל אֵבָרִין פְּנִימָאִין וְחִיצוֹנִין, לָא יֵיעוּל בְּהֵיכָלָא דָּא. וּבְגִין דָּא אָמַר קְרָא, הַצּוּר תָּמִים פָּעֳלוֹ. תָּמִים תִּהְיֶה עִם יְיָ' אֱלֹהֶיךָ.

שלד. תִּקּוּנָא שְׁבִיעָאָה, כְּמַרְאֵה הַקֶּשֶׁת אֲשֶׁר יִהְיֶה בֶעָנָן בְּיוֹם הַגֶּשֶׁם. אָמְרוּ רַבָּנָן, מִן וָאֵרֶא עַד כְּמַרְאֵה הַקֶּשֶׁת הֵן הֵן מַעֲשֵׂה הַמֶּרְכָּבָה. וְאָמְרוּ חֲכָמִים, כְּשֶׁהָיָה ר"ע דּוֹרֵשׁ בְּמַעֲשֵׂה מֶרְכָּבָה, יָרְדָה אֵשׁ מִן הַשָּׁמַיִם, וְסִבְּבָה הָאִילָנוֹת. וְהָיוּ מִתְקַבְּצִין מַלְאֲכֵי הַשָּׁרֵת כִּבְמִזּוּמוּטֵי חָתָן וְכַלָּה. בְּגִין דְּלֵית יִחוּדָא וְקִשּׁוּרָא וּמֶרְכָּבָה, לְשֵׁם יְדֹוָ"ד בַּאֲדֹנָ"י, אֶלָּא בְּצַדִּיק. דְּאִיהוּ קֶשֶׁת, דְּבֵיהּ מֶרְכַּבְתָּא שְׁלֵימָתָא דִּלְעֵילָא, יְאֲהַדֹוָנָהִ"י.
שלה. שְׁכִינְתָּא אִיהִי מַעֲשֵׂה בְרֵאשִׁית, וְאוֹקְמוּהָ, אֵין דּוֹרְשִׁין בְּמַעֲשֵׂה בְרֵאשִׁית בִּשְׁנַיִם. בְּגִין דְּעַנְפִּין דְּאִילָנָא, אִינּוּן פְּרוּדוֹת מִלְּמַעְלָה בְּכַנְפֵי חֵיוָן, יְדֹוָ"ד לִימִינָא, אֲדֹנָ"י לִשְׂמָאלָא. חָתָן לִימִינָא, כַּלָּה לִשְׂמָאלָא. כַּד אַתְיָין לְהַ לַחוּפָּה, בְּכַמָּה מִינֵי נִגּוּנָא, צְרִיכִין יִשְׂרָאֵל לְאִתְעָרָא לוֹן לְתַתָּא, בְּשִׁירוֹת וְתִשְׁבָּחוֹת, בְּכָל מִינֵי נִגּוּנָא בִּצְלוֹתָא, הָא קָא אַתְיָין לַחוּפָּה.
שלו. וּצְרִיכִין יִשְׂרָאֵל לְמֵיהַב קִדּוּשִׁין לַכַּלָּה. מַתָּנָא, בְּקִשּׁוּרָא דִּתְפִלָּה דְּיָד,

למהוי קשירא ליה, ולעטרא לון בתפילין דרישא, דאיהו פאר, הה"ד, פארך וחבוש עליך. ותלת כריכין דרצועה, לקבל ג' קדושות, דאינון קדוש קדוש קדוש, קדושה לך ישלשו. וצריך לברכא לון בשבע ברכאן, דאינון שבע ברכות דק"ש, בשוזר שתים לפניה ואחת לאחריה. ובערב שתים לפניה ושתים לאחריה.

שלז. וכלה בחופה, דאיהי בדיוקנא דכנפי מצוה, בציציות מוזהבות, ותכלת ולבן, כסא דין וכסא רחמים, כליל דא בדא. וכמה קשרים וחוליין, סחרניה. בכמה מרגלאן ואבנין יקירין, מליין סגולות, סחרין לגביה, כדיוקנא דזגין ורמונין, דלבושי מלכא ומטרוניתא, דאינון ד' בגדי לבן, וד' בגדי זהב, מסטרא דתרין שמהן, ידו"ד אדנ"י, כשמו כן כסאו, כן חופתו, כן לבושו. רשים שמיה בכלא, כד בעי לאעלא בהיכליה, למהוי תמן חתן בכלתיה, בח"י ברכאן דצלותא, דאיהי כמראה הקשת.

שלח. אין דורשין במרכבה ביחיד, בגין דהדורש ליחיד, עמיה הא אינון שנים בדרשא. ולא צריך תמן למשמע קלא בצלותיה. אלא רק שפתיה נעות וקולה לא ישמע, ובהאי רזא והזר הקרב יומת. והכי בצלותא כל חד מצלי בחשאי, דלא אשתמע צלותיה לגבי חבריה. כגון מאן דדריש לחבריה, וישתיק דבור לגביה, לא צריך למעבד אלא דבור בחשאי, דלא ישמע חבריה. ובג"ד אוקמוה רבנן, כל המשמיע קולו בתפלתו, ה"ז מקטני אמנה.

שלט. ובג"כ חיון אשא לעילא, ממללן כענפין דאילנא, דהוו מתקבצין תמן, במזמוטי חתן וכלה. באן אתר. בק"ש, דתמן ואשמע את קול כנפיהם. דאינון ס"ד לד' גדפין, ד' זמנין ס"ד, סלקין רנ"ו. והאי איהו, רנו ליעקב שמחה. אימתי. לבתר דנטיל נוקמא משנאוי, ויוקיד טעון דלהון, הה"ד ובאבוד רשעים רנה.

שמ. ותליין ס"ד, מן תמניא א"ז. והכי ס"ד מתמניא א"ז לד' סטרין, רנ"ו. וכד מטי לל"ב, דאינון א"ז א"ז א"ז א"ז, דאינון וז' וז' וז' וז', אתחבר י' לכל סטר, למהוי וז"י יהו"ה, בח"י ברכאן דצלותא, דאית בהון וז"י זמנין ידו"ד, דסלקין ע"ב. בההוא זמנא דמתחברא יהו"ה באדנ"י בח"י עלמין יאהדונהי, מיד חיון דאש וחשות. מה כתיב בהון. בעמדם תרפינה כנפיהם, בעמדם ישראל בצלותא, תרפינה כנפיהם, דלא ישתמודעון עד ההיא שעתא.

שמא. והאי איהו רק שפתיה נעות. דאינון כנפי החיות, וקולה לא ישמע. מה דהוי חשמל, חיון אשא ממללן, אינון חשות. ובג"ד תקינו צלותא בחשאי, והכי מעשה מרכבה בחשאי, לממללא תמן בחשאי, בינו לבין עצמו. ג' צלותין תקינו, ובכלהו וז"י יהו"ה, דאינון ע"ב אתוון, בכל צלותא, בתמני סרי ברכאן, דאינון רי"ו, וכלילן בחסד, בע"ב, עם ל"ב נתיבות, והיינו ר"ן וחסרין ב'.

דְּכָלִיל בְּעַמּוּדָא דְּאֶמְצָעִיתָא.

שמב. דְּמִקָּרְבְּנָא אִשְׁתְּמַע צְלוֹתָא, צְלוֹתָא מִקָּרְבְּנָא. כְּגַוְונָא דְּאִתְּמַר בְּהוֹן, וָאֶשְׁמַע אֶת קוֹל כַּנְפֵיהֶם. הָכִי בַּכְּרוּבִים, וַיִּשְׁמַע אֶת הַקּוֹל מִדַּבֵּר אֵלָיו. כְּגַוְונָא דְּכֶבֶשׂ סַלְקִין וְנַחְתִּין בֵּיהּ קָרְבְּנִין וְעָלְוָון. הָכִי בִּצְלוֹתָא, מַלְאֲכִין סַלְקִין תְּרֵי וְנַחְתֵּי תְּרֵי. וּכְגַוְונָא דְּסִינַי, דְּבֵיהּ מֹשֶׁה וְאַהֲרֹן סַלְקִין וְנַחְתִּין, סַלְקִין תְּרֵין וְנַחְתִּין ב'. וּבְפִקּוּדָא דָּא, אִתְרְמִיזוּ כָּל פִּקּוּדִין דְּאוֹרַיְיתָא.

שמג. וְהָכִי כַּד הֲוָה פָּתַח ר"ע בְּמַעֲשֵׂה מֶרְכָּבָה, פּוּמֵיהּ הֲוָה סִינַי, וְקָלֵיהּ הֲוָה סֻלָּם, דְּבֵיהּ מַלְאֲכִין סַלְקִין וְנַחְתִּין. בְּכָל דִּבּוּר וְדִבּוּר דִּילֵיהּ, הֲוָה רָכִיב עָלֵיהּ מַלְאָךְ מְטַטְרוֹ"ן. אִיהוּ רֶכֶב לִשְׁכִינְתָּא, דִּכְלִילָא בֵּיהּ סְפִירָן עַמּוּדָא דְּאֶמְצָעִיתָא, דְּאִיהוּ יו"ד הֵ"א וְא"ו הֵ"א מִלְּגוֹ. דִּשְׁכִינְתָּא כְּלִילָא מִי' סְפִירָן, דִּלְבַר. וְקוּדְשָׁא בְּרִיךְ הוּא וּשְׁכִינְתֵּיהּ, רֶכֶב וּמֶרְכָּבָה. עַמּוּדָא דְּאֶמְצָעִיתָא, רֶכֶב לְעִלַּת הָעִלּוֹת. וּשְׁכִינְתֵּיהּ, רֶכֶב לְעַמּוּדָא דְּאֶמְצָעִיתָא. וְעִלַּת הָעִלּוֹת אִיהוּ דִּמְיַיחֵד לְכֹלָּא, וּמְסַדֵּר לְכֹלָּא, וְנָהִיר בְּכֹלָּא. נְהוֹרֵיהּ אַעְבַּר בְּנִשְׁמָתָא וְגוּפָא וּלְבוּשָׁא. וְלֵית בֵּיהּ שִׁנּוּי וְשׁוּתָּפוּ וְחוּשְׁבָּן וּתְמוּנָה וְדִמְיוֹן מִכָּל מֶרְכַּבְתָּא, וּמַרְאֶה וְדִמְיוֹן דְּאִתְחֲזְיָיא בְּעֵין הַשֵּׂכֶל. דַּרְגִּין עִלָּאִין וְתַתָּאִין, אִינּוּן רֶכֶב וּמֶרְכַּבְתָּא לְגַבֵּיהּ, וְעָלֵיהּ לֵית מַאן דְּרָכִיב.

שמד. קֶשֶׁת, סִימַן תְּקִיעָה שְׁבָרִים תְּרוּעָה. וְאִינּוּן סִימַן מֶרְכָּבָה דַּאֲבָהָן. תְּקִיעָה, דְּאַבְרָהָם. שְׁבָרִים, דְּיִצְחָק. תְּרוּעָה, דְּיַעֲקֹב. דְּאִתְּמַר בֵּיהּ וּתְרוּעַת מֶלֶךְ בּוֹ. וְג' גַּוְונִין אִתְחַזְיָין בֵּיהּ, חִוָּור סוּמָק וְיָרוֹק. וּמִסִּטְרָא דִּגְבוּרָה, אִתְקְרֵי קֶשֶׁת גִּבּוֹרִים חַתִּים. וּמִסִּטְרָא דִּימִינָא, כְּמַרְאֵה הַקֶּשֶׁת אֲשֶׁר יִהְיֶה בֶעָנָן בְּיוֹם הַגֶּשֶׁם. כַּד אִתְחֲזֵי בְּיוֹם הַגֶּשֶׁם, אַחֲזֵי רַחֲמֵי. וְכַד אִתְחֲזֵי בְּלָא מִטְרָא, אַחֲזֵי דִּינָא. מְעוֹרָב בֵּין מִטְרָא וְשִׁמְשָׁא, אַחֲזֵי דִּינָא וְרַחֲמֵי כָּלִיל. וְהַאי אִיהוּ ש' מִן שַׁדַּי, תְּלַת עַנְפֵי אֲבָהָן, דְּאִינּוּן ידו"ד אֱלֹהֵי"נוּ ידו"ד, תְּלַת שְׁמָהָן לְקָבֵל תְּלַת עַנְפֵי אֲבָהָן. וּבְהוֹן י"ד אַתְוָון, בְּחוּשְׁבַּן ד"י מִן שַׁדַּי. וּלְבוּשׁ דְּשַׁדַּי, מְטַטְרוֹן, דְּהָכִי סָלִיק בְּחוּשְׁבַּן שַׁדַּי. (ע"כ רעיא מהימנא) .

שמה. אר"ש, מַאן דְּפָתַח פְּתוּזָא יַיְמָא. א"ר אֶלְעָזָר, תָּנֵינָן, כָּל מַאן דְּאָמַר תְּהִלָּה לְדָוִד בְּכָל יוֹם תְּלַת זִמְנִין, אִיהוּ בַּר עָלְמָא דְּאָתֵי. וְהָא אִתְּמַר טַעְמָא. אִי בְּגִין פַּרְנָסָה וּמְזוֹנָא דְּכָל עָלְמִין, תְּרֵין זִמְנִין אִינּוּן בְּכָל יוֹמָא בְּצַפְרָא וּבְפַנְיָיא, דִּכְתִּיב בְּתֵת יְיָ' לָכֶם בָּעֶרֶב בָּשָׂר וְגו', אַמַּאי תְּלַת זִמְנִין בְּכָל יוֹמָא. אֶלָּא תְּרֵין לִמְזוֹנָא דִּבְנֵי אִינָשֵׁי וּדְכָל עָלְמָא. וְחַד לְמֵיהַב תּוּקְפָּא לְהַהוּא אֲתַר דִּפְתִיחוּ יְדוֹי.

שמו. וּתְרֵין מְזוֹנִין אִלֵּין מְשַׁנְיָין דָּא מִן דָּא, וְכֻלְּהוּ תְּלַת מְזוֹנֵי כְּתִיבֵי הָכָא, וְאַתָּה נוֹתֵן לָהֶם אֶת אָכְלָם בְּעִתּוֹ, דָּא מְזוֹנָא דַּעֲתִירֵי, דְּיָהִיב מֵיכְלָא סַגֵּי בְּעִתּוֹ, הָא חַד. תְּרֵין, דִּכְתִּיב וּמַשְׂבִּיעַ לְכָל חַי רָצוֹן, דָּא מְזוֹנָא דְּמִסְכְּנֵי,

דְּאִינּוּן שַׂבְעִין מֵרָצוֹן, וְלָא מִגּוֹ מֵיכְלָא סַגִּי. תְּלַת דִּכְתִיב פּוֹתֵחַ אֶת יָדֶךָ, דָּא תּוּקְפָּא לְהַהוּא אֲתָר, וּבִפְתִיחוּ דִּידֵיהּ, נָפְקָא רָצוֹן וְשַׂבְעָא לְכֹלָּא.

שמח. תּוּ הָכִי אוֹלִיפְנָא, דְּלָא אִיהוּ אֶלָּא תְּרֵי זִמְנֵי, בְּגִין מְזוֹנָא וּפַרְנָסָה בְּכָל יוֹמָא. דְּאִלֵּין וְזִיוּבָא עַל ב"נ. וְאִי אָמַר יַתִּיר, לָאו בְּגִין חוֹבָה אִיהוּ, אֶלָּא בְּגִין שְׁבָחָא גּוֹ תּוּשְׁבְּחָן דִּזְמִירוֹת דְּדָוִד מַלְכָּא. מ"ט. בְּגִין דְּפַרְנָסָה לָא וָזֵי לְמִשְׁאַל אֶלָּא בָּתַר צְלוֹתָא וּפַרְנָסָה דְּמָארֵיהּ. מַלְכָּא יֵיכוּל בְּקַדְמֵיתָא וּלְבָתַר יֵיכְלוּן עַבְדוֹי.

שמז. הה"ד, בָּאתִי לְגַנִּי אֲחוֹתִי כַלָּה אָכַלְתִּי יַעְרִי עִם דִּבְשִׁי שָׁתִיתִי יֵינִי עִם חֲלָבִי, לְבָתַר אִכְלוּ רֵעִים. אָכַלְתִּי יַעְרִי, דָּא צְלוֹתָא דִּמְיוּשָּׁב. עִם דִּבְשִׁי דָּא ק"ש. אָכַלְתִּי יַעְרִי דָּא צְלוֹתָא דִּמְיוּשָּׁב, הַהוּא יַעַר לְבָנוֹן, יוֹצֵר אוֹר וְהָאוֹפַנִּים וְחַיּוֹת הַקֹּדֶשׁ, כָּל הָנֵי אִקְרוּן יַעַר אִילָנִין וּנְצִיבִין דְּבֵיהּ. עִם דִּבְשִׁי דָּא ק"ש, דְּאִיהוּ מְתִיקוּ דְּכֹלָּא, בְּכַמָּה צוּפִין וּמְתִיקִין.

שמט. שָׁתִיתִי יֵינִי, דָּא צְלוֹתָא, דִּמְעוּמָּד, מְשִׁיכוּ דְּיֵינָא עִלָּאָה דְּאִתְנְטַר. וְדָא בְּשָׁלֹשׁ בְּרָכוֹת רִאשׁוֹנוֹת. עִם חֲלָבִי, אִלֵּין אִינּוּן שָׁלֹשׁ בְּרָכוֹת אַחֲרוֹנוֹת, וְאִתְכְּלִילָן אִלֵּין בְּאִלֵּין. עַד כָּאן מֵיכְלָא דְּמַלְכָּא. לְבָתַר דְּאָכַל מַלְכָּא, אִכְלוּ רֵעִים לְעֵילָּא, שְׁתוּ וְשִׁכְרוּ דוֹדִים לְתַתָּא.

שנ. ועו"ד לֵית וְזִיוּבָא דִּמְזוֹנָא אֶלָּא לְבָתַר צְלוֹתָא. בִּצְלוֹתָא דְּמִנְחָה קוֹדֶם צְלוֹתָא מ"ט. בְּגִין דְּעַד לָא אִשְׁתְּכַח דִּינָא קַשְׁיָא, בְּעוֹד דְּאַנְפִּין דְּמַלְכָּא נְהִירִין, יֵימָא תְּהִלָּה לְדָוִד, בְּהַאי סִדּוּרָא דִּמְזוֹנָא. דִּלְבָתַר דְּדִינָא שַׁרְיָא וְתָלֵי עַל עָלְמָא, לָאו שַׁעֲתָא אִיהוּ. אָתָא ר' פִּנְחָס וּנְשָׁקֵיהּ.

שנא. אָמַר רַבִּי יְהוּדָה, לֵימָא לָן מָר, מִלִּין מְעַלְיָתָא דְּרֹאשׁ הַשָּׁנָה. פָּתַח רַבִּי שִׁמְעוֹן וְאָמַר וַיְהִי הַיּוֹם. בְּכָל אֲתָר דִּכְתִיב וַיְהִי, אִיהוּ צַעַר, וַיְהִי בִּימֵי צַעַר. וַדַּאי, וַיְהִי הַיּוֹם, יוֹמָא דְּאִית בֵּיהּ צַעַר, וְדָא הוּא רֹאשׁ הַשָּׁנָה, יוֹמָא דְּאִית בֵּיהּ דִּינָא קַשְׁיָא עַל עָלְמָא. וַיְהִי הַיּוֹם וַיַּעֲבֹר אֱלִישָׁע אֶל שׁוּנֵם, יוֹמָא דְּרֹאשׁ הַשָּׁנָה הֲוָה. וּבְכָל אֲתָר וַיְהִי הַיּוֹם, דָּא רֹאשׁ הַשָּׁנָה. וַיְהִי הַיּוֹם וַיָּבֹאוּ בְּנֵי הָאֱלֹהִים, יוֹם רֹאשׁ הַשָּׁנָה הֲוָה.

שנב. בְּכָל זִמְנָא תְּרֵין יוֹמִין אִינּוּן, מַאי טַעֲמָא. בְּגִין, דִּלֶהֱוֵי יְצוּזָק כְּלִיל דִּינָא וְרַחֲמֵי, תְּרֵין יוֹמִין וְלָא חַד. דְּאִלְמָלֵא יִשְׁתְּכַח יְחִידָאי, יַחֲרִיב עָלְמָא. וְעַל דָּא כְּתִיב תְּרֵין זִמְנִין, וַיְהִי הַיּוֹם וַיְהִי הַיּוֹם.

שנג. וַיָּבֹאוּ בְּנֵי הָאֱלֹהִים, אִלֵּין ב"ד רַבְרְבָא. בְּנֵי הָאֱלֹהִים וַדַּאי, בְּנוֹי דְּמַלְכָּא קְרִיבִין לְגַבֵּיהּ. וְאִינּוּן שַׁבְעִין מְמַנָּן, דְּסַחֲרִין תְּדִירָא לְמַלְכָּא. וְאִינּוּן חַזְתְּכִין דִּינָא עַל עָלְמָא. לְהִתְיַצֵּב עַל יְיָ, וְכִי עַל יְיָ קַיְימֵי. אֶלָּא, בְּשַׁעֲתָא דְּאִלֵּין קַיְימֵי עַל דִּינָא, דִּינָא קַדְמָאָה דְּכֹלָּא בֵּיהּ, מַאן הוּא. דְּלָא יוֹקִיר לִשְׁמָא דְּקוּדְשָׁא בְּרִיךְ הוּא, וּדְלָא יוֹקִיר לְאוֹרַיְיתָא וּלְעַבְדוֹי. אוּף הָכִי, מַאן הוּא דְּלָא וְזַיֵּישׁ עַל יְקָרָא

דִּשְׁמָא קַדִּישָׁא, דְּלָא יִתְחַלֵּל בְּאַרְעָא. מַאן הוּא דְּלָא חָיִישׁ לִיקָרֵיהּ דְּקוּדְשָׁא בְּרִיךְ הוּא, מַאן הוּא דְּלָא שַׁוֵּי יְקָר לִשְׁמָא דָּא. וַיָּבֹא גַּם הַשָּׂטָן בְּתוֹכָם, גַּם, לְרַבּוֹת הַהִיא נוּקְבָא דִּילֵיהּ. אוּף הָכִי לְהִתְיַצֵּב עַל יְיָ', דְּאִיהוּ חָיִישׁ נָמֵי לִיקָרָא דִּשְׁמָא דָּא.

שנד. הָכָא אַפְלִיגוּ עַמּוּדִין קַדְמָאִין דְּעָלְמָא. חַד אָמַר, אִיּוֹב מֵחֲסִידֵי אוּמוֹת הָעוֹלָם הֲוָה. וְחַד אָמַר, מֵחֲסִידֵי יִשְׂרָאֵל הֲוָה. וְאַלְקֵי, לְכַפָּרָא עַל עָלְמָא. דְּהָא יוֹמָא חַד אַשְׁכְּחֵיהּ רַב הַמְנוּנָא לְאֵלִיָּהוּ. א"ל, וַדַּאי תָּנֵינָן דְּאִית צַדִּיק וְרַע לוֹ, רָשָׁע וְטוֹב לוֹ. אָמַר, צַדִּיק, כָּל שֶׁמְּמוּעָטִין לוֹ חוֹבוֹתָיו נוֹתְנִין לוֹ בָּעוֹלָם הַזֶּה חוֹבוֹ, וְעַל כֵּן צַדִּיק וְרַע לוֹ. וְכָל שֶׁמְּרוּבִּין עֲוֹנוֹתָיו, וּמְמוּעָטִין זְכִיּוֹתָיו, נוֹתְנִין לוֹ שְׂכָרוֹ בָּעוֹלָם הַזֶּה, רָשָׁע וְטוֹב לוֹ. א"ל, דִּינוֹי דְּמָארֵי עָלְמָא, עֲמִיקִין אֲבָל בְּשַׁעֲתָא דְּבָעֵי קוּדְשָׁא בְּרִיךְ הוּא לְכַפָּרָא חוֹבִין דְּעָלְמָא, אַלְקֵי בִּדְרוֹעָא דִּלְהוֹן, וְאַסֵּי לְכוּלְּהוּ מִתַּל לְאַסְיָיא, דְּאַלְקֵי לִדְרוֹעָא, לְשֵׁיזָבָא לְכָל שַׁיְיפִין. כְּמָה דִּכְתִיב, וְהוּא מְחוֹלָל מִפְּשָׁעֵינוּ וְגוֹ'.

שנה. כְּמָה דְּאִתְּמַר, בְּהַהוּא יוֹמָא שֶׁל רֹאשׁ הַשָּׁנָה, דְּקַיְּימִין שַׁבְעִין קָתֶדְרָאִין לְמֵידַן דִּינָא לְעָלְמָא, כַּמָּה אִינּוּן מָארֵי תְּרִיסִין, קַטֵיגוֹרִין, דְּקַיְימֵי לְעֵילָּא. אִלֵּין מִיְּמִינִין לִזְכוּ וְאִלֵּין מִשְּׂמָאלִין לְחוֹבָא, לְאַדְכָּרָא חוֹבִין דְּעָלְמָא, וְחוֹבִין דְּכָל חַד וְחַד. וְעַל דָּא אִצְטְרִיךְ לְב"נ, לְפָרְשָׁא חוֹבוֹי, כָּל חַד וְחַד כְּמָה דְּאִיהוּ בְּגִין דְּמַאן דִּמְפָרֵשׁ חֶטְאוֹי, לָא אִתְמְסַר דִּינֵיהּ, אֶלָּא בִּידָא דְּמַלְכָּא קוּדְשָׁא בְּרִיךְ הוּא בִּלְחוֹדוֹי. וּמַאן דְּדָאִין לֵיהּ קוּדְשָׁא בְּרִיךְ הוּא, אִיהוּ לְטָב. וְע"ד בָּעָא דָּוִד מַלְכָּא, שָׁפְטֵנִי אֱלֹקִים, אַנְתְּ, וְלָא אַחֲרָא. וְכֵן שְׁלֹמֹה אָמַר, לַעֲשׂוֹת מִשְׁפַּט עַבְדוֹ, הוּא, וְלָא אַחֲרָא, וְכָל ב"ד בְּדִילִין מִמֶּנּוּ. שנו. וְע"ד אִצְטְרִיךְ לוֹן לְפָרְשָׁא חוֹבִין דְּכָל שַׁיְיפָא וְשַׁיְיפָא, וְכָל מַה דְּעָבִיד בִּפְרָט. הה"ד, וְחַטָּאתִי אוֹדִיעֲךָ וְגוֹ'. לְבָתַר וְאַתָּה נָשָׂאתָ עֲוֹן וְחַטָּאתִי סֶלָה. מְנָלָן. מִמֹּשֶׁה, דִּכְתִיב אָנָּא חָטָא הָעָם הַזֶּה וְגוֹ'. בְּיִשְׂרָאֵל כְּתִיב, וְחָטָאנוּ כִּי עָזַבְנוּ אֶת יְיָ', דְּאִי תֵּימָא הַאי בְּיָחִיד, אֲבָל בְּצִבּוּר לָא. הָא כְּתִיב קְרָא דָּא. וְאִי תֵּימָא הָא בְּצִבּוּר, אֲבָל שְׁלִיחָא דִּלְהוֹן לָא, הָא כְּתִיב וַיָּשָׁב מֹשֶׁה אֶל יְיָ' וְגוֹ'. וּכְתִיב וַיַּעֲשׂוּ לָהֶם וְגוֹ'. מ"ט. מַאן דִּמְפָרֵשׁ חוֹבֵיהּ, בֵּי דִּינָא בְּדֵילִין מִינֵּיהּ, בְּגִין דְּב"נ קָרִיב לְגַרְמֵיהּ, וְלָא אִתְדָּן עַל פּוּמֵיהּ.

שנז. וְתוּ, לָא שָׁבִיק לִמְקַטְרְגָא לְאוֹלְפָא עָלֵיהּ חוֹבָא מוּמָא. דְּבַר נָשׁ יַקְדִּים וְיֵימָא, וְלָא יָהִיב דּוּכְתָּא לְאַחֲרָא לְמֵימַר. כְּדֵין קוּדְשָׁא בְּרִיךְ הוּא מָחֵיל לֵיהּ, הה"ד, וּמוֹדֶה וְעוֹזֵב יְרוּחָם.

שנח. בְּיוֹמֵי דר"ה, מִתַּקְנִין בֵּי דִּינָא כּוּרְסְיָיא לְמַלְכָּא, לְמֵידַן כָּל עָלְמָא. וְיִשְׂרָאֵל עָאלִין בְּקַדְמֵיתָא בְּדִינָא קַמֵּיהּ, דְּלִיפּוּשׁ רַחֲמֵי. תְּנָן וּמִשְׁפַּט עַמּוֹ יִשְׂרָאֵל דְּבַר יוֹם בְּיוֹמוֹ, יוֹם בְּיוֹמוֹ מַאי הוּא. אֶלָּא הָנֵי תְּרֵי יוֹמִין דר"ה. אַמַּאי

תְּרֵי יוֹמִין. בְּגִין דְּאִינּוּן תְּרֵי בֵּי דִּינָא, דְּמִתְחַבְּרָן כַּחֲדָא. דִּינָא עִלָּאָה, דְּאִיהוּ קַשְׁיָא, בְּדִינָא תַּתָּאָה, דְּאִיהוּ רַפְיָא, וְתַרְוַויְיהוּ מִשְׁתַּכְּחֵי.

שנט. וְעַל דָּא לָא יָדְעֵי הָנֵי בַּבְלָאֵי, רָזָא דִּיבָבָא וִילָלוּתָא, וְלָא יָדְעֵי דִּתַרְוַויְיהוּ אִצְטְרִיכוּ, יְלָלוּתָא דְּאִיהוּ דִּינָא תַּקִּיפָא. תְּלַת תְּבִירִין דְּאִיהוּ דִּינָא רַפְיָא, גְּנוּחֵי גְּנוּחַ רַפְיָא. אִינּוּן לָא יָדְעֵי, וְעָבְדִין תַּרְוַויְיהוּ. וַאֲנָן יָדְעִינָן, וְעַבְדִינָן תַּרְוַויְיהוּ. וְכֹלָּא נָפְקִין לְאֹרַח קְשׁוֹט.

ש. פָּתַח וְאָמַר, תִּקְעוּ בַחֹדֶשׁ שׁוֹפָר בַּכֶּסֶה לְיוֹם חַגֵּנוּ. תִּקְעוּ בַחֹדֶשׁ שׁוֹפָר, מַאי בַחֹדֶשׁ. דָּא בֵּי דִּינָא רַפְיָא, דְּאִקְרֵי חֹדֶשׁ. בַּכֶּסֶה: דָּא דִּינָא קַשְׁיָא, פַּחַד יִצְחָק. דִּינָא דְּאִתְכַּסְיָא תָּדִיר, דְּלָאו אִיהוּ דִּינָא בְּאִתְגַּלְיָיא. כִּי חֹק, דָּא דִּינָא רַפְיָא. וּמִשְׁפָּט, דָּא דִּינָא בְּרַחֲמֵי. וְתַרְוַויְיהוּ אִינּוּן כַּחֲדָא. בג"כ תְּרֵין יוֹמִין, וְתַרְוַויְיהוּ בְּרָזָא חֲדָא.

שא. אַשְׁרֵי הָעָם יוֹדְעֵי תְרוּעָה וְגוֹ', לָא כְּתִיב שׁוֹמְעֵי, אוֹ תּוֹקְעֵי תְּרוּעָה, אֶלָּא יוֹדְעֵי תְּרוּעָה. בְּגִין חַכִּימִין דְּדַיְירִין בַּאֲוִירָא דְּאַרְעָא קַדִּישָׁא, אִינּוּן יָדְעֵי תְּרוּעָה. רָזָא דִּתְרוּעָה, כְּמָה דִּכְתִּיב תְּרוֹעֵם בְּשֵׁבֶט בַּרְזֶל. מַאן עַמָּא כְּיִשְׂרָאֵל, דְּיָדְעִין רָזִין עִלָּאִין דְּמָארֵיהוֹן, לְמֵיעַל קַמֵּיהּ, וּלְאִתְקַשְּׁרָא בֵּיהּ. וְכָל אִינּוּן דְּיָדְעֵי רָזָא דִּתְרוּעָה, יִתְקָרְבוּן לְמֵיהַךְ בְּאוֹר פָּנָיו דְּקוּדְשָׁא בְּרִיךְ הוּא. וְדָא אוֹר קַדְמָאָה דְּגָנִיז קוּדְשָׁא בְּרִיךְ הוּא לְצַדִּיקַיָּיא. וְע"ד אִצְטְרִיךְ לְמִנְדַּע לָהּ.

שב. כְּתִיב הַיּוֹתֶרֶת מִן הַכָּבֵד. וּכְתִיב וְאֶת הַיּוֹתֶרֶת עַל הַכָּבֵד. יוֹתֶרֶת מִן הַכָּבֵד, דָּא אֵשֶׁת זְנוּנִים, דְּאַזְלָא וְנָפְקָא מִן הַכָּבֵד, לְאַסְטָאָה בְּנֵי עָלְמָא, וּלְאַסְטְנָא עֲלַיְיהוּ. וְשַׁבְקַת לִדְכוּרָא, לְמֶעְבַּד זְנוּנִים. וּבְגִ"ד הַיּוֹתֶרֶת מִן הַכָּבֵד, יוֹתֶרֶת עַל הַכָּבֵד. בָּתַר דְּעַבְדַת נִיאוּפָא, אִסְתָּלְקַת עָלֵיהּ. מֵצַח אִשָּׁה זוֹנָה. אִתְגַּבְּרַת עַל בַּעְלָהּ דְּאִיהוּ כָּבֵד, בְּכַעַס דְּמָרָה, אֵשֶׁת מִדְיָנִים, וָכַעַס, דְּשַׁלְטָא אִיהִי עַל דְּכוּרָא דִּילָהּ. מֵצַח אִשָּׁה זוֹנָה שַׁלְטָא עַל הַכָּבֵד, אֵשֶׁת מִדְיָנִים וָכַעַס.

שג. יוֹתֶרֶת מִן הַכָּבֵד, מִן הַכָּבֵד נָפְקָא לְאַבְאָשָׁא לְכָל עָלְמָא, וּלְמֶעְבַּד נִיאוּפִין עִם כֹּלָּא. לְבָתַר אִיהִי סַלְקָא לְגַבֵּי דְּכוּרָא, מֵצַח אִשָּׁה זוֹנָה, בְּעַזּוּתָא דְּאַנְפִּין, וּכְדֵין אִיהִי עַל הַכָּבֵד. וְעוֹד, יוֹתֶרֶת מִן הַכָּבֵד אִתְקְרִיאַת מִסִּטְרָא אַחֲרָא, בָּתַר דְּנַפְקַת לְנָאֳפָא עִם כֹּלָּא, יְהִיבַת שִׁיּוּרִין לְבַעְלָהּ, וְהַאי אִיהִי יוֹתֶרֶת מִן הַכָּבֵד.

שד. מִגּוֹ כָּבֵד, וְיוֹתֶרֶת דִּילָהּ, נָפְקַת מָרָה, וְאִיהִי חַרְבָּא דְּמַלְאַךְ הַמָּוֶת, דְּנָפְקוּ מִנָּהּ טִפִּין מְרִירָן לְקַטְלָא בְּנֵי נָשָׁא. הה"ד, וְאַחֲרִיתָהּ מָרָה כַלַּעֲנָה. וְאִיהִי תַּלְיָא בְּכָבֵד, כָּל מַרְעִין וּמוֹתָא בֵּיהּ תַּלְיָין. וְהַהוּא יוֹמָא דר"ה מְשַׁטְּטָא בְּעָלְמָא, לְמִכְנַשׁ כָּל חוֹבֵי עָלְמָא וּכְדֵין כָּל אֵבָרִין דְּאִינּוּן יִשְׂרָאֵל, אִינּוּן בְּעָאקוּ, דְּאִינּוּן אֵבָרֵי דְּמַטְרוֹנִיתָא, נֵר יְיָ' נִשְׁמַת אָדָם, שְׁכִינְתָּא קַדִּישָׁא. וּכְדֵין כָּל יִשְׂרָאֵל

בעאקו, ונטלי שופר לאתערא ביה ההוא תקיעה ושברים ותרועה.

רעיא מהימנא

שה. אמר רעיא מהימנא, ודאי בתר דאברים וערקין דלבא, דדמיין לישראל, אינון בעאקו. צריכין לאתערא בקנה, דאיהו שופר. ודא קנה דריאה. בתר דכנפי ריאה לא יכלין לשככא רוגזא דמרה דאתגברת על ערקין דלבא, ועל כל ערקין דאברים דגופא. ההוא רווחא דנשיב בהון, סליק בקנה, דאיהו שופר, עלמא דאתי. דהכי אוקמוה, ושט, דומה לעלמא דין, דביה אכילה ושתיה. קנה, דומה לעלמא דאתי, דלית ביה אכילה ושתיה.

שו. ולבתר דשט ו' מן ושט, ברבוי אכילה דגזל אתארך ואתעביד שטן. ומאן גרים דא. שטו העם ולקטו שטותא דלהון, דאתערבו בערב רב שטיין, דתאוה דלהון אכילה ושתיה דגזל וחמס, דשוד עניים ואנקת אביונים. בגון כפופה שטיין, דאכלין בלא טחינה. מה כתיב בהו, הבשר עודנו בין שיניהם טרם יכרת ואף יי' חרה בעם. אתפשט ו' דשטו, איהו דרוחיה כפוף, ואיהו נ'. ודא גרם דאתפשט שטן באכילה ושתיה, ואתגבר על כל אברין וערקין בש"ה לא תעשה. כחושבן השטן חסר חד, דא יום הכפורים, דלית ביה אכילה ושתיה.

שז. ואיהו כגוונא דקנה, ואיהו ו' בן י"ה, מן בינה. ובגיניה אוקמוה מארי מתניתין, הרואה קנה בחלום, זוכה לחכמה. הה"ד, קנה חכמה קנה בינה. דלית קנה דאיהו פחות מתרווייהו, דאינון י' חכמה, ה' בינה. ובג"ד, צריך לאתערא בשופר, דאיהו קנה, עלמא דאתי, עולם ארוך, ארך אפים, דמשתכחי מיניה י"ג מכילין דרחמי, כחושבן וא"ו, א' ארך, ו' ו' אפים.

שח. ואימא עלאה איהי תקיעה, מסטרא דאברהם. שברים, מסטרא דיצחק. תרועה, מסטרא דיעקב. שכינתא תתאה, קשר דכלהו. דהיינו: ק' תקיעה. ש' שברים. ר' תרועה. וכלהו משלשין לגבי שכינתא, הה"ד, קדושה לך ישלשו. דלית קלא יכיל לנפקא לבר, אלא מן הפה. אוף הכי, לית לאפרשא שכינתא מן קודשא בריך הוא. דקודשא בריך הוא אתמר ביה, קול יי' חוצב להבות אש. ושכינתא תפלת כל פה. ואינון סימנין, קשר"ק קש"ק קר"ק. (עד כאן. .

שט. נטלין שופר, לאתערא ביה, תרועה ותקיעה, דינא קשיא ברחמי, ושברים דינא רפיא ברחמי וכדין הכי יתערו לעילא לאתערבא דא בדא.

ש. ובחבורא קדמאה, אמר רעיא מהימנא, בהאי אתבסם שטן, וקמיט נו"ן מן ושט, מה דהוה שטן לפנים, תב לאחורא, ואתהדר ושט, כדבקדמיתא. בגין דהקול קול יעקב. ישראל לית חיליהון באכילה ושתיה, כשאר עמין, דירתין עלמא דין, דחיליהון באכילה ושתיה. אלא חיליהון בקול דא, דאיהו

עָלְמָא דְּאָתֵי, עוֹלָם אָרוֹךְ, דְּאִתְבְּרֵי בְּאָת יו"ד, וּבְגִין דְּקוֹל שׁוֹפָר מִנֵּיהּ נָפִיק, אָמְרוּ רַבָּנָן אֵין פּוֹחֲתִין מֵעֲשָׂרָה שׁוֹפָרוֹת. וּבְאוֹת י' וַדַּאי, אִתְעֲבִיד עוֹלָם אָרוֹךְ, דְּאִיהוּ ו' עָלְמָא דְּאָתֵי וּבְאָת ה', בָּרָא עָלְמָא דֵּין, דְּאִיהִי ה' זְעֵירָא, דְּבָהּ אֲכִילָה וּשְׁתִיָּה דְּאוֹרַיְיתָא.

שא. וְעוֹד רָזָא אָחֳרָא, בָּתַר דְּאִתְגְּזַר גְּזֵרָה בִּתְרֵין אַתְוָון, דְּאִינּוּן ה' ה', תְּרֵין בָּתֵּי דִּינִין, מַאן יָכִיל לְבַטְּלָא גְּזֵרָה דִּתְרַוַויְיהוּ. י"ו. דְּאָת הֵ"א אִימָּא עִלָּאָה. י' אָב. וּמַה כְּתִיב, כָּל נֵדֶר וְכָל שְׁבוּעַת אִסָּר לְעַנּוֹת נָפֶשׁ, דְּאִיהִי ה', אִישָׁהּ יְקִימֶנּוּ וְאִישָׁהּ יְפֵרֶנּוּ. וּבְגִ"ד, צָרִיךְ לְאַתְעָרָא קָלָא דְּאִיהוּ ו', בַּעֲשָׂרָה שׁוֹפָרוֹת, דְּאִינּוּן י'. וְעִקָּרָא דִּלְהוֹן בִּנְשִׁימָה אַחַת, כָּל סִימָן וְסִימָן, בַּפֶּה, דְּאִיהִי י' מֵעֲשָׂרָה.

שב. מִיַּד דְּשָׁמְעוּ מִלִּין ר"ש וְכָל וְחַבְרַיָּיא, אָמְרוּ, בְּרִיךְ. אֱלָהָא דְּזַכֵּינָא לְמִשְׁמַע מִלִּין, מֵהַהוּא דְּאִתְקְרֵי רַבָּן שֶׁל נְבִיאִים, רַבָּן דַּחֲכָמִים, רַבָּן דְּמַלְאֲכֵי הַשָּׁרֵת, דְּקוּדְשָׁא בְּרִיךְ הוּא וּשְׁכִינְתֵּיהּ מְדַבֵּר עַל פּוּמוֹי, וְכָתַב עַל יְדוֹי רָזִין אִלֵּין, דְּלָא אִשְׁתְּמָעוּ כְּוָותַיְיהוּ מִמַּתַּן תּוֹרָה, וְעַד כְּעַן.

שג. א"ל, בּוֹצִינָא קַדִּישָׁא, אַשְׁלִים מִלּוֹלֵי דְּרָזִין דְּחִבּוּרָא קַדְמָאָה, לְפָרְשָׁא לוֹן, דְּהָא כָּל מָארֵי מְתִיבְתָּאן דִּלְעֵילָא, וּמָארֵי מְתִיבְתָּאן דִּלְתַתָּא, כֻּלְּהוּ מְזוּמָנִין לְמִשְׁמַע מִלִּין אִלֵּין מִפּוּמָךְ, וּפִירוּשִׁין דִּילָךְ. דְּהָא וִדְּוִיהּ וּפוּרְקָנָא, יִתְעַר בְּהוֹן לְעֵילָּא וְתַתָּא. אַל תִּתְּנוּ דֳּמִי, לָא אַנְתְּ, וְכָל סִיעָתָא דִּילָךְ. (ע"כ רעיא מהימנא).

שד. בִּתְרוּעָה וּתְקִיעָה וּשְׁבָרִים, אִתְבְּסַם כֹּלָּא דָּא בְּדָא. וְכָל מַה דְּהַהוּא כָּבֵד נָקִיט, אַקְרִיב לְגַבֵּי לֵב, דְּאִיהוּ מַלְכָּא, לְזַיְינָא. וְהַהוּא לֵב, לָאו אוֹרְחֵיהּ, וְלָאו תִּיאוּבְתֵּיהּ, בַּעֲכִירוּ דְּעוֹבָדִין דְּעַמֵּיהּ. אֶלָּא נָקִיט כָּל בֵּרִירוּ, וְכָל צְחוּתָא, וְכָל זַכְיָין, וְכָל עוֹבָדִין טָבִין. וְכָל הַהוּא עֲכִירוּ וְטִנּוּפִין וְלִכְלוּכָא דְּאִינּוּן עוֹבָדִין בִּישִׁין, אַנַּח לְכָבֵד. דְּאִתְּמַר בֵּיהּ, עֵשָׂו אִישׁ שָׂעִיר. וְכָל עָרְקִין דִּילֵיהּ, דְּאִינּוּן שְׂאָר עַמִּין עכו"ם. הה"ד, וְנָשָׂא הַשָּׂעִיר עָלָיו אֶת כָּל עֲוֹנוֹתָם. מַאי עֲוֹנוֹתָם. עֲוֹנוֹת תָּם. דְּאִתְּמַר בֵּיהּ, וְיַעֲקֹב אִישׁ תָּם. וְחוֹבִין דְּעַמֵּיהּ דְּאִינּוּן עָרְקִין וְדַפְקִין דְּלִבָּא.

שה. וּבְגִ"ד, שְׁחִין וְצָרַעַת וְסַפַּחַת, לְכָל אִינּוּן אֵבָרִין, מִכָּבֵד אִשְׁתְּכָחוּ, מֵאִילֵּין לִכְלוּכִין דְּאִשְׁתָּאֲרוּ בֵּיהּ. מִלִּבָּא אָתֵי כָּל בְּרִיאוּתָא, לְכָל אֵבָרִין. דְּהָכִי הוּא, כֵּיוָן דְּלִבָּא נָטִיל כָּל זְכִיכוּ וּבְרִירָא וְצְחוּתָא. כָּבֵד נָטִיל כָּל מַה דְּאִשְׁתְּכַח וְאִשְׁתָּאַר מִן לִכְלוּכָא וְטִנּוּפָא. וְזָרִיק לְכָל שְׁאָר שַׁיְיפִין, דְּאִינּוּן שְׁאַר עַמִּין עכו"ם אַחֲרָנִין, בְּעַל כָּרְחַיְיהוּ. וּמִפְּסוֹלוֹת דִּפְסוֹלוֹת דְּכָבֵד, נָטַל טְחוֹל, דְּאִתְּמַר בֵּיהּ יְהִי מְאֵרָה. מְאֵרַת יְיָ בְּבֵית רָשָׁע.

רעיא מהימנא

שו. עוֹד אָמַר בּוּזְבוּרָא קַדְמָאָה, אָמַר רַעְיָא מְהֵימְנָא, וְהָא אוֹקְמוּהָ רַבָּנָן עָלֵיהּ, טְחוֹל שׂוֹחֵק. וְאִיהוּ שׂוֹחֵק הַכְּסִיל. וּבגַ״ד, אוֹקְמוּהָ רַבָּנָן דְּמַתְנִיתִין, אוֹי לוֹ לְמִי שֶׁהַשָּׁעָה מְשַׂחֶקֶת לוֹ. וְקֹהֶלֶת אָמַר טוֹב כַּעַס מִשְּׂחוֹק. טוֹב כַּעַס דְּכָבֵד, דְּאִיהִי מָרָה, רְצוּעָה דְּקוּדְשָׁא בְּרִיךְ הוּא, רְצוּעָה לְאַלְקָאָה בָּהּ צַדִּיקַיָּיא בְּעָלְמָא דֵּין בְּמַרְעִין בִּישִׁין, בְּמַכְתְּשִׁין, מִשְּׂחוֹק דִּשְׂחִיק לוֹן בַּטְּחוֹל, בַּלְכְלוּכָא דְּהַאי עָלְמָא, דִּשׂוֹחֵק לוֹן שַׁעֲתָא בְּעוּתְרָא. וְעוֹד, אֶרֶס דִּטְחוֹל אִיהוּ זָחִיל עָפָר, וְאִיהוּ תַּקִּיף יַתִּיר מֵאֶרֶס דְּמָרָה.

שז. וּבְגִין דְּעֶרֶב רַב אִינּוּן שְׂאוֹר שֶׁבָּעִיסָּה, וְאִינּוּן אוּמִין דְּעָלְמָא דַּמְיָין לְמוֹץ, יַתִּיר מְעַכְּבִין בְּגָלוּתָא עֵרֶב רַב לְיִשְׂרָאֵל, מֵאוּמִין עכו״ם. כְּמָה דְּאוּקְמוּהָ רַבָּנָן, מִי מְעַכֵּב. שְׂאוֹר שֶׁבָּעִיסָּה מְעַכֵּב. דְּאִינּוּן דְּבֵקִין בְּיִשְׂרָאֵל, כַּשְּׂאוֹר בָּעִיסָּה. אֲבָל אוּמִין עכו״ם, לָאו אִינּוּן אֶלָּא כַּמּוֹץ אֲשֶׁר תִּדְּפֶנּוּ רוּחַ.

שח. וְעוֹד וְנָשָׂא הַשָּׂעִיר עָלָיו, כַּד רְעוּתֵיהּ לְמֶעְבַּד קוּרְצָא לְקוּדְשָׁא בְּרִיךְ הוּא עִם יִשְׂרָאֵל, דְּאִיהוּ נָשָׂא כָּל חוֹבִין דְּיָכִיל לְמִסְבַּל לוֹן, עַד דְּאִתְעֲבֵיד כָּבֵד, כְּמַשָּׂא כָבֵד יִכְבְּדוּ מִמֶּנִּי, וְחוֹבִין עַל גַּדְפוֹי. מָה עָבֵיד, סָלִיק לְטוּרָא עִלָּאָה, כַּחֲמָרָא כַּד אִיהוּ בָּעֵי לְסַלְּקָא לְטוּר גָּבוֹהַּ, כְּמַשָּׂא כָבֵד יִכְבַּד עָלֵיהּ. כַּד אִיהוּ לְעֵילָּא, וּבָעֵי לְסַלְּקָא לְפִי מִעוּט דְּאִשְׁתְּאַר לֵיהּ, אִתְיַקַּר עָלֵיהּ מָטוּלָא, וְנָפִיל, וְאַפִּיל גַּרְמֵיהּ לְתַתָּא, וּבְכֹבֶד מַשָּׂא דְּאִתְתַּקַּף עָלֵיהּ, אִתְעֲבִידוּ כָּל אֵבָרִין דִּילֵיהּ פְּסָקוֹת, דְּלָא אִשְׁתְּאַר אֵבֶר שָׁלִים. אוּף הָכָא אִירַע לְסָמָאֵל וְנָחָשׁ, כָּבֵד וְיוֹתֶרֶת הַכָּבֵד, יֵצֶר הָרָע וּבַת זוּגֵיהּ זוֹנָה. מִתַּמָּן כָּל בַּת אֵל נֵכָר זוֹנָה. (ע״כ רעיא מהימנא).

שט. אָמַר רִבִּי פִּנְחָס, אוֹרְחָא דָּא הֲוָה מִתְקְנָא לִי, לְמִשְׁמַע מִלִּין אִלֵּין מֵעַתִּיק יוֹמִין, זַכָּאָה עָלְמָא דְּאַנְתְּ שָׁארֵי בְּגַוֵּיהּ. וַוי לְעָלְמָא, דְּיִשְׁתָּאֲרוּן יַתְמִין, וְלָא יָדְעִין מִלֵּי דְּאוֹרַיְיתָא כַּדְקָא יָאוּת. וַדַּאי הָכִי הוּא, דְּכָבֵד נָטִיל כֹּלָּא טַב וּבִישׁ. וְאַע״ג דִּמְשַׁטְּטָא וְלָקִיט כָּל חוֹבֵיהוֹן דְּיִשְׂרָאֵל, ה״נ זַכְיָין דִּלְהוֹן לָקִיט, בְּגִין לְקַיְּימָא קוּרְצֵיהּ. וְכֹלָּא הַאי וְהַאי מַקְרִיב לְגַבֵּי לֵב. וְאוֹרְחוֹי דְּלֵב, לָא נָטִיל אֶלָּא זְכִיכוּ וּבְרִירוּ וְצַחוּתָא דְּכֹלָּא, כְּמָה דְּאַמָּרַת. וּשְׁאַר טִנּוּפָא וְלִכְלוּכָא, אַהְדַר לְכָבֵד, וְנָטִיל כֹּלָּא בְּעַל כָּרְחֵיהּ, דִּכְתִּיב וְנָשָׂא הַשָּׂעִיר עָלָיו וְגוֹ׳. מִלָּה דָּא אַהֲדַרְנָא, בְּגִין דְּיִתְבְּסַם לְפוּמִי כְּמִתְקָא דְּדוּבְשָׁא, זַכָּאָה חוּלָקִי דְּזָכֵינָא לְהַאי, לְמֶחֱזֵי דָּא בְּעֵינַי.

שי. אוּף הוּא פָּתַח וְאָמַר, יי׳ לֹא גָבַהּ לִבִּי וְלֹא רָמוּ עֵינַי וְגוֹ׳, הַאי קְרָא אָמַר דָּוִד, בְּשַׁעְתָּא דַּהֲוָה אָזִיל עַל כֵּיף נַהֲרָא, אָמַר רבש״ע, כְּלוּם הֲוָה ב״נ בְּעָלְמָא, דְּאוֹדֵי וּמְשַׁבַּח לְמָארֵיהּ כְּוָותִי. אִזְדַּמְּנַת לֵיהּ צְפַרְדֵּעַ, א״ל, דָּוִד, לָא תִתְגָּאֶה, דַּאֲנָא עֲבַדִית יַתִּיר מִנָּךְ, דִּמְסָרִית גּוּפָאי עַל מֵימְרָא דְּמָארִי, דִּכְתִּיב וְשָׁרַץ הַיְאוֹר צְפַרְדְּעִים, וְהָא אוּקְמוּהָ. וְתוּ דַּאֲנָא מְשַׁבַּח וּמְזַמֵּר לֵילְיָא וְיוֹמָא,

בלא שכיכו. בההיא שעתא אמר דוד, יי' לא גבה לבי ולא רמו עיני. יי' לא גבה לבי.

שפא. דא הוא קרבנא, דבכל יומא, ובכל זמן וזמן, לגבי קודשא בריך הוא. דאתכלילת כנ"י ביה, בין כל שאר אכלוסין, וכל אילין פולחנין, אפיקו לה מבין גובין, ומבין שאר עמין. כך ישראל, כל זמן דאינון אטימי לבא, ולא פתוחין בתיובתא, לא סלקין ריחא, ולא אפיק לון מגו גובין. אבל כד פתוחין בתיובתא, מיד סלקין ריחא, ויפיק לון מבין גובין, ויתהני בהו כנסת ישראל. דכתיב, פתחי לי אחותי רעיתי. דכל זמן דשושנה אטימא, לית לה ריחא, ולא סליקא מבין גובין, ודיורהא בינייהו, כמה דאתמר. וקודשא בריך הוא לא שדר לן למהך אורחא דא, אלא לאוליף מלין אלין.

שפב. עד דהוו יתבי, אתא נשרא, ומאיך, ונטיל חד שושנה מבינייהו, ואזלת. אמרו, מכאן ולהלאה, נהך לאורחין. קמו ואזלו. עד הכא אורחא דר' פנחס, ור"ש אזל ליה, איהו ור' אלעזר, ושאר חברייא, ור' פנחס ושאר חברייא.

שפג. פתח ואמר ר' פנחס על זה, למנצח על שושן עדות מכתם לדוד ללמד, מאי ללמד. לאולפא לבני עלמא חכמתא. והא אוקמוה, שושן עדות, אלין סנהדרי גדולה. דכתיב בה, סוגה בשושנים. מכתם לדוד סימנא דאחזיאו ליה לדוד, כד שדר ליואב לארם נהרים ולארם צובא, לאגחא בהו. א"ר פנחס, דא איהו שושן עדות דקיימא הכא, הא כככביא בשמיא, שכינתא עלן, ודרגין עלאין בהדה, וסייעתא קדישא לתושבחתא, דא איהו שושן בשלימו כדקא יאות. קמו ואזלו. אלין הכא ואלין הכא. אזל ליה ר' פנחס, ובת בכפר עקימין, ור' יצחק ור' חייא בהדיה.

שפד. עד דאקדימו למיזל, יתבו ומחכו לנהורא דצפרא, זקיף עיינוי ר' חייא, וחמא אלין כוכביא דשרביטא, דקא מרהטן ואזלן. אמר, ודאי בכמה זמנין שאלנא על אלין כוכביא.

שפה. א"ר פנחס, אלין כוכביא דשרביטא ידיען בסוכלתנו דחברייא, דהא קודשא בריך הוא ברא כל אינון כוכבי רקיעא, רברבין וזעירין. וכלהו אודן ומשבחן לקודשא בריך הוא. וכד מטא זמנייהו לשבחא, קרא לון קודשא בריך הוא בשמא, דכתיב לכולם בשם יקרא. וכדין רהטי, ואושיטו שרביטא דנהורא, למהך לשבחא למאריהון, בההוא אתר דאתפקדן. הדא הוא דכתיב, שאו מרום עיניכם וראו מי ברא אלה. וגו'. אדהכי אתא נהורא, קמו ואזלו.

שפו. עד דהוו אזלי, אתא נשרא רברבא, אסחר על רישייהו, וקיימא עלייהו. א"ר פנחס, ודאי עידן רעותא הוא השתא, בה שעתא, אתפתחו תרעי דרחמי, לכל אינון בי מרעי, והוא זמנא לאסוותא לון. ואע"ג דאינון אסירין

דמלכא. דהא נשרא דא סימנא דרחמי איהו.

שפו. פתח ואמר, כנשר יעיר קנו על גוזליו ירחף וגו'. ליכא בעלמא מאן דאיהו ברחמי על בנוי כנשרא, והא אוקמוה דכתיב, ויאכלוה בני נשר, דאיהו רחמנא על בנוי. ומגו דהשתא עידן דרחמי, אתא נשרא דא ואסחר עלנא. בשעתא דא איהו רחמי, לכל אינון בי מרעי. ודא איהו דכתיב, יי' בקר תשמע קולי. ודא בקר דאברהם, ואתערותא דיליה.

שפח. אדהכי, אסחר נשרא ואעבר לקמייהו. א"ר פנחס, נשרא נשרא, מה אנת לגבן, אי בשליחותא דמרך אתית, הא אנן הכא. אי בגין מלה אחרא אתיתא, הא אנן הכא זמינין. אתרם נשרא לעילא, ואתכסי מנייהו, ואינון יתבו.

שפט. א"ר חייא, הא דשלמה מלכא תיוהא הוא, דתנינן, נשרא רברבא הוה אתי לגביה שלמה מלכא בכל יומא ויומא, והוה שלמה מלכא רכיב על גדפהא, ואוביל ליה ד' מאה פרסי בשעתא חדא. לאן אוביל ליה לתרמו"ד במדבר בהרים. אתר כד איהו, לגבי טורי דחשוכא, דאקרי תרמוד במדבר ולאו איהו אתר דתרמודאי, אלא תרמוד דאיהו במדבר בהרים, ותמן מתכנשי כל רוחין וסטרין אחרנין. וההוא נשרא הוה טאס לתמן, בשעתא חדא.

שצ. כיון דקאים על ההוא דוכתא, אגבה נשרא, ושלמה כתב פתקא, וארמי תמן, ואשתזיב מאינון רוחין. ונשרא הוה מסתכל גו חשוכא דטורין, לאתר דתמן עזא ועזאל, דאינון תמן אסירין בשלשלאי דפרזלא, נעיצן גו תהומי. ולית יכילו לב"נ בעלמא למיעל תמן, ואפילו עופי שמיא, בר בלעם.

שצא. וכיון דנשרא מסתכל גו חשוכא רברבא, מאיך לתתא, ונטיל ליה לשלמה מלכא תחות גדפהא שמאלא, ומכסייא ליה. וקיימא על אלין שלשלאי, ואזלא ומקרבא לגבייהו, ושלמה כדין אפיק עזקא, דחקיק עליה שמא קדישא, ושוי בפומא דנשרא. ומיד, אינון הוו אמרי, כל מה דבעי שלמה מלכא, ומתמן הוה ידע שלמה חכמתא. הה"ד, ויבן וגו' את תרמוד במדבר בארץ. וכי בניינא הוה עביד בארץ. אלא מהו ויבן. אסתכל בסכלתנו, וידע לההוא דוכתא, למנדע ביה חכמתא.

שצב. עד דהוו יתבי, הא נשרא אתיא לגבייהו, ושושנה חדא בפומה, ושדי קמייהו, ואזלת לה, וחמו וחדו. א"ר פנחס, ולאו אמינא לכו, דנשרא דא בשליחותא דמארה, אזלא ואתיא. שושנה דא, איהי שושן עדות דקאמינא, וקודשא בריך הוא שדר ליה לגבן.

שצג. פתח כמלקדמין ואמר, למנצח על שושן עדות מכתם לדוד ללמד. וכי שושן עדות מאי סהדותא סהיד. אלא שושן דא איהי סהדותא למעשה

בְּרֵאשִׁית, וְאִיהִי סַהֲדוּתָא לִכְנ"י. וְאִיהִי סַהֲדוּתָא לְיִחוּדָא עִלָּאָה, וְדָא אִיהוּ. בְּגִין דְּשׁוֹשַׁנָּה דָּא אִית בָּהּ תְּלֵיסַר עָלִין, וְכֻלְּהוּ קַיְימִין בְּעִקָּרָא חֲדָא, וְאִית בָּהּ וְחָמֵשׁ עָלִין לְבַר תַּקִּיפִין, דְּחַפְיָין לְדָא שׁוֹשַׁנָּה וְאַגִּינוּ עָלָהּ.

שצד. וְכֹלָּא בְּרָזָא דְּחָכְמְתָא הוּא, תְּלֵיסַר עָלִין, אִלֵּין תְּלֵיסַר מְכִילָן דְּרַחֲמֵי, דְּיָרְתָא כְּנֶסֶת יִשְׂרָאֵל מִלְּעֵילָּא, וְכֻלְּהוּ אֲחִידָן בְּעִקָּרָא חֲדָא, וְאִיהוּ בְּרִית חֲדָא וְדוּגְמָא דִּבְרִית יְסוֹדָא דְּכֹלָּא. וַחֲמֵשׁ תַּקִּיפִין דְּסַחֲרָן עָלֵיהּ, אִלֵּין וַחֲמִשִּׁין תַּרְעִין, וַחֲמֵשׁ מְאָה שְׁנִין דְּאִילָנָא דְּחַיֵּי, אִזְלָא בְּהוּ.

שצה. סַהֲדוּתָא לְעוֹבָדָא דִּבְרֵאשִׁית. כָּל עוֹבָדָא דִּבְרֵאשִׁית, כֻּלְּהוּ תֵּיבִין יְדִיעָן בְּסוּכָּלְתָנוּ, וְקַיְימָא בְּחוּשְׁבָּנָא אֱלֹהִים דְּמַעֲשֵׂה בְּרֵאשִׁית. אַחְזֵי לְעֵילָּא, וְאַחְזֵי לְתַתָּא. אַחְזֵי לְעֵילָּא, בְּרָזָא דְּעָלְמָא דְּאָתֵי. וְאַחְזֵי לְתַתָּא, בְּרָזָא דִּכְנֶסֶת יִשְׂרָאֵל.

שצו. שׁוֹשַׁנָּה סַהֲדוּתָא לְעוֹבָדָא דִּבְרֵאשִׁית, דְּקַיְימָא בְּכָל הָנֵי סִימָנִין, דִּכְתִיב בְּרֵאשִׁית בָּרָא אֱלֹהִים, דָּא שׁוֹשַׁנָּה. תְּלֵיסַר עָלִין, אִינּוּן תְּלֵיסַר תֵּיבִין עַד אֱלֹהִים תִּנְיָינָא. וְאִינּוּן: אֵת, הַשָּׁמַיִם, וְאֵת, הָאָרֶץ, וְהָאָרֶץ, הָיְתָה, תֹהוּ, וָבֹהוּ, וְחֹשֶׁךְ, עַל, פְּנֵי, תְהוֹם, וְרוּחַ. הָא תְּלֵיסַר עָלִין דְּשׁוֹשַׁנָּה. וַחֲמֵשׁ תַּקִּיפִין דְּסַחֲרָן לְאִלֵּין, אִינּוּן: מְרַחֶפֶת, עַל, פְּנֵי, הַמָּיִם, וַיֹּאמֶר. הָא וַחֲמֵשׁ אַחֲרָנִין. לְבָתַר יְהִי אוֹר, הָא עִיקָרָא וְשָׁרְשָׁא דְּשׁוֹשַׁנָּה דְּכֹלָּא וַאֲחִידָן בָּהּ.

שצז. סַהֲדוּתָא לְיִחוּדָא. וַחֲמֵשׁ עָלִין תַּקִּיפִין, שָׁרָשִׁין וְיִחוּדָא, דַּאֲחִידָן בֵּיהּ תְּלֵיסַר עָלִין אִלֵּין. שְׁמַע יִשְׂרָאֵל יְיָ' אֱלֹהֵינוּ יְיָ', הָא וַחֲמֵשׁ עָלִין דְּשׁוֹשַׁנָּה. אֶחָד, דָּא הִיא עִיקָרָא וְשָׁרְשָׁא דְּכֻלְּהוּ אֲחִידָן בֵּיהּ. רָזָא דִּתְלֵיסַר בְּחוּשְׁבָּנָא, גּוּשְׁפַּנְקָא דְּמַלְכָּא.

שצח. ת"ח, כְּגַוְונָא דְּשׁוֹשַׁנָּה בֵּין הַחוֹחִים, הָכִי אִינּוּן יִשְׂרָאֵל בֵּין עַמִּין עכו"ם. וְהָכִי כְּנֶסֶת יִשְׂרָאֵל, בֵּין שְׁאַר אֻכְלוּסִין רַבְרְבָן מְמַנָן. כָּל זִמְנָא דְּשׁוֹשַׁנָּה קַיְימָא אֲטִימָא, דְּלָא פְּתִיחָא, לֵית בָּהּ רֵיחָא, וְלָא סַלְקִין לָהּ, וְלָא מַפְּקִין לָהּ מִגּוֹ גּוֹבִין, בְּשַׁעֲתָא דְּשׁוֹשַׁנָּה פְּתִיחָא, סַלְקָא רֵיחָא, כְּדֵין אַפִּיקוּ לָהּ מִגּוֹ גּוֹבִין. וְיִתְהַנֵּי בְּהוּ כ"י, שֶׁנֶּאֱמַר פִּתְחִי לִי אֲחוֹתִי רַעְיָתִי, וְקוּדְשָׁא בְּרִיךְ הוּא לָא שַׁדְרָהּ לְמֵיהַךְ לְאוֹרְחָן.

שצט. אָמַר ר' אֶלְעָזָר לַאֲבוּהִי, הָא שְׁמַעְנָא אִלֵּין שַׁיְיפִין אֲטִימִין, בְּרָזָא דְּקָרְבְּנִין. שַׁיְיפִין אַחֲרָנִין, רָזָא דִּלְהוֹן מַאי. א"ל רִבִּי שִׁמְעוֹן לר"א, אֶלְעָזָר בְּרִי, כָּל שְׁאַר שַׁיְיפִין דִּלְגוֹ, רָזָא עִלָּאָה אִיהוּ.

ת. ת"ח, לִבָּא הָא אִתְּמַר, אֲבָל לֵב דָּא אִיהוּ נוּרָא דְּדָלִיק, וְאַלְמָלֵא דְּזַמִּין לְגַבֵּיהּ מַלְכָּא עִלָּאָה כַּנְפֵי רֵיאָה, דְּאַתְיָין לְקַמֵּיהּ רוּחָא, מֵרוּחָא דְּנָשִׁיב מִגּוֹ בּוּסְמִין עִלָּאִין, הֲוָה אוֹקִיד לְעָלְמָא בְּרִגְעָא חֲדָא.

תא. פָּתַח וְאָמַר, וַיְיָ' הִמְטִיר עַל סְדוֹם וְעַל עֲמוֹרָה גָּפְרִית וָאֵשׁ, אֲמַאי אוֹקִיד

לון. בגין דכנפי ריאה לא נשיבו בההיא שעתא. וסתרא דכנפי ריאה, דא כנפי יונה נחפה בכסף ואינון רפאל, וצדקיאל. ועלייהו אתמר, עושה מלאכיו רוחות, לנשבא תדיר קמי לבא.

רעיא מהימנא

תב. ובחבורא קדמאה, אמר רעיא מהימנא, בוצינא קדישא, כל מה דאמרת שפיר, אבל מוחא איהו מים, לב איהו אש, ותרווייהו איהו רחמי ודינא, דא כסא רחמי, ודא כסא דינא. וקודשא בריך הוא מלך, עומד מכסא דין, דאיהו לב. ויושב על כסא רחמים, דאיהו מוחא.

תג. וכד חובין מתרבין על אברים, ועל ערקין דלבא, דאיהו כרסייא דדינא. אתמר בלבא, והמלך קם בחמתו ממשתה היין, דאיהו יינא דאורייתא. ובזמנא דכנפי ריאה נשבין על לבא, וחמת המלך שככה. דתרין כנפי ריאה, והיו הכרובים פורשי כנפים למעלה סוככים בכנפיהם על הכפרת, דא כפורתא דלבא.תד. ובמאי וחמת המלך שככה. בגין וישמע את הקול, דא קול תורה, קול דק"ש. וידבר אליו, בצלותא דפומא, דאיהו אדני שפתי תפתח ופי יגיד תהלתך.

תה. וההוא רוחא דנשיב בכנפי ריאה, איהו אפיק קלא בקנה, דאיהו קנה וחכמה קנה בינה. ואתמר בה, כה אמר יי' מארבע רוחות באי הרוח. דאינון ארבע אתוון ידו"ד, והאי איהו רוח דדפיק בכל ערקין דלבא, דאתמר בהון, אל אשר יהיה שמה הרוח ללכת ילכו.

תו. אמר בוצינא קדישא, ודאי רעיא מהימנא, דרגא דילך איהי, דביה וחמת המלך שככה. אשרי העם שככ"ה, בגימטריא משה. אמר ליה, בריך אנת בוצינא קדישא, בוצינא דדליק קמי מלכא ומטרוניתא. נר יי', איהי נשמה דילך.

תז. א"ל, הא אמרת מוחא ולבא וכנפי ריאה, תרי כוליין מאי ניהו. אמר רעיא מהימנא, הא אוקימנא בכנפי ריאה, עושה מלאכיו רוחות, כוליין משרתיו אש לוהט. ואינון תרין כנפי ריאה, ותרין כוליין, לקבל ד' חיון דכרסייא. כרסייא, איהו לבא באמצעיתא.

תח. וכן מוחא, אית ליה ארבע חיון, דאיהו כרסייא דרחמי. ומאי ניהו. ראייה שמיעה ריחא דבור. ראייה: אריה. שמיעה: שור. ריחא: נשרא. וד' אנפין וד' כנפין לכל חד. דבור: אדם איהו. אוזיד עילא ותתא, דרועין דבהון וידינו פרושות כנשרי שמים. גוף אריה, ושוקים, וכף רגליהם ככף רגל עגל. ועל גופא אתמר, מרכבת המשנה. משנה כתיב, לישנא דמתניתין. (ע"כ רעיא מהימנא).

תט. טוזול, פתח בוצינא קדישא ואמר, ואראה את כל העשוקים שנעשו

תַּוַּת הַשֶּׁמֶשׁ וְהִנֵּה דִּמְעַת הָעֲשׁוּקִים. מַאן אִינּוּן עֲשׁוּקִים. אִלֵּין יַנּוּקִין דְּאִינּוּן בְּתוּקְפָּא דְּאִמְּהוֹן. דְּסַלְּקִין מֵעָלְמָא, ע״י מַלְאַךְ הַמָּוֶת. וְכִי מַלְאַךְ הַמָּוֶת קָטִיל לוֹן, דְּאִיהוּ עוֹשֵׁק. אֶלָּא הָדַר וְאָמַר, וּמִיַּד עוֹשְׁקֵיהֶם כֹּחַ וְאֵין לָהֶם מְנַחֵם. מַאן הַהוּא כֹּחַ. דָּא הוּא דִּכְתִיב, יְהִי מְאֹרֹת בִּרְקִיעַ הַשָּׁמַיִם. וְדָא הוּא מְאֹרֹת וָחֵסֵר וָאו, וְדָא לִילִית, דְּאִיהִי מְמַנָּא דְּהַהוּא עוֹשֵׁק.

תי. וְאִיהִי אִקְרֵי טְחוֹל, וְאִיהִי אֲזַלַת וְחַיְיכָא בְּיַנּוּקֵי, וּבָתַר עָבְדַת בְּהוּ רוּגְזָא וְדִמְעָה, לְמִבְכֵּי עֲלַיְיהוּ. טְחוֹל לְזִינָא דְּכָבֵד אָזְלָא. דָּא אִבְרֵי בַּשֵּׁנִי, וְדָא בָּרְבִיעִי בְּעוֹבָדָא דִּבְרֵאשִׁית. וּבְגִ״ד, לֵית סִימָנָא טָבָא בַּשֵּׁנִי וּבָרְבִיעִי. כָּבֵד מוֹתָא דְּרַבְרְבֵי, טְחוֹל מוֹתָא דִּזְוּטְרֵי.

רַעְיָא מְהֵימְנָא

תיא. וּבְחִבּוּרָא קַדְמָאָה, אָמַר רַעְיָא מְהֵימְנָא, וַדַּאי הָכִי הוּא, דְּכָבֵד אִיהוּ דַּרְגָּא דְּעֵשָׂו. עֵשָׂו הוּא אֱדוֹם. הוּא כָּנִישׁ כָּל דָּמִין, בֵּין צְלוּלִין, בֵּין עֲכוּרִין. וְלָא אַבְחִין בֵּין טַב לְבִישׁ. לָא עָבֵיד אַפְרָשׁוּתָא בֵּינַיְיהוּ. לִבָּא אִיהוּ יִשְׂרָאֵל, דְּאַבְחִין בֵּין טַב לְבִישׁ, בֵּין דָּם טָמֵא לְדָם טָהוֹר, וְלָא נָטִיל אֶלָּא בְּרִירוּ וְנַקְיוּ דְּהַהוּא דָּמָא, כְּבוֹרֵר אוֹכֶל מִגּוֹ פְּסוֹלֶת.

תיב. וּלְבָתַר דְּנָטִיל לִבָּא, דְּאִיהוּ יַעֲקֹב, בְּרִירוּתָא דְּדָמִים, דְּאִיהוּ לְעֵילָּא. וְאִשְׁתְּאַר כָּבֵד דְּאִיהוּ עֵשָׂו בִּפְסוֹלֶת. אִיהוּ כָּעִיס עָלֵיהּ בְּמָרָה, דְּאִיהִי גֵּיהִנָּם, דְּאִתְבְּרִיאַת בְּיוֹמָא תִּנְיָינָא, מוֹתָא דְּרַבְרְבֵי, וְאִיהִי נוּקְבָא בִּישָׁא, אֵשׁ זָרָה, עֲבוֹדָה קָשָׁה, ע״ז קָרֵינָן לָהּ.

תיג. וּבְגִין דְּמִינָּהּ אִתְּעַר כַּעַס לְכָבֵד, אוּקְמוּהָ רַבָּנָן בְּמַתְנִיתִין, כָּל הַכּוֹעֵס כְּאִילּוּ עוֹבֵד ע״ז. וְלָא עוֹד, אֶלָּא דְּלֵית שְׂרֵיפָה וַחֲמִימוּת בְּכָל מַרְעִין דְּאֵבָרִין דְּגוּפָא, אֶלָּא מִמָּרָה. דְּאִיהִי אַדְלִיקַת בְּשַׁלְהוֹבִין עַל עַרְקִין דְּכָבֵד, וּבָעֵי לְאוֹקְדָא כָּל גּוּפָא. וְאִיהוּ כְּגַוְונָא דְּיַמָּא, כַּד אִיהוּ כָּעִיס, דְּגַלֵּי יַמָּא סַלְּקִין עַד רְקִיעָא, וּבָעוּ לְנָפְקָא מִגְּבוּלַיְיהוּ, לְחָרְבָא עָלְמָא. אִי לָאו שְׁכִינְתָּא, דְּאִיהִי לַחוּלָה כְּחוֹל דְּאַסְחַר לְיַמָּא, דְּלָא נָפְקַת מִפּוּמָהָא, אוּף הָכִי שְׁכִינְתָּא אַסְחֲרַת לְגוּפָא, וְסָמִיךְ לֵיהּ, כד״א, יְיָ׳ יִסְעָדֶנּוּ עַל עֶרֶשׂ דְּוָי.

תיד. וּבְגִ״ד אוּקְמוּהָ מָארֵי מַתְנִיתִין, הַמְבַקֵּר אֶת הַחוֹלֶה, לָא לֵיתִיב לִמְרַאֲשׁוֹתָיו, מִשּׁוּם דִּשְׁכִינְתָּא עַל רֵישֵׁיהּ. וְלָא לְרַגְלוֹי דְּמַלְאַךְ הַמָּוֶת לְרַגְלוֹי. הַאי לָאו לְכָל ב״נ, אֶלָּא לְבֵינוֹנִי. אֲבָל לְצַדִּיק גָּמוּר, יְיָ׳ יִסְעָדֶנּוּ עַל עֶרֶשׂ דְּוָי, עַל רֵישֵׁיהּ. וּשְׁכִינְתָּא אַסְחַר גּוּפֵיהּ, עַד רַגְלוֹי. וּבְגִ״ד אִתְּמַר בְּיַעֲקֹב, וַיֶּאֱסֹף רַגְלָיו אֶל הַמִּטָּה, וְדָא שְׁכִינְתָּא דְּאִתְּמַר בָּהּ, וְהָאָרֶץ הֲדוֹם רַגְלָי. לְרָשָׁע גָּמוּר, מַלְאַךְ הַמָּוֶת אַסְחַר לֵיהּ בְּכָל סִטְרָא. וְדָא יצה״ר, דמ״ה אַסְחַר לֵיהּ בְּכָל סִטְרָא, וְחַרְבָּא דִּילֵיהּ, דְּפָנָיו מוֹרִיקוֹת, בְּטִפָּה וְחָדָא מֵאִינּוּן ג׳ טִפּוֹת, דְּזָרִיק בֵּיהּ. הה״ד וְאַחֲרִיתָהּ מָרָה כַלַּעֲנָה. כָּבֵד דָּא דְּכוּרָא. יוֹתֶרֶת הַכָּבֵד נוּקְבָא.

(עַד כאן).

תטו. קֵיבָה, אִיהוּ דַּרְגָּא וַחַד מִשִּׁתִּין דְּמוֹתָא. וְדָא אִתְקְרֵי תַּרְדֵּמָה. עֲסִירְתָּא, דַּרְגָּא שְׁתִיתָאָה דְּמַלְאַךְ הַמָּוֶת. וּמִגּוֹ דְּאָתֵי מֵרְוִיזִיק, אִיהוּ מִסִּטְרָא דְּמוֹתָא. וְלָאו מוֹתָא. רַמְזָא, וַחַד מִשִּׁתִּין דְּמוֹתָא.

תטז. אָמַר רַעְיָא מְהֵימְנָא, בָּתַר דְּגוּפָא אִיהוּ מֵאִילָנָא דְּטוֹב וָרָע, לֵית אֵבֶר בְּגוּפָא, דְּלָא אִית בֵּיהּ יֵצֶר הָרָע וְיֵצֶר טוֹב, לַבֵּינוֹנִיִּים. וְלַצַּדִּיקִים גְּמוּרִים, תְּרֵין יְצִירוֹת, דְּכַר וְנוּקְבָא, תַּרְוַיְיהוּ טוֹבִים. כְּגַוְונָא דְּחָתָן וְכַלָּה. לָרְשָׁעִים גְּמוּרִים, תְּרֵין יְצִירוֹת בִּישִׁין, דְּכַר וְנוּקְבָא, בְּכָל אֵבֶר וְאֵבֶר, מִסִּטְרָא דְּסַמָּאֵל וְנָחָשׁ.

תיז. וּבְג"ד מִסִּטְרָא דְּאִילָנָא דְּטוֹב וָרָע, קֵיבָה אִית בָּהּ תְּרֵין דַּרְגִּין. דְּהָכִי אוּקְמוּהָ רַבָּנָן, קֵיבָה יָשֵׁן. וְאִית שֵׁינָה, אַחַת מִשִּׁתִּין בְּמוֹתָא. וְשֵׁינָה, אַחַת מִשִּׁתִּין בַּנְּבוּאָה. וּבְג"ד אוּקְמוּהָ רַבָּנָן מָארֵי מַתְנִיתָא, הַחֲלוֹמוֹת שָׁוְא יְדַבֵּרוּ, וְהָכְתִיב בַּחֲלוֹם אֲדַבֶּר בּוֹ. לָא קַשְׁיָא, כָּאן עַל יְדֵי שֵׁד. כָּאן עַל יְדֵי מַלְאָךְ. חֲלוֹם ע"י מַלְאָךְ, וַחַד מִשִּׁתִּין בַּנְּבוּאָה. וַחֲלוֹם עַל יְדֵי שֵׁד, אִיהוּ שָׁוְא, מִסִּטְרָא דְּמוֹתָא. וְאִיהוּ תֶּבֶן, דְּהָכִי אוּקְמוּהָ, כְּשֵׁם שֶׁאִי אֶפְשָׁר לְבַר בְּלֹא תֶּבֶן, כָּךְ אִי אֶפְשָׁר לַחֲלוֹם בְּלֹא דְּבָרִים בְּטֵלִים.

תיח. אִצְטוֹמְכָא דָּא קָרְקְבָן נִקְלָף. וְאוּקְמוּהָ רַבָּנָן, קוּרְקְבָן טוֹחֵן, דְּאִיהוּ נָטִיל כֹּלָּא, וְשׁוֹחֵק, וּמְשַׁדֵּר לְכָל אֵבָרִין. אִי אֵבָרִין בְּלָא חוֹבִין, כְּגַוְונָא דְּאוּקְמוּהָ רַבָּנָן, דְּאִית מִלִּין דִּמְעַכְּבִין יַת קָרְבְּנָא, דְּלָא נָזִית לְקַבְּלָא לֵיהּ, הַהוּא דְּשָׁדַר קוּדְשָׁא בְּרִיךְ הוּא לְקַבְּלָא דּוֹרוֹנָא דִּילֵיהּ. דְּאִית דִּמְקַבֵּל לֵיהּ קוּדְשָׁא בְּרִיךְ הוּא עַל יְדֵי אַרְיֵה, דְּאִתְּמַר בֵּיהּ וּפְנֵי אַרְיֵה אֶל הַיָּמִין לְאַרְבַּעְתָּן. וְקוּדְשָׁא בְּרִיךְ הוּא רָכִיב עָלֵיהּ, וְנָזִית בֵּיהּ, לְקַבְּלָא הַהוּא דּוֹרוֹנָא. וְאִית דּוֹרוֹנָא דִּמְקַבֵּל לֵיהּ עַל יְדֵי שׁוֹר, דְּאִתְּמַר בֵּיהּ וּפְנֵי שׁוֹר מֵהַשְּׂמֹאל לְאַרְבַּעְתָּן.

תיט. וְאִית דּוֹרוֹנָא, דִּמְקַבֵּל עַל יְדֵי דְּנֶשֶׁר, דְּאִתְּמַר בֵּיהּ וּפְנֵי נֶשֶׁר לְאַרְבַּעְתָּן. דְּאִינּוּן שְׁתֵּי תוֹרִים, אוֹ שְׁנֵי בְּנֵי יוֹנָה. וְאִית דּוֹרוֹנָא, דִּמְקַבֵּל לֵיהּ ע"י דְּאָדָם דִּכְתִיב בֵּיהּ, אָדָם כִּי יַקְרִיב מִכֶּם קָרְבָּן לַיְיָ. בְּדִיּוּקְנָא דְּהַהוּא דְּאִתְּמַר בֵּיהּ. וּדְמוּת פְּנֵיהֶם פְּנֵי אָדָם. יְדוֹ"ד נָזִית עָלַיְיהוּ, לְקַבְּלָא דּוֹרוֹנָא.

תכ. וְאִית חֵיוָן טִבְעִיּוֹת, מְמֻנָּן עַל גּוּפִין, דְּאִינּוּן מֵאַרְבַּע יְסוֹדִין, וְאִינּוּן דַּכְיָין. וְלָקֳבְלַיְיהוּ אַרְבַּע חֵיוָן דּוֹרְסִין, מְסָאֲבִין, מְמֻנָּן עַל ד' מְרִירָן, דְּאִינּוּן: מָרָה חִוְּורָא, מָרָה סוּמָקָא, מָרָה יְרוֹקָא, מָרָה אוּכָמָא.

תכא. וְאִית חֵיוָן שִׂכְלִיּוֹת, דְּסַחֲרִין לְכָרְסְיָיא. וְאִית לְעֵילָא מִנַּיְיהוּ, וּגְבוֹהִים עֲלֵיהֶם, וְאִינּוּן חֵיוָן אֱלָהִיּוֹת, מִסִּטְרָא דִּקְדוּשָּׁה. וְאִית חֵיוָן דְּסִטְרָא אָחֳרָא. וְאִתְקְרִיאוּ אֱלֹהִים אֲחֵרִים. וֶאֱלָהִיּוֹת דְּקוּדְשָׁא, אֱלֹהִים חַיִּים. וְאִלֵּין אֱלָהִיּוֹת דִּקְדוּשָּׁה, אִתְקְרִיאוּ אֱלֹהֵי הָאֱלָהִיּוֹת, וְעִלַּת עַל כֹּלָּא, אֵל אָדוֹן עַל כָּל הַמַּעֲשִׂים. וְכָל זִינָא אָזִיל לְזִינֵיהּ. וּבְגִין דְּאִית אֱלֹהִים אֲחֵרִים, אָמַר עָלַיְיהוּ,

זֹבֵחַ לָאֱלֹהִים יָחֳרָם בִּלְתִּי לַיהֹוָ"ד לְבַדּוֹ. בְּגִין דְּלָא יִתְעָרֵב אֱלֹהִים חַיִּים עִם אֱלֹהִים אֲחֵרִים. (עַד כָּאן).

תכב. אִצְטוֹמְכָא דָּא, נָטִיל וְשָׁחִיק, וּמְשַׁדֵּר לְכָל סִטְרִין דִּלְתַתָּא, וּמִנֵּיהּ אִתְזָנוּ תַּתָּאֵי. מֵאִינּוּן שְׁתִּין שְׁמָרִים לְתַתָּא, כָּל אִינּוּן רוּחִין וְסִטְרִין אַחֲרָנִין דְּאִיתְזָנוּ בְּלֵילְיָא, מֵאִינּוּן אֵבָרִים וּפְדָרִים. וּשְׁאַר נַטְלִין כָּל שַׁיְיפִין, וְנָטִיל כִּלְיָא כָּבֵד, וְקָרִיב לְלֵב, כְּמָה דְּאִתְּמַר. וְדָא אִיהוּ דִּכְתִיב, וּפְנֵי אַרְיֵה אֶל הַיָּמִין. וְעַל דָּא אִתְחֲזֵי עַל מַדְבְּחָא, כְּגַוְונָא דְּאַרְיֵה אָכִיל קָרְבְּנִין. מִכָּאן וּלְהָלְאָה כָּל שְׁאַר שַׁיְיפִין, בְּרָזָא דְּגוּפָא כְּגַוְונָא דִּלְעֵילָּא.

רַעְיָא מְהֵימְנָא

תכג. אָמַר רַעְיָא מְהֵימְנָא, בּוּצִינָא קַדִּישָׁא, וַדַּאי אִצְטוֹמְכָא בְּקַדְמֵיתָא נָטִיל כֹּלָּא, עַד שִׁית שַׁעְתִּין, וְאוֹפֶה. קֻרְקְבָן, אִיהוּ אוֹפֶה. וְרֵיאָה, אִיהִי מַשְׁקֶה. לִבָּא מַלְכָּא. וְאִינּוּן תְּרֵין, אִינּוּן וַדַּאי אוֹפֶה וּמַשְׁקֶה, לְמֵיהַב לְמַלְכָּא, מִשְׁפִּירוּ דְּכָל מַאֲכָלִין וּמַשְׁקִין, רֵישָׁא דְּכֻלְּהוּ, מִבּוֹחַר לְכֻלְּהוּ. וְהַיְינוּ דִּכְתִיב, אָרִיתִי מוֹרִי עִם בְּשָׂמִי אָכַלְתִּי יַעְרִי עִם דִּבְשִׁי שָׁתִיתִי יֵינִי עִם חֲלָבִי. לְבָתַר, אִכְלוּ רֵעִים, שְׁאַר אֵבָרִים, דְּאִינּוּן חַיָּלִין וּמַשִׁרְיָין דְּמַלְכָּא, דְּפָלִיג לוֹן מְזוֹנָא, ע"י שַׂר הָאוֹפִים. שְׁתוּ וְשִׁכְרוּ דּוֹדִים, ע"י שַׂר הַמַּשְׁקִים.

תכד. וְכָבֵד אִיהוּ לִימִינָא דְּב"נ. וּבְג"ד, וּפְנֵי אַרְיֵה אֶל הַיָּמִין לְאַרְבַּעְתָּן לִימִינָא דְּמַלְכָּא, דְּאִיהוּ לִבָּא. טְחוֹל, לִשְׂמָאלָא. אִלֵּין אִינּוּן מִסִּטְרָא אַחֲרָא, וּפְנֵי שׁוֹר מֵהַשְּׂמֹאל. מַשְׁקֶה וְחַמְרָא מְזוֹג בְּמַיָּא לְמַלְכָּא. וְאַרְיֵה אָכִיל, דָּא כָּבֵד, כָּנִישׁ מְזוֹנָא קַמֵּי מַלְכָּא, דְּאִיהוּ לִבָּא.

תכה. וְאִית לְאַקְשׁוּיֵי עַל הַאי. אִי כָּבֵד אִיהוּ עֵשָׂו, אֵיךְ הוּא מְתַקֵּן מְזוֹנָא לְלִבָּא. אֶלָּא וַדַּאי לִבָּא אִיהוּ כְּגַוְונָא דְּיִצְחָק. כָּבֵד עֵשָׂו, דְּאִיהוּ הַצָּד צַיִד. וְיֵימָא לֵיהּ, יָקוּם אָבִי וְיֹאכַל מִצֵּיד בְּנוֹ. אִלֵּין אִינּוּן צְלוֹתִין, דְּאָזְלִין וּמִתְתָּרְכִין מֵעֲנִיִּים, וְיִצְוַוח בְּצַעֲרָא וּבִיגוֹנָא, דְּלָא יַכְלִין לְכַוְּונָא לִצְלוֹתָא. וּבְגִין דָּא לָא אָמַר וְיֹאכַל מִצֵּידִי, אֶלָּא וְיֹאכַל מִצֵּיד בְּנוֹ. בְּנִי בְכוֹרִי יִשְׂרָאֵל. כְּגַוְונָא דָּא, לֵית לוֹן לְיִשְׂרָאֵל מְזוֹנָא בְּגָלוּתָא, אֶלָּא ע"י אוּמִין דְּעָלְמָא.

תכו. אֲבָל כַּד אִינּוּן בְּאַרְעָא דְּיִשְׂרָאֵל, מְזוֹנֵיהוֹן ע"י שְׁכִינְתָּא. וְיֶהֱוֹן תְּרֵין כַּנְפֵי רֵיאָה מַשְׁקִין אוּמָּה, שַׂר הַמַּשְׁקִים. וּתְרֵין כּוּלְיָין הָאוֹפִים, דִּמְבַשְּׁלִין הַזֶּרַע דְּנָזִית מִן מוֹחָא, וּמְבַשְּׁלִין מַיָּא דִּמְקַבְּלִין מִכַּנְפֵי רֵיאָה. וּלְבָתַר דְּיֵיכוּל מַלְכָּא, דְּאִיהוּ לִבָּא, אִתְּמַר בִּתְרֵין כָּלְיָין דִּילֵיהּ, אִכְלוּ רֵעִים. וְלִתְרֵין כַּנְפֵי רֵיאָה, שְׁתוּ וְשִׁכְרוּ דּוֹדִים.

תכז. דְּלִבָּא אִיהוּ כִּסֵּא דִּין, אַרְבַּע חֵיוָן שַׁלִּיטִין דִּילֵיהּ. תְּרֵין כַּנְפֵי רֵיאָה, וּתְרֵין כָּלְיָין, דִּכְנַפֵי רֵיאָה וּפְנֵיהֶם וְכַנְפֵיהֶם פְּרוּדוֹת מִלְמַעְלָה, לְקַבְּלָא עָלַיְיהוּ מַלְכָּא, דְּאִיהוּ רוּחַ חָכְמָה וּבִינָה רוּחַ עֵצָה וּגְבוּרָה רוּחַ דַּעַת וְיִרְאַת יְיָ'. דְּיָתִיב עַל

כָּרְסְיָיא, דְּאִיהוּ לִבָּא, דְּכָל אִינּוּן דְּפִיקִין מִתְנַהֲגִין אֲבַתְרֵיהּ, כְּחֵיָילִין בָּתַר מַלְכֵיהוֹן.

תכז. וְרוּחָא דְּנָשִׁיב מִכַּנְפֵי רֵיאָה, נָשִׁיב עַל תְּרֵי נוּקְבֵי חוֹטָמָא. וְאִיהוּ קָרִיר וְצִנִּינָא מִשְּׂמָאלָא. וְחַם מִימִינָא. וּמִסְּטְרָא דְּמוֹחָא דְּאִיהוּ כָּרְסְיָיא דְּרַחֲמֵי, אִיהוּ רוּחַ קַר לִימִינָא, דְּחֶסֶד. וְחַם מִשְּׂמָאלָא דִּגְבוּרָה, דְּתַמָּן לִבָּא. וּמוֹחָא מְזִיג בֵּיהּ, בְּאֶמְצָעִיתָא דִּתְרַוַויְיהוּ. אוּף הָכִי לִבָּא מָזִיג, מִקּוֹר וְחוֹם. וּמוֹחָא אוּף הָכִי, דִּמְקַבְּלִין דִּין מִדֵּין.

תכט. וּשְׁמָרִים דְּכַלְיָא, נָטִיל טְחוֹל, וּמַשְׁרְיָין דִּילֵיהּ, דְּאִינּוּן עֲבָדִים וּשְׁפָחוֹת, דְּאָמַר עֲלַיְיהוּ שְׁלֹמֹה, קָנִיתִי לִי עֲבָדִים וּשְׁפָחוֹת. תְּרֵין כּוּלְיָין אִתְקְרִיאוּ אִשִּׁים, עַל שֵׁם אִשִּׁים דִּלְעֵילָא, דְּאִתְּמַר בְּהוּ אִשֵּׁי יְיָ' וְנַחֲלָתוֹ יֹאכֵלוּן.

תל. וּבְקָנֶה שִׁית עִזְקָאן, דַּעֲלַיְיהוּ אִתְּמַר, הָבוּ לַייָ' בְּנֵי אֵלִים. דְּבְהוֹן סָלִיק קָלָא, דְּאִתְפְּלִיג לְע' קָלִין דִּשְׁכִינְתָּא. וּשְׁבִיעָאָה סָלִיק לְפוּמָא, דְּאִיהוּ כָּרְסְיָיא. וְשִׁית עִזְקָאן דְּקָנֶה, אִינּוּן כְּגַוְונָא דְּשִׁית דַּרְגִּין דְּכָרְסְיָיא דְּמַלְכָּא. וְקָנֶה אִיהוּ סֻלָּם, דְּבֵיהּ מַלְאֲכֵי אֱלֹהִים עוֹלִים וְיוֹרְדִים בּוֹ, דְּאִינּוּן הֲבָלִים סַלְקִין בֵּיהּ מִלִּבָּא, וְרוּחִין דַּאֲוִירָא נַחְתִּין בֵּיהּ בְּלִבָּא, לְקָרְרָא חֲמִימוּתָא, דְּלָא לוֹקִיד גּוּפָא.

תלא. וְכַד רוּחָא נָחִית, נָחִית בְּכַמָּה רוּחִין, כְּמַלְכָּא עִם חֵילֵיהּ. וְכַנְפֵי רֵיאָה מְקַבְּלִין לְרוּחָא, דְּאִיהוּ מַלְכָּא עֲלַיְיהוּ, כְּמָה דַּאֲמֵינָא. וּפְנֵיהֶם וְכַנְפֵיהֶם פְּרוּדוֹת, וְהָיוּ הַכְּרוּבִים פּוֹרְשֵׂי כְנָפַיִם לְמַעְלָה.

תלב. אִי זַכָּאן אֵבָרִין דְּבַר נָשׁ בְּפִקּוּדִין דְּמַלְכָּא עִלָּאָה דְּאִיהוּ רוּחַ הַקֹּדֶשׁ, נָחִית בְּסֻלָּם, דְּאִיהוּ גָּרוֹן, בְּכַמָּה רוּחִין קַדִּישִׁין, דְּאִתְּמַר עֲלַיְיהוּ, עוֹשֶׂה מַלְאָכָיו רוּחוֹת וְסַלְקִין לְקַבֵּל אִלֵּין הֲבָלִים דְּלִבָּא, דְּאִתְּמַר עֲלַיְיהוּ, מְשָׁרְתָיו אֵשׁ לוֹהֵט. וַעֲלַיְיהוּ אִתְּמַר קוֹל יְדֹוָ"ד חוֹצֵב לַהֲבוֹת אֵשׁ. בְּגִין דְּלִבָּא אֲדֹנָ"י, דְּמִנֵּיהּ סַלְקִין לַהֲבוֹת אֵשׁ בְּפוּמָא דְּאִיהוּ יְדֹוָ"ד, דְּנַחְתִּין עִמֵּיהּ כַּמָּה רוּחִין דְּקֻדְשָׁה, מֵאַרְבַּע אַתְוָון יְהֹוָה. דְּאִתְּמַר עֲלַיְיהוּ, כֹּה אָמַר יְדֹוָ"ד מֵאַרְבַּע רוּחוֹת בֹּאִי הָרוּחַ.

תלג. קָנֶ"ה, אִיהוּ קְנֵה חָכְמָה קְנֵה בִּינָה, דְּאִינּוּן לִימִינָא דְּחֶסֶד, וְלִשְׂמָאלָא דִּגְבוּרָה. תִּפְאֶרֶת, סֻלָּם, בְּאֶמְצָעִיתָא, בְּגוּפָא כָּלִיל תְּרֵין דְּרוֹעִין, וְגוּף וּבְרִית, וּתְרֵין שׁוֹקִין. לְקֳבֵל שִׁית עִזְקָאן דְּקָנֶה.

תלד. וְכַד נָחִית יְדֹוָ"ד לְלִבָּא, לְגַבֵּי אֲדֹנָ"י, מִתְחַבְּרִין דִּינָא בְּרַחֲמֵי בְּלִבָּא. דְּאִיהוּ יֱאֲהדוֹנָהִי. וְכַד סָלִיק אֲדֹנָ"י לְפוּמָא, דַּאֲדֹנָ"י שְׂפָתַי תִּפְתָּח, לְקַבְּלָא יְהֹוָה בְּפוּמָא, לְאִתְחַבְּרָא תַּמָּן תְּרֵין שְׁמָהָן בְּחִבּוּרָא חֲדָא, יֱאֲהדוֹנָהִי, כְּגַוְונָא דְּמִתְחַבְּרָאן בְּלִבָּא. וּבְגִין דָּא אוֹקְמוּהָ מָארֵי מַתְנִיתִין, מִי שֶׁאֵין תּוֹכוֹ כְּבָרוֹ אַל יִכָּנֵס לְבֵית הַמִּדְרָשׁ, אִי לֵית לוֹן פּוּמָא וְלִבָּא שָׁוִין. (עַד כָּאן).

תלה. קָנֶה שִׁית עִזְקָאן בְּקָנֶה, מִתְחַבְּרָאן כַּחֲדָא, וְאִינּוּן אִקְרוּן בְּנֵי אֵלִים, מַפְּקֵי רוּחָא לְנַשְּׁבָא עַל עָלְמָא. וְאַתְיָין מִסִּטְרָא דִּגְבוּרָה. וְכַד אִינּוּן מִתְחַבְּרָן כַּחֲדָא, אִינּוּן כְּגַוְונָא דְשׁוֹפָר. וְאִלֵּין אִקְרוּ שׁוֹפָר, שׁוֹפָר שֶׁל אַיִל שֶׁל יִצְחָק. אֵלִים בְּנֵי בָשָׁן, הָבוּ לַיְיָ בְּנֵי אֵלִים. אֵלִים דְּיִצְחָק, וּמַפְּקִין רוּחָא וְקָלָא. וְהַהוּא קָלָא נָפִיק, וְאַעְרַע בְּעָבֵי מִטְרָא, וְאִשְׁתְּמַע לִבְרִיָּיתָא לְבַר. וְעַ"ד כְּתִיב, וְרַעַם גְּבוּרוֹתָיו מִי יִתְבּוֹנָן. דְּוַדַּאי מִסִּטְרָא דִּגְבוּרָה קָא אַתְיָין. וּבְגִין דָּא אֵל הַכָּבוֹד הִרְעִים יְיָ עַל מַיִם רַבִּים. אֵל הַכָּבוֹד רוֹעֵם לָא כְּתִיב, אֶלָּא אֵל הַכָּבוֹד הִרְעִים, עַל יְדָא דִּבְנֵי אֵלִים. וְלֵית מַאן דְּיָדַע בְּשִׁבְחָא דְּהַאי קָלָא, הה"ד מִי יִתְבּוֹנָן.

תלו. וּבְחִבּוּרָא קַדְמָאָה, פָּתַח רַעְיָא מְהֵימְנָא וְאָמַר, וַוי לוֹן לִבְנֵי נָשָׁא, דְּאִינּוּן אֲטִימִין לִבָּא, סְתִימִין עַיְינִין, דְּלָא יַדְעִין אֵבָרִים דְּגוּפֵיהוֹן עַל מַה אִינּוּן מִתְתַּקְּנִין, דְּהָא קָנֶ"ה תְּלַת וַחֲלִין כְּלִילָן בֵּיהּ, וַחֲד הֶבֶל, דְּאִיהוּ לַהַב אֵשׁ, דְּנָפִיק מִן לִבָּא וְאִתְפְּלַג לז' הֲבָלִים, דְּאָמַר קֹהֶלֶת. תִּנְיָינָא, אֲוִיר דְּעָאל לְגַבֵּיהּ מִלְּבַר. תְּלִיתָאָה, מַיִם דְּכַנְפֵי רֵיאָה, דְּאִינּוּן דְּבוּקִים בְּקָנֶה. וּמִתְּלַת אִלֵּין אִתְעֲבִיד קוֹל, מַיִם וְרוּחַ וְאֵשׁ, וּמִתְפַּלֵּג כָּל חַד לז', וְאִינּוּן ז' לַהֲבִים, ז' אֲוִירוֹת, ז' נוֹזְלִים.

תלז. וְכַד אַעְרָעוּ לַהֲבִים דְּלִבָּא, בְּעָבֵי מִטְרָא, דְּאִינּוּן כַּנְפֵי רֵיאָה, אַרַח קָנֶה דְּרֵיאָה. הַאי אִיהוּ וְרַעַם גְּבוּרוֹתָיו מִי יִתְבּוֹנָן. דְּבֵיהּ לֵב מֵבִין בְּבִינָה, דְּאִיהִי בְּלִבָּא לִשְׂמָאלָא, גְּבוּרָה. וְחֶסֶד לִימִינָא, מַיִם דְּכַנְפֵי רֵיאָה. וְתַמָּן וְחָכְמָה מוֹחָא, וּמִנֵּיהּ, מַעְיַן גַּנִּים בְּאֵר מַיִם חַיִּים וְנוֹזְלִים מִן לְבָנוֹן. דְּאִיהוּ לְבוּנָא דְמוֹחָא, נוֹזְלִים עַל קָנֶה דְּרֵיאָה. בָּתַר דְּאִסְתָּלְקוּ עֲנָנִים דְּבִינָה לְגַבֵּי מוֹחָא.

תלח. וְרָזָא דְמִלָּה מִי זֹאת עוֹלָה מִן הַמִּדְבָּר כְּתִימְרוֹת עָשָׁן. וְדָא עָשָׁן הַמַּעֲרָכָה, דְּסָלִיק מִן לִבָּא לְמוֹחָא. דְּכָל רוּחִין דְּעָלְמָא, לָא זָזִין לֵיהּ מֵאַתְרֵיהּ. וְחָכְמָה: כֹּחַ מ"ה. כֹּחַ: בְּלִבָּא. מָה: בְּמוֹחָא. קָנֶה: תִּפְאֶרֶת, כָּלִיל ו' סְפִירָאָן. ו' דַּרְגִּין אִינּוּן לְכָרְסְיָיא, דְּאִיהִי אִימָּא. לְנַחְתָּא וְחָכְמָה לְגַבָּהּ, מִן מוֹחָא לְלִבָּא, דְּבָהּ לֵב מֵבִין. וּבְגִין דָּא, קָנֵה וְחָכְמָה קְנֵה בִּינָה. בֵּיהּ אַבָּא נָחִית. בֵּיהּ אַבָּא סָלִיק. וְהַאי אִיהוּ סֻלָּם דְּבֵיהּ עוֹלִים תְּרֵי, וְיוֹרְדִים תְּרֵי. (ע"כ רעיא מהימנא).

תלט. וֶשֶׁט דְּבָלַע מֵיכְלָא, וּמִתַּמָּן עָאל לְכֻלְּהוּ שַׁיְיפִין, דְּאִיהִי בְּדַרְגָּא דְּאִשִּׁים. אִשִּׁים אִינּוּן קָרְבִין מִיַּד, וּבַלְעֵי וְנַטְלֵי כֹּלָּא מִגּוֹ אֶשָּׁא עִלָּאָה, דְּכָלִיל לְאִשִּׁים. וְרָזָא דָּא, אִשֵּׁי יְיָ וְנַחֲלָתוֹ יֹאכֵלוּן. אִלֵּין אַכְלִין וּבַלְעִין, וּשְׁאָר לָא אַכְלִין הָכִי.

תמ. וְכָל בְּנֵי עָלְמָא לְבַר, לָא יַדְעִין אֵיךְ אַכְלִין, וְלָאו רָזָא דִּלְהוֹן, אֶלָּא דַּרְגִּין דִּלְגוֹ אִינּוּן יַדְעִין, וְנַטְלִין מִנַּיְיהוּ. וֶשֶׁט לֵית לֵיהּ בְּדִיקָה מִבָּחוּץ, דְּלָא יַדְעֵי, אֶלָּא מִבִּפְנִים יַדְעֵי וְנַטְלֵי עַד דְּעָאל לְבֵי טְוּחְנָא, וְאִשְׁתְּחִיק וְאִתְבַּשַּׁל. וְנָטִיל כֹּלָּא כָּבֵד כְּמָה דְּאִתְּמַר. מֵאִלֵּין אִשִּׁים נַפְקֵי דַּרְגִּין, דְּאַקְדְּמֵי וְנַטְלֵי בְּקַדְמֵיתָא מִכָּבֵד, וּמַאן אִינּוּן. אִלֵּין הַטּוֹחֲנוֹת, אַכְלֵי קָרְבְּנִין וְטַחֲנֵי. וְעַ"ד מִדְּאִתְחָרַב בֵּי מַקְדְּשָׁא כְּתִיב, וּבָטְלוּ הַטּוֹחֲנוֹת כִּי מִעֵטוּ. אִלֵּין טַחֲנִין בְּקַדְמֵיתָא.

תמא. כֵּיוָן דְּאִתְטַוָּנָן, אִינּוּן דְּשַׁלְטֵי עֲלַיְיהוּ, בַּלְעֵי וְנַטְלֵי, וְאִקְרוּן וָשֶׁ"ט. אֲמַאי. אֶלָּא וָשֶׁט, דְּיוּקְנָא דְּוָא"ו, אִיהוּ וָשֶׁט כָּפוּף. וּלְבָתַר, שָׁט לְמֵיכַל מִשְׁתְּיָא, וְזַמְרָא וּמַיָּא. דִּכְתִּיב שָׁטוּ הָעָם וְלָקְטוּ. מֵיכְלָא לְמֵיכַל, מִשְׁתְּיָא וְזַמְרָא וּמַיָּא, נְסוּכָא דְּיַיִן, וּנְסוּכָא דְּמַיִם.

תמב. בְּהַאי וָשֶׁט עָאל וְאִשְׁתְּאִיב בָּרֵיאָה, אִלֵּין שְׂרָפִים, בְּשַׁלְהוֹבִיתָא דִּלְהוֹן נַטְלֵי מִשְׁתְּיָא, וְאִקְרוּן רֵיאָה, בְּחִוּוּרָא וְחֶדְוָא, וְאִשְׁתְּאִיב כֹּלָּא בְּהוֹן. וְכָל אִלֵּין, נַטְלִין כָּל חַד וְחַד, כַּדְּקָא חֲזֵי לֵיהּ. וּמִדְּחָרַב בֵּי מַקְדְּשָׁא, וּבָטְלוּ הַטְּווֹחָנוֹת כִּי מִעֲטוּ כֻּלְּהוּ. דְּאַזְעִירוּ דְּיוּקְנַיְיהוּ וּמְזוֹנַיְיהוּ, וְלֵית יוֹמָא דְּלֵית בֵּיהּ מְאֵרָה, אָרִים קָלֵיהּ ר"ש וְאָמַר, וַוי יְרוּשְׁלֵם קַרְתָּא קַדִּישָׁא, וַוי לְעַמָּא, דְּכָל טָבָאן אִלֵּין אַבְדִּין, רַבְרְבָן גִּיבָּרִין מִמְּנָן אַזְעִירוּ דְּיוּקְנַיְיהוּ, עַל דָּא בָּכוּ חַבְרַיָּיא. אֲמִרוּ, וַוי רִבִּי, כַּד תִּסְתַּלַּק מִן עָלְמָא, מַאן יְגַלֶּה רָזִין סְתִימִין עֲמִיקִין כְּאִלֵּין, דְּלָא אִשְׁתְּמָעוּ מִן יוֹמָא דִּשְׁלֹמֹה מַלְכָּא, וְעַד הַשְׁתָּא. זַכָּאָה דָּרָא דְּשַׁמְעִין מִלִּין אִלֵּין, וְזַכָּאָה דָּרָא דְּאַנְתְּ בְּגַוֵּויהּ, וַוי לְדָרָא דְּיִשְׁתַּאֲרוּן יַתְמִין מִנָּךְ.

רעיא מהימנא

תמג. פָּתַח רַעְיָא מְהֵימְנָא וְאָמַר, וְהָא כְּתִיב, וְשִׂפְתוֹתֵינוּ שֶׁבַח כְּמֶרְחֲבֵי רָקִיעַ. וְשֶׁבַע רְקִיעִין אִינּוּן: וִילוֹן. רָקִיעַ. שְׁחָקִים. זְבוּל. מָעוֹן. מָכוֹן. עֲרָבוֹת. שְׁחָקִים. דִּבְהוֹן רֵחַיִם דְּטוֹחֲנִים מָן לַצַּדִּיקִים לֶעָתִיד לָבֹא. וְאִינּוּן אִקְרוּן שְׁחָקִים, ע"ש וְשָׁחַקְתָּ מִמֶּנָּה הָדֵק, וְאִינּוּן נֶצַח וְהוֹד, עֲלַיְיהוּ אִתְּמַר וּשְׁחָקִים יִזְּלוּ צֶדֶק, דְּאִיהִי שְׁכִינְתָּא תַּתָּאָה.

תמד. וִילוֹן, דְּבֵיהּ מַכְנִיס עַרְבִית וּמוֹצִיא שַׁחֲרִית. רָקִיעַ, אִיהוּ יְסוֹד. דְּבֵיהּ נַהֲרִין שִׁמְשָׁא וְסִהֲרָא, דְּאִיהוּ עַמּוּדָא דְּאֶמְצָעִיתָא וּשְׁכִינְתָּא תַּתָּאָה. הה"ד, וַיִּתֵּן אוֹתָם אֱלֹהִים בִּרְקִיעַ הַשָּׁמַיִם לְהָאִיר עַל הָאָרֶץ. וְצַדִּיק אוֹת, בֵּין נֶצַח וְהוֹד. וְעֵדוּת, בֵּין תִּפְאֶרֶת וּמַלְכוּת.

תמה. נֶצַח וְהוֹד תְּרֵין פַּלְגֵּי גּוּפָא אִינּוּן, כְּגַוְונָא דִּתְרֵין תְּאוֹמִים. וּבְגִין דָּא אִתְקְרִיאוּ שְׁחָקִים. תַּרְוַויְיהוּ כַּחֲדָא ו"ו אִינּוּן, מִן וָשֶׁט, מִסִּטְרָא דִּשְׂמָאלָא. וְאִינּוּן תְּרֵין טְווֹחֲנוֹת, מִסִּטְרָא דִּימִינָא.

תמו. וַיִּקַּח מֹשֶׁה אֶת עַצְמוֹת יוֹסֵף עִמּוֹ. עַצְמוֹת צַדִּיק יְסוֹד עָלְמִין, דַּרְגָּא דְּיוֹסֵף הַצַּדִּיק. וְעֲלַיְיהוּ אִתְּמַר, אֶת קָרְבָּנִי לַחְמִי לְאִשַּׁי. וְלֵית לֶחֶם, אֶלָּא אוֹרַיְיתָא, לְכוּ לַחֲמוּ בְלַחְמִי. וְאִינּוּן: אַשְׁכְּלוֹת דְּצַדִּיק. וְצַדִּיק, עֵץ פְּרִי. וּבְגִינֵיהּ אִתְּמַר, וַיִּשָּׂאוּהוּ בַמּוֹט בִּשְׁנָיִם. וַאֲמַאי בַּמּוֹט. בְּגִין דְּלָא הֲוָה תַּמָּן צַדִּיק.

תמז. וּבְגִינַיְיהוּ אִתְּמַר בֵּיהּ, לֹא יִתֵּן לְעוֹלָם מוֹט לַצַּדִּיק, דְּאִיהוּ עֵץ, דְּאִתְּמַר בֵּיהּ, הֲיֵשׁ בָּהּ עֵץ אִם אַיִן. אַעְקְרוּ עֵץ דְּאִיהוּ צַדִּיק, אִלֵּין דְּאַפִּיקוּ שׁוּם בִּישׁ עַל אַרְעָא, וְגָרְמוּ, וַיִּשָּׂאוּהוּ בַמּוֹט בִּשְׁנָיִם, ו' ו'.

תמח. עֲלַיְיהוּ אִתְּמַר, סוֹרֵחָה עֲנָבִים. צַדִּיק יְסוֹד, בֵּיהּ סוֹד, דְּאִיהוּ יַיִן הַמְּשׁוּמָּר

בְּעֶנְבָיו מַעֲשֵׂה יְמֵי בְרֵאשִׁית. דְּאִינּוּן ו' דַּרְגִּין דְּאָת ו'. וְאִינּוּן שְׂרָפִים, ו' ו', שֵׁשׁ כְּנָפַיִם לְאֶחָד. מִשְּׂמָאלָא. וְאִינּוּן אַפִּיקוּ מַיִם מִימִינָא. וְצָוְחִין בְּשַׁלְהוֹבִיתָא דִּלְהוֹן מִסִּטְרָא דִּגְבוּרָה, וְשׁוֹאֲבִין מִסִּטְרָא דְּחֶסֶד.

תמט. וְעָלַיְיהוּ אִתְּמַר, עוֹשֶׂה מַלְאָכָיו רוּחוֹת, מִסִּטְרָא דְּעַמּוּדָא דְּאֶמְצָעִיתָא, דְּנָשְׁבִין עַל לִבָּא, דְּאִיהוּ דַּרְגָּא עֲשִׂירָאָה בְּרוּחָא דְּקוּדְשָׁא, דְּאִיהוּ בֵּינַיְיהוּ. וְאִיהוּ ו', אוֹת בְּצָבָא דִּילֵיהּ, כָּלִיל ו' פִּרְקִין דִּתְרֵין שׁוֹקִין, דִּכְתִיב בְּהוּ שׁוֹקָיו עַמּוּדֵי שֵׁשׁ, וְדָא צַדִּיק אוֹת בְּרִית.

תנ. ו' עִלָּאָה, תִּפְאֶרֶת. בֵּין שִׁית פִּרְקִין דִּתְרֵין דְּרוֹעִין. וּבְגִין דָּא, ו' ו', גּוּף וּבְרִית וַחֲשִׁיבִין חַד. וְאִינּוּן פּוֹרְשֵׂי כְּנָפַיִם לְמַעְלָה, לְקַבֵּל ו' עִלָּאָה עֲלַיְיהוּ. וּמִסִּטְרֵיהּ, אִתְקְרִיאוּ נְבִיאֵי הָאֱמֶת. סוֹכְכִים בְּכַנְפֵיהֶם עַל בְּרִית, דְּאִיהוּ ו' תִּנְיָינָא, וְצַדִּיק יְסוֹד עוֹלָם. וּבְגִין דָּא, נֶצַח וְהוֹד, טוֹחֲנִים מָן לְצַדִּיקַיָּיא, דְּאִינּוּן מִסִּטְרָא דְּצַדִּיק יְסוֹד עוֹלָם, דְּאִיהוּ בֵּינַיְיהוּ. וּבְגִין דָּא אִתְקְרִיאוּ טוֹחֲנוֹת.

תנא. וּמִסִּטְרָא דְּהֶשֶׁט, שָׁטוּ הָעָם וְלָקְטוּ, אִינּוּן לְקוּטוֹת דְּפִסְקוֹת דְּמַתְנִיתָא. וְטָחֲנוּ בָרֵיחַיִם, מֵהָכָא, מַאן דְּאַפִּיק מִלִּין דְּאוֹרַיְיתָא, צָרִיךְ לְמִטְחַן לוֹן בְּשִׁנַּיִם, וּלְאַפָּקָא מִלִּין שְׁלֵימִין, וְאִינּוּן מִלִּין אִתְקְרִיאוּ שְׁלָמִים. וְאוּקְמוּהָ דְּאִינּוּן שֵׁטִין, דְּאַכְלִין מִלִּין בְּהַלְעָטָה, וְלָא טוֹחֲנִין לוֹן בְּטוֹחֲנוֹת דִּלְהוֹן וּבְשִׁינַּיְהוֹן, מַה כְּתִיב בְּהוּ, הַבָּשָׂר עוֹדֶנּוּ בֵּין שִׁנֵּיהֶם וְאַף יְיָ' חָרָה בָעָם, דְּאִינּוּן, מִגִּזְעָא דְּמַאן דְּאָמַר הַלְעִיטֵנִי נָא. וְנֶצַח וְהוֹד אִתְקְרִיאוּ כְּרוּבִים.

תנב. וּתְמַנְיָא אִינּוּן: וְחָכְמָה, בִּינָה, גְּדוּלָה, גְּבוּרָה, תִּפְאֶרֶת, מַלְכוּת, נֶצַח, הוֹד, צַדִּיק, עֲטָרָה עַל רֵישֵׁיהּ. דְּאִיהוּ לֵית לֵיהּ זוּג. וּמַאי עֲטָרָה דִּילֵיהּ. כ"ע. וּבְגִינֵיהּ אוּקְמוּהָ מָארֵי מַתְנִיתִין, הָעוֹלָם הַבָּא אֵין בּוֹ לֹא אֲכִילָה וְלֹא שְׁתִיָּה אֶלָּא צַדִּיקִים יוֹשְׁבִים וְעַטְרוֹתֵיהֶם בְּרָאשֵׁיהֶם. וְהַיְינוּ דְּאוּקְמוּהָ, אָמְרָה שַׁבָּת קַמֵּי קוּדְשָׁא בְּרִיךְ הוּא, לְכֻלְּהוּ יוֹמֵי נָתַתָּ בֶּן זוּג וְלִי לֹא נָתַתָּ בֶּן זוּג. (ע"כ רעיא מהימנא).

תנג. פָּתַח ר"ש וְאָמַר, שְׁמַע יִשְׂרָאֵל יְיָ' אֱלֹהֵינוּ יְיָ' אֶחָד. ע' רַבְרְבָא, ד' אוּף הָכִי. וְסִימָנָא דָּא עֵד. הַיְינוּ דִּכְתִיב, עֵד יְיָ' בָּכֶם. אִשְׁתַּאֲרוּן אַתְוָון שְׁ"מ, מ' פְּתוּחָה. מ"ט לָא סְתִימָא, בְּגִין דְּם' סְתִימָא, מַלְכָּא עִלָּאָה. מ' פְּתִיחָא, מַלְכָּא תַּתָּאָה. אַתְוָון אַחֲרָנִין, אִשְׁתַּאֲרוּ א"ח, כְּבוֹד אֱלֹהִים הַסְתֵּר דָּבָר כְּתִיב.תנד. אַשְׁכַּחְנָא בְּסִפְרָא דְּרַב הַמְנוּנָא סָבָא, כָּל מַאן דִּמְיַיחֵד יִחוּדָא דָּא בְּכָל יוֹמָא, חֶדְוָה זְמִינָא לֵיהּ מִלְעֵילָא, מֵרָזָא דְּאַתְוָון אִלֵּין, שְׁ"מ מֵהַאי סִטְרָא. א"ח, מֵהַאי סִטְרָא. וּמִצָּרֵף אַתְוָון, לְמַפְרַע שָׁרֵי, וּבְמֵישַׁר סַיֵּים. וְסִימָן אֶשְׂמַח. דִּכְתִיב אָנֹכִי אֶשְׂמַח בַּיְיָ'. מַמָּשׁ. דָּא יִחוּדָא קַדִּישָׁא. וְשַׁפִּיר אִיהוּ. וְהָכִי הוּא בְּסִפְרָא דַּחֲנוֹךְ, דְּאָמַר כִּי הַאי גַּוְונָא, דְּמַאן דִּמְיַיחֵד יִחוּדָא דָּא בְּכָל יוֹמָא, חֶדְוָה זְמִינָא לֵיהּ מִלְעֵילָּא.

תנה. תּוּ אִית בֵּיהּ ש"מ, דְּאִתְכְּלִיל מִן ע' רַבְרְבָא. אִלֵּין שַׁבְעִין שְׁמָהָן בְּרָזָא דַּאֲבָהָן קַדִּישִׁין, וְדָא הוּא שְׁמַע: שֵׁם ע'. יִשְׂרָאֵל, יְיָ, אֱלֹהֵינוּ, יְיָ, אִלֵּין אַרְבַּע בָּתֵּי דִּתְפִלִּין, דְּאָחִיד לוֹן א"ז. הה"ד דְּאָמַר פִּתְחִי לִי אֲחוֹתִי רַעְיָתִי. ד': דָּא קֶשֶׁר שֶׁל תְּפִלִּין, דְּהִיא אֲחִידַת בְּהוּ. רָזָא לְחַכִּימִין אִתְמְסַר, דְּלָא לְגַלָּאָה. שָׁתִיק ר' שִׁמְעוֹן. בָּכָה וְחַיִיךְ, אָמַר, אֵימָא, דְּהָא וַדַּאי רַעֲוָא אִשְׁתְּכַח, וְלֵית כְּדָרָא דָּא עַד דְּיֵיתֵי מַלְכָּא מְשִׁיחָא, דְּיְהֵא רְשׁוּ לוֹן לְגַלָּאָה.

תנו. תְּרֵין רְצוּעִין נָפְקִין, מִסִּטְרָא דָּא וּמִסִּטְרָא דָּא, רָזָא דִּתְרֵין יַרְכִין דִּלְתַתָּא דְּהַאי א"ז, דִּנְבִיאֵי קְשׁוֹט אֲחִידָן בְּהוּ. דְּהָא מִלְעֵילָּא נָפְקִין תְּרֵין רְצוּעִין, רָזָא דִּתְרֵין דְּרוֹעִין, מִימִינָא וּמִשְּׂמָאלָא, וְדָל"ת אִתְאֲחִידַת בְּהוּ. לְבָתַר נַחְתָּא, וְאִתְפַּשְׁטוּ יַרְכִין לְתַתָּא. כֵּיוָן דְּהִיא אִתְאֲחִידַת לְעֵילָּא כַּדְקָא יָאוּת, נַחְתָּא לְתַתָּא, לְאִתְאַחֲדָא בְּאַכְלוּסָהָא. וְכַד אִיהִי אִתְאַחֲדַת, אֲחִידָא בְּשִׁפּוּלֵי יַרְכִין, וּרְשִׁימוּ דְּיוֹד בְּרִית קַדִּישָׁא עָלֵהּ מִלְּעֵילָּא, כְּדֵין אִיהִי אִתְאַחֲדַת בְּיִחוּדָא חַד.

תנז. יו"ד דָּא אִיהִי רָזָא דִּבְרִית, כָּל מַאן דְּנָטַר בְּרִית דָּא, אִיהוּ אִשְׁתְּזִיב לְעֵילָּא, וְאִשְׁתְּזִיב לְתַתָּא. פִּנְחָס, בְּגִין דְּאִיהוּ קַנֵּי עַל בְּרִית דָּא, אִשְׁתְּזִיב מִן דִּינָא עִלָּאָה, וּמִן דִּינָא דִּלְתַתָּא, וּבְגִ"כ אִתְרְשִׁים יו"ד דָּא בְּגַוֵּיהּ, הה"ד, פִּינְחָס בֶּן אֶלְעָזָר בֶּן אַהֲרֹן הַכֹּהֵן וְגוֹ'.

תנח. יו"ד דָּא, אִצְטְרִיךְ דְּלָא יִתְעֲדֵי כְּלָל מִגּוֹ תְּפִלָּה דְּיַד, דְּלָא יַעֲבִיד פֵּרוּדָא. וְכָל חֶדְוָה דִּילָהּ, בְּהַאי י'. אִיהוּ יו"ד דָּא בִּדְכוּרָא אִיהִי, וְלָא בְּנוּקְבָא, אִיהוּ צַדִּיק, וְאִיהִי צֶדֶק. וּבְגִין כַּךְ, אִתְקְרִיבַת בַּהֲדָהּ, וּמַאן דְּרָחִיק לֵיהּ מֵאֲתָר דָּא, רָחִיק הוּא מֵעִדּוּנָא דְּעָלְמָא דְּאָתֵי.

תנט. בִּדְכוּרָא אִיהוּ צַדִּיק, וְאִיהִי צֶדֶק בְּלָא יו"ד. אִיהוּ אִישׁ. וְאִיהִי אִשָּׁה, בְּלָא יו"ד. וּבְגִ"כ חֶדְוָה דִּילָהּ, לְאִתְקָרְבָא בָּהּ, וּלְאִתְעַדְּנָא בַּהֲדָהּ. מַאן דְּרָחִיק עִדּוּנָא דָּא, יְרַחֲקוּן לֵיהּ מֵעִדּוּנָא דִּלְעֵילָּא. וְעַ"ד כְּתִיב, כִּי מְכַבְּדַי אֲכַבֵּד וְגוֹ'.

תס. ת"ח, פִּנְחָס קָאִים קָמֵי דִּינָא תַּקִּיפָא דְּיִצְחָק, וְסָתִים פִּרְצָה, בְּגִין כַּךְ אַשְׁלִים לְגַבֵּי פִּנְחָס רָזָא דְּיִצְחָק. קָם קַמֵּי פִּרְצָה דִּכְתִיב וַיַּעֲמוֹד פִּנְחָס וַיְפַלֵּל. קָם בְּפִרְצָה קַמֵּי דִּינָא דְּיִצְחָק, בְּגִין לְאַגָּנָא עֲלַיְיהוּ דְּיִשְׂרָאֵל. וְעַ"ד כָּלִיל דָּא בְּדָא בְּחוּשְׁבָּנָא.

תסא. וְאִי תֵּימָא, הָא חוּשְׁבָּנָא לָא תַּלְיָיא אֶלָּא בְּעַיְינִין דִּילֵהּ, וְהָכָא חוּשְׁבָּנָא לְעֵילָּא בְּיִצְחָק. אֶלָּא וַדַּאי הָכִי הוּא, בְּגִין דְּיִצְחָק תַּלְיָא וְאִתְמְשַׁךְ בְּהַהוּא אֲתָר דְּאִינּוּן עַיְינִין, דְּתַמָּן דַּיָּינִין דִּינִין דְּכָל עָלְמָא, דְּהָא עַיְינִין דִּילֵהּ, אִינּוּן שַׁבְעִין קָתֶדְרָאִין, אֲתַר דְּדַיְינִין דְּעָלְמָא, וְאִקְרוּן סַנְהֶדְרִין. וְעַ"ד כֹּלָּא חַד, בְּגִין דְּיִצְחָק וְאִינּוּן כַּחֲדָא אַזְלִין, וְכֹלָּא שַׁפִּיר.

תסב. פִּנְחָס דָּא יִצְחָק, וְקָם פִּנְחָס וְדָאִין דִּינָא, וּמִתְלַבַּשׁ בִּגְבוּרָה תַּקִּיפָא דְּאִיהוּ שְׂמָאלָא. וּבְגִ"כ זָכָה לִימִינָא. הָכָא אִתְכְּלִיל שְׂמָאלָא בִּימִינָא. הֵשִׁיב

אֶת חֲמָתִי, מַאי הֵשִׁיב אֶת חֲמָתִי. אֶלָּא אִלֵּין אִינּוּן ג' מְמוּנִים דְּגֵיהִנָּם: מַשְׁחִית, אַף, וְחֵימָה. בְּגִין דְּחָמָא הַהוּא חֵמָה, דַּהֲוָה פָּשִׁיט וְאִתְמְשַׁךְ מִסִּטְרָא דְּיִצְחָק, מָה עֲבַד, אִתְלַבַּשׁ אִיהוּ בְּיִצְחָק, וְאָחִיד בְּהַהוּא חֵימָה, כְּמַאן דְּאָחִיד בְּחַבְרֵיהּ, וְאָתִיב לֵיהּ לַאֲחוֹרָא.

תסג. וּכְדֵין דָּן דִּינָא, וְעָבֵיד דִּינָא. דָּן דִּינָא, דְּכָל בּוֹעֵל אֲרַמִּית קַנָּאִין פּוֹגְעִין בּוֹ. וְעָבֵיד דִּינָא, דִּכְתִיב וַיִּדְקוֹר אֶת שְׁנֵיהֶם. וְעַ"ד כְּתִיב הָכָא, הֵשִׁיב אֶת חֲמָתִי. וּכְתִיב הָתָם, הֵשִׁיב אָחוֹר יְמִינוֹ מִפְּנֵי אוֹיֵב, מַה לְהַלָּן לַאֲחוֹרָא, ה"נ לַאֲחוֹרָא. וְעַ"ד יוּ"ד דְּפִינְחָס הָכָא, יוּ"ד דְּיִצְחָק. וְכֹלָּא הוּא מֵעַל בְּנֵי יִשְׂרָאֵל, דְּכַד חָמָא הַהוּא חֵמָה, חָמָא לֵיהּ דַּהֲוָה נָחִית עַל רֵישַׁיְיהוּ דְּיִשְׂרָאֵל.

תסד. מַאי חָמָא. חָמָא מ', אָת דָּא דַּהֲוָה טָאס בִּרְקִיעָא, וְדָא הוּא סִימָנָא דְּמַלְאַךְ הַמָּוֶת, דְּבַעְיָא לְאִתְבַּנָּאָה בְּאָת וָא"ו וְאָת ת'. מָה עֲבַד פִּנְחָס. דַּהֲוָה מִתְלַבַּשׁ בְּיִצְחָק, כְּדֵין נָטִיל הַהוּא אָת מ', וְחָטַף לֵיהּ, וְחַבֵּר לֵיהּ בַּהֲדֵיהּ. כֵּיוָן דְּחָמָא מַלְאַךְ הַמָּוֶת, דְּפִנְחָס חָטַף לֵיהּ לְהַהוּא מ' בַּהֲדֵיהּ, מִיַּד תָּב לַאֲחוֹרָא.

תסה. מ"ט. בְּגִין דְּכַד קַנֵּי בְּלִבֵּיהּ פִּינְחָס, אִתְלַבַּשׁ בְּיִצְחָק, וְאִסְתַּלַּק לְמֶהֱוֵי בְּחוּשְׁבָּנָא ר"ח, וְהָכִי סָלִיק שְׁמֵיהּ ר"ח, וְהָכִי סָלִיק יִצְחָק. כֵּיוָן דְּחָמָא לְאָת מ' טָאס בִּרְקִיעָא, וְחָטַף לֵיהּ, וְחַבֵּר לֵיהּ בַּהֲדֵיהּ וְאִתְעָבֵיד מִיַּד רמ"ח, הה"ד וַיִּקַּח רֹמַח בְּיָדוֹ.

תסו. בְּגִין דְּאָת מ' הֲוָה סִימָנָא קַדְמָאָה לְאָדָם הָרִאשׁוֹן, לְמִבְנֵי מָוֶת עַל עָלְמָא, בְּגִין דְּאָת דָּא הֲוָה טָאס עַל רֵישֵׁיהּ דְּאָדָם, בְּשַׁעְתָּא דִּכְתִיב וַתִּקַּח מִפִּרְיוֹ, מ' פִּרְיוֹ. וַהֲוָה מְחַכָּא ו"ת, בְּזִמְנָא דִּכְתִיב, וַתֹּאכַל, וַתִּתֵּן, וַתִּפָּקַחְנָה. כְּדֵין אִתְבְּנֵי מָוֶת עַל עָלְמָא.

תסז. פִּנְחָס הֲוָה חָמֵי לֵיהּ הַשְׁתָּא הַהוּא אָת מ', טָאִיס עַל רֵישַׁיְיהוּ דְּיִשְׂרָאֵל. וְהֵאיךְ חָמָא לֵיהּ. חָמָא דְּיוּקְנָא דְּמ' פְּתוּחָה, מַלְיָא דְּמָא. כֵּיוָן דְּחָמָא לֵיהּ, אָמַר הָא וַדַּאי סִימָנָא דְּמַלְאַךְ הַמָּוֶת, מִיַּד חָטַף לָהּ, אַדְכַּר עָלָהּ שְׁמָא מְפָרַשׁ, וְנָחִית לְהַאי אָת לְגַבֵּיהּ. וּמַה דַּהֲוָה ר"ח, אִתְצְרִיף רמ"ח. כְּדֵין וַיִּקַּח רֹמַח בְּיָדוֹ. וְעַ"ד כְּתִיב מֵעַל בְּנֵי יִשְׂרָאֵל בְּקַנְאוֹ אֶת קִנְאָתִי, דְּקַנֵּי לִשְׁמָא קַדִּישָׁא, דַּהֲווּ מְחַבְּרִין לֵיהּ בִּרְשׁוּ אַחֲרָא. בְּתוֹכָם, מַאי בְּתוֹכָם. בְּגִין דַּהֲוָה אָזִל וְעָאל בְּגוֹ כַּמָּה אוּכְלוּסִין, כַּמָּה רַבְרְבָן, וּמָסַר גַּרְמֵיהּ לְמוֹתָא בֵּינַיְיהוּ. אֲבָל בְּתוֹכָם, בְּתוֹךְ מ', בְּתוֹךְ מ' הֲוָה הַהוּא קִנְאָה דְּקַנֵּי.

תסח. מ"ט מ'. בְּגִין דְּאִיהִי סִימָנָא דְּמָוֶת, אִיהִי סִימָנָא דְּמ' מַלְקִיּוֹת. אִיהִי סִימָנָא דְּד' מִיתוֹת ב"ד. וּמִתַּמָּן סָלִיק וְנָחִית, נָחִית וְסָלִיק, סָלִיק לְמ', וְנָחִית לְד'. נָחִית לְד', אִינּוּן ד' רוּחִין, דְּמִתְפָּרְשָׁן מִגּוֹ דְּכַר וְנוּקְבָא מִמְּסָאֲבוּתָא, וּבְגִינַיְיהוּ ד' מִיתוֹת ב"ד. וּמִתַּמָּן סַלְקִין לְמ'. וְהַיְינוּ מ' סִימָנָא וּמָאנִין דְּמַלְאַךְ הַמָּוֶת. וְדָא נָטִיל פִּנְחָס, וְקָם בְּתוֹךְ מ', וְעַ"ד וְלֹא כִלִּיתִי אֶת בְּנֵי יִשְׂרָאֵל בְּקִנְאָתִי.

תסט. וכי האיך השיב פנחס וזמתיה דקודשא בריך הוא, והכתיב ויהיו המתים במגפה וגו', אי לא מית וחד מנייהו, הוה אמינא השיב את חמתי, אבל כיון דכל הני מיתו, מ"ט השיב את חמתי ולא כליתי את בני ישראל. אלא ודאי ברירא דמלה, ווי ליה לב"נ דפגים זרעיה, ווי ליה למאן דלא נטיר זרעיה כדקא יאות, וחס ושלום דאפילו וחד מישראל מית, אלא שבטא דשמעון, כד אתי אינון ערב רב, אתערבו בנשין דשבטא דשמעון, בתר דאתגיירו, ואולידו בנין, מנהון מיתו בעגל, ומנהון מיתו במותנא, ואחרנין מיתו הכא, אינון דאשתארו. הדא הוא דכתיב, ויהיו המתים במגפה, אשר מתו לא כתיב, אלא המתים, מתים דמעיקרא הוו.

תע. ובגין דאסתמרו ישראל, וכל אינון זרעא קדישא, אתמנון כלהו, בגין דלא וחסר אפילו וחד מנייהו. וע"ד כתיב, ולא כליתי את בני ישראל, מכלל דאחרנין כלו. וכן השיב את חמתי מעל בני ישראל, מעל בני ישראל השיב, אבל מעל אחרנין דהוו ערב רב, לא השיב. וע"ד רשים קרא ואמר, מעל בני ישראל. ובג"ד אתמנון בני ישראל כמלקדמין, ווזבר לון קודשא בריך הוא בהדיה. כגוונא דא בעובדא דעגל, דכתיב ויפול מן העם וגו'. כל אינון מערב רב הוו. ולאחזאה דלא הוו מבני ישראל, מה כתיב לבתר, ויקהל משה את כל עדת בני ישראל.

תעא. קחו מאתכם תרומה. ת"ח, בקדמיתא כתיב, מאת כל איש אשר ידבנו לבו. כלא בכלל. כיון דאינון ערב רב עבדו דא, ומיתו מנייהו אינון דמיתו, בעא קודשא בריך הוא לאתפייסא בהדייהו דישראל, אמר לון, אתחברו כלכו לסטר וחד, הדא הוא דכתיב ויקהל משה את כל עדת בני ישראל בלחודייהו, אמר לון, בני, בכון אנא בעי למשרי, עמכון תהא דיורא דילי. וע"ד, קחו מאתכם תרומה, מאתכם, ולא מאחרא, לא בעינא דתהא שתופא לאחרנין בהדי, ולא בהדייכו, ובג"כ כלהו אשתציאו. אוף הכא הא אינון מאינון גזעא בישא הוו, ויהיו המתים. המתים, ודאי מתים, ולא מישראל. ובג"כ מנה לון, דכתיב שאו את ראש בני ישראל, ארימו רישייהו.

תעב. א"ר אלעזר, אבא, כמה יאות הוא, אי לא אשכחנא פלוגתא על דא. אמר ליה ברי אימא. א"ל והא כתיב ויצמד ישראל לבעל פעור, ותנינן דאתחברו ישראל בהדיה, כצמידא דא דאתחבר בב"נ בקשוטוי, הכי אתחברו ישראל בבעל פעור. א"ל אלעזר, הכי הוא, ויצמד ישראל לבעל פעור, אלא אנא לא אמרית דאתדכו ישראל מההוא חובה, אלא דאתדכו ממותא, דלא שריא עלייהו מותא.

תעג. א"ל והא כתיב, קח את כל ראשי העם והוקע אותם. א"ל ראשי העם ודאי, ולא ראשי בני ישראל. ומן העם אית לך למילף, כתיב הכא העם,

וּכְתִיב הָתָם וַיַּרְא הָעָם. וַיִּקָּהֵל הָעָם. וַיִּפּוֹל מִן הָעָם. אֲבָל ת"ח, וַיִּצָּמֶד יִשְׂרָאֵל לְבַעַל פְּעוֹר, וְלָא פַּלְחוּ לֵיהּ, אֲבָל מִן סֵיפֵיהּ דִּקְרָא אוֹכַח, דִּכְתִיב וַיֹּאכַל הָעָם וַיִּשְׁתַּחֲווּ, וְלָא כְּתִיב וַיֹּאכַל וַיִּשְׁתַּחֲווּ יִשְׂרָאֵל. אֶלָּא הָעָם, כֵּיוָן דִּכְתִיב וַיִּצָּמֶד יִשְׂרָאֵל, מַאי וַיֹּאכַל הָעָם. אֶלָּא הַהוּא זַרְעָא בִּישָׁא, הֲווּ חוֹבָה דְּיִשְׂרָאֵל.

תעד. מַהוּ דִּכְתִיב וַיִּצָּמֶד יִשְׂרָאֵל לְבַעַל פְּעוֹר. ת"ח, וַיִּצָּמֶד יִשְׂרָאֵל בְּבַעַל פְּעוֹר לָא כְּתִיב, אֶלָּא לְבַעַל פְּעוֹר. קְשׁוּטִין וְתוּקְפָּא יָהֲבוּ לְבַעַל פְּעוֹר, בְּלָא דַּעְתָּא, בְּגִין דְּפוּלְחָנָא דִּפְעוֹר הוּא, לְמִפְרַע גַּרְמֵיהּ, וּלְאַפָּקָא קַמֵּיהּ צוֹאָה רוֹתַחַת. וְהַהוּא עֲבִידְתָּא אַהֲנֵי לֵיהּ, וְאִתְתָּקַף מִנֵּיהּ. וְיִשְׂרָאֵל כֵּיוָן דְּחָמוּ דָּא, וְשִׁיבָא דְּזִלְזוּלָא דִּילֵיהּ אִיהוּ, וְקִלְקוּלָא דִּילֵיהּ, דְּהָא בְּע"ז כְּתִיב, צֵא תֹּאמַר לוֹ. וְאִינוּן בְּגִין זִלְזוּלָא דַּעֲבוֹדָה זָרָה, פָּרְעוּ גַּרְמַיְיהוּ בְּלָא יְדִיעָה, וְעַל הָנֵי כִּפֵּר פִּנְחָס, וּבִטֵּל מוֹתָנָא, דִּכְתִיב וַיְכַפֵּר עַל בְּנֵי יִשְׂרָאֵל.

תעה. אָמַר רַעְיָא מְהֵימְנָא, הֵשִׁיב אֶת חֲמָתִי, מַאי הֵשִׁיב אֶת חֲמָתִי. אֶלָּא ג' מְמוּנִּים דְּגֵיהִנָּם, חַד עַל ש"ד, וְחַד עַל ג"ע, וְחַד עַל ע"ז. וְאִינוּן: מַשְׁחִית, אַף, וְחֵימָה. הוּא וְחֵימָה דַּהֲוָה טָאס בְּעָלְמָא. אָמַר הֵשִׁיב אֶת חֲמָתִי מֵעַל בְּנֵי יִשְׂרָאֵל, וְלָא אָמַר מֵעַל הָעָם, דְּאִינוּן עֶרֶב רַב, דְּאִתְּמַר וַיִּפּוֹל מִן הָעָם בַּיּוֹם הַהוּא כִּשְׁלֹשֶׁת אַלְפֵי אִישׁ, דְּהָכִי אוֹקִימְנָא וְשָׁאִילוּ לְבוּצִינָא קַדִּישָׁא.

תעו. וּמַה כְּתִיב, קְחוּ מֵאִתְּכֶם תְּרוּמָה לַיְיָ', וְלָא מֵעֶרֶב רַב, דְּלָא אִתְקְרִיאוּ קְהִלָּה וְחִבּוּר, עַד דְּאִתְעֲבַר מִנְּהוֹן עֶרֶב רַב, כִּבְיָכוֹל בְּזִמְנָא דְּמִתְעָרְבִין בֵּינַיְיהוּ, כְּאִילוּ לָא הֲווּ גּוֹי אֶחָד. וּבְגִ"ד קְחוּ מֵאִתְּכֶם תְּרוּמָה, וְלָא מִשְׁוֹתְפוּ אַחֲרָא, דְּלָא בָּעֵינָא לְשַׁתְּפָא אַחֲרָנִין בֵּינִי וּבֵינַיְיכוּ.

תעז. וְלָא עוֹד, אֶלָּא כַּד עֶרֶב רַב אִינּוּן מְעוֹרָבִין בְּיִשְׂרָאֵל, מַה כְּתִיב הָיוּ צָרֶיהָ לְרֹאשׁ. וְיִשְׂרָאֵל בָּתַר דְּמִתְעַבְרֵי מִנַּיְיהוּ אִלֵּין מַה כְּתִיב, שְׂאוּ אֶת רֹאשׁ כָּל עֲדַת בְּנֵי יִשְׂרָאֵל. וְלָא עוֹד, אֶלָּא דְּאָמַר קוּדְשָׁא בְּרִיךְ הוּא, אֲנָא בָּעֵי לְדַיְירָא עִמְּכוֹן. הֲדָא הוּא דִּכְתִיב, וְעָשׂוּ לִי מִקְדָּשׁ וְשָׁכַנְתִּי בְּתוֹכָם.

תעח. וְלָא עוֹד, אֶלָּא כַּד בְּנֵי יִשְׂרָאֵל בְּגָלוּתָא, עֲלַיְיהוּ אִתְּמַר מִי מְעַכֵּב שְׂאוֹר שֶׁבָּעִסָּה, וְהָא אוֹקְמוּהָ מָארֵי מַתְנִיתִין, בְּזִמְנָא דְּעֶרֶב רַב אִינּוּן רָאשִׁים עַל יִשְׂרָאֵל, כִּבְיָכוֹל כְּאִילוּ עָבְרִין שׁוּלְטָנֵי דְּקוּדְשָׁא בְּרִיךְ הוּא, וְיֵיעֲלוּן בְּמִשְׁפְּטֵי כֹּכָבַיָּא וּמַזָּלֵי. וּבְגִ"ד צַוְוחִין וְאַמְרִין, יְיָ' אֱלֹהֵינוּ בְּעָלוּנוּ אֲדוֹנִים זוּלָתֶךָ.

תעט. ד"א, פִּנְחָס וְגוֹ'. קוּם בּוּצִינָא קַדִּישָׁא, וְאַפְתַּח מִלֵּי קַמֵּי שְׁכִינְתָּא. קָם בּוּצִינָא קַדִּישָׁא, וְאָמַר, בְּחִבּוּרָה קַדְמָאָה אִתְּמַר הָכִי. תָּא חֲזֵי, פִּינְחָס קָאִים קַמֵּי דִּינָא תַּקִּיפָא דְּיִצְחָק, וְקָם קָמֵי פַּרְצָה, דִּכְתִיב וַיַּעֲמוֹד פִּינְחָס וַיְפַלֵּל וַתֵּעָצַר הַמַּגֵּפָה, בְּגִין לְאַגָּנָא עֲלַיְיהוּ דְּיִשְׂרָאֵל, וּבְגִין דָּא כָּלִיל דָּא וְדָא בְּחוּשְׁבְּנָא, פִּינְחָס כְּמִנְיַן יִצְחָק, וְהָכָא צָרִיךְ לְחַדְּתָא מִלִּין.

תפ. פָּתַח וְאָמַר, אֵלִיָּהוּ רְחִימָא דְּמַלְכָּא עִלָּאָה, חָזָא מ"ם מִן מָוֶת טָאס

באוירא, וזטף לה, ושתף לה עם ר"ז, דאיהו יצחק, ואיהו בחושבן פינחס, ואשתלים בה רמ"ח. לבתר חזא ו' מן מו"ת טס ברקיעא, וחטף ליה, ושוי ליה ברמ"ח, ואשתלים רומ"ח. הדא הוא דכתיב, ויקח רומח בידו.

תפא. ואיהו, במה יכיל לחטוף תרין אתוון אלין. בתרין רוחין דאשתמרו לעילא, דאשתתפו בפנחס. פנ"י ח"ס. בתרין פנים אלין, חס על ישראל דלא אתאבידו, בחילא דתרווייהו, וידקור את שניהם, בתרין אתוון מ"ו. והיינו בקנאו את קנאתי בתוכם.

תפב. ואמאי אשתתף ביצחק. בגין דיצחק מסר גרמיה למיתה. ובגין דא אשתתף ליה ליצחק, למהוי ליה עזר. דמסטרא דתרין עיזלי דאיילתא, אשתתפי ביה אברהם ויעקב, דאברהם דרגיה חסד אשתתף בח"ס דפנח"ס. יעקב איהו פנ"י דפנחס בגין דאתמר ביה, כאשר עבר את פניאל, פנ"י א"ל. בגין דכד עלמא איהו בדוחקא, ואית צדיק בעלמא מקני על ברית, אבהן אשתתפו ביה, ובגינייהו אמר משה בדוחקא דישראל, זכור לאברהם ליצחק ולישראל עבדיך. ובתלת אתוון יה"ו מן אליהו, זכה לה' מן הנביא, ודא איהו אליהו, ה' נביא, ואשתלים ביה ידו"ד.

תפג. י' דזכה פנחס ביה, בגין דקני על ברית, זכה לברית. ותרין יודין אינון, יוד עלאה מן ידו"ד, דכרת בה לאברהם, בין י' אצבעות דידין. יו"ד זעירא איהי מן אדני, דכרת בה בין י' אצבען דרגלין ואיהי את קדישא, דמתעטרא ברשימו עלאה.

תפד. ודא אתרשים תמיד לעלמין, איהי אות דשבת, אות דתפלין, אות דיומין טבין, אות דשדי דרשים על מזוזות ביתך ובשעריך. למהוי בה רשימין ישראל ברצועייהו, בברית דלהון, דאינון בנוי דמטרוניתא, בנוי דהיכלא דמלכא קדישא, ובאורייתא, אינון רשימין באת י' עלאה, דאינון בני מלכא עלאה, כמה דאוקמוה. והא אתמר בנים אתם ליי' אלהיכם.

תפה. ואות יוד דשדי, איהו חוליא דשלשלת, על קודלא דשד יצר הרע, דלא לנזיק ליה לב"נ. דעליה אמר דוד, הצילה מחרב נפשי מיד כלב יחידתי. איהו נחש, איהו כלב, איהו אריה. דעליה אמר דוד, יארוב במסתר כאריה בסכה. והנביא קרא ליה דוב, הה"ד דוב אורב הוא לי ארי במסתרים. נמשל כבהמות, נמשל לכל חיון מסאבן, דאינון דורסין, אתמתיל לכל ב"נ, כפום חובוי, והא אתמר.

תפו. והאי איהו כלב ונחש וחמור נוער, דמרכיבין עליה נפשא. ומיד דאשתמודע ההוא דרכיב עליה דאיהו חייבא, עליה כתיב, ויפול רוכבו אחור. ורזא דמלה, כי יפול הנופל ממנו. ובגין דא אמר איוב, לא נופל אנכי מכם. וצדיק דרכיב עליה, קשיר ליה בקשירו דרצועין דתפלין. אות תפלין

דְּאִיהוּ אוֹת יוד. דְּשַׁדַּי, וְזוּלְיָא עַל קָדְלֵיהּ. ש' דִּתְפִלִּין, שַׁלְשֶׁלֶת עַל קָדְלֵיהּ.

תפז. וּבֵיהּ רָכִיב אֵלִיָּהוּ, וְסָלִיק לִשְׁמַיָּא. הה"ד, וַיַּעַל אֵלִיָּהוּ בַּסְּעָרָה הַשָּׁמָיִם. וּבֵיהּ וַיַּעַן יְדֹוָ"ד אֶת אִיּוֹב מִן הַסְּעָרָה. וּבְגִין דָּא, אוֹקְמוּהָ רַבָּנָן דְּמַתְנִיתָא עָלֵיהּ, אֵיזֶהוּ גִּבּוֹר הַכּוֹבֵשׁ אֶת יִצְרוֹ. וְאִית לְמַאן דְּמִתְהַדָּר לֵיהּ וַחֲמוֹר, דְּלָאו אִיהוּ מְצַטַּעֵר רוֹכְבוֹ. וְאִלֵּין אִינּוּן דְּמִשְׁתַּדְּלִין בְּקַל וָחוֹמֶר. וּבְגִין דָּא אִתְּמַר בְּאַבְרָהָם, וַיַּחֲבֹשׁ אֶת חֲמֹרוֹ. וּבְגִינֵיהּ אִתְּמַר עַל מָשִׁיחַ, עָנִי וְרוֹכֵב עַל חֲמוֹר.

תפח. וּבְגִין דָּא י' מִן שַׁדַּ"י, דְּאִיהוּ וְזוּלְיָיא דְּשַׁלְשֶׁלֶת, מִינָהּ מִפַּחֲדִין כָּל שֵׁדִין וּמַזִּיקִין, וּמִיַּד דְּחָזְיָין לֵיהּ בַּמְּזוּזוֹת דְּתַרְעִין, בַּרְחִין, דְּבָהּ אִתְּמַר, לֶאְסוֹר מַלְכֵיהֶם בְּזִקִּים וְנִכְבְּדֵיהֶם בְּכַבְלֵי בַרְזֶל. כ"ש כַּד חַזְיָין לָהּ בְּאוֹת תְּפִלִּין עַל דְּרוֹעִין, וּרְשִׁימִין בָּהּ בְּאוֹת בְּרִית בִּבְשָׂרֵיהוֹן, וְהַזָּר הַקָּרֵב יוּמָת, לֵית זָר, אֶלָּא יֵצֶר הָרָע, דְּדַמְיָא לְכָל חֵיוָן וְעוֹפִין דּוֹרְסִין.

תפט. וּבְגִין דָּא, זְכָר נָא מִי הוּא נָקִי אָבַד, דָּא פִּנְחָס, דְּקַנֵּי עַל בְּרִית, וְאִתְרְשִׁים בֵּיהּ, דְּאִיהוּ בְּרָא דְּמַלְכָּא וּמַטְרוֹנִיתָא. קַנֵּי בְּמַחֲשָׁבָה, וְזָכֵי לְאָת י' מִן יְהוָ"ה. וְקַנֵּי בְּעוֹבָדוֹי, וְזָכָה לְאוֹת י' מִן אֲדֹנָי. וְהַאי אִיהוּ חָכְמָה בְּרֹאשׁ. וְחָכְמָה בַּסּוֹף. וּבְגִין דְּאָדָם קַדְמָאָה הֲוָה רָשׁוּם בְּתַרְוַויְיהוּ, אוֹקְמוּהָ עָלֵיהּ רַבָּנָן, דְּאִיהוּ רִאשׁוֹן לַמַּחֲשָׁבָה, אַחֲרוֹן לְמַעֲשֶׂה. אַדְּהָכִי דְּאָמַר מִלִּין אִלֵּין אִתְכַּסֵּי מִנַּיְיהוּ. אָמַר ר' אֶלְעָזָר, זַכָּאָה חוּלְקָנָא, דְּזָכֵינָא לְמִשְׁמַע מִלִּין מִבְּנֵי עָלְמָא דְּאָתֵי.

תצ. וּבְחִבּוּרָא קַדְמָאָה. לָכֵן אֱמֹר, בְּאוֹמָאָה עֲלָךְ, אִם הוּא בִּרְעוּתָךְ, וְאִי לָאו, אִימָא. ר' פִּנְחָס בֶּן יָאִיר. הַהוּא טוּלָא בָּטַשׁ בְּעֵינוֹי דר' אַבָּא, וְכִי לָא הֲוָה יָדַע קוּדְשָׁא בְּרִיךְ הוּא, אִי הֲוָה בִּרְעוּתֵיהּ, אִם לָאו. א"ל, אִם לֵיהּ גָּלוּי, מִי גָּלוּי לְאַחֲרִינֵי, וּבְגִ"ד לָכֵן אֱמוֹר.

תצא. וְתוּ אִתְּמַר בְּחִבּוּרָא קַדְמָאָה, מִכְתָּם לְדָוִד, סִימָנָא דְּאַחְזִיאוּ לֵיהּ לְדָוִד, כַּד שָׁדַר לְיוֹאָב לַאֲרַם נַהֲרַיִם וּלְאָרָם צוֹבָה לְאַגָּחָא בְּהוּ קְרָבָא. אָמַר רַעְיָא מְהֵימְנָא, שׁוּשַׁן עֵדוּת: דָּא סַהֲדוּתָא דִּשְׁכִינְתָּא, דְּאִיהוּ שׁוֹשַׁן עֵדוּת. דְּאִיהִי סַהֲדוּתָא דְּקַיְימָא עֲלָן, וְסָהֲדַת עֲלָן קַמֵּי מַלְכָּא, וְדַרְגִּין עִלָּאִין קַדִּישִׁין בַּהֲדָהּ, וְסִיַּיעְתָּא קַדִּישָׁא לְתוּשְׁבַּחְתָּא. אָמַר ר"מ, שׁוֹשַׁן עֵדוּת דְּאִינּוּן סָהֲדִין עַל יִשְׂרָאֵל, דְּאִינּוּן אֵבָרִים, וְאִיהִי נִשְׁמְתָא עָלַיְיהוּ. אִיהוּ סִיַּיעְתָּא דִּשְׁמַיָּא. דְּאִתְּמַר בָּהּ, וְאַתָּה תִּשְׁמַע הַשָּׁמַיִם. אִיהִי סִיַּעְתָּא קַדִּישְׁתָּא, דְּאִתְּמַר עָלָהּ תַּנְיָא דִּמְסַיַּיע לָךְ.

תצב. אֵיתָן מוֹשָׁבֶךָ וְשִׂים בַּסֶּלַע קִנֶּךָ. אֵית"ן: תַּנְיָ"א. תַּמָּן קִנָּא דְּנִשְׁרָא עִלָּאָה, וְאִיהִי שְׁכִינְתָּא. וְעָלָהּ אִתְּמַר, כְּנֶשֶׁר יָעִיר קִנּוֹ עַל גּוֹזָלָיו יְרַחֵף, דְּאִינּוּן שׁוֹנֵי הֲלָכוֹת וּמִשְׁנָיוֹת. וְכָל דִּבּוּר וְדִבּוּר דְּנָפִיק מִפּוּמוֹי דְּהַהוּא תַּנְיָ"א, דְּאַפִּיק בֵּין לִשְׁמָא דִּידֹוָ"ד, בֵּין בְּאוֹרַיְיתָא, בֵּין בִּצְלוֹתָא, בֵּין בִּבְרָכָה, בֵּין בְּכָל פִּקּוּדָא

וּפִקּוּדָא, מַה כְּתִיב בֵּיהּ. יִפְרוֹשׂ כְּנָפָיו, הַהוּא נִשְׁרָא דְּהוּא דִּבּוּר, דְּבֵיהּ יְהֹוָ"ה.
תצג. יִקָּחֵהוּ יִשָּׂאֵהוּ עַל אֶבְרָתוֹ, מַאי עַל אֶבְרָתוֹ. עַל הַהוּא אֵבֶר דְּב"ג, דְּבֵיהּ מִצְוָה יְדֹוָ"ד, אִתְקְרֵי אֵבֶר דִּשְׁכִינְתָּא. וּבְגִ"ד יִשָּׂאֵהוּ עַל אֶבְרָתוֹ. יִשָּׂאֵהוּ: כְּגוֹן יִשָּׂא יְדֹוָ"ד פָּנָיו אֵלֶיךָ.
תצד. וּמַאי וְשִׂים בַּסֶּלַע קִנֶּךָ. אֶלָּא אָמַר דָּוִד עָלֵיהּ, יְיָ' סַלְעִי וּמְצוּדָתִי. אוּף הָכִי תָּנָא, דְּאִיהוּ בֵּיהּ הֲלָכָה תַּקִּיפָא כְּסֶלַע, דְּלֵית פַּטִּישׁ יָכִיל לְפַצְּצָא יָתָהּ בְּכָל קוּשְׁיָין דְּעָלְמָא. בְּהַאי אִיהוּ מְקַנְּנָא נִשְׁרָא, וְכָל תַּנָּאִים אִתְקְרִיאוּ קִנִּים דִּילָהּ. וּבְגִין דָּא, כִּי יִקָּרֵא קַן צִפּוֹר לְפָנֶיךָ, בְּאֹרַח מִקְרֶה, וּמְנָא וַדַּאי כְּאוּשְׁפִּיזָא וְאַכְסְנַאי, דְּאִזְדַּמַּן לְפוּם שַׁעֲתָא בְּבֵי אוּשְׁפִּיזֵיהּ.
תצה. וְאִית דְּאִינּוּן בְּמַתְנִיתָא דִּלְהוֹן דִּירָה לִשְׁכִינְתָּא, הה"ד וְשָׁמְרוּ בְנֵי יִשְׂרָאֵל אֶת הַשַּׁבָּת וְגוֹ', לְדוֹרוֹתָם, לְדֹרֹתָם וָחֵסֵר, לָשׁוֹן דִּירָה. וְאִית מָארֵי מִשְׁנָה דְּתוֹרָתָם אוּמָנוּתָם, דְּלָא זָזַת שְׁכִינְתָּא מִנַּהוֹן כָּל יוֹמֵיהוֹן. אֲבָל אִלֵּין, כִּי יִקָּרֵא קַן צִפּוֹר לְפָנֶיךָ, בְּהוֹן שְׁכִינְתָּא בְּאֹרַח מִקְרֶה, וּמְנִין שַׁרְיָא עֲלַיְיהוּ וְאִשְׁתְּכַחַת עִמְּהוֹן, וּזְמְנִין לָא אִשְׁתְּכַחַת עִמְּהוֹן.
תצו. וְרָזָא דְּמִלָּה, זִמְנִין דְּאִשְׁתְּכָחַת עִמְּהוֹן, לֹא תִקַּח הָאֵם. וּזְמְנִין דְּלָא אִשְׁתְּכָחַת עִמְּהוֹן, שַׁלֵּחַ תְּשַׁלַּח אֶת הָאֵם. אֶפְרוֹחִים אִלֵּין מָארֵי מִשְׁנָה. אוֹ בֵיצִים, מָארֵי מִקְרָא בְּאִלֵּין דְּלָא קָבְעִין לְמוֹדַיְיהוּ, שַׁלֵּחַ תְּשַׁלַּח אֶת הָאֵם. אֲבָל בְּאִלֵּין דְּקָבְעִין לְמוֹדַיְיהוּ, לֹא תִקַּח הָאֵם עַל הַבָּנִים. וְאִית מָארֵי הֲלָכוֹת, דְּדַמְיָין לְכֹכָבַיָּא, הה"ד וּמַצְדִּיקֵי הָרַבִּים כַּכּוֹכָבִים לְעוֹלָם וָעֶד. לָאו כַּכּוֹכָבִים, דְּאִתְּמַר בְּהוֹן וְכָל צְבָאָם יִבּוֹל. אֶלָּא כְּאִינּוּן כֹּכָבַיָּא דְּעָלְמָא דְּאָתֵי, דְּאִינּוּן לְעוֹלָם וָעֶד קַיְימֵי תָּדִיר.
תצז. וַיֹּאמֶר אֱלֹהִים נַעֲשֶׂה אָדָם, בָּתַר דְּאַשְׁלִימוּ לַעֲבִידְתַּיְיהוּ כָּל אוּמָן וְאוּמָן, אָמַר לוֹן קוּדְשָׁא בְּרִיךְ הוּא, אוּמָנוּתָא וַדַּאי אִית לִי לְמֶעְבַּד, דִּיהֵא שׁוּתָּפָא דְּכֻלְּנָא. אִתְחַבָּרוּ כֻּלְּכוֹ כַּחֲדָא, לְמֶעְבַּד בֵּיהּ כָּל אֶחָד וְאֶחָד מֵחוּלָקָא דִּילֵיהּ, וַאֲנָא אֶשְׁתַּתַּף עִמְּכוֹן, לְמֵיהַב לֵיהּ מֵחוּלָקָא דִּילִי. וְהַיְינוּ נַעֲשֶׂה אָדָם בְּצַלְמֵנוּ כִּדְמוּתֵנוּ. וְאוֹקְמוּהָ רַבָּנָן, דְּלֵית אָדָם אֶלָּא יִשְׂרָאֵל, הה"ד וְאַתֵּן צֹאנִי צֹאן מַרְעִיתִי אָדָם אַתֶּם. אַתֶּם אָדָם, וְלָא עכו"ם. וּבְגִ"ד יִשְׂמַח יִשְׂרָאֵל בְּעוֹשָׂיו.
תצח. אָמַר בּוּצִינָא קַדִּישָׁא, וַדַּאי הַהוּא תַּנָּא דְּאִתְטְמַר בְּסֶלַע דְּחֶזְוָיָא אָמַר דָּא, דִּכְתִיב בֵּיהּ אֵיתָן מוֹשָׁבֶךָ וְשִׂים בַּסֶּלַע קִנֶּךָ. דִּתְלַת אֲבָהָן נִקְרְאוּ אֵיתָנִים, וּרְבִיעָאָה אֵיתָן מוֹשָׁבֶךָ. דְּבֵיהּ מִתְיַשְּׁבָא הֲלָכָה, דְּאִתְּמַר בָּהּ הֲלָכָה לְמֹשֶׁה מִסִּינַי. דְּאִיהוּ אִתְפַּשַּׁט עַל שִׁתִּין רִבּוֹא דְּיִשְׂרָאֵל, וְנָהִיר לוֹן בְּאוֹרַיְיתָא, כְּשִׁמְשָׁא דְּאִתְכַּסֵּי בְּלֵילְיָא, וְנָהִיר לְכָל כֹּכְבַיָּא וּמַזָּלֵי. וְלֵית לֵילְיָא אֶלָּא גָּלוּתָא, וְאִיהִי שׁוֹמֵר מַה מִּלַּיְלָה שׁוֹמֵר מַה מִּלֵּיל. וְאִתְגַּלְיָא בִּימָמָא, דְּאִתְּמַר הַבֹּקֶר אוֹר, בֹּקֶר דְּאַבְרָהָם, דְּאִתְּמַר בֵּיהּ וּבֹקֶר וּרְאִיתֶם אֶת כְּבוֹד יְיָ'. וַי יְיָ' שְׁכְבֵי

עַד הַבֹּקֶר.

תצט. אַדְּהָכִי, הָא רַעְיָא מְהֵימְנָא נָפִיק מֵהַהוּא סֶלַע, וְאָמַר, בּוּצִינָא קַדִּישָׁא, מַה מוֹעִיל לִי לְאִתְטַמְּרָא מִקַּמָּךְ, דְּהָא לָא שְׁבַקְנָא אֲתַר דְּלָא עָאלִית לְאִתְטַמְּרָא מִנָּךְ, וְלָא אַשְׁכַּחְנָא, אִי הָכִי לֵית לִי לְאִתְכַּסְיָיא מִנָּךְ.

תק. א"ל בּוּצִינָא קַדִּישָׁא, בָּתַר דְּאָמַר נַעֲשֶׂה אָדָם בְּצַלְמֵנוּ כִּדְמוּתֵנוּ, מַאי נִיהוּ דְּאָמַר לְבָתַר וַיִּבְרָא אֱלֹהִים אֶת הָאָדָם בְּצַלְמוֹ. א"ל, מַה דְּאוּקְמוּהָ עַל דָּא מָארֵי מַתְנִיתִין, דְּמִנַּהוֹן הֲווּ אַמְרִין יִבָּרֵא, וּמִנַּהוֹן אַמְרִין לָא יִבָּרֵא, קוּדְשָׁא בְּרִיךְ הוּא בָּרָא לֵיהּ, דִּכְתִּיב וַיִּבְרָא אֱלֹהִים אֶת הָאָדָם בְּצַלְמוֹ. אָמַר לֵיהּ, אִי הָכִי אִיהוּ, לָא יָהִיב חוּלָקָא בֵּיהּ חַד מִנַּיְיהוּ, וְלָא אִתְעָבֵיד בְּדִיּוּקְנָא דִּלְהוֹן, אֶלָּא בְּאִיקוּנִין דְּמַלְכָּא בְּצַלְמוֹ כִּדְמוּתוֹ, דְּאִיהוּ צֶלֶם דְּמוּת תַּבְנִיתוֹ. אָמַר הָכִי אִשְׁתְּמוֹדַע.

תקא. אָמַר ח"ו. אֶלָּא אֲנָא אֵימָא לָךְ, דְּאִתְבְּרֵי בְּכֹלָּא, וְאַשְׁלְטֵיהּ עַל כֹּלָּא. וְאִי הֲוָה יָהִיב כָּל חַד בֵּיהּ חוּלָקֵיהּ, בְּזִמְנֵיהּ דַּהֲוָה כַּעְסֵיהּ עָלֵיהּ, כָּל חַד, הֲוָה נָטִיל חוּלָקֵיהּ מִנֵּיהּ, כִּי בַמֶּה נֶחְשָׁב הוּא.

תקב. אֶלָּא קוּדְשָׁא בְּרִיךְ הוּא בָּרָא לֵיהּ בְּדִיּוּקְנֵיהּ, דָּא מַלְכוּת קַדִּישָׁא, דְּאִיהִי תְּמוּנַת כֹּל. דְּבַהּ אִסְתַּכַּל קוּדְשָׁא בְּרִיךְ הוּא, וּבָרָא עָלְמָא, וְכָל בִּרְיָין דִּבְרָא בְּעָלְמָא, וְכָלַל בָּהּ עִלָּאִין וְתַתָּאִין, בְּלָא פֵּרוּדָא כְּלָל, וְכָלִיל בָּהּ עֶשֶׂר סְפִירָן, וְכָל שְׁמָהָן וְכִנּוּיִין וַהֲוָיָין. וְעִלַּת עַל כֹּלָּא, דְּאִיהוּ אֲדוֹן עַל כֹּלָּא, וְלֵית אֱלָהָא בַּר מִנֵּיהּ, וְלָא יִשְׁתְּכַח בְּעִלָּאִין וְתַתָּאִין פְּחוּת מִינָּהּ. בְּגִין דְּאִיהִי קֶשֶׁר דְּכֻלְּהוּ, שְׁלִימוּ דְּכֻלְּהוּ, לְקַיְּימָא בֵּיהּ וּמַלְכוּתוֹ בַּכֹּל מָשָׁלָה. וּבְגִין דְּלָא אִשְׁתְּכַח עִלַּת עַל כֹּלָּא בְּעִלָּאִין וְתַתָּאִין פָּחוּת מִנָּהּ, אֲפִילּוּ בְּחַד מִנַּיְיהוּ, אִתְקְרִיאַת אֱמוּנַת יִשְׂרָאֵל. וּמִסִּטְרָא דְּעִלַּת עַל כֹּלָּא, אִתְּמַר בָּהּ, כִּי לֹא רְאִיתֶם כָּל תְּמוּנָה, אֲבָל מִסִּטְרָא דִּשְׁאָר בִּרְיָין. אִתְּמַר בָּהּ, וּתְמוּנַת יְיָ' יַבִּיט.

תקג. אָתָא בּוּצִינָא קַדִּישָׁא וּשְׁאַר חַבְרַיָּיא, וְאִשְׁתְּטָחוּ קַמֵּיהּ, וְאָמְרוּ, וַדַּאי כְּעַן לֵית מַאן דְּיָכִיל לְמֵיטַל מִנֵּיהּ חוּלָקֵיהּ, דְּלָא יָהִיב בֵּיהּ חוּלָקָא חַד בְּעָלְמָא, אֶלָּא בּוֹרֵא עָלְמִין, עִלַּת עַל כֹּלָּא, וּבֵיהּ תַּלְיָא עֲנָשֵׁיהּ, אוֹ אַגְרֵיהּ, וְלָא בְּמַלְאָךְ וְשָׂרָף, וְלָא בְּשׁוּם בְּרִיָּה דְּעָלְמָא. וּבְגִין דָּא אוּקְמוּהָ רַבָּנָן דְּמַתְנִיתִין, הַמְשַׁתֵּף שֵׁם שָׁמַיִם וְדָבָר אַחֵר, נֶעֱקָר מִן הָעוֹלָם. מִיַּד דְּשָׁמַע מִלִּין אִלֵּין דְּאר"ש בּוּצִינָא קַדִּישָׁא חַדֵּי ר"מ. וְכָל חַבְרַיָּיא בָּרִיכוּ לֵיהּ, וְאָמְרוּ, ר"מ, אִי לָא הֲוָה אָתֵי ב"נ בְּעָלְמָא אֶלָּא לְמִשְׁמַע דָּא דַּיי.

תקד. זַכָּאָה אִיהוּ, מַאן דְּאִשְׁתַּדַּל בְּגָלוּתָא בַּתְרָאָה, לְמִנְדַּע לִשְׁכִינְתָּא, לְאוֹקִיר לָהּ בְּכָל פִּקּוּדִין, וּלְמִסְבַּל בְּגִינָהּ כַּמָּה דּוֹחֲקִין. כְּמָה דְּאִתְּמַר, אַגְרָא דְּכַלָּה דּוֹחֲקָא. וַיִּשְׁכַּב בַּמָּקוֹם הַהוּא, אִם יֵשׁ כ"ב אוֹתִיּוֹת דְּאוֹרַיְיתָא, אִיהִי שְׁכִיבַת עִמֵּיהּ.

תקה. מַאן יֵ"שׁ. וְחָכְמָה מֵאַיִן. דִּבְאֲתַר דִּשְׁכִינְתָּא עִלָּאָה תַּמָּן, וְחָכְמָה תַּמָּן. וּבְגִינָהּ אִתְּמַר, לְהַנְחִיל אוֹהֲבַי יֵשׁ. וְהַיְינוּ וְעֹשֶׂה חֶסֶד לַאֲלָפִים לְאוֹהֲבָי. מִסִּטְרָא דְּאַהֲבַת חֶסֶד. וְיֵשׁ דְּאִיהִי חָכְמָה לִימִינָא, דְּהָכִי אוּקְמוּהָ הָרוֹצֶה לְהַחְכִּים יַדְרִים. וּבְגִין דָּא, לְהַנְחִיל אוֹהֲבַי יֵשׁ.

תקו. תָּא חֲזֵי בְּרָזִין סְתִימִין, בְּמִדּוֹת דְּקוּדְשָׁא בְּרִיךְ הוּא, הַהִיא מִדָּה דְּמִשְׁתַּדְּלִין בָּהּ, וְדַכְרִין בָּהּ, עָלָהּ אִתְּמַר, בַּמִּדָּה שֶׁאָדָם מוֹדֵד בָּהּ מוֹדְדִין לוֹ. וְשַׁבְעִין אַנְפִּין לְאוֹרַיְיתָא, וְהַאי אִיהוּ בְּכָל הַמָּקוֹם אֲשֶׁר אַזְכִּיר אֶת שְׁמִי, תַּזְכִּיר אֶת שְׁמִי מִבָּעֵי לֵיהּ. אֶלָּא בְּהַהִיא מִדָּה דְּאַזְכִּיר אֶת שְׁמִי, בְּהַהִיא מִדָּה אָבֹא אֵלֶיךָ וּבֵרַכְתִּיךָ. (ע"כ רע"מ).

תקז. עַל פִּי הַגּוֹרָל תֵּחָלֵק נַחֲלָתוֹ בֵּין רַב לִמְעָט. ר' יְהוּדָה פָּתַח וְאָמַר, יָדַעְתִּי כִּי כָּל אֲשֶׁר יַעֲשֶׂה הָאֱלֹהִים הוּא יִהְיֶה לְעוֹלָם עָלָיו אֵין לְהוֹסִיף וּמִמֶּנּוּ אֵין לִגְרוֹעַ וְגוֹ'. שְׁלֹמֹה מַלְכָּא, דְּחָכְמָתֵיהּ יַתִּיר עַל כָּל בְּנֵי עָלְמָא, לָא יְדַעְנָא כִּי כָּל אֲשֶׁר יַעֲשֶׂה הָאֱלֹהִים הוּא יִהְיֶה לְעוֹלָם, וְאִיהוּ אָמַר יָדַעְתִּי, מַה דְּלָא יָדַע ב"נ אַחֲרָא.

תקח. אֶלָּא וַדַּאי שְׁלֹמֹה מַלְכָּא וְחָכְמָתֵיהּ סַלְקָא עַל כָּל בְּנֵי עָלְמָא, וּמַה דְּאִיהוּ יָדַע לָא יַדְעֵי כָּל שְׁאַר בְּנֵי עָלְמָא. ת"ח, שְׁאַר אוּמָנֵי דְּעָלְמָא, כַּד אִיהוּ עָבֵיד עֲבִידְתָּא, אַשְׁגַּח בֵּיהּ, וְאִסְתַּכַּל זִמְנָא וּתְרֵין זִמְנִין וְעָבֵיד לֵיהּ, וּלְבָתַר אוֹסִיף עָלֵיהּ, אוֹ גָּרַע מִנֵּיהּ. וְקוּדְשָׁא בְּרִיךְ הוּא לָאו הָכִי, אַפִּיק עֲבִידְתָּא לַאֲמִתּוֹ מִתּוֹהוּ, דְּלֵית בָּהּ מַמָּשׁוּת כְּלָל, וְאִיהוּ מַמָּשׁ אִתְתַּקַּן כַּדְקָא יָאוּת, וְלָא אִצְטְרִיךְ לְאוֹסְפָא וּלְאַגְרְעָא מִנֵּיהּ. בְּגִין כָּךְ כְּתִיב, וַיַּרְא אֱלֹהִים אֶת כָּל אֲשֶׁר עָשָׂה וְהִנֵּה טוֹב מְאֹד.

תקט. תּוּ כָּל אֲשֶׁר יַעֲשֶׂה הָאֱלֹהִים, לְתִקּוּנָא דְּעָלְמָא, וַדַּאי הוּא יִהְיֶה לְעוֹלָם. ר' יִצְחָק אָמַר, אִי הָכִי מַהוּ וְהָאֱלֹהִים עָשָׂה שֶׁיִּרְאוּ מִלְּפָנָיו. אֶלָּא הַאי קְרָא הָכִי אוֹלִיפְנָא, וְהוּא רָזָא עִלָּאָה בֵּין חַבְרָנָא, הַאי קְרָא הָכִי מִבָּעֵי לֵיהּ, כִּי כָּל אֲשֶׁר עָשָׂה הָאֱלֹהִים הוּא יִהְיֶה לְעוֹלָם, מַהוּ כָּל אֲשֶׁר יַעֲשֶׂה, וְהָא כְּתִיב מַה שֶּׁהָיָה כְּבָר הוּא וַאֲשֶׁר לִהְיוֹת כְּבָר הָיָה, וְאַתְּ אַמְרַת כָּל אֲשֶׁר יַעֲשֶׂה.

תקי. אֶלָּא מִקְּרָא אַחֲרָא אִשְׁתְּמַע, כְּתִיב עַיִן לֹא רָאָתָה אֱלֹהִים זוּלָתְךָ יַעֲשֶׂה לִמְחַכֵּה לוֹ. יַעֲשֶׂה, עָשִׂיתָ מִבָּעֵי לֵיהּ. לִמְחַכֵּה לוֹ, לָךְ מִבָּעֵי לֵיהּ. אֶלָּא אֲתָר עִלָּאָה הוּא, דְּנָגִיד וְנָפִיק וְאַדְלִיק בּוֹצִינִין כֻּלְּהוּ לְכָל עִיבָר, וְאִקְרֵי עוֹלָם הַבָּא. וּמִנֵּיהּ נָפִיק חַד אִילָנָא, לְאִתְשַׁקְיָא וּלְאִתְתַּקְנָא. וְהַאי אִילָנָא עִלָּאָה וְיַקִּירָא הוּא עַל כָּל שְׁאַר אִילָנִין, וְהָא אוּקְמוּהָ. וְהַהוּא עוֹלָם הַבָּא דְּנָגִיד וְנָפִיק, אַתְקִין לֵיהּ לְהַאי אִילָנָא תָּדִיר, אַשְׁקֵי לֵיהּ, וּמְתַקֵּן לֵיהּ בַּעֲבִידְתֵּיהּ, מְעַטֵּר לֵיהּ בְּעִטְרִין, לָא פָּסִיק מַבּוּעֵי מִנֵּיהּ לְעָלַם לְעָלְמֵי עָלְמִין.

תקיא. בְּהַהוּא אִילָנָא תַּלְיָא מְהֵימְנוּתָא, בֵּיהּ שַׁרְיָא מִכָּל שְׁאַר אִילָנִין, קִיּוּמָא

דכלא ביה. ועל דא כתיב, כל אשר יעשה האלהים הוא יהיה לעולם. ודאי הוא היה הוא הוה והוא יהא. עליו אין להוסיף, וממנו אין לגרוע. ועל דא באורייתא כתיב, לא תוסף עליו ולא תגרע ממנו. דאילנא דא, דאורייתא הוא. ואתר דא אתקין האלהים תדיר. האלהים סתם, דא גבורה מאין סוף ומאין חקר. כד"א, אין חקר לתבונתו, האלהים, ולא אלהים. וע"ד עשה יעשה תדיר, כמבוע דלא פסקן מימוי לדרי דרין.

תקיב. בגין כך כתיב, והאלהים עשה שייראו מלפניו. אתקין ליה להאי אילנא, בתקונא שלים, דאחיד לכל סטר עילא ותתא, בגין דייראו מלפניו. ולא יחלפון ליה בחלופא אחרא לדרי דרין.

תקיג. א"ר אבא, ודאי שפיר קא אמרת, אבל תו אית לאסתכלא, בקדמיתא יעשה, ולבתר והאלהים עשה, מה בין האי להאי. אלא ודאי יעשה ואתקין להאי אילנא, דלא פסקין מימוי לדרי דרין. ולבתר עשה, מהו עשה. אלא עשה האלהים אילנא אחרא לתתא מניה. ולא יעשה כהאי. דהאי אילנא תתאה, עביד ליה ואתקין ליה, בגין דמאן דייעול לאילנא עלאה, ייעול ברשו, ויישכח לאילנא תתאה, וידחל למיעאל, אלא כדקא חזי.

תקיד. ת"ח, דהאי, נטיר פתחא הוא. ועל דא אקרי שומר ישראל ודא אילנא תתאה עשה, אתשקיא ומתזן מאילנא דלעילא. וע"ד לא כתיב יעשה, אלא עשה. מ"ט. שייראו מלפניו בני עלמא, ולא יקרבון ליה, אלא אינון דיתחזון לקרבא, ולא אחרא, ויסתמרון בני נשא ארחוי דאורייתא, ולא יסטון לימינא ולשמאלא.

תקטו. ת"ח, על האי אילנא דכל חילוי ביה שריא, אמר דוד, אתה תומיך גורלי. מהו גורלי. דא עדבא דאחיד ביה דוד מלכא. וע"ד, ע"פ הגורל כתיב. וכן הוא ע"פ יי'. וימת שם ע"פ יי'. הגורל כתיב. זכאה חולקהון דאינון דמשתדלין באורייתא יממא ולילי, וידעי ארחוי. ואינון אכלי בכל יומא מזונא עלאה. כד"א, החכמה תחיה בעליה. דהא אורייתא דלעילא מאתר דא אתזן, והא אתמר עלייהו, הנה עבדי יאכלו.

תקטז. רבי אבא פתח ואמר, ויהי קול מעל לרקיע. דא קול דאחיד להאי רקיע, ואשתתף בהדיה. ודא הוא זכר עשה לנפלאותיו. וההוא רקיעא קאים עלייהו, על אינון חיון. ודא הוא דאברי בשני, להבדיל בין מים למים.

תקיז. והא אוקמוה, דשבעה רקיעין לעילא. ודאי וילון אינו משמש, דהא לית ליה מדיליה, אלא מה דיהבין ליה. ומסכני ביה אתאחדו, דא הוא רזא דכתיב, ובעניי הכינותי לבית אלהי. ודא מכניס שחרית ומוציא ערבית. דהא בליליא, אפיק חילוי לכל סטרין, ושלטא על אינון חיילין ואכלוסין. ובשחרית כניש לכלהו, ואעיל לנקבייהו, ולא שלטין. דהא בקר כליל כלהו.

כד"א לְהַגִּיד בַּבֹּקֶר חַסְדֶּךָ וֶאֱמוּנָתְךָ בַּלֵּילוֹת. וְהָא אוֹקְמוּהָ.

תקיז. וְקוֹל אִית עַל הַאי רָקִיעַ, מִגּוֹ הַהוּא טִיבוּ דְּנָגִיד לְהַהוּא רָקִיעַ, וְיִתְבָּרְכָן בְּגִינֵיהּ. מַגִּיהַּ אִתְּזָן הַאי רָקִיעַ, בְּשַׁעֲתָא דְּהַאי קוֹל אִתְּעַר, כֻּלְּהוּ אֻכְלוּסִין לָא נַטְלִין, וְלֵית בְּהוּ רְשׁוּ, אֶלָּא לְמֵיקָם בִּדְוּכְתַּיְיהוּ, וְאַקְרְבֵי חֵילֵיהוֹן וּמוֹחָכָאן, לְהַהוּא טִיבוּ דְּנָגִיד לְהַהוּא רָקִיעַ, וְיִתְבָּרְכָן בְּגִינֵיהּ, וע"ד אִיהוּ מֵעַל לָרָקִיעַ אֲשֶׁר עַל רֹאשָׁם.

תקיט. ת"ח וּמִמַּעַל לָרָקִיעַ אֲשֶׁר עַל רֹאשָׁם כְּמַרְאֵה אֶבֶן סַפִּיר דְּמוּת כִּסֵּא, כְּמַרְאֵה אֶבֶן סַפִּיר, דָּא אֶבֶן יִשְׂרָאֵל. וְדָא הוּא רָזָא דִּכְתִּיב, וְגָלְלוּ אֶת הָאֶבֶן וְגוֹ'. וְחַד אֶבֶן נָחֲתָא מִלְּעֵילָא, כַּד בָּעוּ יִשְׂרָאֵל לְמֵירַת אַרְעָא, וּכְתִיב בֵּיהּ גּוֹרָל. וְאִיהוּ אָמַר, דָּא לִפְלַנְיָא, וְדָא לִפְלַנְיָא. וְדָא אֶבֶן הוּא מִתְּוּזוֹת כָּרְסְיָיא דְּמַלְכָּא נָחֲתָא. וַדַּאי מִשָּׁם רוֹעֶה אֶבֶן יִשְׂרָאֵל כְּתִיב. וּבְגִינֵי כַּךְ ע"פ הַגּוֹרָל וַדַּאי תֵּחָלֵק נַחֲלָתוֹ.

תקכ. רִבִּי יִצְחָק וְרִבִּי יְהוּדָה הֲווּ אָזְלֵי מֵאוּשָׁא לְלוֹד, פָּגַע בְּהוּ ר' אֶלְעָזָר, רָהֲטוּ אֲבַתְרֵיהּ. אָמְרוּ, וַדַּאי נַרְהִיט אֲבַתְרֵיהּ דִּשְׁכִינְתָּא. עַד דְּמָטוּ לְגַבֵּיהּ, אָמְרוּ וַדַּאי נִשְׁתַּתֵּף בַּהֲדָךְ, וְנִשְׁמַע מִלָּה חַדְתָּא.

תקכא. פָּתַח וְאָמַר, שִׁמְעוּ אֵלַי רוֹדְפֵי צֶדֶק מְבַקְשֵׁי וְגוֹ'. שִׁמְעוּ אֵלַי רוֹדְפֵי צֶדֶק, אִינּוּן דְּאָזְלִין בָּתַר מְהֵימְנוּתָא, רוֹדְפֵי צֶדֶק, וַדַּאי אִינּוּן מְבַקְשֵׁי ה'. אִי בָּעִיתוּ לְמִנְדַּע מְהֵימְנוּתָא, וּלְאַחֲדָא לְהַאי צֶדֶק, לָא תִסְתַּכְּלוּן בָּהּ בִּלְחוֹדָהָא כִּשְׁאַר בְּנֵי עָלְמָא, דְּגַרְמוּ מִיתָה לְגַרְמַיְיהוּ עַל דָּא. אֲבָל הַבִּיטוּ אֶל צוּר חֻצַּבְתֶּם וְאֶל מַקֶּבֶת בּוֹר נֻקַּרְתֶּם.

תקכב. צַו אֶת בְּנֵי יִשְׂרָאֵל וְאָמַרְתָּ אֲלֵיהֶם אֶת קָרְבָּנִי לַחְמִי וְגוֹ'. כְּתִיב הַחֵפֶץ לַיְיָ' בְּעוֹלוֹת וּזְבָחִים כִּשְׁמוֹעַ בְּקוֹל יְיָ' וְגוֹ'. לֵית רְעוּתָא דְּקוּדְשָׁא בְּרִיךְ הוּא, דְּיֵיחוּב בַּר נָשׁ, וְעַל חוֹבֵיהּ יַקְרִיב קָרְבָּן. אֶלָּא קָרְבָּן דְּאִיהוּ בְּלִי חוֹבָה, דָּא אִיהוּ קָרְבָּן שְׁלִים, וְאִקְרֵי שְׁלָמִים, וְקָרְבָּן תָּמִיד אוּף הָכִי, ואע"ג דִּמְכַפֵּר עַל חוֹבִין.

תקכג. רִבִּי אַבָּא פָּתַח, זִבְחֵי אֱלֹהִים רוּחַ נִשְׁבָּרָה וְגוֹ'. הַאי קְרָא אוֹקְמוּהָ, דִּרְעוּתָא דְּקוּדְשָׁא בְּרִיךְ הוּא, לָא אִתְרְעֵי בְּקָרְבָּן דב"נ עַל חוֹבוֹי, אֶלָּא רוּחַ נִשְׁבָּרָה. וּבְנֵי נָשָׁא לָא יָדְעֵי מַאי קָאַמְרֵי, וְהָכִי שְׁמַעְנָא מִבּוֹצִינָא קַדִּישָׁא, דְּכַד אָתֵי ב"נ לְאִסְתָּאֲבָא בְּחוֹבוֹי, אַמְשִׁיךְ עָלֵיהּ רוּחַ, מִסִּטְרָא דִּמְסָאֲבָא, וְאִתְגָּאֵי עַל ב"נ, וְשָׁלִיט עָלֵיהּ לְכָל רְעוּתָא. וְהַהוּא סִטְרָא מְסָאֲבָא, אִתְגַּבַּר בְּחֵילֵיהּ וְאִתְתַּקַּף, וְשָׁלִיט עָלֵיהּ לִרְעוּתֵיהּ. אָתֵי ב"נ וְשָׁלִיט עָלֵיהּ לְאִתְדַּכְּאָה, מְדַכְּאִין לֵיהּ.

תקכד. בִּזְמְנָא דַּהֲוָה בֵּי מַקְדְּשָׁא קַיָּים, אַקְרִיב קָרְבָּנֵיהּ, כָּל כַּפָּרָה דִּילֵיהּ תַּלְיָיא עָלֵיהּ, עַד דְּאִתְחֲזַר, וְתָבַר לְהַהוּא רוּחַ מִגּוֹ גָּאוּתָא דִּילֵיהּ, וּמָאִיךְ לֵיהּ. וְדָא הוּא תְּבִירוּ, דְּהַהוּא דַּרְגָּא דִּמְסָאֲבָא. וְכַד אִתְּבַר הַהוּא רוּחַ מְסָאֲבָא,

וקריב קרבניה, דא איהו דאתקבל ברעוא כדקא יאות.

תקכה. ואי לא אתבר ההוא רוח, לאו קרבניה כלום, ולכלבי אתמסר, דהא קרבנא דא לאו דקודשא בריך הוא, אלא מכלבי. ובג"כ זבחי אלהים כדקא יאות, הוא רוח נשברה, דיתבר ההוא רוחא מסאבא, ולא ישלוט. ועל דא מאן דיתבר ליה כדקא יאות, עליה כתיב, רוח הולך ולא ישוב. ליהוי ההוא גברא באבטוותא, דלא יתוב לגביה לעלמין. הדא הוא דכתיב, ולא ישוב. לב נשבר ונדכה, ההוא גברא דלא אתגאי, ולא אתענג בענוגין דעלמא, אלהים לא תבזה, ביקרא איהו לגביה.

תקכו. צו את בני ישראל. מאי צו. דא ע"ז. בגין דלא ייעול גרמיה לאסתאבא ברוח מסאבא, דאיהו ע"ז ממש.

תקכז. ר' אלעזר פתח. באתי לגני אחותי כלה וגו'. האי קרא אוקמוה, אבל אית סתרים בקרבנא הכא, וכלא אתמר. א"ל ר"ש, יאות הוא, דשרית מלה, וסתמות, אימא. אמר, בגין דחמינא בספרא דחנוך מלה, ואוליפנא. אמר, אימא ההיא מלה דחמית ושמעת.

תקכח. אמר כלא חד מלה, קודשא בריך הוא אמר דא, באתי לגני, בגין דכל קרבנין דעלמא כד סלקין, כלהו עיילין לגו גנתא דעדן בקדמיתא, רזא דכ"י. והיאך בקדמיתא ושירותא דקרבנא, בשעתא דב"נ אודי וחטאוי עלה, ונכיסו וזריקו דדמיה על מדבחא.

תקכט. השתא אית לאסתכלא, היאך אינון רוחין קדישין אתהנון מהאי. ומ"ט דקרבנא דבהמה, והא יתיר הוה סגיא, לתברא ב"נ ההוא רוחא, ולאתבא בתיובתא מ"ט נכיסו דבהמה, ולאוקדא ליה בנורא דמדבחא.

תקל. אלא רזא הוא, בגין דאית בהמה דרביעא על אלף טורין, ואלף טורין אכלת בכל יומא, וכלהו אקרון בהמות בהררי אלף. ועל דא תנינן, דאית בעירא אכיל בעירי. ומומה הוו. מאשא. וכלהו לוזיך לון ההיא בהמה בלוזיכא וחדא, ההד כי יי' אלהיך אש אכלה הוא אל קנא. וכל מיא דירדן,○דאמלא בשית שנין, היא עבדת ליה גמיעה וחדא, הה"ד, יבטח כי יגיח ירדן אל פיהו.

תקלא. סתרא דמלה, וזמירא דכל הני, עקרא ויסודא להני בעירי דלתתא. בגין דרוחא מנייהו מתפשטא לתתא, ואתצייר ההוא רוחא לתתא בבעירי. וכד חב ב"נ, אייתי בעירא לקרבנא, וההוא רוחא דבעירא דא, סלקא ותב לאתריה, ומתפשט ההוא רוחא בכלהו. וכל אינון דזינא דא, מתקרבין ואתיין ואתהניין מההוא חלבא ודמא, דההוא לבושא דרוחא דא, דהא מסטרא דלהון הוה ההוא רוחא. וכלהון אתהנו ואתזנו, ואתעבדון סניגורין על ההוא ב"נ. ועאל דרך ושט, כמה דאתמר. ובג"כ קרבנא מן הבהמה.

תקלב. אר"ש, בריך ברי לקודשא בריך הוא, עלך אתמר ישמח אביך ואמך ותגל יולדתך. ישמח אביך, דלעילא. ואמך, דא כנסת ישראל. ותגל יולדתך, דא ברתיה דר' פנחס בן יאיר חסידא. אלעזר ברי אימא, הא קורבנא דבהמה, קרבנא דעופי מאי. דכתיב ואם מן העוף עולה קרבנו. א"ל, לא חמינא, אבל אסתכלנא מהאי מלה דבהמה, מלה דעופי. ולא אימא, בגין דלא חמינא, ועד כען לא שמענא.

תקלג. א"ל אלעזר, יאות אמרת. אבל רזא דקרבנין סתרין סגיאין תמן, ולא אתמסרו לגלאה, בר לזכאי קשוט, דרזא דמאריהון לא אתכסי מנייהו. סתרא דקרבנין, דא איהו סתרא, לאינון חיון קדישין. ד' דיוקנין חקוקין בכסא, ודא איהו כורסייא דמלכא קדישא. פני שור. פני נשר. פני אריה. פני אדם. פני אדם דכליל לכלהו. וכל אנפין מסתכלין אלין לאלין, ואתכלילן אלין באלין, ומנייהו מתפשטן לכמה סטרין ורבוון, עילא ותתא, דלית לון שיעורא ומניינא וחושבון.

תקלד. פני שור, אתפשט לבעירי רווחא מניה, לארבעה זיינין, ואתכלילן בחד, ואלין אינון: פרים, וכבשים, ועתודים, ועזים. ואלין קיימין לקרבנא. ובגין דמנהון הוו, אינון חיילין קדישין דמתפשטי מההוא פני שור, מתקרבין ליסודא דלהון, ואתהנון מההוא יסודא ולבושא דלהון. ואי לא דהוו להו יסודא דהאי עלמא, לא מתקרבין תמן.

תקלה. כגוונא דהוי נייחא לשכינתא קדישא, מרווחיהון דצדיקייא, ואתקריבת לקבלא רווחא דההוא זכאה, ואתהנאת מניה, בגין דמנה הוה ההוא רווח. כך אלין אתהנון מסטרא דיסודא דלהון, ואתהנון מההוא לבושא דמתקרבי ליה, דהא רווח מלבושא דרווחא דלהון הוה. ובג"כ אתהנון מנייהו.

תקלו. פני נשר אתפשט לעופא רווח מניה. ונשר בתרין סטרין איהו. ורזא דא ועוף יעופף, תרין רווחין. ובגין כך אתפשט ונייחא מימינא ומשמאלא קרבנא דעופי.

תקלז. מכל סטר דכיא, לא אתקריב אלא יונה ותורים, דאינון בקשוט לזוגייהו, מכל שאר עופין. והם נרדפין, ולא רודפין. ומהימנא דא לדא, נוקבא לבר זוגו. וע"ד קרבנא מנייהו. ונייחי ומתקרבי אינון רווחין קדישין, ואתהניין מיסודא ועקרא דלהון.

תקלח. ואי תימא, היך אתפשט זעיר מהאי יונה, או משפנינא דא, לכמה סטרין וחיילין דלית לון שיעורא. או מן בעירא חדא אוף הכי. ת"ח. חד שרגא דקיק דליק, אתמלייא מניה כל עלמא. תו אעא דקיק, אדליק לרברבא.

תקלט. עד הכא קרבנא מתרין סטרין דחקיקין בכסא. השתא אית למשאל, ד' דיוקנין אינון, דחקוקין בכסא, מ"ט לית קרבנין מאחרנין. אלא ודאי

מִכֻּלְּהוּ אִית קָרְבְּנָא. אַרְיֵה וְזָקוּק בְּכוּרְסְיָיא, בְּשַׁעֲתָא דְקָרְבְּנָא שְׁלִים, אַרְיֵה נָזִית וְעָאל בְּאֶשָּׁא, וְאָכִיל וְאִתְנְהֵי מִתַּמָּן. אָדָם וְזָקוּק בְּכוּרְסְיָיא, אָדָם עִקָּרָא דְכֹלָּא, וּמַקְרִיב תַּמָּן רוּחֵיהּ וְנִשְׁמָתֵיהּ, וְאָדָם עִלָּאָה אִתְהֲנֵי מֵאָדָם תַּתָּאָה, וְכָל זִינָא אִתְקְרִיב לְזִינֵיהּ, וְאִתְהֲנֵי מִנֵּיהּ מִדִּילֵיהּ מַמָּשׁ, וּמִיסוֹדָא דִילֵיהּ.

תקמ. וְאִי תֵּימָא, הָא אַרְיֵה דְּלֵית לֵיהּ יְסוֹדָא לְתַתָּא בְּהַהוּא קָרְבְּנָא. אַרְיֵה כָּלִיל בְּכֻלְּהוּ, דְּהָא לִימִינָא הֲוֵי, וּבְגִ"כ אָכִיל בְּכֻלְּהוּ, וְכָל שְׁאַר לָא אָכְלִין מִזִּינֵיהּ, בְּגִין דִּימִינָא הוּא. הָא כָּל ד' דְּיוֹקְנִין דְּזָקוּקִין בְּכַסְּאָ, מִתְקָרְבִין לְקָרְבְּנָא, וּבְגִ"כ הֲוֵי קָרְבְּנָא שְׁלִים. וְכַד אִתְהֲנוּן מֵעִקָּרָא וִיסוֹדָא דִלְהוֹן, כְּדֵין נַחַת רוּחַ לְאַדְלָקָא בּוּצִינִין עִלָּאִין.

תקמא. כַּהֲנֵי וְלֵיוָאֵי וְיִשְׂרְאֵלֵי, יָהֲבֵי יְסוֹדָא וְעִקָּרָא לְאִינּוּן דַּרְגִּין עִלָּאִין דִלְהוֹן. וְכָל דַּרְגָּא יָהִיב לִיסוֹדֵיהּ ד' דְּיוֹקְנִין דְּכוּרְסְיָיא בְּקַדְמֵיתָא. כְּדַאֲמָרָן זִינָא לְקַבֵּל זִינֵיהּ, וּמִתְקָרְבֵי אִינּוּן בְּקַדְמֵיתָא זִינָא לְזִינֵיהּ. פְּנֵי שׁוֹר כֻּלְּהוּ פָּנִים דְּמִתְפַּשְּׁטָן לְאִינּוּן זִינִין כְּדְקָאֲמָרָן, כֻּלְּהוּ מִתְקָרְבֵי לְעִקָּרָא וִיסוֹדָא דִלְהוֹן. פְּנֵי נֶשֶׁר, כְּדַאֲמָרָן. פְּנֵי אַרְיֵה, כְּדַאֲמָרָן. פְּנֵי אָדָם, דְּמַקְרִיב רוּחֵיהּ וְנִשְׁמָתֵיהּ מִתְקְרִיב לְגַבֵּי אָדָם עִלָּאָה.

תקמב. כַּהֲנָא דִמְיַחֵד שְׁמָא קַדִּישָׁא, מִתְקָרֵיב לְגַבֵּי כַּהֲנָא עִלָּאָה. הַהוּא דְעָאל לְבֵית קֹדֶשׁ הַקֳּדָשִׁים. וְאִתְקְרִיב דָּא, וְאַדְלִיק בְּתִקּוּנֵיהּ בִּנְהִירוּ דְאַנְפִּין, לְקַדְמוּת כַּהֲנָא דִלְתַתָּא. לֵיוָאֵי דִי מְנַגְּנֵי בְּחֶדְוָה, הַהוּא סִטְרָא דִלְהוֹן חַדֵּי, וְאַנְהִיר אַנְפִּין. יִשְׂרָאֵל דְּקָרִיב, דְּקַיְּימוּ עַל קָרְבְּנָא בִּצְלוֹתָא, דְּהָא צְלוֹתָא עַל כֹּלָּא הֲוָה. אִתְעַר לְגַבַּיְיהוּ יִשְׂרָאֵל סָבָא, סְתָמָא קַדִּישָׁא, וְאַנְהִיר אַנְפִּין.

תקמג. כָּל זִינָא לְזִינֵיהּ, וְכָל מִלָּה בָּתַר יְסוֹדָא דִילֵיהּ אָזְלָא וְאִתְעָרוּ דַּרְגִּין תַּתָּאִין לְדַרְגִּין עִלָּאִין, וְאַעַ"ג דְּכֻלְּהוּ מִתְעָרִין, וְאִתְעָרוּ דַּרְגִּין דִּזְקִיקִין בְּכַסְּאָ, לְגַבֵּי דַּרְגִּין דְּאַרְעָא, יְסוֹדָא דִלְהוֹן. וְאִינּוּן דַּרְגִּין עִלָּאִין דְּמִטַּמְּרָן, כֻּלְּהוּ מִתְעָרֵי וּמִתְקָרְבֵי לִסְעוּדָתָא, וּמִתְעַדְּנֵי. אֲבָל לֵית רְשׁוּ לְחַד מִנַּיְיהוּ לְמֵיכַל, לָא לְדַרְגֵּי עִלָּאֵי, וְלָא לְדַרְגֵּי תַּתָּאֵי, וּלְמִתְהֲנֵי שׁוּם הֲנָאָה, וְלָא לְאוֹשִׁיט יְדָא בְּקָרְבְּנָא, עַד דְּמַלְכָּא עִלָּאָה אָכִיל וְאִתְהֲנֵי, וְיָהִיב לוֹן רְשׁוּ.

תקמד. לְבָתַר דְּיָהַב לוֹן רְשׁוּ, כָּל חַד וְחַד אִתְהֲנֵי וְאָכִיל. וְהַיְינוּ דִכְתִיב אָרִיתִי מוֹרִי עִם בְּשָׂמִי, אִלֵּין אִינּוּן דַּרְגִּין עִלָּאִין. מוֹרִי עִם בְּשָׂמִי, אַכְלֵי וְאִתְהֲנֵי כַּדְקָא יָאוּת. דָּא דְרוֹעָא יְמִינָא, בִּירְכָא שְׂמָאלָא. אָכַלְתִּי יַעְרִי עִם דִּבְשִׁי, דָּא יַעֲקֹב בְּרַוְחָא, דָּא אֲכִילָה כַּדְקָא יָאוּת. שָׁתִיתִי יֵינִי עִם חֲלָבִי, דָּא דְרוֹעָא שְׂמָאלָא, בִּירְכָא יְמִינָא. הָא כֻּלְּהוּ דַּרְגִּין עִלָּאִין, דְּאִתְהֲנֵי בְּהוּ מַלְכָּא קַדִּישָׁא בְּקַדְמֵיתָא. וְדָא מֵיכְלָא דִילֵיהּ וַהֲנָאָה דִילֵיהּ. עַד הָכָא מֵיכְלָא דְמַלְכָּא עִלָּאָה בְּקַדְמֵיתָא.

תקמה. מִכָּאן וּלְהָלְאָה, יָהִיב רְשׁוּ לְד' דְּיוֹקְנִין דִּזְקִיקִין בְּכוּרְסְיָיא, וּלְכָל אִינּוּן

דְּמִתְפַּשְּׁטָן מִנַּיְיהוּ, לְאִתְהֲנֵי וּלְמֵיכַל. הה"ד, אִכְלוּ רֵעִים שְׁתוּ וְשִׁכְרוּ דּוֹדִים. אִכְלוּ רֵעִים, אִלֵּין אִינּוּן אַרְבַּע דְּיוֹקְנִין דְּאַמָּרָן. שְׁתוּ וְשִׁכְרוּ דּוֹדִים, כָּל אִינּוּן דְּמִתְפַּשְּׁטֵי מִנַּיְיהוּ, וְכֻלְּהוּ אַכְלֵי וּמִתְפַּשְּׁטֵי, וְאִתְהֲנוּן כַּדְקָא יָאוּת, וְאַנְהִירוּ אַנְפִּין, וְעָלְמִין כֻּלְּהוּ בְּחֶדְוָה, וְכָל חַד וְחַד, בֵּין דַּרְגִּין עִלָּאִין, וּבֵין דַּרְגִּין תַּתָּאִין, בִּיסוֹדָא דִּלְהוֹן מִתְקָרְבִין וּמִתְהֲנִין. דָּא אִיהוּ רָזָא וְסִתְרָא דְּקָרְבְּנָא כַּדְקָא חָזֵי.

תקמו. אָתוּ ר' אֶלְעָזָר וְר' אַבָּא וּשְׁאַר חַבְרַיָּיא, וְאִשְׁתַּטָּחוּ קַמֵּיהּ. א"ר אַבָּא, אִלְמָלֵא לָא אִתְמְסַר אוֹרַיְיתָא בְּטוּרָא דְּסִינַי, אֶלָּא דְּאָמַר קוּדְשָׁא בְּרִיךְ הוּא, הָא בַּר יוֹחָאי אוֹרַיְיתָא וְסִתְרִין דִּילִי, דַּיֵּי לְעָלְמָא. וַוי כַּד תִּסְתַּלַּק מִן עָלְמָא. מַן יַנְהִיר בּוֹצִינִין דְּאוֹרַיְיתָא, כֹּלָּא יִתְחֲשַׁךְ מֵהַהוּא יוֹמָא. דְּהָא עַד דְּיֵיתֵי מַלְכָּא מְשִׁיחָא, לָא לֶיהֱוֵי דָּרָא כְּדָרָא דָּא, דר"ש שָׁרֵי בְּגַוֵּיהּ.

תקמז. אָמַר ר"ש, עַל רָזָא דָּא, אָסִיר לֵיהּ לב"נ לִטְעוֹם כְּלוּם, כַּד דְּיֵיכוּל מַלְכָּא עִלָּאָה, וּמַה אִיהוּ. צְלוֹתָא. צְלוֹתָא דב"נ, כְּגַוְונָא דָּא, בְּקַדְמֵיתָא, מְזַמְּנִין לְדִיוֹקְנִין דְּחָקִיקִין בְּכוּרְסְיָיא, עַל אִינּוּן בִּרְיָין, דְּמִתְפַּשְּׁטֵי רוּחִין דִּלְהוֹן, עַל עוֹפֵי וּבְעִירֵי, לְקָרְבְּנָא בִּרְיָין דְּרוּחָא דִּלְהוֹן יְסוֹדָא בְּהַאי עָלְמָא מִנַּיְיהוּ, וְהַיְינוּ מָה רַבּוּ מַעֲשֶׂיךָ יְיָ', דְּהָא בִּרְיָין דְּאִתְחֲזִיִין לְקָרְבְּנָא רוּחָא דִּילְהוֹן, מִתְפַּשֵּׁט עֲלַיְיהוּ אַרְבַּע דְּיוֹקְנִין, מְזַמְּנָן עַל קָרְבְּנִין אִלֵּין. וְהַיְינוּ דְּקָאַמְרָן, וְהָאוֹפַנִּים וְחַיּוֹת הַקֹּדֶשׁ, וְכָל אִינּוּן חַיָּילִין אַחֲרָנִין דְּקָא מִתְפַּשְּׁטֵי מִנַּיְיהוּ.

תקמח. וּלְבָתַר כַּהֲנָא רַבָּא דְּקָא מְיַיחֵד שְׁמָא קַדִּישָׁא, הַיְינוּ אַהֲבַת עוֹלָם אֲהַבְתָּנוּ וְכוּ'. יִחוּדָא דְּקָא מְיַיחֵד, הַיְינוּ שְׁמַע יִשְׂרָאֵל יְיָ' אֱלֹהֵינוּ יְיָ' אֶחָד. וּלְבָתַר לֵיוָאֵי, דְּקָא מִתְעָרֵי לְנִגּוּנָא, הַיְינוּ וְהָיָה אִם שָׁמוֹעַ וְגוֹ', הִשָּׁמְרוּ לָכֶם פֶּן יִפְתֶּה וְגוֹ'. דָּא נִגּוּנָא דְּלֵיוָאֵי, בְּגִין לְאַתְעֲרָא סִטְרָא דָּא, בְּקוּרְבָּנָא דָּא. וּלְבָתַר יִשְׂרָאֵל, דָּא אֱמֶת וְיַצִּיב וְנָכוֹן, יִשְׂרָאֵל סָבָא דְּקַיְימָא עַל קָרְבְּנָא, דְּאִיהִי י' דַּרְגִּין עִלָּאִין פְּנִימָאִין דְּכֹלָּא, קַיְימָא עַל פָּתוֹרָא.

תקמט. אֲבָל לֵית רְשׁוּ לְחַד מִנַּיְיהוּ לְמֵיכַל, וּלְאוֹשָׁטָא יְדָא לְקָרְבְּנָא, עַד דְּמַלְכָּא עִלָּאָה אָכִיל. וְהַיְינוּ ג' רִאשׁוֹנוֹת, וְג' אַחֲרוֹנוֹת. כֵּיוָן דְּאִיהוּ אָכִיל, יָהִיב רְשׁוּ לְד' דְּיוֹקְנִין, וּלְכָל אִינּוּן סִטְרִין דְּמִתְפָּרְשָׁן מִנַּיְיהוּ, לְמֵיכַל.

תקנ. כְּדֵין אָדָם, דְּאִיהוּ דְּיוֹקְנָא דְּכָלִיל כָּל שְׁאַר דְּיוֹקְנִין, מָאִיךְ וְנָפִיל עַל אַנְפּוֹי, וּמָסִיר גַּרְמֵיהּ וְרוּחֵיהּ לְגַבֵּי אָדָם דִּלְעֵילָא, דְּקַיְימָא עַל אִינּוּן דְּיוֹקְנִין, דְּכָלִיל כָּל דְּיוֹקְנִין, לְאַתְעָרָא לֵיהּ עָלֵיהּ כַּדְקָא חָזֵי, וְהַיְינוּ אֵלֶיךָ יְיָ' נַפְשִׁי אֶשָּׂא, לְאַתְעָרָא דְּיוֹקְנִין אַחֲרָנִין, וְכָל אִינּוּן דְּמִתְפַּשְּׁטֵי מִנַּיְיהוּ. וְהַיְינוּ יַבִּיעוּ. יְרַנְּנוּ. יֹאמְרוּ. יְדַבְּרוּ. וְכֻלְּהוּ אַכְלִין וְאִתְהֲנִיִין כָּל חַד וְחַד כַּדְקָא חָזֵי לֵיהּ.

תקנא. מִכָּאן וּלְהָלְאָה לֵימָא ב"נ עָאקוּ דְּלִבֵּיהּ, הה"ד יַעַנְךָ יְיָ' בְּיוֹם צָרָה. כְּעוּבַּרְתָּא דְּיָתְבָא בְּעָאקוּ, לְאִתְהַפְּכָא כֻּלְּהוֹן סַנֵּיגוֹרִין עָלֵיהּ דב"נ. וע"ד כְּתִיב אַשְׁרֵי הָעָם שֶׁכָּכָה לּוֹ וְגוֹ'.

תקנב. ר"ש הֲוָה אָזִיל לִטְבֶרְיָא, פָּגַע בֵּיהּ אֵלִיָּהוּ, א"ל שְׁלָמָא עָלֵיהּ דְּמָר. א"ל ר"ש, בְּמַאי קָא עָסִיק קוּדְשָׁא בְּרִיךְ הוּא בִּרְקִיעָא. א"ל בְּקָרְבָּנוֹת עָסִיק, וְאָמַר מִלִּין וְחַדְתִּין מִשְּׁמָךְ, זַכָּאָה אַנְתְּ, וַאֲתֵינָא לְאַקְדְּמָא לָךְ שְׁלָם, וּמִלָּה וַחֲדָא בָּעֵינָא לְמִשְׁאַל מִנָּךְ, לְאַסְכְּמָא. בִּמְתִיבְתָּא דִּרְקִיעָא שְׁאֶלְתָּא שְׁאִילוּ, עָלְמָא דְּאָתֵי לֵית בֵּיהּ אֲכִילָה וּשְׁתִיָּה, וְהָא כְּתִיב בָּאתִי לְגַנִּי אֲחוֹתִי כַלָּה וְגו', אָכַלְתִּי יַעְרִי עִם דִּבְשִׁי וְגו'. מַאן דְּלֵית בֵּיהּ אֲכִילָה וּשְׁתִיָּה, אִיהוּ אָמַר אָכַלְתִּי יַעְרִי עִם דִּבְשִׁי שָׁתִיתִי יֵינִי עִם חֲלָבִי.

תקנג. אר"ש, וְקוּדְשָׁא בְּרִיךְ הוּא מַאי קָא אָתִיב לוֹן. א"ל, אָמַר קוּדְשָׁא בְּרִיךְ הוּא, הָא בַּר יוֹחָאי יֵימָא. וַאֲתֵינָא לְמִשְׁאַל מִנָּךְ. אר"ש, כַּמָּה חֲבִיבוּ וְחָבִיב קוּדְשָׁא בְּרִיךְ הוּא לִכְנֶסֶת יִשְׂרָאֵל, וּמִסְּגִיאוּ דִּרְחִימוּ דְּרָחִים לָהּ, שָׁנֵי עוֹבָדוֹי מִמַּה דְּהוּא עָבִיד. דְּאַע"ג דְּלָאו אוֹרְחוֹי בְּמֵיכְלָא וּמִשְׁתְּיָא, בְּגִין רְחִימוּתָא, אָכִיל וְשָׁתָה. הוֹאִיל וְאָתֵי לְגַבָּהּ, עָבֵיד רְעוּתָהּ. כַּלָּה עַיְילַת לַחוּפָּה, וּבָעַת לְמֵיכַל, לֵית דִּין דְּיֵיכוּל וְחַתָּנָהּ בַּהֲדָהּ, אַע"ג דְּלָאו אָרְחֵיהּ לְמֶעְבַּד הָכִי. הה"ד בָּאתִי לְגַנִּי אֲחוֹתִי כַלָּה. הוֹאִיל וַאֲתֵינָא לְגַבָּהּ, וּלְמֵיעַל בַּהֲדָהּ לַחוּפָּה, אָכַלְתִּי יַעְרִי עִם דִּבְשִׁי וְגו'.

תקנד. וְיָלְפִינָן מִדָּוִד, דְּזַמִּין לְקוּדְשָׁא בְּרִיךְ הוּא, וְשָׁנֵי עוֹבָדוֹי מִמַּה דְּאָרְחוֹי דְּקוּדְשָׁא בְּרִיךְ הוּא, וְקוּדְשָׁא בְּרִיךְ הוּא קַבִּיל וְעָבֵיד רְעוּתֵיהּ. זַמִּין לְמַלְכָּא וּמַטְרוֹנִיתָא בַּהֲדֵיהּ, הֲדָא הוּא דִּכְתִיב קוּמָה יְיָ' לִמְנוּחָתֶךָ אַתָּה וַאֲרוֹן עֻזֶּךָ. מַלְכָּא וּמַטְרוֹנִיתָא כַּחֲדָא, בְּגִין דְּלָא לְאַפְרְשָׁא לוֹן, שָׁנֵי מָאנִין, וְשָׁנֵי עוֹבָדִין דְּמַלְכָּא.

תקנה. הה"ד, כֹּהֲנֶיךָ יִלְבְּשׁוּ צֶדֶק וַחֲסִידֶיךָ יְרַנֵּנוּ בַּעֲבוּר דָּוִד וְגו', כֹּהֲנֶיךָ יִלְבְּשׁוּ צֶדֶק, לֵוִיֶּיךָ מִבָּעֵי לֵיהּ, דְּהָא צֶדֶק מִסִּטְרָא דְּלֵיוָאֵי אִיהוּ. וַחֲסִידֶיךָ יְרַנֵּנוּ, לֵוִיֶּיךָ יְרַנֵּנוּ מִבָּעֵי לֵיהּ, דְּהָא רִנָּה וְזִמְרָה בְּלֵיוָאֵי נִינְהוּ, וְאִיהוּ שָׁנֵי וְאָמַר, כֹּהֲנֶיךָ וַחֲסִידֶיךָ, דְּאִינּוּן מִסִּטְרָא דִּימִינָא.

תקנו. א"ל קוּדְשָׁא בְּרִיךְ הוּא, דָּוִד לָאו אוֹרַח דִּילִי הָכִי. אָמַר דָּוִד, בַּעֲבוּר דָּוִד עַבְדֶּךָ אַל תָּשֵׁב פְּנֵי מְשִׁיחֶךָ. תִּקּוּנָא דַּאֲנָא תַּקִּינַת, לָא תְּשַׁנֶּה לֵיהּ. א"ל, דָּוִד, הוֹאִיל וְזַמִּינַת לִי, אִית לִי לְמֶעְבַּד רְעוּתָךְ, וְלָאו רְעוּתִי. וְיָלְפִינָן מֵהַאי, אוֹרְחָא דְּעָלְמָא, דְּמַאן דְּמִזְמַן לְאוֹרְחָא, הַהוּא דְּאָתֵי לְגַבֵּיהּ, אִית לֵיהּ לְמֶעְבַּד רְעוּתֵיהּ, אַע"ג דְּלָאו אוֹרְחֵיהּ בְּכָךְ.

תקנז. כַּךְ וַיִּקַּח מֵאַבְנֵי הַמָּקוֹם וְגו', הוֹאִיל וְאָתָא וְחָתָן לְגַבֵּי כַּלָּה, אַע"ג דְּלָאו אוֹרְחֵיהּ לְמִשְׁכַּב. אֶלָּא בְּכָרִים וּכְסָתוֹת, וְאִיהִי יָהֲבָה לֵיהּ אַבְנִין לְמִשְׁכַּב, כֹּלָּא קַבֵּל בִּרְעוּתָא דְּלִבָּא. הה"ד, וַיִּשְׁכַּב בַּמָּקוֹם הַהוּא, עַל אִינּוּן אַבְנִין, אַע"ג דְּלָאו אוֹרְחֵיהּ בְּכָךְ.

תקנח. אוּף נָמֵי הָכָא, אָכַלְתִּי יַעְרִי עִם דִּבְשִׁי אַע"ג דְּלָאו אָרְחוֹי בְּכַךְ, בְּגִין

רְוִזִימוּ דְּכַלָּה. ועכ״ד בְּבֵיתָא דְּכַלָּה וְלָא בַּאֲתַר אוּחֲרָא. בְּאַתְרֵיהּ לָא אָכִיל וְלָא שָׁתֵי, בַּאֲתָר דִּילָהּ אָכִיל וְשָׁתֵי. הה״ד, בָּאתִי לְגַנִּי. מַלְאֲכִין דְּשַׁדַּר קוּדְשָׁא בְּרִיךְ הוּא לְאַבְרָהָם, לָא אָכְלוּ וְלָא שָׁתוּ בְּאַתְרַיְיהוּ, בְּגִין אַבְרָהָם אָכְלוּ וְשָׁתוּ. א״ל, ר׳. וַוי לָךְ, מִלָּה דָּא בָּעֵי קוּדְשָׁא בְּרִיךְ הוּא לְמֵימַר, וּבְגִין דְּלָא לְמֶחֱזֵק טִיבוּ לְגַרְמֵיהּ, קַמֵּי כְּנֶסֶת יִשְׂרָאֵל, סָלִיק מִלָּה לְגַרְמָךְ, זַכָּאָה אַנְתְּ בְּעָלְמָא, דְּמָארָךְ מִשְׁתַּבַּח בָּךְ לְעֵילָא. וְעָלָךְ כְּתִיב, צַדִּיק מוֹשֵׁל יִרְאַת אֱלֹהִים.

תקנט. אֶת קָרְבָּנִי לַחְמִי לְאִשַּׁי וְגוֹ׳, ר׳ יוּדָאי אָמַר, בְּקָרְבָּנָא אִית עָשָׁן, וְאִית רֵיחַ, וְאִית נִיחוֹחַ. עָשָׁן: אִינּוּן מָארֵי דְּרוּגְזָא. דִּכְתִיב, כִּי אָז יֶעְשַׁן אַף יְיָ׳. אִינּוּן אִתְהֲנוּן מֵעָשָׁן. וְעָשָׁן רוּגְזָא, בְּחוֹטְמָא אִיהוּ. רֵיחַ: אִינּוּן דְּאִקְרוּן תַּפּוּחִין. אָמַר ר׳ אַבָּא, כַּתַּפּוּחִים. הה״ד, וְרֵיחַ אַפֵּיךְ כַּתַּפּוּחִים.

תקס. אֶת הַכֶּבֶשׂ אֶחָד תַּעֲשֶׂה בַבֹּקֶר. מַאי בַּבֹּקֶר. דָּא בֹּקֶר דְּאַבְרָהָם. דִּכְתִיב, וַיַּשְׁכֵּם אַבְרָהָם בַּבֹּקֶר. מְנָלָן דְּהַאי בֹּקֶר דְּאַבְרָהָם הוּא. א״ר אֶלְעָזָר, מֵהָכָא, הַבֹּקֶר אוֹר. בֹּקֶר אוֹר לָא כְּתִיב, אֶלָּא הַבֹּקֶר אוֹר, וְדָא אוֹר קַדְמָאָה, דְּבָרָא קוּדְשָׁא בְּרִיךְ הוּא בְּעוֹבָדָא דִּבְרֵאשִׁית, וע״ד תַּעֲשֶׂה בַבֹּקֶר, בַּבֹּקֶר דְּאִשְׁתְּמוֹדְעָא. וּלְקַבֵּל בֹּקֶר דְּאַבְרָהָם, אִתְקְרִיב קָרְבְּנָא דָּא. קָרְבָּן דְּבֵין הָעַרְבַּיִם, דָּא יִצְחָק, וּלְקָבֵל עֶרֶב דְּיִצְחָק אִתְקְרִיב. מְנָלָן. דִּכְתִיב וַיֵּצֵא יִצְחָק לָשׂוּחַ בַּשָּׂדֶה לִפְנוֹת עָרֶב. וְעֶרֶב דְּיִצְחָק הוּא, וְהָא אוֹקִימְנָא.

רעיא מהימנא

תקסא. פִּקּוּדָא דָּא לְהַקְרִיב מִנְחָה בְּכָל יוֹם, וּלְהַקְרִיב קָרְבָּן מוּסַף שַׁבָּת. וְאַבַּתְרֵיהּ לְהַסְדִּיר לֶחֶם הַפָּנִים וּלְבוֹנָה. וְקָרְבָּן מוּסַף בְּרֹאשׁ חֹדֶשׁ. בּוֹצִינָא קַדִּישָׁא, בְּכָל יוֹמָא צָרִיךְ לְשַׁדּוֹרֵי דוֹרוֹנָא לְמַלְכָּא בִּידָא דְּמַטְרוֹנִיתָא. אִי אִיהִי בִּרְשׁוּ בַּעְלָהּ, צָרִיךְ תּוֹסֶפֶת, כְּגוֹן מוּסַף בְּשַׁבָּת וּבְרֹאשׁ חֹדֶשׁ, וּמוּסַף דְּכָל יוֹמִין טָבִין.

תקסב. דְּאִיהִי רְשׁוּת הַיָּחִיד דִּילֵיהּ וְעַמּוּדָא דְּאֶמְצָעִיתָא אִיהוּ בַּעְלָהּ דְּהַאי רְשׁוּת. וְיַעֲקֹב דְּתִקֵּן צְלוֹתָא דְּעַרְבִית, אִיהוּ דַּרְגָּא דִּילֵיהּ דְּעַמּוּדָא דְּאֶמְצָעִיתָא. בְּגִין דָּא אוֹקְמוּהָ מָארֵי מַתְנִיתִין, תְּפִלַּת עַרְבִית רְשׁוּת, דְּאַף עַל גַּב דִּבְגָלוּתָא דְּדוֹמֶה לְלַיְלָה, דְּשַׁלְטִין תַּמָּן סָמָאֵל וְנָחָשׁ, וְכָל מְמַנָּן דְּאַכְלוּסִין דִּילֵיהּ, וּשְׁכִינְתָּא נַחְתַּת בְּגָלוּתָא עִם יִשְׂרָאֵל, אִיהִי בִּרְשׁוּ דְּבַעְלָהּ אִשְׁתַּכְּחַת, הֲדָא הוּא דִּכְתִיב, אֲנִי יְיָ׳ הוּא שְׁמִי וּכְבוֹדִי לְאַחֵר לֹא אֶתֵּן.

תקסג. וּבְגִין דָּא וַיִּפְגַּע בַּמָּקוֹם, לֵית פְּגִיעָה, אֶלָּא פִּיּוּסָא. כְּגוֹן אַל תִּפְגְּעִי בִי. כ״י פַּיְיסַת לֵיהּ, דְּלָא יָזוּז מִינָּהּ, דְּקוּדְשָׁא בְּרִיךְ הוּא אִיהוּ מְקוֹמוֹ שֶׁל עוֹלָם. מַאי עוֹלָם. דָּא שְׁכִינְתָּא. תַּרְגּוּם עוֹלָם, עָלְמָא, לִישָּׁנָא דְּעוּלֵימָא, כד״א הָעַלְמָה. וּמַה כְּתִיב בֵּיהּ, וַיָּלֶן שָׁם, אִתְפַּיֵּיס עִמָּהּ, לְמֵיבַת תַּמָּן בְּגָלוּתָא עִם

שְׁכִינְתָּא. וְאִי תֵּימָא דְּיַעֲקֹב פְּיֵּיס לָהּ, שַׁפִּיר. וּבְגִין דְּאִיהִי בְּכָל לֵילְיָא, דְּאִיהוּ גָּלוּתָא, בִּרְשׁוּ בַּעְלָהּ, אוֹקְמוּהָ תְּפִלַּת עַרְבִית רְשׁוּת. וּפִירוּשָׁא אַוְרִינָא, אִיהוּ תֶּבֶן לְמֵיכַל לִבְעִירָן וְזוֹמְרִיִּים בְּק״ו. נַוְתוּ מָארֵי מַתְנִיתִין, וְאִשְׁתְּטָחוּ קַמֵּיהּ, וְוַדֵּי בְּהַאי מִלָּה, וְקַשְׁרוּ לָהּ בְּכַמָּה קִשְׁרִין דְּרָזִין סְתִימִין. וְאַעְטְרוּ לָהּ, וּסְלִיקוּ לָהּ לְגַבֵּי וְחַבְרַיָּיא דְּאִשְׁתָּאֲרוּ תַּמָּן.

תקסד. אָמַר רַעְיָא מְהֵימְנָא, בּוּצִינָא קַדִּישָׁא, בְּגִין דָּא בִּשְׁאָר צְלוֹתִין אִיהוּ חוֹבָה, דִּשְׁטַר חוֹב עֲלַיְיהוּ, לְסַמְכָא לָהּ בְּצַדִּיק חַי עָלְמִין, דְּבֵיהּ כָּל הַסּוֹמֵךְ גְּאוּלָּה לִתְפִלָּה, אֵינוֹ נִזּוֹק בְּכָל אוֹתוֹ יוֹם. וּבְמַאי סְמִיכַת עַל יְסוֹד. בִּדְרוֹעָא יְמִינָא. הה״ד, חַי יְיָ׳ שִׁכְבִי עַד הַבֹּקֶר.

תקסה. כַּד מָטֵי זְמַן צְלוֹתָא דְּמִנְחָה, בָּעֶרֶב הִיא בָאָה. הה״ד, וַתָּבֹא אֵלָיו הַיּוֹנָה לְעֵת עֶרֶב. בְּגִין דְּמִנְחָה שְׁלוּחָה הִיא לַאֲדוֹנִי, בְּגָלוּתָא דְּעֵשָׂו, וְהִנֵּה גַּם הוּא אַחֲרֵינוּ. וְעוֹד לַאֲדוֹנִי, דָּא אִיהוּ אֲדוֹן כָּל הָאָרֶץ, וְדָא צַדִּיק, מִתַּמָּן יוֹסֵף הַצַּדִּיק, בְּכוֹר שׁוֹרוֹ הָדָר לוֹ. דְּעָתִיד לְנַפְקָא מִנֵּיהּ מָשִׁיחַ בֶּן אֶפְרַיִם. וּבְגִינֵיהּ אִתְּמַר וְהִנֵּה קָמָה אֲלֻמָּתִי וְגַם נִצָּבָה וְהִנֵּה תְסֻבֶּינָה אֲלֻמּוֹתֵיכֶם וַתִּשְׁתַּחֲוֶינָה לַאֲלֻמָּתִי. וּבַצַּדִּיק, כָּל הַכּוֹרֵעַ כּוֹרֵעַ בְּבָרוּךְ.

תקסו. אָמַר בּוּצִינָא קַדִּישָׁא, רַעְיָא מְהֵימְנָא, בָּךְ אִתְּמַר וַיִּקַּח מֹשֶׁה אֶת עַצְמוֹת יוֹסֵף. בְּגִין דְּגוּף וּבְרִית חֲשִׁיבִין חַד. וּבְגַ״ד עָלָךְ אִתְּמַר, וְהִנֵּה קָמָה אֲלֻמָּתִי וְגַם נִצָּבָה. דְּכָךְ תְּפִלָּה מְעוּמָּד. וְכֵן כָּל הַזּוֹקֵף זוֹקֵף בְּשֵׁם. וּבַצַּדִּיק, כָּל הַכּוֹרֵעַ כּוֹרֵעַ בְּבָרוּךְ, וְהַיְינוּ וַתִּשְׁתַּחֲוֶינָה לַאֲלֻמָּתִי. דְּאַנְתְּ אָחִיד בִּימִינָא וּבִשְׂמָאלָא, בְּגוּף וּבְרִית. וּלְבָתַר תִּסְתַּלַּק עֲלַיְיהוּ לְבִינָה, לְמִפְתַּח בָּהּ חַמְשִׁין תַּרְעִין דְּחֵירוּ לְיִשְׂרָאֵל. לְקַיְּימָא, כִּימֵי צֵאתְךָ מֵאֶרֶץ מִצְרַיִם אַרְאֶנּוּ נִפְלָאוֹת, וּבְגַ״ד צְלוֹתָא דְּשַׁחֲרִית חוֹבָה, דְּעַרְבִית רְשׁוּת.

תקסז. בְּעַרְבִית אִיהוּ הַשְׁכִּיבֵנוּ, דִּשְׁכִיבַת בֵּין דְּרוֹעֵי מַלְכָּא בְּגָלוּתָא. כַּד יֵיתֵי צַפְרָא, פֶּסַח אָחִיד בֵּיהּ בִּימִינָא. אֲבָל בִּדְרוֹעָא שְׂמָאלָא דְּיִצְחָק, תִּשְׁרֵי. וַיְהִי הוּא טֶרֶם כִּלָּה לְדַבֵּר וְהִנֵּה רִבְקָה יוֹצֵאת, מִן גָּלוּתָא. וּבְגִין דְּלָא נַפְקֵי מִסִּטְרָא דְּדִינָא, יַעֲקֹב שִׂכֵּל אֶת יָדָיו, וְשַׁוֵּי שׁוֹר בִּימִינָא, אַרְיֵה בִּשְׂמָאלָא. וּבְגַ״ד נְאֻם יְיָ׳ לַאדֹנִי שֵׁב לִימִינִי, דָּא צַדִּיק, לְקַבְּלֵיהּ מָשִׁיחַ בֶּן יוֹסֵף, וְאָמַר לֵיהּ שֵׁב לִימִינִי, דְּרוֹעָא דְּאַבְרָהָם, בְּגָלוּתָא דְּיִשְׁמָעֵאל, עַד אָשִׁית אֹיְבֶיךָ הֲדֹם לְרַגְלֶיךָ.

תקסח. בְּהַהוּא זִמְנָא, יִתְעַר רוּחַ יְתֵירָה תּוֹסֶפֶת עַל יִשְׂרָאֵל, הה״ד אֶשְׁפּוֹךְ אֶת רוּחִי עַל כָּל בָּשָׂר, וִיהֵי נַיְיחָא לְיִשְׂרָאֵל מֵאוּמִין דְּעָלְמָא, וְנוּחַ מֵאוֹיְבֵיהֶם. כְּגַוְונָא דְּשַׁבָּת, דְּאִתּוֹסַף בְּבַ״נ נֶפֶשׁ יְתֵירָה בְּשַׁבָּת, וְאִית לוֹן בָּהּ נַיְיחָא, אִי בְּנֶפֶשׁ יְתֵירָה אִית לוֹן נַיְיחָא, דְּאִיהִי נוּקְבָא, כָּל שֶׁכֵּן בְּרוּחָא דְּאִיהוּ דְּכוּרָא.

תקסט. וְתַנָּאִים וַאֲמוֹרָאִים, נֶפֶשׁ יְתֵירָה בְּשַׁבָּת לְכָל יִשְׂרָאֵל כַּחֲדָא, וְחַד אִיהִי.

אבל לכל ב"נ, איהו כפום עובדוי. ואליפנא מק"ו דתיובתא, דכל ישראל כוזדא, בכל זמנא דוזזרין כלהו, מתקבלי. הה"ד, כיי' אלהינו בכל קראנו אליו, דשם יי' מוכתר עלייהו בכתריה, דאיהו כתר עליון. והאי איהו נשמה יתירה דכל ישראל, בשבת ויומין טבין. ובג"ד תקינו בכל יומין, למוזתם בשם ידוד, דאיהו וזותם דכל ברכאן דצלותין, ולא אמרין מוסף בלא כתר. ובשבת, תקינו למימר במוסף, כתר יתנו לך יי' אלהינו.

תקע. אבל לכל וזד מישראל, הכי נוזית ליה נפש יתירה, כפום דרגא דיליה. אי הוא וזסיד, יהבין ליה נפש יתירה ממדת וזסד, כפום דרגא דיליה. אי איהו גבור, ירא וזטא, יהבין ליה נפש יתירה, ממדת גבורה. ואי איהו איש תם, יהבין ליה נפש יתירה, ממדת אמת. ונפש יתירה דא מלכות, דאיהי כלילא מעשר ספיראן, וכפום מדה דב"נ. אם נשיא ישראל, או וזכם, או מבין בוזכמה, או בתורה, דאתמר ביה, להבין משל ומליצה. או בנביאים, או בכתובים. הכי יהבין ליה נפש יתירה, דאתקריאת כתר מלכות.

תקעא. ואי וזכם, כמה דאוקימנא המוזכים לכל אדם, דאתמר כלם בוזכמה עשית, יהבין ליה נפש יתירה מתמן. ואם הוא מבין דבר מתוך דבר באורייתא, יהבין ליה נפש יתירה מבינה. ואם הוא וזכם בנביאים ובכתובים, יהבין ליה נפש יתירה מנצוז והוד. ואי איהו צדיק גמור דנטר אות ברית, אות שבת, אות יומין טבין, אות תפילין, יהבין ליה נפש יתירה מצדיק, ובכל אתר, נפש יתירה ממלכות.

תקעב. ואי איהו ב"נ מכל מדות אלין, יהבין ליה כתר בשם ידוד, כידוד אלהינו בכל קראנו אליו. אין קדוש כידוד. מעלמא דדכורא, דאיהו תפארת, מלך מוכתר בכתר עלאה, דבה ימלוך בשכינתיה, דאיהי נפש יתירה. וכתר נשמה יתירה, יהו"ה, רווז, דאתמר אשפוך את רווזי על כל בשר, ואיהו כליל י' ספיראן מעילא לתתא, כגוונא דא: י' וזכמה. ה' בינה. ו' כליל שית ספיראן, מוזסד עד יסוד. ה' מלכות . כ' מן כידוד אלהינו, כתר על רישיה. והאי איהו נשמה דאתוספא ביום שבת.

תקעג. ובגין דעלת העלות, מופלא ומכוסה בהאי כתר, ואתפשט בשם יהוה בשבתות וימים טובים, לית שולטנותא לסמאל ולנוזש ולכל ממנן דיליה, ולית ליה שלטנותא לגיהנם, נוקבא בישא דסמאל, ולא למשריין דיליה, כלהו מתטמרין מן קדם משרייתא דמלכא, כגוונא דיתטמרן אומין עכו"ם דעלמא, כד יתגלי משיוזא, הה"ד ובאו במערות צורים ובנקיקי הסלעים.

תקעד. קמו תנאין ואמוראין, ואמרו, רעיא מהימנא, אנת הוא שקיל לכל ישראל, ממולא מכל מדות טבין, ודאי בך שרייא, ההוא דאתמר ביה, אין קדוש כידוד אלהינו. אנת כתר על כל וזד ווזד מישראל, כי אין בלתך ב"נ,

דִּיהֵא כֶּתֶר עָלָךְ, לָא נָשִׂיא, וְלָא חָכָם, וְלָא מֵבִין, וְלָא חָסִיד, וְלָא גִּבּוֹר, וְלָא תָּם, וְלָא נָבִיא, וְלָא צַדִּיק, וְלָא מֶלֶךְ. אַנְתְּ הוּא בְּדִיוֹקְנָא דְּקוּדְשָׁא בְּרִיךְ הוּא, בָּרָא בְּדִיוֹקְנָא דַּאֲבוֹהִי, כְּגַוְונָא דְּיִשְׂרָאֵל, דְּאִתְּמַר בְּהוֹן, בָּנִים אַתֶּם לַיְיָ' אֱלֹהֵיכֶם. אַשְׁלִים פִּקּוּדִין דְּמָארָךְ, דְּלֵית פִּקּוּדִין מֵאִלֵּין דִּילָךְ, דְּלָא יִתְעַטַּר בֵּיהּ קוּדְשָׁא בְּרִיךְ הוּא וּשְׁכִינְתֵּיהּ עֵילָּא וְתַתָּא, בְּכֶתֶר עִלָּאָה, בְּכָל מִדָּה וּמִדָּה.

תקעה. פָּתַח וְאָמַר, תַּנָּאִין וַאֲמוֹרָאִין, דְּכַד הֲוָה קָרֵי לְכֻלְּהוּ, לר"ש בְּכָלַל עִמְּהוֹן בְּכָל זִמְנָא, אָמַר לוֹן, אֲנָא מְשַׁבַּחְנָא לְכוּ, כִּפּוּם נְדִיבוּת דִּלְכוֹן, דְּאַתּוּן בְּנֵי נְדִיבִים אַבְרָהָם יִצְחָק וְיַעֲקֹב. לֵית מַאן דְּיָכִיל לְשַׁבְחָא לְכוֹן, אֶלָּא מָרֵי עָלְמָא, דַּאֲפִילוּ אוֹרַיְיתָא כֻּלָּהּ עַד אֵין סוֹף, בְּכוּ הִיא תַּלְיָא. כְּגַוְונָא דְּאִתְּמַר בְּאוֹרַיְיתָא, אֲרוּכָּה מֵאֶרֶץ מִדָּה וּרְחָבָה מִנִּי יָם, הָכִי שֶׁבַח דִּילְכוּ. אֲבָל יִתְקַיֵּים בְּכוּ, מַה דְּאִתְקַיֵּים בִּי, דַּחֲדֵינָא בִּיקָרָא דְּאַהֲרֹן אָחִי, כְּמָה דְּאוּקְמוּהָ, הַלֵּב שֶׁשָּׂמַח בִּגְדוּלַּת אָחִיו, יִלְבַּשׁ אוּרִים וְתוּמִים.

תקעו. וְתַנָּאִין וַאֲמוֹרָאִין, כָּל מוּסָפִין דְּשַׁבָּתוֹת וְיָמִים טוֹבִים, כָּל מוּסָף דְּאַמְרֵינַן בֵּיהּ כֶּתֶר, מֵהָכָא אִשְׁתְּמוֹדְעִין. וְכָל צְלוֹתִין דְּיִשְׂרָאֵל, רֵיחָא דִּלְהוֹן, כְּרֵיחָא דְּמֹר וּלְבוֹנָה וְכָל אַבְקַת רוֹכֵל, בִּשְׁאַר יוֹמִין. אֲבָל בְּשַׁבָּתוֹת וְיָמִים טוֹבִים, חָשִׁיב עָלֵיהּ מִכָּל מִינֵי בְּשָׂמִים.

תקעז. בְּגִין דְּבְיוֹמִין טָבִין, סַלְּקִין מִכָּל אַבְקַת רוֹכֵל, דְּאִתְּמַר בֵּיהּ, וַיֵּאָבֵק אִישׁ עִמּוֹ. דִּצְלוֹתָא דְּאִיהִי פְּגִימָה, אִתְאֲבַק עִמֵּהּ סָמָאֵל, לְאַגְּחָא עִמֵּהּ בְּהַהוּא פְּגִימוּ דַּעֲבֵירָה, בְּהַהוּא אָבָק דְּדָא, וְדָא סָלִיק עַד שְׁמַיָּא.

תקעח. אָבָק דְּיַעֲקֹב, לְאוֹלָפָא זְכוּתָא עַל צְלוֹתָא, בְּכַמָּה מַשִּׁרְיָין דִּזְכָוָון דְּאִינּוּן חֲיָלִין וּמַשִּׁרְיָין, דְּמִתְכַּנְּשִׁין עִמֵּיהּ, לְאוֹלָפָא זְכוּ עָלָהּ. וְאָבָק דִּרְגָּא דְּסָמָאֵל, סָלִיק בְּכַמָּה מַשִּׁרְיָין דְּחוֹבִין, לְאוֹלָפָא חוֹבִין עָלָהּ, וְדָא צְלוֹתָא דְּעַרְבִית, דְּאִקְרֵי סֻלָּם דְּיַעֲקֹב, דְּבָהּ וְהִנֵּה מַלְאֲכֵי אֱלֹהִים עוֹלִים וְיוֹרְדִים בּוֹ. אִלֵּין דְּסַלְּקִין חוֹבִין, וְנַחְתֵּי זַכְוָון תְּחוֹתַיְיהוּ, וְאִלֵּין סַלְּקִין זַכְוָון, וְנַחְתִּין חוֹבִין תְּחוֹתַיְיהוּ. וּמַשְׁפִּילִין לוֹן בְּכַמָּה קְרָבִין.

תקעט. דְּאִינּוּן מָארֵי תְּרִיסִין, בְּמִלְחַמְתָּהּ שֶׁל תּוֹרָה, עַד דְּיִשְׁתְּמַע קְרָבָא לְטוּרִין רַבְרְבִין, דְּאִינּוּן אַבְרָהָם יִצְחָק וְיַעֲקֹב, הה"ד, שִׁמְעוּ הָרִים אֶת רִיב יְיָ'. רִיב דִּצְלוֹתָא. רִיב דְּאוֹרַיְיתָא. וְהַאי קְרָבָא דִּצְלוֹתָא דְּעַרְבִית, עַד עֲלוֹת הַשַּׁחַר. דְּרַבָּן גַּמְלִיאֵל אוֹקְמָהּ, עַד עֲלוֹת הַשַּׁחַר. דִּתְפִלַּת עַרְבִית זְמַנָּהּ כָּל הַלַּיְלָה, אֶלָּא דַּחֲכָמִים עָבְדוּ גָּדֵר עַד חֲצוֹת.

תקפ. וּבג"ד וַיֵּאָבֵק אִישׁ עִמּוֹ עַד עֲלוֹת הַשָּׁחַר, מַאן שַׁחַר. צְלוֹתָא דְּעַרְבִית דְּשִׁיעוּרָהּ עַד בֹּקֶר דְּאַבְרָהָם, דְּאִיהִי אַרְבַּע שָׁעוֹת וַיַּשְׁכֵּם אַבְרָהָם בַּבֹּקֶר. בְּרֵישׁ שַׁעֲתָא קַדְמָאָה, בְּסוֹף הַשַּׁחַר, דְּאִיהוּ נֶצַח יַעֲקֹב, דְּתַמָּן לַמְנַצֵּחַ עַל

אַיֶּלֶת הַשַּׁחַר, לְנַטְלָא נוּקְמָא מִסַּמָּאֵל, דְּנָגַע בְּיֶרֶךְ שְׂמָאלָא דְּיַעֲקֹב, דְּאִיהוּ הוֹד, דְּבֵיהּ אִתְּמַר נְתָנַנִי שׁוֹמֵמָה כָּל הַיּוֹם דָּוָה, הוֹד, מִסִּטְרָא דְּהוֹד, אֶלֶף וַחֲמִישָּׁה, אִשְׁתְּאָרַת בֵּי מַקְדְּשָׁא וַחֲרֵבָה וְיָבֵשָׁה.

תקפא. אָמַר ר"ש, דָּא הוֹד דִּילָךְ רַעְיָא מְהֵימְנָא, דְּבֵיהּ אַנְתְּ וְחָרֵב, מִנְּבוּאָה דִּילָךְ מִשְּׂמָאלָא, וּבְגִין דְּאַנְתְּ מוֹלִיךְ לִימִין מֹשֶׁה דְּאִיהוּ נֶצַח, רֵישָׁא דְּשַׁחֲרִין, אַיֶּלֶת אֲהָבִים, פָּתַח דָּוִד לַמְנַצֵּחַ עַל אַיֶּלֶת הַשַּׁחַר, דְּבֵיהּ יֵיתֵי מָארֵי נַצְחָן קְרָבַיָּיא. וּבְגִין דְּנֶצַח וְהוֹד תְּרֵין שַׁחֲרִין, אוֹקְמוּהָ בְּמַתְנִיתִין מֵאֵימָתַי קוֹרִין אֶת שְׁמַע בְּשַׁחֲרִין, וְלָא אָמַר בַּשַּׁחַר. אֶלָּא בְּשַׁחֲרִין תְּרֵין.

תקפב. וּתְרֵין מְשִׁיחִין יִתְעָרוּן לְגַבַּיְיהוּ, מָשִׁיחַ בֶּן דָּוִד, לְקַבֵּל נֶצַח, וְאִתְקְשַׁר בַּבֹּקֶר דְּאַבְרָהָם, הֲדָא הוּא דִּכְתִיב, נְעִימוֹת בִּימִינְךָ נֶצַח. הוֹד בִּגְבוּרָה, דְּבֵיהּ מָשִׁיחַ בֶּן אֶפְרַיִם אוֹחִיד. אַנְתְּ בְּאֶמְצָעִיתָא, דְּדַרְגָּא דִּילָךְ תִּפְאֶרֶת, דְּאִתְקְשַׁר בָּךְ עַמּוּדָא דְּאֶמְצָעִיתָא. וִיסוֹד וַי עָלְמִין בְּדַרְגָּא דִּילָךְ. וְחָכְמָה בַּיָּמִין, הָרוֹצֶה לְהַחְכִּים יַדְרִים. וּבִינָה לִשְׂמָאלָא, הָרוֹצֶה לְהַעֲשִׁיר יַצְפִּין.

תקפג. אִיהִי הַקֶּשֶׁת גַּבָּךְ, וְהַאי אִיהוּ לְבוּשָׁא דִּשְׁכִינְתָּא. לְבוּשָׁא דְּצַדִּיק, דְּאִתְקְרֵי בְּרִית הַקֶּשֶׁת. וְאִיהוּ אוֹת שַׁבָּת, וְאוֹת י"ט, וְאוֹת תְּפִלִּין, וְאוֹת בְּרִית מִילָה. וְאָמַר קוּדְשָׁא בְּרִיךְ הוּא, מַאן דְּלָאו אִיהוּ רָשִׁים בְּהַאי אוֹת, לָא יֵיעוֹל בְּמַרְאָה דָּא, בְּחֶדֶר דָּא. וְהַאי אִיהוּ מַטֶּה, דְּעַמּוּדָא דְּאֶמְצָעִיתָא מַטֶּה בֵּיהּ כְּלַפֵּי חֶסֶד לְצַדִּיקִים גְּמוּרִים, לְמֵיהַב לוֹן זַכְוָון, בוז"י בִּרְכָאן דִּצְלוֹתָא. וּמַטֶּה כְּלַפֵּי חוֹבָה לְרַשִּׁיעַיָּיא, לְמֵידָן לוֹן בִּגְבוּרָה לְדִינָא, כְּפוּם עוֹבָדֵיהוֹן. וּבְעַמּוּדָא דְּאֶמְצָעִיתָא מַאֲרִיךְ עַל בֵּינוֹנִים. וְהַאי אִיהוּ ש'.

תקפד. תְּלַת גַּוְונִין דְּקֶשֶׁת, אוֹת בְּרִית הַקֶּשֶׁת, בַּת יְחִידָה, שַׁבָּת מַלְכְּתָא. וְאִית לָהּ שִׁית דַּרְגִּין, תְּחוֹת שׁוּלְטָנוּתָא, דְּאִינּוּן שֵׁשֶׁת יְמֵי הַמַּעֲשֶׂה, דִּכְלִילָן בְּמִטַּטְרוֹן. דַּעֲלַיְיהוּ אִתְּמַר, שֵׁשֶׁת יָמִים תַּעֲשֶׂה מַעֲשֶׂיךָ. אֲבָל בַּת יְחִידָה, שַׁבָּת לַיְדוָד, הָעוֹשֶׂה בָהּ מְלָאכָה יוּמָת.

תקפה. יְדוָד אִתְקְרֵי בְּאוֹת ה'. וּמִסִּטְרָא דָּא, יד"ו לִימִינָא. דְּאִיהוּ ה' שְׁלִימוּ דִּילֵיהּ. וְהָכִי לְכָל סִטְרָא בְּשִׁית סִטְרִין, ידו, דוי, ויד, יוד, דיו, ודי. אִינּוּן וז"י אַתְוָון, דִּכְלִילָן בְּצַדִּיק וַי עָלְמִין. וְאִיהִי רְבִיעִית הַהִין בְּכָל סִטְרָא.

תקפו. וְאִיהִי הֵ"א, מִסִּטְרָא דִּשְׁמָא מְפָרַשׁ, יו"ד הֵ"א וָא"ו. יו"ד בְּחֶסֶד, הֵ"א בִּגְבוּרָה, וָא"ו בְּתִפְאֶרֶת. כַּד שַׁלְטָא הַאי ט"ל, אָסְרוּ וַחֲכָמִים אַרְבָּעִים מְלָאכוֹת חָסֵר אַחַת. וְאִתְקְרִיאוּ אָבוֹת מְלָאכוֹת, ע"ש דְּאִינּוּן לָקֳבֵל אֲבָהָן, דְּשָׁלִיט עֲלַיְיהוּ ט"ל, דְּאִיהוּ אַרְבָּעִים חָסֵר אַחַת.

תקפז. וּבְאִלֵּין אַרְבָּעִים מְלָאכוֹת חָסֵר חַד, לָקָה עֲשָׂרָה מַלְקִיּוֹת לְאָדָם. וַעֲשָׂרָה לְחַוָּה. וַעֲשָׂרָה לְנָחָשׁ. וְתִשְׁעָה לְאַרְעָא. וּבְגִין דְּט"ל שַׁלְטָא, בְּשַׁבָּת, דְּאִיהוּ ה' אֵין לוֹקִין בְּשַׁבָּת. וְהַאי ט"ל לָאו אִיהוּ כט"ל דְּחוֹל, מִסִּטְרָא דְּעֶבֶד

מְטַטְרוֹן. וְאַרְבָּעִים מְלָאכוֹת וְחָסֵר אַחַת, הֵם הַזּוֹרֵעַ וְהַחוֹרֵשׁ וְכוּ'.

תקפח. סָבָא סָבָא, שְׁכִינְתָּא אִתְקְרֵי אֶרֶ"ץ דְּקוּדְשָׁא בְּרִיךְ הוּא. הה"ד וְהָאָרֶץ הֲדוֹם רַגְלָי. מִסִּטְרָא דְּחֶסֶד אִתְקְרִיאַת מַיִם. וּמִסִּטְרָא דִּגְבוּרָה אִתְקְרִיאַת אֵשׁ. וּמִסִּטְרָא דְּעַמּוּדָא דְּאֶמְצָעִיתָא אֲוִיר. וְאִיהִי אֶרֶץ, קַרְקַע לְכֻלְּהוּ.

תקפט. וּבְגִין דְּנִשְׁמְתָא יְתֵירָה אִתְפַּשְּׁטָא בִּשְׁכִינְתָּא, דְּאִיהִי שַׁבָּת מַלְכְּתָא, דְּאִתְּמַר בָּהּ וּמַלְכוּתוֹ בַּכֹּל מָשָׁלָה, מִשּׁוּם אִיהִי מַלְכוּת, דְּשָׁלְטָנוּתָהָא עַל אַרְעָא, וְעַל אִילָנִין וְזַרְעִין. וּבְגִין דְּאִילָנָא דְּחַיֵּי, דְּהִיא נִשְׁמְתָא יְתֵירָה דְּבְשַׁבָּת, בָּהּ תּוֹלְדִין דִּילָהּ, אִית נַיְיחָא לְאַרְעָא, דְּאִיהִי שְׁכִינְתָּא.

תקצ. וּבְגִין דִּשְׁכִינְתָּא עִלָּאָה אִתְפַּשְּׁטַת בְּאַרְעָא, דְּאִתְּמַר בָּהּ פָּרָה אֲדוּמָּה תְּמִימָה אֲשֶׁר אֵין בָּהּ מוּם אֲשֶׁר לֹא עָלָה עָלֶיהָ עוֹל, אָסוּר לְחָרוֹשׁ בְּשַׁבָּת וַחֲרִישָׁה בַּשּׁוֹר. דְּאִתְּמַר עַל גַּבִּי חָרְשׁוּ חוֹרְשִׁים. וּשְׁכִינְתָּא תַּתָּאָה אִיהִי פָּרָה אֲדוּמָּה מִסִּטְרָא דִּגְבוּרָה. תְּמִימָה, מִסִּטְרָא דְּחֶסֶד, דְּאִיהוּ דַּרְגָּא דְּאַבְרָהָם, דְּאִתְּמַר בֵּיהּ הִתְהַלֵּךְ לְפָנַי וֶהְיֵה תָמִים. אֲשֶׁר אֵין בָּהּ מוּם, מִסִּטְרָא דְּעַמּוּדָא דְּאֶמְצָעִיתָא. אֲשֶׁר לֹא עָלָה עָלֶיהָ עוֹל, מִסִּטְרָא דִּשְׁכִינְתָּא עִלָּאָה דְּאִיהִי חֵירוּ, בַּאֲתַר דְּאִיהִי שַׁלְטָא וְהַזָּר הַקָּרֵב יוּמָת, לֵית רְשׁוּ לְסִטְרָא אָחֳרָא לְשַׁלְטָאָה, לֹא שָׂטָן, וְלָא מַשְׁחִית, וְלָא מַלְאַךְ הַמָּוֶת, דְּאִינּוּן מִסִּטְרָא דְּגֵיהִנֹּם.

תקצא. וּבְגִין דָּא, בְּיוֹמִין דְּחוֹל, אַמְרִין יִשְׂרָאֵל, וְהוּא רַחוּם יְכַפֵּר עָוֹן וְלֹא יַשְׁחִית וְהִרְבָּה לְהָשִׁיב אַפּוֹ וְגוֹ'. בְּגִין דִּבְיוֹמִין דְּחוֹל, שְׁכִינְתָּא תַּתָּאָה אִתְלַבְּשַׁת בְּאִלֵּין קְלִיפִּין דְּמִיתָה דְּדִינָא. וּבְשַׁבָּת אִתְפַּשְּׁטַת מִנַּיְיהוּ, בְּגִין דְּאִילָנָא דְּחַיֵּי דְּאִיהוּ בֶּן י"ד, יד"ו, אִתְחַבַּר בְּהֵ"א. בְּהַהוּא זִמְנָא נַיְיחָא אִשְׁתְּכַחַת לְהֵ"א, וְכָל מַה דְּאִיהוּ תְּחוֹתָהּ, וְלָא צָרִיךְ לְמֵימַר בֵּיהּ וְהוּא רַחוּם. וּמַאן אִינּוּן תְּחוֹתָהּ. יִשְׂרָאֵל. וְכָל אֲתַר דְּיִשְׂרָאֵל מִשְׁתַּכְּחִין, נָטִירוּ אִשְׁתְּכַח וְנַיְיחָא.

תקצב. וּבְגִ"ד, אָסוּר לְמֶחֱרַשׁ בְּאַרְעָא, וּלְמֶעְבַּד בָּהּ גּוּמוֹת, דַּהֲוֵי כְּאִילוּ עָבִיד פְּגִימוּ בְּאַרְעָא קַדִּישָׁא, דְּאִיהִי שְׁכִינְתָּא. וְאָסוּר לְאִשְׁתַּמְּשָׁא בְּכֵלִים דְּאַרְעָא בְּשַׁבָּת. וַאֲפִילוּ לְטַלְטֵל אֶבֶן. וְלָא כְּלִי בְּעָלְמָא. דִּיהֲוֵי נַיְיחָא לוֹן בְּזְכוּ דִּשְׁכִינְתָּא דְּאִתְקְרִיאַת אַבְנָא, דִּכְתִיב בָּהּ וְהָאֶבֶן הַזֹּאת אֲשֶׁר שַׂמְתִּי מַצֵּבָה. בִּצְלוֹתָא. עֲמִידָה אִיהִי לְיִשְׂרָאֵל, דִּבְגִינָהּ אִית לוֹן קִיּוּמָא בְּעָלְמָא. וְעָלֵיהּ אִתְּמַר, מִשָּׁם רוֹעֶה אֶבֶן יִשְׂרָאֵל. עַל אֶבֶן אַחַת שִׁבְעָה עֵינָיִם, אֶבֶן מָאֲסוּ הַבּוֹנִים.

תקצג. וּבְגִ"ד וְשָׁמְרוּ בְנֵי יִשְׂרָאֵל אֶת הַשַּׁבָּת לַעֲשׂוֹת אֶת הַשַּׁבָּת לְדֹרֹתָם בְּרִית עוֹלָם. צָרִיךְ לְנַטְרָא לָהּ בְּדִירָתָם, דְּלָא יִפְקוּן מרה"י לרה"ר. וְהַאי אִיהוּ דְּאוּקְמוּהָ מָארֵי מַתְנִיתִין, יְצִיאוֹת הַשַּׁבָּת שְׁתַּיִם שֶׁהֵן אַרְבַּע, הוֹצָאָה מֵרְשׁוּת לִרְשׁוּת, וְהַכְנָסָה נָמֵי יְצִיאָה קָרֵי לָהּ. וְאִינּוּן סָמָאֵל וְנָחָשׁ, צְרִיכִין יִשְׂרָאֵל לְנַטְרָא לוֹן, דְּלָא יֵיעֲלוּן לְדִירָה דִּשְׁכִינְתָּא, דְּאִיהִי רְשׁוּת הַיָּחִיד. מַאן רְשׁוּת

הָרַבִּים. וְזָלָה שִׁפְחָה זוֹנָה נִדָּה גוֹיָה, רְשׁוּת דְּסָמָאֵל וְנָחָשׁ, וְשַׁבְעִין מְמָנָן דְּעַמִּין. (ע"כ רעיא מהימנא)

תקצד. פָּתַח וְאָמַר, בָּאתִי לְגַנִּי וְכוּ', וּבְחִבּוּרָא קַדְמָאָה, אָרִיתִי מוֹרִי עִם בְּשָׂמִי, דְּרוֹעָא יְמִינָא בְּיַרְכָא שְׂמָאלָא. אָכַלְתִּי יַעְרִי עִם דִּבְשִׁי, יַעֲקֹב בְּרָזֶל. שָׁתִיתִי יֵינִי עִם חֲלָבִי, דְּרוֹעָא שְׂמָאלָא בְּיַרְכָא יְמִינָא. דְּרוֹעָא יְמִינָא בְּיַרְכָא שְׂמָאלָא, אִינּוּן חֶסֶד עִם הוֹד. יַעֲקֹב בְּרָזֶל, עַמּוּדָא דְּאֶמְצָעִיתָא בְּמַלְכוּת. דְּרוֹעָא שְׂמָאלָא בְּיַרְכָא יְמִינָא גְּבוּרָה בְּנֶצַח.

תקצה. וַאֲמַאי שַׁנִּי מִדּוֹת דִּילֵיהּ הָכִי. אֶלָּא רָזָא דְּנֵימָא הָכָא, דָּוִד אָמַר הָכָא, כֹּהֲנֶיךָ יִלְבְּשׁוּ צֶדֶק וַחֲסִידֶיךָ יְרַנֵּנוּ. וְאִתְּמַר הָתָם, וּלְוִיֶּיךָ מִבָּעֵי לֵיהּ לְמֵימַר. אָמַר קוּדְשָׁא בְּרִיךְ הוּא לָאו אָרַח לְשַׁנּוֹת מִדּוֹתַי, אֶלָּא בָּתַר דְּזַמֵּינַת לִי, אִית לִי לְמֶעְבַּד רְעוּתָךְ. וּמֵהָכָא אוֹלִיפְנָא, דְּבַעַל הַבַּיִת דִּמְזַמִּין אֲפִילּוּ לְמַלְכָּא, אִית לֵיהּ לְמֶעְבַּד רְעוּתֵיהּ. וּבְגִ"ד אוֹקְמוּהָ, כָּל מַה שֶּׁאוֹמֵר לְךָ בַּעַל הַבַּיִת עֲשֵׂה חוּץ מִצֵּא. וְעִם כָּל דָּא דְּרָזָא דָּא שַׁפִּיר אִיהוּ, הָא כְּתִיב אֲנִי יְיָ לֹא שָׁנִיתִי, וּבְכָל קָרְבָּנִין לָא כְּתִיב בְּהוֹן אֶלָּא לַיְדֹוָד, אֵיךְ יָכִיל לְמֶהֱוֵי דְּיִשַׁנֵּי דַּרְגִּין דִּשְׁמֵיהּ בְּקָרְבְּנָא.

תקצו. אֶלָּא, אָרִיתִי מוֹרִי: יוֹצֵר אוֹר. עִם בְּשָׂמִי: אַהֲבַת עוֹלָם. אָכַלְתִּי יַעְרִי: שְׁמַע יִשְׂרָאֵל. עִם דִּבְשִׁי: בָּרוּךְ שֵׁם כְּבוֹד מַלְכוּתוֹ לְעוֹלָם וָעֶד. שָׁתִיתִי יֵינִי: וְהָיָה אִם שָׁמוֹעַ, עַד וַיֹּאמֶר. עִם חֲלָבִי: מִן וַיֹּאמֶר, עַד אֱמֶת. אִכְלוּ רֵעִים: ג' רִאשׁוֹנוֹת, וְג' אַחֲרוֹנוֹת. שְׁתוּ וְשִׁכְרוּ דּוֹדִים: שְׁאַר בִּרְכָאן דִּצְלוֹתָא.

תקצז. וּבְחִבּוּרָא קַדְמָאָה, סִתְרָא דְּקָרְבְּנָא, פָּרִים וּכְבָשִׂים וְעַתּוּדִים וְעִזִּים, אִינּוּן, ד' פְּנֵי שׁוֹר. פְּנֵי נֶשֶׁר וְגוֹ', שְׁתֵּי תוֹרִים אוֹ שְׁנֵי בְּנֵי יוֹנָה, וְצָרִיךְ לְפָרְשָׁא. אַרְיֵה נָחִית לְגַבֵּי שׁוֹר, דְּאִיהוּ שְׂמָאלָא, לְאִתְקַשְּׁרָא חֶסֶד בִּגְבוּרָה. אָדָם נָחִית לְגַבֵּי נֶשֶׁר. דַּרְגָּא דְּיַעֲקֹב. וּבְגִ"ד אוֹקְמוּהָ מָארֵי מַתְנִיתִין, שׁוּפְרֵיהּ דְּיַעֲקֹב שׁוּפְרֵיהּ דְּאָדָם קַדְמָאָה הֲוָה. וּמַאן גָּרִים לְאִסְתַּלְּקָא לְאִתְקְרֵי יִשְׂרָאֵל, דִּכְתִיב לֹא יַעֲקֹב יֵאָמֵר עוֹד שִׁמְךָ כִּי אִם יִשְׂרָאֵל יִהְיֶה שְׁמֶךָ, דִּיהֵוֵי יִשְׂרָאֵל עִקָּר לְאַפְרְשָׁא בֵּינַיְיהוּ. (ע"כ רעיא מהימנא) .

תקצח. וַעֲשִׂירִית הָאֵיפָה, אֲמַאי. אֶלָּא עֲשִׂירִית הָאֵיפָה, לְקַבֵּל כ"י. דְּאִיהִי עֲשִׂירָאָה דְּדַרְגִּין, וְאִצְטְרִיכָא לְאִתְיַיהֲבָא בֵּין תְּרֵין דְּרוֹעִין, וְאִיהִי סֹלֶת נַהֲמָא, וְאִיהִי נַהֲמָא. וּבְגִין דְּאִיהִי נַהֲמָא, לָא אִתְפְּקַד עַל נַהֲמָא דַּחֲמֵשֶׁת מִינִין, דְּאִיהִי חִטָּה, וּשְׂעוֹרָה, וְשִׁיפוֹן וְכוּ', מְמַנָּא דְּעָלְמָא. וְלָא שַׁוֵּי מְמַנָּא עָלַיְיהוּ, אֶלָּא קוּדְשָׁא בְּרִיךְ הוּא בִּלְחוֹדוֹי.

תקצט. וּבְגִ"ד, מַאן דִּמְזַלְזֵל בְּנַהֲמָא, וְזָרִיק לֵיהּ בְּאַרְעָא, עֲנִיּוּתָא רָדִיף אֲבַתְרֵיהּ. וְחַד מְמַנָּא אִתְפְּקַד עַל דָּא, וְאִיהוּ רָדִיף אֲבַתְרֵיהּ, לְמֵיהַב לֵיהּ עֲנִיּוּתָא, וְלָא יִפּוּק מִן עָלְמָא, עַד דְּיִצְטְרִיךְ לַבְּרִיָּין. וְעָלֵיהּ כְּתִיב, נוֹדֵד הוּא

לַלֶּוֶּם אִיהּ. נוֹדֵד הוּא, וְיֵהַךְ מִטַּלְטֵל, וְגָלֵי מֵאֲתַר לַאֲתַר, לַלֶּוֶּם אִיהּ הוּא. וְלֵית מַאן דְּיַשְׁגַּח עָלֵיהּ, הה״ד אַיֵּה. מַאן דִּירַחֵם עָלֵיהּ, בְּגִין דְּלָא יִשְׁכַּח.

תר. וּבְחִבּוּרָא קַדְמָאָה אָמַר רַעְיָא מְהֵימְנָא, מַאן דִּמְזַלְזֵל בְּפֵרוּרִין דְּנַהֲמָא. וְזָרִיק לוֹן בַּאֲתַר דְּלָא אִצְטְרִיךְ. הַאי כָּל שֶׁכֵּן מַאן דִּמְזַלְזֵל בְּפֵירוּרִין דְּמוֹחָא, דְּאִינּוּן טִפִּין דְּזֶרַע, דְּזָרִיק לוֹן בְּאַרְעָא, דְּאִתְּמַר בְּהוֹן כִּי הִשְׁחִית כָּל בָּשָׂר אֶת דַּרְכּוֹ עַל הָאָרֶץ. אוֹ דְּזָרִיק לוֹן בְּנִדָּה, אוֹ בְּבַת אֵל נֵכָר, אוֹ בְּשִׁפְחָה אוֹ בְּזוֹנָה. וכ״ש וכ״ש מַאן דִּמְזַלְזֵל בְּפֵירוּרִין דְּנַהֲמָא דְּאוֹרַיְיתָא, דְּאִינּוּן קוֹצֵי אַתְוָון, וְתָגֵי אַתְוָון, דְּאִתְּמַר עָלַיְיהוּ כָּל הַמִּשְׁתַּמֵּשׁ בְּתָגָא חֲלָף.

תרא. כ״ש מַאן דְּמָסַר רָזִין דְּאוֹרַיְיתָא, וְסִתְרֵי קַבָּלָה, וְסִתְרֵי מַעֲשֵׂה בְּרֵאשִׁית, אוֹ סִתְרֵי אַתְוָון דִּשְׁמָא מְפָרַשׁ, לַאֲנָשִׁים דְּלָאו אִינּוּן הֲגוּנִים, דְּשָׁלִיט עָלַיְיהוּ יֵצֶר הָרָע, אִשָּׁה זוֹנָה, דְּאִתְּמַר עָלָהּ, כִּי בְעַד אִשָּׁה זוֹנָה עַד כִּכַּר לָחֶם. וְלֵית לֶחֶם אֶלָּא כ״ב אַתְוָון דְּאוֹרַיְיתָא. וְלֵית כִּכַּר, אֶלָּא אֲפִילוּ הֲלָכָה אַחַת.

תרב. וּבְחִבּוּרָא קַדְמָאָה, לָא גַּלֵּי רָזָא בְּאִלֵּין פֵּרוּרִין, אֶלָּא בְּאֹרַח פְּשָׁט, וְלָא יָהִיב בְּהוֹן שִׁיעוּרָא. אֲבָל אוֹקְמוּהָ מָארֵי מַתְנִיתִין, דְּשִׁיעוּרָא דְּפֵירוּרִין כַּזַּיִת לִפְחוֹת, כָּל שֶׁכֵּן אִי אִינּוּן כַּבֵּיצָה. דְּמָארֵי מַתְנִיתִין דִּקְדְּקוּ עָלַיְיהוּ, עַד כַּזַּיִת עַד כַּבֵּיצָה לְבָרְכָא עָלַיְיהוּ.

תרג. וְאֹרַח רָזָא, א״ח הוּא ט׳ פֵּרוּרִין, שָׁלֹשׁ לְכָל סְטַר, תְּלַת מִן ד׳, תְּרֵין עָשָׂר. רְבִיעִית אִיהוּ שְׁלִימוּ, לְאַשְׁלָמָא בֵּיהּ עָשָׂר. וּלְאַשְׁלָמָא ד׳, דְּאִינּוּן יְדֹוָ״ד. מַאי עֶשֶׂר. אִינּוּן: יו״ד הֵ״א וָא״ו הֵ״א. קוֹצָא דְּאָת ד׳ מִן אֶחָד, שִׁיעוּרָא כַּזַּיִת. י׳ מִן יְדֹוָ״ד, שִׁיעוּרָא דִּילֵיהּ כַּבֵּיצָה.

תרד. אִיהִי ד׳, שְׁלִימוּ דְּמֶרְכַּבְתָּא דְּאָדָם, וּשְׁלִימוּ דְּאַרְבַּע אַנְפִּין דְּאָדָם. וּבְגִּ״ד, יִשָּׂא יְדֹוָ״ד פָּנָיו אֵלֶיךָ. וְאוֹקְמוּהָ מָארֵי מַתְנִיתִין, וְהָכְּתִיב אֲשֶׁר לֹא יִשָּׂא פָנִים. אֶלָּא אָמַר הַקּוּדְשָׁא בְּרִיךְ הוּא, וְלֹא אָמַרְתִּי לָהֶם וְאָכַלְתָּ וְשָׂבָעְתָּ, וְהֵם דִּקְדְּקוּ עֲלֵיהֶם, עַד כַּזַּיִת אוֹ עַד כַּבֵּיצָה, וְאֵיךְ לֹא אֶשָּׂא לָהֶם פָּנִים. וְרַבָּנָן דְּמַתְנִיתִין וַאֲמוֹרָאִין, כָּל תַּלְמוּדָא דִּלְהוֹן, עַל רָזִין דְּאוֹרַיְיתָא סַדְּרוּ לֵיהּ.

תרה. קָם רַעְיָא מְהֵימְנָא, וְסָלִיק יְדוֹי קָמֵי קוּדְשָׁא בְּרִיךְ הוּא וּשְׁכִינְתֵּיהּ, וְאָמַר הָכִי, קוּדְשָׁא בְּרִיךְ הוּא יְהֵא רַעֲוָא דִּילָךְ, לְמֵיהַב לוֹן מְזוֹנָא שְׁלֵימָתָא, לְתִקּוּנָא לְגַבָּךְ, וּלְגַבֵּי מַטְרוֹנִיתָא עִלָּאָה עָלְמָא דְּאָתֵי, דְּאִתְּמַר עָלָהּ, כִּי לַיְיָ׳ הַמְּלוּכָה וּמוֹשֵׁל בַּגּוֹיִם. וּלְגַבֵּי מַטְרוֹנִיתָא תִּנְיָינָא, דְּאִתְּמַר בָּהּ זִמְנָא תִּנְיָינָא, וְהָיְתָה לַיְיָ׳ הַמְּלוּכָה. לְתִקּוּנָא פָּתוֹרָא שְׁלֵימָתָא, מִכָּל עִדּוּנִין, וּמִכָּל מַאֲכָלִין.

תרו. וַאֲנָא מְזַמֵּן עִמָּךְ, לְכָל מָארֵי מַתְנִיתִין, וּלְמָארֵי מִקְרָא, וּלְמָארֵי תַּלְמוּד, וכ״ש לְמָארֵי סִתְרֵי תוֹרָה דִּילָךְ, כַּלָּה דִּילָךְ, מַטְרוֹנִיתָא קַדִּישָׁא דִּילָךְ, עִלָּאָה וְתַתָּאָה, וְכַלָּא בִּרְשׁוּת דְּעִלַּת כָּל עִלָּאִין, אֲדוֹן כָּל הָאֲדוֹנִים, מֶלֶךְ עַל כָּל הַמְּלָכִים דְּעֵילָּא וְתַתָּא, דְּאִיהוּ יְחִיד בְּלָא תִּנְיָינָא, וְלֵית אָת וּנְקוּדָה דְּמִשְׁתַּתֵּף בַּהֲדֵיהּ, וְלָא שִׁנּוּי גַּוְונִין דְּאִינְשָׁא. דְּאִיהוּ מָארֵי כָּל מַפְתְּחָאן, דְּרָזִין דַּהֲוָיוֹת, וּשְׁמָהָן וְכִנּוּיִין, וְכָל רָזִין גְּנִיזִין דְּחָכְמְתָא, דְּתִפְתַּח לוֹן כֻּלְּהוּ לִיקָרָא דִּילָךְ, עִלַּת

עַל כָּל עֹלוֹת. אֲנָא מִתְחַנֵּן קֳדָמָךְ, דְּתִפְתַּח לוֹן לִיקָרָא דִילָךְ, דִּיקָרָא דִילָךְ אִיהוּ מֵאֲבִי וְאִמִּי דִּשְׁמַיָּא, וְאָב דְּכָל יִשְׂרָאֵל, וְאֵם דִּלְהוֹן, דְּאִתְּמַר בָּהּ וְאַל תִּטּוֹשׁ תּוֹרַת אִמֶּךָ, וְעִמָּךְ לֵית שׁוּתָּפוּ דְּאֵם בְּעָלְמָא.

תרז. קָם זִמְנָא תִּנְיָינָא, וְאָמַר מָארֵי מַתְנִיתִין, נִשְׁמָתִין וְרוּחִין וְנַפְשִׁין דִּלְכוֹן, אִתְעָרוּ כְּעַן כּוּלְהוּ, וְאַעְבָּרוּ שִׁינְתָא מִנְּכוֹן, דְּאִיהִי וַדַּאי מִשְׁנָה, אוֹרַח פְּשָׁט דְּהַאי עָלְמָא. דַּאֲנָא לָא אִתְעַרְנָא בְּכוּ, אֶלָּא בְּרָזִין עִלָּאִין דְּעָלְמָא דְּאָתֵי, דְּאַתּוּן בְּהוֹן הִנֵּה לֹא יָנוּם וְלֹא יִישָׁן.

תרח. פָּתַח וְאָמַר, הָא אוּקְמוּהָ מָארֵי מַתְנִיתִין, בעה"ב בּוֹצֵעַ וְאוֹרַח מְבָרֵךְ. וְעוֹד אוּקְמוּהָ, צָרִיךְ לְדַקְדֵּק בְּהֵ' מִן הַמּוֹצִיא. וְתַרְוַיְיהוּ אִינּוּן, לְקַבֵּל שְׁתֵּי הַלֶּחֶם. שְׁתֵּי כִכָּרוֹת דְּשַׁבָּת. י', אִיהִי כַּבֵּיצָה לְכָל חַד וְחַד. וּמַאן אִיהוּ בעה"ב דְּבוֹצֵעַ. דָּא ו'.

תרט. אַדְּהָכִי, הָא סָבָא דְּסָבִין קָא נָחִית לְגַבֵּיהּ, וְאָמַר, רַעְיָא מְהֵימְנָא חֲזוֹר בָּךְ. דְּהָא לֶחֶם אִיהוּ ו', שְׁתֵּי כִכָּרוֹת דִּילֵיהּ, כְּמָה דְּאַמְרַת אִינּוּן ה' ה'. וַדַּאי ו' אִיהוּ לְקַבֵּל יַעֲקֹב. ה' ה' לְקַבֵּל לֵאָה וְרָחֵל. י', כַּבֵּיצָה לְכָל חַד.

תרי. א"ל, סָבָא סָבָא, וְהָא בְּכַמָּה אֲתָרִין אוּקְמוּהָ, דְּיַעֲקֹב אִיהוּ בַּעַל הַבַּיִת, וְיוֹסֵף אוֹרֵחַ, דְּדַרְגֵּיהּ יְסוֹד חַי עָלְמִין, כְּלִיל ח"י בִּרְכָאן דִּצְלוֹתָא, וּבְגִין דָּא אוּקְמוּהָ עָלֵיהּ, בְּרָכוֹת לְרֹאשׁ צַדִּיק. א"ל הָכִי הוּא, וְכֹלָּא קְשׁוֹט. כָּל רָזָא בְּאַתְרֵיהּ, מַה דַּאֲנָא אֲמֵרִית, וּמַה דְּאַתְּ אֲמַרְתְּ. אֲבָל הַהוּא דְּפָלִיג נַהֲמָא מַאן הוּא.

תריא. א"ל, סָבָא אַנְתְּ בְּדִיוּקְנֵיהּ, וְדָא יו"ד ה"א וא"ו ה"א, וְדָא אָדָם דְּמֶרְכַּבְתָּא עִלָּאָה, דְּאַנְפִּין דִּילֵיהּ יְהֹוָ"ה. וּבְגִין דָּא, ו' לֶחֶם, דְּאִינּוּן ה' ה'. וְשִׁיעוּרָא דְּאוּקְמוּהָ כַּזַּיִת וְכַבֵּיצָה, הָא אִתְּמַר כַּזַּיִת בְּאָן שְׁמָא מְשַׁעֲרִין, דְּהָא אוּקְמוּהָ רַבָּנָן דְּאֵין עוֹשִׂין מִצְוֹת חֲבִילוֹת, אוֹף הָכִי, לָא יְהָבִינָן תְּרֵין שִׁיעוּרִין בְּאָת י', לְמֶהֱוֵי כַּזַּיִת וְכַבֵּיצָה. אֶלָּא תְּרֵי אַלְפָּא בֵּיתוֹת אִינּוּן, אִית י' עִלָּאָה, וְאִית י' זְעֵירָא, י' מִן יְדֹוָ"ד, עִלָּאָה. י' מִן אֲדֹנָ"י, זְעֵירָא. וְאִלֵּין תְּרֵין, חַד בְּכַזַּיִת, וְחַד בְּכַבֵּיצָה, בְּרָזָא דָּא יאהדונה"י. אָתָא סָבָא וְנָשִׁיק לֵיהּ.

תריב. אַדְּהָכִי קָם בּוּצִינָא קַדִּישָׁא, פָּתַח וְאָמַר, וַדַּאי כְּעַן מִתְחַבְּרִין מַה שְּׁמוֹ וּמַה שֶּׁם בְּנוֹ, חָדוּ חַבְרַיָּיא וְאָמְרוּ, זַכָּאָה הוּא מַאן דְּזָכֵי לְמֵיכַל מֵהַאי נַהֲמָא, דְּאִתְּמַר בֵּיהּ לְכוּ לַחֲמוּ בְלַחְמִי. וְזַכָּאָה נַפְשָׁא, דְּאִתְּמַר בָּהּ מִלֶּחֶם אָבִיהָ תֹּאכֵל. וְכָל זָר לֹא יֹאכַל בּוֹ. דְּקוּדְשָׁא בְּרִיךְ הוּא בֵּיהּ אִתְּמַר, הֲלֹא אָב אֶחָד לְכֻלָּנוּ. וְנַפְשָׁא דְּאִתְעַסְּקַת בְּאוֹרַיְיתָא, מִלֶּחֶם אָבִיהָ תֹּאכֵל.

תריג. וּמַאן גָּרִים לָהּ דְּאַכְלַת מִלֶּחֶם אָבִיהָ. בְּגִין דְּתָבַת בִּתְיוּבְתָּא וְאִתְאַחֲדַת כִּנְעוּרֶיהָ. הה"ד, וְשָׁבָה אֶל בֵּית אָבִיהָ כִּנְעוּרֶיהָ, כְּגוֹן וְיָשׁוּב לִימֵי עֲלוּמָיו. כְּגַוְונָא דְּאִילָנָא דְּקָצִיצוּ לֵיהּ, וְאִתְחַדַּשׁ בְּשָׁרְשׁוֹי. וְהַאי אִיהוּ רָזָא, דְּמַאן דְּמִית בְּלָא זֶרַע.

תריד. וְעוֹד אִית רָזָא אַחֲרָא, דִּלְבָתַר יֵיתֵי בְּגִלְגּוּלָא, וְיִתְחַדֵּשׁ כְּמִלְּקַדְמִין. וְהַיְינוּ אַלְמָנָה וּגְרוּשָׁה, דְּאִתְתָּרְכַת מִגִּנְתָּא דְעֵדֶן, וּבְגִין דָּא אִתְקְרִיאַת גְּרוּשָׁה, כְּגוֹן וַיְגָרֶשׁ אֶת הָאָדָם. וּמַאן גָּרִים לָהּ. בְּגִין דְּזֶרַע אֵין לָהּ, דְּמִית בְּלָא בָּנִין. וְשָׁבָה אֶל בֵּית אָבִיהָ כִּנְעוּרֶיהָ, דְּתָבַת בְּהַאי עָלְמָא בְּהַהוּא נַעַר בֶּן יְבָם, וְהַיְינוּ וְשָׁבָה אֶל בֵּית אָבִיהָ כִּנְעוּרֶיהָ. וּלְבָתַר דְּזָכַת לְזֶרַע מִלֶּחֶם אָבִיהָ תֹּאכֵל.

וכל זר לא יאכל בו וגו'. לא תהיה אשת המת החוצה, לאיש זר.

תרטו. אמר ר"מ, הלל ושמאי, דאתון, חד מסטרא דרחמי, וחד מסטרא דדינא, דאינון חסד וגבורה, דרגין דאברהם ויצחק. ואתון מגזעייהו, אתכנשו הכא, אתון ותמנין תלמידים דהוו ליה להלל. ואוף הכי תלמידי בית שמאי, לסעודתא דמלכא.

תרטז. הא אוקמוהו, אתון וחבריא דעמכון, מארי דהוראות, דאוקמוהו, אין הבוצע רשאי למיכל, עד שיענו אמן מארי סעודתא, ולית מארי סעודתא רשאין למיכל, עד שיאכל הבוצע. ודאי כד בצע בעל הבית, ובצע לאינון מארי סעודתא, לאו לכלהו משער שעורא חדא, דלאו אורח אלין בוצעין, לבצוע בשוה, דלזמנין יהיב לדא כביצה, ולדא כזית. וכד עונין אמן על האי בציעא, קדם דייכול בעל הבית, מחברין תרין שיעורין כחדא, בכזית וכביצה, יאהדונהי, אמן, דא לאו איהו על האכילה, אלא על הבציעה, לבתר דאינון שיעורין מצטרפין באמן, ייכול בעל הבית. והיינו אריתי מורי עם בשמי אכלתי יערי עם דבשי, ולבתר אכלו רעים שתו ושכרו דודים. אכלו רעים, מארי סעודתא. דיהון בנין בדיוקנא דאבוהון.

תריז. הא הכא לחם בשתי ככרות, ושיעורו כזית וכביצה. מאי ניהו לחם הפנים דפתורא דמלכא. אלא הא אוקמוה, דאית ליה תריסר אנפין. ומאי ניהו. אלא אינון ד' אנפי אריה. ד' אנפי שור. ד' אנפי נשר. ואינון יברכך ידו"ד. יאר ידו"ד. ישא ידו"ד.

תריח. ומנלן דלחם הפנים איהו מפתורא דמלכא. דכתיב, וידבר אלי זה השלחן אשר לפני ידו"ד. ז"ה: י"ב אנפין. ואוף הכי, מאן דאית ליה, בעי לתקנא ולסדרא על פתוריה, ארבע ככרות בכל סעודתא דשבת, לתלת סעודתי תריסר אנפין.

תריט. ואי תימא לאו אינון אלא שית מדאורייתא, משום לחם משנה. אלא לא ניכול למדכר ו', בלא חבריה, ו' ו', שית מלעילא לתתא, ושית מלתתא לעילא. לקבל שית דרגין דכרסייא עלאה. ושית דרגין דכרסייא תתאה. שית באתכסייא. ושית באתגלייא. הנסתרות לידו"ד אלהינו והנגלות לנו ולבנינו עד עולם.

תרכ. ולחמי תודה אינון מ' חלות, י' רקיקין. י' רבוכין. י' של חמץ. י' של מצה. הא אינון מ'. לקבל י' מן ידו"ד. ד' אנפי אדם. י' מן ידו"ד, ד' אנפי אריה. י' מן ידו"ד, ד' אנפי שור. י' מן ידו"ד, ד' אנפי נשר. האי איהו תקונא קדמאה דפתורא דמלכא, דאינון י' דברים דצריך בר נש לאנהגא בפתורא דשבת.

תרכא. וחד, לתקנא פתורא כמאן דאכיל קמי מלכא. הה"ד זה השלחן אשר לפני ידו"ד. תניינא, נטילת ידים, עד שעורא דגזרו רבנן, דאינון חמש קשרין, דבהון י"ד פרקין. ואוף הכי י"ד פרקין אינון, דיד שמאלא. ואינון כ"ח פרקין. לקבלייהו כ"ח ידו"ד, דאינון כ"ח אתוון דקרא קדמאה דעובדא דבראשית. דאתמר בהון, ועתה יגדל נא כח ידו"ד.

תרכב. ועשר אצבען, רמיזי לעשר אמירן דעובדא דבראשית. ובגין דא אוקמוה מארי מתניתין, מאן דמזלזל בנטילת ידים, נעקר מן העולם. אמאי.

בגין דאית בהון רזא דעשר אמירן, וכ"ו אתוון, דבהון אתברי עלמא.

תרכג. תליתאה, כוס דברכה, דתקינו ביה עשרה דברים. הדחה. שטיפה. עטור. עטוף. חי. מלא. מקבלו בשתי ידיו. ונותנו בימין. ונותן עיניו בו. ומגביהו מן הקרקע טפח. ומשגרו במתנה לאנשי ביתו.

תרכד. ואורח רזא, כוס מלא ברכת יי'. כוס בגי' אלהי"ם. ומתמן נשמתא, דאיהי על שמיה כוס. הה"ד כוס ישועות אשא. מאן ישועות. ה' אצבען. דאינון לקבל ה' ספירן דכוס. דאיהו אלהים חיים בינה מתפשטא בהון, לחמשין תרעין. ה' זמנין עשר. באת י', דאיהו י' דברים דתקינו רבנן בכוס, דאיהו אלהים חיים, ה' אתוון, בחושבן ה'.

תרכה. ואוקמוה בכוס, שצריך הדחה ושטיפה. הדחה מבחוץ, ושטיפה מבפנים. ורזא דמלה, שיהא תוכו כברו. מאן דזכי לנשמתא מהאי כוס, למהוי נשמתא דכיא מלגו ומלבר. ורזא דמלה, וטהרו וקדשו, טהרה מבפנים, וקדושה מבחוץ. ומה כוס לאו טהרתיה וקדושתיה מלגו ומלבר בלא מיא. אוף הכי נשמתא, לאו טהרתה וקדושתה מלגו ומלבר בלא אורייתא. ובגין דא אמר רבן גמליאל, מי שאין תוכו כברו לא יכנס לבית המדרש. בגין דלאו איהו מסטרא דאילנא דחיי, אלא מעץ הדעת טוב ורע.

תרכו. עטור, אוקמוה מעטרו בתלמידים. ואורח רזא, ה' איהו כוס, מעטרו בתלמידים באת י', דאיהו עטרת על ה'. עטוף, צריך לאעטפא רישיה בגין דשכינתא על רישיה. דהכי אוקמוה מארי מתניתין, אסור לתלמיד חכם למיהך ד' אמות בגלוי הראש. משום מלא כל הארץ כבודו. כל שכן בברכה, ובאדכרת שמא קדישא, למהוי בגלוי הראש.

תרכז. דאת י' מן ידו"ד, איהי אתעטף באור, ואתעביד אויר. בגין דאת י' דאיהי חכמה באויר, והיינו אור דאתעטף ביה כד ברא עלמא, הה"ד עוטה אור כשלמה. והאי איהו יהי אור יהי אויר. ואוקמוה מארי סתרי תורה, בטרם נתהוה כל דבר, נתהוו ההויות. ובגין דא יהי אור ויהי אור, דהוה מקדמת דנא.

תרכח. ח"י אוקמוה, חי מן החבית. ואורח רזא, שכינתא עלאה איהי תמניא דספיראן מתתא לעילא, ובגין דא אתקריאת ח', ואתמר בה בחכמה יבנה בית. והיינו חבית: ח' בי"ת. ובגין דאיהי חיים, דכתיב עץ חיים היא למחזיקים בה, יין מתמן איהו ח"י. ודא איהו יינא דאורייתא. מאן דאשתדל בה, אקרי ח"י. ועוד, צדיק ח"י. איהו חי מן החבית.

תרכט. יין אית מניה תרין גוונין, חוור וסומק. יין, ע' אנפין. הא ע"ב. ולקבל תרין גוונין דיין, איהי זכור ושמור דשבת, וע' תיבין דקדוש ויכל"ו, הא ע"ב.

תרל. מלא, הה"ד כוס מלא ברכת יי'. ואוף דאיהו מלא מיינא דאורייתא. בר נש הכי צריך למהוי שלים, כמד"א איש תם: גבר שלים. כמו ויבא יעקב שלם, הכי צריך למהוי נשמתא שלימתא, ולא יהיה בה פגם, דכל אשר בו מום לא יקרב. אוף הכי אלם עם י"ה, הוא אלהים, כחושבן כוס. איהו מלא, והפוך אלם ותמצא מלא. אימתי. כד אית תמן י"ה. והיינו כי יד על כס י"ה. אדנ"י וחושבניה ו"ה. עמודא דאמצעיתא מלא מן תרווייהו. ובגין דא שריא עליה אדם, דהוא שמא מפרש.

תרלא. מקבלו בשתי ידיו, כגוונא דאורייתא, דהוה בתרין לוחין, ה' דברן בלוחא חדא, לקבל ה' אצבען דיד ימינא. וה' בלוחא תניינא, לקבל ה' אצבען דיד שמאלא. ואתייהיבו בימינא דהיינו ביד ימין. ובגין דא, שני לוחות אבנים הוריד בידו, ולא בידיו. והאי איהו דאסהיד קרא, מימינו אש דת למו.

תרלב. ונותן עיניו בו, בגין דהאי כוס, דאיהו לקבל ארעא דישראל, דאתמר בה, תמיד עיני יי' אלהיך בה. ועיינין דלעילא, אינון שבעין סנהדרין, ומשה ואהרן עלייהו. תרין עיינין עלאין. חד עין ימין, וחד עין שמאלא, ואינון ע"ב, כמנין ביין. והאי איהו רזא דנותן בכוס עינו.

תרלג. ומגביהו מן הקרקע טפח, בגין דאת ה' איהי כוס, בעי לסלקא לה באת י', דאיהי טפח, דביה אתפתחות ה' בה' אצבעאן. ומשגרו לאנשי ביתו במתנה, בגין דיתברך דביתהו, דאיהי נפש, דאתמר בה נפשנו יבשה אין כל, ואתברכת ואתעבידת פרין, הה"ד תדשא הארץ דשא.

תרלד. רביעאה, למהוי על פתוריה דברי תורה, דלא יתקיים ביה כגוונא דעמי הארץ, דאתמר עלייהו כי כל שלחנות מלאו קיא צואה. אבל בסתרי תורה אוקמוה, הרוצה להעשיר יצפין, יתן שלחן לצפון, הרי שלחן לשמאלא, דאיהו דין, בעי לקשרא ביה ימינא, דאיהו אורייתא, דאתיהיבת מחסד, דאיהו רחמי, ימין ה'.

תרלה. חמישאה, אוקמוה מארי מתניתין, דצריך להאריך על פתוריה, בגין עניים. ורזא דמלה, בגין דצדקה יאריך יומוי, דלא יתקצרון. כגוונא דאורייתא איהו אריכות יומין, בתרין עלמין, בעלמא דין ובעלמא דאתי לנשמתא. אוף הכי צדקה, איהי אריכות יומין לגופא, בתרין עלמין, הה"ד כי הוא חייך ואורך ימיך. כי הוא חייך בעולם הזה ואורך ימיך בעולם הבא. דעלמא דאתי לגופא לתחיית המתים, דלבתר דייקום לא ימות. וכגוונא דעלמא דאתי יהא קיים, הכי עלמא דין יהא קיים.

תרלו. שתיתאה, שלא יהא גרגרן ובלען על פתוריה דמלכא, כגוונא דעשו דאמר הלעיטני, ארח הלעטה, אלא בארח טחינה. אוף הכי, מאן דאפיק מלין דצלותין או דאורייתא מפומוי, בעי לאפקא לון בהטחנה שלמים, ולא בהלעטה חסרים. ולא עוד, אלא בגין סכנה דשמא יקדים קנה לושט.

תרלז. שביעאה, מים אחרונים. ואוקמוה, מים ראשונים מצוה. ואחרונים חובה. ואמצעיים רשות. מים ראשונים צריך לסלקא אצבען, בגין דלא יהדרון משקין ויטמאו את הידים. ואית מרבנן דאמרי, דאחרונים משום מלח סדומית, שלא תסמא את העינים. ואי הכי אפקין לון מחובא. וסתרי מילין אלין דאמרו עלייהו חובה, ולאו ארח ארעא לסתרא גאונים מלין, אלא דאתקרי עלייהו, על פי התורה אשר יורוך.

תרלח. ולא עוד, אלא דאמרו עלייהו ג' קדושות , הדא הוא דכתיב, והתקדשתם והייתם קדושים. והתקדשתם אלו מים ראשונים. והייתם קדושים אלו מים אחרונים. כי קדוש, זה שמן ערב. אני יי', זו ברכה. ואמצעיים, בין גבינה לבשר. ובג"ד, והתקדשתם והייתם קדושים כי קדוש אני יי'. זכאין עמא, דמאריהון ישוי לון לגביה.

תרלט. אוף הכי והתקדשתם, בשעת תשמיש. מים ראשונים דזרע בר נש, מצוה. אחרונים דנוקבא, חובא. ואמצעיים קא רמיז, וכגבינה תקפיאני. הדא הוא דכתיב, הלא כחלב תתיכני וכגבינה תקפיאני. והאי איהו דקא רמיז, בין גבינה לבשר, דאתמר ביה עור ובשר תלבישני.

תרמ. תמינאה, לשלשה צריך כוס. אמאי. בינה איהי תליתאה מעשר ספיראן, מעילא לתתא. ובגין דא פחות משלשה לא צריך כוס. לשלשה צריך כוס, קא רמיז קדושה לך ישלשו. ולא עוד, אלא דאורייתא לא נחתא פחות מג', כהנים, לוים, ישראלים. תורה, נביאים, וכתובים. בירח תליתאי, ביום תליתאי. ודא בינה, יד"ו. ובגינה אתמר, שלש משמרות הוי הלילה. מלכות ה' רביעית, עלה אתמר ארבעה משמרות הוי הלילה. ושי' דתלת ענפין לקבל תלת משמרות. ושי' דארבע ענפין, לקבל ארבעה משמרות.

תרמא. תשיעאה, כוס של ברכה, רביעית לוג, ושיעורא דיליה, לקבל ה', רביעאה דשם ידו"ד. עשיראה, בעשרה אומר נברך לאלהינו. ושכינתא תתאה, איהי רביעית, ועשירית. רביעית לשם ידוד. עשירית לעשר ספירין. דאינון יו"ד ה"א וא"ו ה"א. וכמה צריך ב"נ לנטרא גרמיה, דלא לזרוק מלין אלין באתר דלא אצטריך. כמו מאן דזריק נהמא. כ"ש מאן דזריק נהמא דאורייתא, לבר מפתוריה, דאיהי שכינתא. דאתמר בה, זה השלחן אשר לפני יי'. (ע"כ רעיא מהימנא).

תרמב. ובחבורא קדמאה, תלת אינון דגרמין ביש לגרמייהו. תרין בהאי עלמא, וחד בעלמא אחרא, ואלין אינון: מאן דלייט גרמיה, דתנינן חד ממנא אתפקד קמיה דב"נ, ובשעתא דלייט גרמיה ההוא ב"נ, האי ממנא, ושבעין אחרנין דממנן תחותיה, נטלין ההיא מלה, ואמרי אמן, וסלקי לה לעילא, ודיינין לה, ואיהו רדיף אבתריה, עד דעביד ליה, ואשלים ליה ההוא מלה.

תרמג. מאן לך רב ממשה, דאמר ואם אין מחני נא מספרך אשר כתבת, ואמר לצורך, ואע"ג דקודשא בריך הוא עביד רעותיה, עם כל דא לא אשתזיב מעונשא, והא אתמר דלא אדכר בפרשת ואתה תצוה, ואתמחי מתמן. והא אוקמוה. מאן לן רב מדוד מלכא, דאמר אמרתי אשמרה דרכי מחטוא בלשוני אשמרה לפי מחסום בעוד רשע לנגדי, מאי בעוד רשע לנגדי. ההוא ממנא דאתפקד על דא, ונטיל ההיא מלה לאבאשא ליה לב"נ.

תרמד. וחד מאן דזריק נהמא, או פירורין דנהמא בארעא, וקא עביד ביה זלזולא, כמה דאתמר. הני תרי בהאי עלמא. וחד בההוא עלמא, מאן דאוקיד שרגא במוצאי שבת, עד לא מטו ישראל לקדושא דסדרא, בגין דקא מחלל שבתא, וגרים לנורא דגיהנם לאתוקדא, עד לא מטא זמניה.

תרמה. וחד דוכתא אית בגיהנם, לאינון דקא מחללי שבתא. כיון דאיהו אוקיד שרגא עד לא מטא זמניה, וחד ממנא אית בגיהנם במ"ש, ואוקיד בקדמיתא לההוא דוכתא, ואמר האי דוכתא דפלניא. וכל חייבין דגיהנם, מסייעי לאוקדא ההוא דוכתא. ההוא ממנא קארי ואמר, הנה יי' מטלטלך טלטלה גבר ועטך עטה. חייבין דגיהנם אמרי, כדור אל ארץ רחבת ידים שמה תמות וגו'. בגין דאיהו גרים לון לאתוקדא, עד לא מטא זמנייהו. הא לן תלתא, דגרמי ביש לגרמייהו, כמה דאתמר.

תרמו. ד"א ויחלום והנה סלם, רעיא מהימנא, מה ל' אסתלק על כל אתוון, הכי את עתיד לאסתלקא על כל בריין. בגין דאסתלק לשמא דיו"ד ה"י וא"ו ה"י. דביה יי"י, דחושבניה ל'. דבקדמיתא הוית בשם יו"ד ה"א וא"ו ה"א, דאיהו יאאא, בי"ג מכילן דרחמי, דאינון אחד. כען תסתלק באל, דאיהו ייא"י. דתרין שמהן סהדין, הלא אל אחד בראנו. הה"ד, הלא אב אחד לכלנו הלא אל אחד בראנו.

תרמז. ובג' יודין אלין, יתקיים בך, ירום ונשא וגבה מאד, במ"ה. דהכי סליק מא"ד, לחושבן אד"ם. ובהפוך אתוון, מאד הוא אדם. ירום: בארבע אנפין דאריה, דאינון יברכך ידו"ד. ונשא: בארבע אנפין דשור, דאינון ישא ידו"ד בשמאלא. וגבה מאד: יאר ידו"ד, באמצעיתא. ודא יוד הי ואו הי, ישא ידו"ד פניו אליך וישם לך שלום. רביעאה ידו"ד, ושמו את שמי על בני ישראל ואני אברכם.

תרמח. מסטרא דימינא, אתקריאת אבן. וכמה אבנין מפולמין יקירין אשתכחו מנה, דמנייהו מיא דאורייתא נפקין. ובגינייהו אתמר, אמר ר' עקיבא לתלמידיו כשתגיעו לאבני שיש טהור אל תאמרו מים מים שמא תסתכנו בנפשכם. לא תימרון דאינון מים, מים ממש. משום דובר שקרים לא יכון לנגד עיני. דאלין מים, דא אורייתא, דאתמר בה ותורה אור. ובגין דהאי נהורא נביע במבועא דמיא, אשר לא יכזבו מימיו, אתקרי מים.

תרמט. ומסטרא דשמאלא, האי אבן דאיהי י', אתקרי גוזלת. ומתמן עשר ספירן כשלהבת קשורה בגוזלת. ואית לה ד' גוונין, ועשרה אינון, יוד הא ואו הא. ידו"ד. ואיהי יד הגדולה בימינא, יד החזקה בשמאלא, עמודא דאמצעיתא, מתמן איהי יד רמה, כליל ממ"ב גוונין.

תרנ. ובגין דאיהי מסטרא דימינא אבן, ומסטרא דשמאלא גוזלת, בה נטיל קודשא בריך הוא נוקמא, מישמעאל ואדום, דאינון אישין נוכראין, ומים הזדונים. וממנן דלהון סמאל ונחש. סמאל אשא דגיהנם, ממונה על אומה דעשו. נחש ממונה על אומה, דישמעאל ואיהו רהב דממנא על מיא.

תרנא. בימינא דאברהם, דדרגיה חסד, נטיל נוקמא מישמעאל, וממנא דיליה. ובשמאלא דיצחק, דדרגיה פחד, נטיל נוקמא מעשו, וממנא דיליה. בתרין משיחין, דאינון חד מימינא, משיח בן דוד. וחד משמאלא, משיח בן יוסף. ובדרגא דיעקב, דאיהי לקבליה, ברזא דשכל את ידיו. אריה לשמאלא. שור לימינא, דישמעאל. בגין דיהודה גלה בעשו, אשתכח ימינא דקדושה, עם שמאלא דעשו. ושמאלא דקדושה עם ימינא מסאבא דישמעאל, עד כי יבא שילה, רעיא מהימנא, בדרגיה תפארת ישראל, נטיל נוקמא מערב רב.

תרנב. בתלת דרגין אלין, יפקוד כהנים לוים וישראלים, מן גלותא. ובהון נטיל נוקמא, מעשו וישמעאל וערב רב. כגוונא דערב רב מעורבין בעשו וישמעאל, הכי יעקב מעורב באברהם ויצחק, ערוב דתרווייהו. והכי מתערב שילה, עם משיח בן דוד ומשיח בן יוסף, ויהא שלשלת דתרווייהו, כההוא זמנא דחזא בלעם בנבואה דיליה, דהכי מתקשרי תרין משיחין ברעיא מהימנא, בתלת אבהן, בגלותא בתראה.

תרנג. פתח ואמר, לא הביט און ביעקב ולא ראה עמל בישראל יי' אלהיו עמו ותרועת מלך בו. וכלא לקיימא קרא, וברחמים גדולים אקבצך. בההוא זמנא מתברין קליפות, דהוו מסחרין לשכינתא. מיד אתגלייא אבנא חדא מתלת אבנין, דאינון סגולתא. דעלייהו אתמר, ויהי בשלשים שנה, ואינון ייי' ברביעי, אבנא רביעאה. בחמשה לחדש, אבנא חמשאה. לקבלייהו, ויקח דוד חמשה חלוקי אבנים מן הנחל. ואינון לקבלייהו חמש תיבין, דאינון שמע ישראל ידו"ד אלהינו ידו"ד.

תרנד. ואני בתוך הגולה, דא שכינתא, בה קודשא בריך הוא אחד. ו' בתוספת ואני, הוא נהר, צדיק חי עלמין. ונהר יוצא מעדן להשקות את הגן, מאי עדן. דא בינה, נהר דנפיק מנה, דא ו', בן י"ה, דרגא דרעיא מהימנא, ור"מ, נפיק מאימא עלאה, ואתפשט בשית ספיראן עד צדיק, ומניה אשקי לגנתא, דאיהי שכינתא.

תרנה. מאי כב"ר. כ', כתר. ב', בינה. ר', ראשית חכמה. כתר בימינא, וחכמה בשמאלא, בינה באמצעיתא. רכב לעילא לעלת העלות. י' ספיראן כלהו, אתכללו בנהר, דאיהו אתפשט עד צדיק, דאיהו כל, כליל כלא. ובגיניה אוקמוה, אילנא רבא ותקיף, ומזון לכלא ביה. מניה תליא כלא. כד חמא שכינתא מגו קליפין, חזא עמה עשר ספירן. (ע"כ רעיא מהימנא).

תרנו. סלת למנחה, לאעלאה להאי סלת, קמי מלכא עלאה למנחה. בין תרין דרועין.

רעיא מהימנא

תרנז. ובחבורא קדמאה, אמר רעיא מהימנא, מהאי אשתמודע, הני מילין סתימין אינון, וצריך למפתח לון קמי חברייא, אברהם יצחק דתקינו שחרית ומנחה, אתמר עלייהו, אף ידי יסדה ארץ, דא יצחק. וימיני טפחה שמים, דא אברהם. דדרגין דלהון חסד ופחד. דאתמר עלייהו נשבע יי' בימינו, ובזרוע עזו, אינון תרין דרועין דמלכא, דאיהו ידו"ד, עמודא דאמצעיתא. סלת דיליה, דא שכינתא תתאה, נהורא דיליה, סלת נקייה מסטרוי, בלא פגימו דחשוכא, ובלא תערובת חשוכא כלל. דהכי אינון חשוכין עם נהורין, כבר קדם מוץ ותבן.

תרנח. ובחוביהון דישראל, מתערבין חשוכין בנהורין, וכגוונא דדש ב"נ תבואה, ולבתר איהו בורר לה, כבורר אוכל מתוך פסולת. כך ישראל, צריך למעבד ברוחיהון, כד אתערב בהון חשוכין. ורזא דמלה, זבחי אלהים רוח נשברה וגו'. דבהכי אתבר חשוכא, דאיהו יצר הרע, דמכסי על רוחא, כמוץ דמכסה על חטה. או כענן, דמכסה על שמשא, ולא מנח ליה לאנהרא.

תרנט. ובזמנין דחשך, דאיהו יצה"ר, מכסה על יצר הטוב, דאיהו אור. איהו כמאן דתפיס בבית האסורין דיצה"ר. ואוף הכי, כד יצר הטוב איהו תפיס ברשו דיצה"ר, הכי אינון תפיסין חיילין דיצר הטוב, ברשו דחיילין דיצר הרע. ובזמנא דיתבר ב"נ רוחיה, בכל אברין דיליה, קדם ידו"ד, מה כתיב. לאמר לאסורים צאו ולאשר בחשך הגלו.

תרס. אבל שכינתא איהי סלת נקייה, דלית חשוכא וקבלא יכיל לאתערבא בה. איהי כגפן, דלא מקבלא הרכבה ממין אחרא, דלאו איהי מינה. והאי

סלת בין דרועי מלכא איהי יתבא, בלולה בשמן כתית. (ע"כ רעיא מהימנא).

תרסא. בלולה בשמן כתית, בשמן, בההוא שמן דנגיד ונפיק מלעילא. אר"ש, יאות אמרת. אבל מאי כתית. אלא רזא עלאה איהו. דכיון דאיהו שמן, מאי כתית. אלא רמז הוא דקא רמיז לשמשא בנוקבא, לאנגדא לגבה שמן כתית כדקא יאות לה, לא הוי אלא כתית לאפקא מזיתים, דאינון שייפין דגופא, ולאמשכא ההוא נגידו מלעילא, בכל שייפא ושייפא.

תרסב. וצדיק איהו דכתיש כתישין, ואפיק מכל אינון שייפין עלאין, דאינון זיתין קדישין, משוח רבו בתיאובתא שלים, לגבי נוקביה. ואי לא כתיש, לא יפוק ההוא משחא, אלא בלא תיאובתא דשייפין, וההוא נגידו, לא אתהני מניה נוקבא, ולא הוי כדקא יאות, עד דתהא בלולה מניה מכל שייפין. וע"ד בלולה בשמן כתית, לאתהנאה ולאתזנא מניה.

רעיא מהימנא

תרסג. אמר רעיא מהימנא, בוצינא קדישא, כמה מתיקין מילך, ודאי אתמר הכא, בלולה בשמן כתית. ואתמר התם, באורייתא דבע"פ, בלולה במקרא, במשנה, בתלמוד. ועוד אית רזא תניינא, בלולה בשמן כתית. ודאי לאו אורייתא איהי בלולה. אלא למאן דסביל כמה מכתשין בגינה. כמה דאוקמוה מארי מתניתין, דלית אורייתא מתקיימת, אלא במי שממית גרמיה עלה. ועוד אמרו, בזמן שאתה מכתת רגליך ממדינה למדינה, תזכה לראות פני שכינה.

תרסד. ועוד בלולה בשמן כתית, דא הוא דמקיים פת במלח תאכל, ומים במשורה תשתה. ועוד בלולה בשמן כתית, הה"ד, והוא מחולל מפשעינו מדוכא מעונותינו. ועוד בלולה בשמן כתית, דא צדיק חי עלמין, דנגיד טפין קדישין, דאינון פירורין כזיתים, ממוחא עלאה, דאינון חד עשרון לקבל י'. ושני עשרונים, י' י'. ושלשה עשרונים לפר, י' י' י'. ואינון עשרון לכבש, וב' עשרונים לאיל, ושלשה עשרונים לפר.

תרסה. ורזא דמלה אמרו בתעניות, אין טפה יורדת מלמעלה, שאין עולין כנגדה טפיים. ואינון ברזא דא ג' ורמיזו דלהון לקבל תלת מוחין. חד מוח הזכרון. תניינא מוח המחשבה. תליתאה מוח הדמיון. הדמיון והזכרון סלקין מן לבא, המחשבות נחתא עלייהו ללבא, ומקבלין לה עלייהו, כמלכא. בגין דהאי אדם דאיהו מחשבה, דרכיב ושליט על חיוא תליתאה, ונחית עלה לגבי תרין חיון, ופתחין גדפייהו לקבלא לה, כגון חולם על צרי, אתעביד סגולתא. ודא כתר עליון על חכמה ובינה.

תרסו. עשרון ושני עשרונים, רמיזין לתלת חיון דמרכבתא עלאה. דאינון: גדולה, גבורה, תפארת. שלשה עשרונין, רמיזין: לנצח, הוד, יסוד. מרכבת המשנה. רביעית ההין: דא מלכות קדישא, ה' רביעאה מן שם ידו"ד. דאיהו ארבע אנפי אדם. (ע"כ רעיא מהימנא).

תרסז. רביעית ההין, רגלא רביעאה לכרסייא עלאה, ואיהו עולה תמיד לגביה בכל יומא ויומא, עד מחשבתא עלאה, דלית לה סוף. ובג"ד, עולה קא אתיא על הרהור הלב.

רַעְיָא מְהֵימְנָא

תרסח. וּבְחִבּוּרָא קַדְמָאָה אָמַר, רַעְיָא מְהֵימְנָא, הַהִיא תָּגָא דְּזַרְקָא, אִיהִי יוֹד, רְבִיעִית. אוּף הָכִי בַּחֲזָיָה דִּשְׁמָהּ אָדָם, דְּאַרְבַּע אַנְפִּין דִּילֵיהּ דְּאִינּוּן יְדֹוָ"ד, מַקָּף שׁוֹפָר הוֹלֵךְ סְגוֹלְתָּא. תְּלַת וְזִין, דְּאִינּוּן תְּרֵיסַר שְׁבָטִין. (ע"כ רעיא מהימנא).

תרסט. וּבְחִבּוּרָא קַדְמָאָה, עוֹלַת תָּמִיד, אִיהִי רֶגֶל רְבִיעָאָה לְכָרְסְיָיא עִלָּאָה, דָּא עוֹלָה תָּמִיד בְּכָל יוֹם, מֵאִינּוּן יוֹמִין שִׁית דִּבְרֵאשִׁית. בְּשַׁבָּת עַל חַד תְּרֵין, בְּגִין דְּיִתוֹסַף בָּהּ נְהִירוּ וּשְׁלִימוּ כַּדְקָא יָאוֹת, וְהָא אִתְּמַר.

תרע. אָמַר רַעְיָא מְהֵימְנָא, מַלְכוּ. בְּשִׁית סְפִירָן אִיהִי עוֹלָה תָּמִיד לְגַבֵּי ו', דְּאָחִיד בְּהוֹן. בֵּן יָ"הּ, גָּנִיז בְּבִינָה. וּבְאָן סְפִירָה מֵאִינּוּן שִׁית סְלִיקַת לְגַבֵּיהּ. בְּיוֹמָא תְּלִיתָאָה, דְּאִקְרֵי תִּפְאֶרֶת. דְּבְיוֹם הַשַּׁבָּת אִתּוֹסַף עִמֵּיהּ נֶפֶשׁ יְתֵירָה, דְּאִיהִי בִּינָה. ה' עִלָּאָה. י' אוֹת בְּשַׁבָּת, וְחָכְמָה עִלָּאָה. מֶלֶךְ מְעוּטָּר בְּכֶתֶר, וּבְגַ"ד, בִּתְפִלַּת מוּסָף כֶּתֶר יִתְּנוּ לְךָ.

תרעא. וּבְרָאשֵׁי חָדְשֵׁיכֶם, וְכִי כַּמָּה רֵישִׁין אִית לָהּ לְסִיהֲרָא. אֶלָּא אִינּוּן תְּרֵין נְקוּדִין, כְּגַוְונָא דָּא נְקוּדָה תַּתָּאָה סִיהֲרָא, תְּרֵין רֵישִׁין דִּילָהּ, תְּרֵין נְקוּדִין דְּאִינּוּן עָלָהּ, סֶגּוֹל. בְּקַדְמֵיתָא הֲוָה כֶּתֶר עֲלֵי תְּרֵי מַלְכִין כְּגַוְונָא דָּא, וַהֲוַת סְגוֹלְתָּא. וּלְבָתַר דְּאַמְרַת אִי אֶפְשָׁר לִשְׁנֵי מְלָכִים לְהִשְׁתַּמֵּשׁ בְּכֶתֶר אֶחָד, א"ל קוּדְשָׁא בְּרִיךְ הוּא, לְכִי וּמַעֲטִי אֶת עַצְמֵךְ. וְנַחֲתַת לְרַגְלוֹי דִּתְרֵין מְלָכִים, כְּגַוְונָא דָּא וְהַיְינוּ סֶגּוֹל, מַה דַּהֲוַת סְגוֹלְתָּא, אִתְהַדְּרַת סֶגּוֹל.

תרעב. וְרָזָא דְּמִלָּה, לְקַבֵּל תְּרֵין נְקוּדִין, דְּאִינּוּן תְּרֵין מְלָכִים, קָא רָמִיז פָּרִים בְּנֵי בָקָר שְׁנַיִם, וּלְקַבֵּל נְקוּדָה עֲטָרָה עַל רֵישַׁיְיהוּ, אָמַר, וְאַיִל אֶחָד, כְּמוֹ כֶּתֶר אֶחָד. בָּתַר דְּאַמְרַת אִי אֶפְשָׁר לִשְׁנֵי מְלָכִים שֶׁיִּשְׁתַּמְּשׁוּ בְּכֶתֶר אֶחָד, אַזְעִירַת גַּרְמָהּ אוּף הָכִי, וּשְׂעִיר עִזִּים אֶחָד לְחַטָּאת. אַיִל דְּיִצְחָק, אִתְהַדַּר שָׂעִיר. אִתְהַפָּךְ מֵרַחֲמֵי לְדִינָא, וְאִתְזְעֵיר.

תרעג. וּבְגִין דָּא שְׂעִיר עִזִּים אֶחָד לְחַטָּאת, וְלֹא אָמַר לְעוֹלָה, לְמֶהֱוֵי כֶּתֶר. וּמִנַּלָן דְּאִית יְרִידָה בַּחַטָּאת, שֶׁנֶּאֱמַר וַיֵּרֶד מֵעֲשׂוֹת הַחַטָּאת. וַאֲמַאי שָׁתַף עוֹלָה עִם חַטָּאת בִּירִידָה. אֶלָּא לְאוֹלְפָא, דְּעוֹלָה הֲוַת בְּקַדְמֵיתָא מִדַּת הָרַחֲמִים, וּלְבָתַר אִתְהַפְּכַת לְדִינָא בִּירִידָה, וְאִתְקְרִיאַת חַטָּאת, וְכֹלָּא חַד.

תרעד. וּבְגִין דָּא, הָבִיאוּ עָלַי כַּפָּרָה, עֲלַי הֲוַת סִיהֲרָא כֶּתֶר וַדַּאי, כְּגַוְונָא דָּא וּלְבָתַר אִתְמַעֲטַת, וְנַחֲתַת לְרַגְלִין דִּילֵיהּ, כְּגַוְונָא דָּא וּבְזִמְנָא דָּא הָבִיאוּ עָלַי כַּפָּרָה, אִיתְּמַר בָּהּ, הִיא הָעוֹלָה, סְלִיקַת מֵרַגְלוֹי. דְּאִתְּמַר בָּהּ, וְהָאָרֶץ הֲדוֹם רַגְלָי. לְמֵימַר בָּהּ, הַשָּׁמַיִם כִּסְאִי. וְהַאי אִיהוּ רָזָא, צַדִּיק מוֹשֵׁל יִרְאַת אֱלֹהִים. דִּמְהַפֵּךְ דִּינָא לְרַחֲמֵי. וְרָזָא דְּמִלָּה, אֶבֶן מָאֲסוּ הַבּוֹנִים הָיְתָה לְרֹאשׁ פִּנָּה. כְּגַוְונָא דָּא, דוד"י. יְדֹוָד.

תרעה. וְעוֹד, כֶּבֶשׂ א׳ וּשְׁנֵי כְּבָשִׂים בְּנֵי שָׁנָה תְּמִימִים, לְקָבֵל תְּלַת סְפִירָן. שִׁבְעָה כְּבָשִׂים בְּנֵי שָׁנָה, לְקָבֵל שְׁבַע סְפִירָן. שִׁבְעָה כְּבָשִׂים, אִינּוּן ז׳ יוֹמִין דְּסִיהֲרָא. בְּנֵי שָׁנָה, בְּנוֹי דְּסִיהֲרָא, דְּאִקְרֵי שָׁנָה. דְּאִיהִי וַחֲדָא מֵאִינּוּן שָׁנִים קַדְמוֹנִיּוֹת. (ע״כ רעיא מהימנא).

תרעו. וּבְרָאשֵׁי וְחָדְשֵׁיכֶם וְגוֹ׳. וְכִי כַּמָּה רָאשִׁין אִינּוּן לְסִיהֲרָא. וְהָא לֵית רֵישָׁא לְסִיהֲרָא, אֶלָּא שִׁמְשָׁא, דְּאִיהוּ רֵישָׁא לְגַבָּהּ. אֶלָּא רָאשֵׁי תְּרֵין בְּכָל יַרְחָא וְיַרְחָא. וְאִינּוּן יַעֲקֹב וְיוֹסֵף, דְּמִתְחַדְּתֵי עַל סִיהֲרָא. וע״ד בָּעוּ לְחַדְּתָא לָהּ.

תרעז. פָּרִים בְּנֵי בָקָר שְׁנַיִם, אִלֵּין אִינּוּן דְּאָמְרָה סִיהֲרָא, דְּהֵיךְ יְשַׁמְּשׁוּן בָּהּ כַּחֲדָא, וְאַזְעִירַת גַּרְמָהּ תְּחוֹתַיְיהוּ. וְאַיִל אֶחָד, דָּא אַיִל דְּיִצְחָק. וְכִי אַבְרָהָם לְאָן אָזִיל. אֶלָּא בְּגִין דְּאִתְעַר תַּמָּן עֵשָׂו, אִתְכְּנִישׁ אַבְרָהָם, דְּלָא יֶחֱמֵי לֵיהּ, וּמַאן אִיהוּ שָׂעִיר דר״ח. יִצְחָק, אִשְׁתְּכַח תַּמָּן, דִּרְחִימוּ דִּילֵיהּ לְגַבֵּיהּ, כְּחַמְרָא עַל דּוּרְדְּיֵיהּ. יַעֲקֹב אִשְׁתְּכַח תַּמָּן, לְתַבְרָא אַנְפּוֹי. יוֹסֵף דְּאִיהוּ שׁוֹר דִּילֵיהּ, לְגַבֵּי רָחֵל.

רעיא מהימנא

תרעח. אָמַר ר״מ, וַדַּאי בְּנֵי שָׁנָה אִתְקְרִיאוּ עַל שֵׁם חַמָּה, אִימָּא קַדִּישָׁא, דְּאִתְּמַר בָּהּ פְּנֵי מֹשֶׁה כִּפְנֵי חַמָּה. שָׁנָה אִית בָּהּ ש״ה יוֹמִין, כְּחוּשְׁבַּן ש״ה לֹא תַעֲשֶׂה. וְאִיהוּ ע״ד לִשְׂמָאלָא. אִימָּא עִלָּאָה, סִיהֲרָא בִּימִינָא. אֲסוּרָה בְּרַתָּא לְאַבָּא דְּאִיהוּ לִימִינָא חֶסֶד. וְאִיהִי כְּלִילָא מרמ״ח פִּקּוּדִין. אִשְׁתְּכַח ו׳ עִם אִימָּא לִשְׂמָאלָא. בְּרַתָּא עִם אַבָּא לִימִינָא דְּחֶסֶד. וְרָזָא דְּמִלָּה, בְּחָכְמָה יָסַד אָרֶץ. חָכְמָה אַבָּא. אֶרֶץ בְּרַתָּא. כּוֹנֵן שָׁמַיִם דְּאִיהוּ בְּרָא, עִם אִימָּא דְּאִיהוּ תְּבוּנָה, וְהַאי אִיהוּ ידד״ו, הֲוָיוֹת בְּאֶמְצַע.

תרעט. וְעוֹד וּשְׂעִיר עִזִּים אֶחָד, תְּרֵין שְׂעִירִין אִינּוּן, דְּאִתְּמַר עֲלַיְיהוּ וְלָקַח אֶת שְׁנֵי הַשְּׂעִירִים וְגוֹ׳ גּוֹרָל אֶחָד לַיְיָ׳ וְגוֹרָל אֶחָד לַעֲזָאזֵל. שָׂעִיר לַיְיָ׳, בְּגִין מִיעוּט סִיהֲרָא, וְאִיהוּ שָׂעִיר אֶחָד לִידֹוָ״ד לְחַטָּאת. אֶחָד: מִסִּטְרָא דְּיִחוּדָא. אֲבָל שָׂעִיר דַּעֲזָאזֵל, לָא כְּתִיב בֵּיהּ אֶחָד, לָא קָרְבָּן, וְלָא אִשֶּׁה, וְלָא עוֹלָה. אֶלָּא וְשִׁלַּח בְּיַד אִישׁ עִתִּי הַמִּדְבָּרָה. וְשִׁלַּח, כְּדְאָמַר יַעֲקֹב מִנְחָה הִיא שְׁלוּחָה לַאדֹנִי לְעֵשָׂו. אוּף הָכִי שׁוֹחַד, לְתַבְרָא רוּגְזָא דְּסָמָאֵ״ל, דְּלָא יִתְקְרִיב לְמַקְדְּשָׁא לְקַטְרְגָא.

תרפ. לְכַלְבָּא דְּאִיהוּ רָעֵב, וּמַאן דְּבָעֵי דְּלָא נָשִׁיךְ לֵיהּ, יָהִיב לֵיהּ בִּשְׂרָא לְמֵיכַל, אוֹ נַהֲמָא, וְיַשְׁקֵי לֵיהּ מַיָּא. וְרָזָא דְּמִלָּה, אִם רָעֵב שׂוֹנַאֲךָ הַאֲכִילֵהוּ לֶחֶם וְגוֹ׳. וּבְדָא יִתְהֲדַר רְחִימוּ דב״נ, דְּלָא דַּי דְּלָא נָשִׁיךְ לֵיהּ בְּכַמָּה יִסּוּרִין, אֶלָּא אִתְהַדַּר לְמֶהֱוֵי לֵיהּ סַנֵּיגוֹרָא, וְאִתְהֲדַר רְחִימוֹי.

תרפא. וַאֲמַאי הֲווֹ שַׁלְחִין לֵיהּ בְּיַד אִישׁ עִתִּי, פָּגִים. בְּגִין דְּסִטְרִין אַחֲרָנִין כֻּלְּהוּ מָארֵי מוּמִין, וְאִתְקְרִיאוּ שְׂעִירִים, דִּכְתִיב וּשְׂעִירִים יְרַקְּדוּ שָׁם. וְאִתְּמַר בְּהוֹן,

וְלֹא יִזְבְּחוּ עוֹד אֶת זִבְחֵיהֶם לַשְּׂעִירִים. דַּעֲלַיְיהוּ אִתְּמַר, יִזְבְּחוּ לַשֵּׁדִים לֹא אֱלוֹהַּ. וּבְשָׂעִיר דָּא, אִתְפְּרַשׁ מִכֹּלָּא, וְנוֹשֵׂא כָּל חוֹבִין דְּיִשְׂרָאֵל עָלֵיהּ, כד"א, וְנָשָׂא הַשָּׂעִיר עָלָיו אֶת כָּל עֲוֹנוֹתָם. וְעוֹד, בָּתַר דְּנָטִיל אִיהוּ וְנָשָׂא. קוּדְשָׁא בְּרִיךְ הוּא נוֹשֵׂא עָוֹן. מַאי בֵּין נוֹשֵׂא לְנָשָׂא. נָשָׂא: מְטוּלָא. נוֹשֵׂא: סַלִּיקוּ דִּמְטוּלָא. (ע"כ רע"מ).

תרפב. וּשְׁלֹשָׁה עֶשְׂרוֹנִים, תְּלַת דַּרְגִּין קַדְמָאִין דִּילָהּ, דְּכָל חַד וְחַד עֲשַׂר, כְּגַוְונָא דִּלְעֵילָּא עֶשְׂרוֹנִים, חַד מֵעֲשָׂרָה. וּשְׂעִיר חַטָּאת אֶחָד, אֲמַאי אִקְרֵי חַטָּאת. בְּגִין דְּאִיהוּ חַטָּאת, וּמִסִּטְרָא דְּחַטָּאת הוּא. א"ר אֶלְעָזָר, וְהָא כְּתִיב לַיְיָ'. אֶלָּא לַיְיָ' אִתְקְרִיב וַדַּאי, דִּכְתִיב לְכַפֵּר. לְתַבְרָא אַנְפִּין, וְכֹלָּא יִתְקְרִיב לְמַקְדְּשָׁא, אֶלָּא יַהֲבֵי חוּלָקָא חֲדָא לְסָמָאֵל, וְאָכִיל לֵיהּ, וְלָא אָחִיד בִּשְׁאַר קָרְבְּנִין. וְדָא אִיהוּ לְחוּדֵיהּ, דְּלָא אִשְׁתַּתַּף אָחֳרָא עִמֵּיהּ לְמֵיכַל בֵּיהּ.

תרפג. אִיהוּ אִתְהֲנֵי בְּגוֹ סְעוּדָתָא דְּמַלְכָּא בְּחוּלָקָא דָּא, וְעַל דָּא חַדֵּי, וְאִתְפְּרַשׁ מִיִּשְׂרָאֵל, וְלָא מְקַטְרְגָא עֲלַיְיהוּ. וְאִי לָאו דַּהֲוָה מִיעוּטָא דְּסִיהֲרָא, לָא הֲווּ יַהֲבֵי לֵיהּ בִּסְעוּדָתָא דְּמַלְכָּא כְּלוּם. וְכִי בְּמִיעוּטָא דְּסִיהֲרָא מַאי קָא עָבִיד. אֶלָּא בְּגִין דְּקָרִיב וְיָנִיק, וְנָטִיל חֵילָא לְעַמֵּיהּ, מִגּוֹ סְטַר שְׂמָאלָא דְּסִיהֲרָא, וְאִתְתַּקַּף בֵּיהּ. וּבְשָׂעִיר דָּא אִתְפְּרַשׁ מִכֹּלָּא, וְאִתְהֲנֵי בְּהַאי. וּבְגִין דְּקוּדְשָׁא בְּרִיךְ הוּא אַזְעִיר לָהּ לְסִיהֲרָא, מְקָרְבִין לֵיהּ לְהַאי שָׂעִיר, בְּגִין דְּיִתְפְּרַשׁ מִנָּהּ, וְלָא יִתְקְרִיב לְמַקְדְּשָׁא. וע"ד תָּנֵינָן, הָבִיאוּ עָלַי כַּפָּרָה. עָלַי: בְּגִינִי, דְּאַזְעִירַת לָהּ, בְּגִין סִבַּת דִּילִי אַתּוּן צְרִיכִין דָּא.

תרפד. וּבְרָאשֵׁי חָדְשֵׁיכֶם, אִינּוּן יַעֲקֹב וְיוֹסֵף. אֵלֶּה תּוֹלְדוֹת יַעֲקֹב יוֹסֵף, דְּמוֹחֲדָתֵי עַל סִיהֲרָא. אַשְׁכַּחְנָא בְּסִפְרָא דַּחֲנוֹךְ דְּאָמַר, כְּמָה דִּבְרֹאשׁ חֹדֶשׁ, דְּאִתְדַּכִּיאַת סִיהֲרָא לְאִתְקָרְבָא בְּבַעְלָהּ, אִצְטְרִיךְ לְמֵיהַב לְסִטְרָא אָחֳרָא חוּלָקָא חֲדָא, בְּהַהוּא זִינָא דִּילָהּ. אוּף ה"נ אִצְטְרִיכַת לְאִתְּתָא, בְּשַׁעֲתָא דְּאִתְדַּכִּיאַת לְאִתְקָרְבָא בְּבַעְלָהּ, לְמֵיהַב חוּלָקָא חֲדָא לס"א, בְּהַהוּא זִינָא דִּילֵיהּ.

תרפה. וּמַאן אִיהוּ. הַהוּא חוּלָקָא טוּפְרָהָא בְּטִנּוּפָא דִּלְהוֹן. וּזְעֵיר מֵרֵישׁ דְּשַׂעֲרָא, בְּגִין דְּבָעֵי לְאַסְרְקָא רֵישָׁא, וּלְאַכְרְכָא לוֹן דָּא בְּדָא, וְלָא יֵיזִיל אֲבַתְרָהּ הַהוּא סִטְרָא בִּישָׁא, לְאַבְאָשָׁא לָהּ, וְאִתְפְּרַשׁ מִנָּהּ בְּכָל סִטְרִין. וּמַה תַּעֲבִיד, מֵהַהוּא שַׂעֲרָא וְטוּפְרִין. לְבָתַר דְּתַכְרִיךְ לוֹן כַּחֲדָא, אִצְטְרִיךְ לְאַנְחָא לוֹן בַּאֲתָר דְּלָא עַבְרִין תַּמָּן בְּנֵי נָשָׁא, אוֹ בְּגוֹ חוֹרִין תַּתָּאִין דְּחָצֵרָא, וְתַגְנִיז לוֹן תַּמָּן.

תרפו. וְעוֹד וּבְרָאשֵׁי חָדְשֵׁיכֶם אָמְרוּ רַבָּנָן דְּמַתְנִיתִין, דְּכַד הֲווּ מְקַדְּשִׁין יַרְחִין עַל פִּי בֵּית דִּין, הֲווּ מַשִּׂיאִין מַשּׂוּאוֹת בְּרָאשֵׁי הֶהָרִים, וַהֲווּ אַמְרִין כָּזֶה רְאֵה וְקַדֵּשׁ. לִזְמְנִין סִהֲרָא הֲוַת כְּגַוְונָא דָּא . הֲוָה מִסְתַּכְּלָא לְעֵילָּא בְּקַרְנָהָא.

וּלְזִמְנָא מִסְתַּכְּלָא לְתַתָּא כְּגַוְונָא דָא . לְזִמְנִין מִסְתַּכְּלָא בְּמִזְרָח, כְּגַוְונָא דָא . לְזִמְנִין לְמַעֲרָב, כְּגַוְונָא דָא . לְזִמְנִין לַדָּרוֹם. וּלְזִמְנִין לַצָּפוֹן. וְהַאי אִיהוּ אִסְתַּכְּלוּתָא דִּילָהּ לְשִׁית סִטְרִין, דִּכְלִיל לוֹן תִּפְאֶרֶת, דְּאִיהוּ ו'. גְּדוּלָּה, גְּבוּרָה, תִּפְאֶרֶת, נֶצַח, וְהוֹד, יְסוֹד.

תרפו. נְקוּדָא דְּנָגִיד עָלֵיהּ מִלְּגוֹ, הִיא חָכְמָה. וְהַהִיא חוּט דְּאַסְחַר עָלָהּ, אִיהוּ כֶּתֶר. וְהַהִיא נְקוּדָא אִיהוּ לְזִמְנִין עֲטָרָה, וּלְזִמְנִין כִּסֵּא, לְמֵיתַב עָלֵיהּ, לְזִמְנִין שְׁרַפְרַף לַהֲדוֹם רַגְלָיו.

תרפז. וְאַמַּאי אִתְקְרִיאַת לְבָנָה. עַל שֵׁם לִבּוּן הַהֲלָכָה, דְּאִיהִי מִלְּגוֹ, כָּל כְּבוּדָּה בַּת מֶלֶךְ פְּנִימָה. וּבְאֶשָּׁא דְּבִינָה דְּנָחִית עָלָהּ אִיהִי מִתְלַבְּנַת. וְרָזָא דְּמִלָּה, אִם יִהְיוּ חֲטָאֵיכֶם כַּשָּׁנִים כַּשֶּׁלֶג יַלְבִּינוּ. וּמַאי דַּהֲוַת אֲדָנֵי דִּינָא, סוּמָקָא בִּגְבוּרָה, דְּתַמָּן בִּינָה. אִתְלַבְּנַת מִסִּטְרָא דְּחֶסֶד, דְּתַמָּן חָכְמָה, וְאִתְהַדְּרַת יְדֹוָד.

תרפט. וּמַה גָּרִים לְאִתְהַפְּכָא מִדִּינָא לְרַחֲמֵי צַדִּיקִים גְּמוּרִים דְּסִיהֲרָא מִסִּטְרָא דְּעֵץ הַדַּעַת טוֹב וָרָע, אִיהִי קְלִיפָּא דִּילֵיהּ חֲשׁוֹכָא, אִם בַּהֶרֶת שְׁחוֹרָה, הִיא יֵצֶר הָרָע, שִׁפְחָה. וּשְׁפָלָה אֵינֶנָּה וְהִיא כֵהָה, וְלֵית לָהּ מִדִּילָהּ, אֶלָּא הַהוּא חוּט דְּנָהִיר בָּהּ, דְּאִיהוּ לְוָה לָהּ בְּלֵילְיָא, דְּאִיהִי גָּלוּתָא. וְאִתְעָבַר מִנָּהּ בִּימָמָא, דְּאִיהוּ עָלְמָא דְּאָתֵי, דְּבֵיהּ וְזָרְחָה לָכֶם יִרְאֵי שְׁמִי שֶׁמֶשׁ צְדָקָה וּמַרְפֵּא בִּכְנָפֶיהָ.

תרצ. אֲבָל סִיהֲרָא דְּעֵץ הַחַיִּים, הַהִיא נְקוּדָה דִּלְגוֹ מִנָּהּ, אִיהִי כְּמַבּוּעָא דְּלֵית לֵיהּ פָּסֵק, דִּכְתִיב בָּהּ, וּכְמוֹצָא מַיִם אֲשֶׁר לֹא יְכַזְּבוּ מֵימָיו. וְאִתְקְרִיאַת אַיֶּלֶת אֲהָבִים מִסִּטְרָא דְּחֶסֶד, דְּהַיְינוּ אַהֲבַת עוֹלָם אֲהַבְתִּיךְ עַל כֵּן מְשַׁכְתִּיךְ חָסֶד. וּתְרֵין קַרְנַיִן אִית לָהּ מִן נְהוֹרָא, כְּגַוְונָא דָא , לְזִמְנִין הָאַחַת גְּבוֹהָ מִן הַשֵּׁנִית, כְּגַוְונָא דָא , לְזִמְנִין קַרְנַיִם אִינוּן שָׁוִין . (ע"כ רעיא מהימנא).

תרצא. וּבַחֹדֶשׁ הָרִאשׁוֹן וְגוֹ'. רִבִּי אַבָּא פָּתַח, כְּאַיָּל תַּעֲרוֹג עַל אֲפִיקֵי מָיִם כֵּן נַפְשִׁי תַעֲרוֹג אֵלֶיךָ אֱלֹהִים. הַאי קְרָא אוֹקְמוּהָ, וְאַעַ"ג דְּאִית דְּכַר וְנוּקְבָא, כּוּלָּא חַד. הַאי אַיָּל, אִיהוּ אִקְרֵי דְּכַר. וְאִיהוּ אִקְרֵי נוּקְבָא. הה"ד כְּאַיָּל תַּעֲרוֹג וְלָא כְתִיב יַעֲרוֹג. וְכֹלָּא חַד.

תרצב. אַיֶּלֶת הַשַּׁחַר מַאי אַיֶּלֶת הַשַּׁחַר. אֶלָּא דָא אִיהִי חַיָּה חֲדָא רַחֲמָנִית, דְּלֵית בְּכָל חֵיוָן דְּעָלְמָא רַחֲמָנִית כְּוָותָהּ. בְּגִין דִּבְשַׁעֲתָא דְּדָחִיקַת לָהּ שַׁעֲתָא, וְאִצְטְרִיכַת לִמְזוֹנָא לָהּ וּלְכָל חֵיוָן. אִיהִי אַזְלַת לְמֵרָחִיק לְאֹרַח רְחִיקָא. וְאָתִיאַת וְאוֹבִילַת מְזוֹנָא. וְלָא בָּעָאת לְמֵיכַל, עַד דְּתֵיתֵי וְתִתְהַדַּר לְאַתְרָהָא. אַמַּאי. בְּגִין דְּיִתְכַּנְשׁוּן לְגַבָּהּ שְׁאַר חֵיוָן, וְתִתְחַלֵּק לוֹן מֵהַהוּא מְזוֹנָא. וְכַד אָתַת, מִתְכַּנְשִׁין לְגַבָּהּ כָּל שְׁאַר חֵיוָן, וְהִיא קַיְּימָא בְּאֶמְצָעִיתָא, וּפַלְגַת לְכָל חַד וְחַד. וְסִימָן, וַתָּקָם בְּעוֹד לַיְלָה וַתִּתֵּן טֶרֶף לְבֵיתָהּ וְגוֹ'. וּמִמַּה דְּפַלִיגַת לוֹן, אִיהִי

שַׂבְעָה, כְּאִלּוּ אָכְלָה יַתִּיר מֵיכְלָא מִכָּלָא.

תרצג. וְכַד יֵיתֵי צַפְרָא דְּאִקְרֵי שַׁחַר. יֵיתֵי לָהּ וַחֲבָלִים דְּגָלוּתָא. וּבְגִין דָּא, אִתְקְרִיאַת אַיֶּלֶת הַשַּׁחַר. עַל שֵׁם קַדְרוּתָא דְּצַפְרָא. דַּחֲבָלִים לָהּ כַּיּוֹלֵדָה. הה"ד, כְּמוֹ הָרָה תַּקְרִיב לָלֶדֶת תָּחִיל תִּזְעַק בַּחֲבָלֶיהָ וְגוֹ'.

תרצד. אֵימָתַי פַּלְגַּת לְהוֹן. כַּד צַפְרָא בָּעֵי לְמֵיתֵי. בְּעוֹד דְּאִיהִי לֵילְיָא, וְקַדְרוּתָא סְלִיקַת לְאַנְהֲרָא. כד"א, וַתָּקָם בְּעוֹד לַיְלָה וַתִּתֵּן טֶרֶף לְבֵיתָהּ וְגוֹ'. כֵּיוָן דְּאַנְהִיר צַפְרָא, כֻּלְּהוּ שַׂבְעִין בִּמְזוֹנָא דִּילָהּ.

תרצה. כְּדֵין, קָלָא חֲדָא אִתְעַר בְּאֶמְצָעִיתָא דִּרְקִיעַ, קָארֵי בְּחַיִל וְאָמַר, קְרִיבִין עוּלוּ לְדוּכְתַּיְיכוּ. רְחִיקִין. פּוּקוּ. כָּל חַד וְחַד לִיכְנֹשׁ לְאַתְרֵיהּ דְּאִתְחֲזֵי לֵיהּ. כֵּיוָן דְּאַנְהִיר שִׁמְשָׁא, כָּל חַד וְחַד אִתְכְּנִישׁ לְאַתְרֵיהּ. הה"ד תִּזְרַח הַשֶּׁמֶשׁ יֵאָסֵפוּן וְגוֹ'. וְאִיהִי אַזְלַת בִּימָמָא, וְאִתְגַּלְיָא בְּלֵילְיָא. וּפַלְגָּא בְּצַפְרָא. ובג"כ אִקְרֵי, אַיֶּלֶת הַשַּׁחַר.

תרצו. לְבָתַר אִתְתַּקְּפַת כְּגִבָּר וְאַזְלַת, וְאִקְרֵי אַיָּל. לְאָן אֲתָר אַזְלַת. אַזְלַת שִׁתִּין פַּרְסֵי מֵהַהוּא אֲתָר דְּנָפְקָא, וְעָאלַת לְגוֹ טוּרָא דַּחֲשׁוֹכָא. אַזְלַת בְּגוֹ הַהוּא טוּרָא דַּחֲשׁוֹכָא, אָרַח לְרַגְלָהּ חִוְיָא חֲדָא עֲקִימָא, וְאָזִיל לְרַגְלָהּ. וְאִיהִי סַלְּקָא מִתַּמָּן, לְגַבֵּי טוּרָא דִּנְהוֹרָא. כֵּיוָן דְּמָטַת תַּמָּן, זַמִּין לָהּ קוּדְשָׁא בְּרִיךְ הוּא חִוְיָא אוּחֲרָא, וְנָפִיק וּמְקַטְרְגָא דָּא בְּדָא, וְאִיהִי אִשְׁתְּזִיבַת. וּמִתַּמָּן נַטְלַת מְזוֹנָא, וְתָבַת לְאַתְרָהּ, בְּפַלְגוּת לֵילְיָא. וּמִפַּלְגוּ לֵילְיָא, שָׁרְיָא לְפַלְגָא, עַד דִּסְלִיקַת קַדְרוּתָא דְּצַפְרָא. כֵּיוָן דְּאַנְהִיר יְמָמָא, אַזְלַת, וְלָא אִתְחֲזִיאַת, כְּמָה דְּאִתְּמַר.

תרצז. וּבְשַׁעֲתָא דְּעָלְמָא אִצְטְרִיךְ לְמִטְרָא, מִתְכַּנְּשִׁין לְגַבָּהּ כָּל שְׁאַר חֵיוָן, וְהִיא סְלִיקַת לְרֵישׁ טוּרָא רָמָאָה, וְאִתְעַטְּפַת רֵישָׁהָא בֵּין בִּרְכָהָא, וְגָעַת גּוֹעָה בָּתַר גּוֹעָה, וְקוּדְשָׁא בְּרִיךְ הוּא שָׁמַע קָלָהּ, וְאִתְמְלֵי רַחֲמִין, וְחָס עַל עָלְמָא. וְהִיא נַחְתַּת מֵרֵישׁ טוּרָא, וְרָהֲטַת, וְטַמִּירַת גַּרְמָהָא. וְכָל שְׁאַר חֵיוָן אֲבַתְרָהָא רָהֲטִין, וְלָא מַשְׁכְּחִין לָהּ. הה"ד, כְּאַיָּל תַּעֲרוֹג עַל אֲפִיקֵי מָיִם. מַאי עַל אֲפִיקֵי מָיִם. עַל אֲפִיקֵי מַיִם מֵהַנְהוּ דְּאִתְיַבָּשׁוּ, וְעָלְמָא צָחֵי עַל מַיָּא, כְּדֵין תַּעֲרוֹג.

תרצח. בְּשַׁעֲתָא דְּאִתְעַבְּרַת, אַסְתִּימַת, כֵּיוָן דְּמָטָא זִמְנָא לְמֵילַד, גָּעַאת וְרָמַאת קָלִין, קָלָא בָּתַר קָלָא, עַד שַׁבְעִין קָלִין, כְּחוּשְׁבַּן תֵּיבִין דְּיַעַנְךָ יְיָ' בְּיוֹם צָרָה, דְּאִיהִי שִׁירָתָא דְּעוּבַּרְתָּא דָּא. וְקוּדְשָׁא בְּרִיךְ הוּא שָׁמַע לָהּ, וְזַמִּין לְגַבָּהּ. כְּדֵין אַפִּיק חַד חִוְיָא רַבְרְבָא, מִגּוֹ טוּרֵי חֲשׁוֹךְ וְאָתֵי בֵּין טוּרִין, פּוּמֵיהּ מְלַחֲכָא בְּעַפְרָא, מָטֵי עַד הַאי אַיָּל, וְאָתֵי וְנָשִׁיךְ לָהּ בְּהַהוּא אֲתָר, תְּרֵי זִמְנֵי.

תרצט. זִמְנָא קַדְמָאָה נָפִיק דָּמָא, וְאִיהִי לָחִיךְ. זִמְנָא תִּנְיָינָא, נָפִיק מַיָּא וְשָׁתוּ כָּל אִינּוּן בְּעִירָן דִּי בְּטוּרַיָּא, וְאִתְפַּתְחַת וְאוֹלִידַת. וְסִימָנָךְ וַיַּךְ אֶת הַסֶּלַע בְּמַטֵּהוּ פַּעֲמָיִם. וּכְתִיב וַתֵּשְׁתְּ הָעֵדָה וּבְעִירָם.

תשׁ. בְּהַהוּא זִמְנָא דְקוּדְשָׁא בְּרִיךְ הוּא חָס עָלָהּ עַל עוּבָדָא דְנָחָשׁ דָא. מַה כְּתִיב, קוֹל יְיָ' יְחוֹלֵל אַיָּלוֹת וַיֶּחֱשׂוֹף יְעָרוֹת וְגוֹ', קוֹל יְיָ' יְחוֹלֵל אַיָּלוֹת, אִינּוּן חֲבָלִין וְצִירִין, לְאַתְעָרָא אִינּוּן שַׁבְעִין קָלִין. מִיַּד וַיֶּחֱשׂוֹף יְעָרוֹת, לְאַתְעָרָא הַהוּא נָחָשׁ, וּלְאִתְגַּלְיָיא הַהִיא חַיָּה בֵּינַיְיהוּ לְמֵיהַךְ. וּבְהֵיכָלוֹ,מַאי וּבְהֵיכָלוֹ. בְּהֵיכְלוֹ דְקוּדְשָׁא בְּרִיךְ הוּא, כָּל אִינּוּן אֻכְלוּסִין, פַּתְחִין וְאַמְרִין כָּבוֹד. מַאי כָּבוֹד. בָּרוּךְ כְּבוֹד יְיָ' מִמְּקוֹמוֹ.

רַעְיָא מְהֵימְנָא

תשׁא. וְאִי תֵּימָא דְלע' תָּחִיל וּלְב' שְׁנִין אוֹלִידַת, בָּתַר אֲלַף וּמָאתָן, כְּחוּשְׁבַּן רע"ב. הָא כְּתִיב בְּטֶרֶם תָּחִיל יָלָדָה. וְרָזָא דְמִלָּה, וְהָיָה טֶרֶם יִקְרָאוּ וַאֲנִי אֶעֱנֶה עוֹד וְגוֹ'. וּמַאי בְּטֶרֶם. אֶלָּא קֹדֶם דְיִשְׁתַּלִּימוּ, שַׁבְעִין וּתְרֵין שְׁנִין, בָּתַר אֲלַף וּמָאתָן, אִינּוּן חֲבָלִים דְיוֹלֵדָה, יִתְגַּלְיָין ב' מְשִׁיחִין בְּעָלְמָא. וּבְהַהוּא זִמְנָא וּבְהֵיכָלוֹ כֻּלּוֹ אוֹמֵר כָּבוֹד, וְהָא אוּקְמוּהָ כָּבוֹד חֲכָמִים יִנְחָלוּ.

תשׁב. בְּהַהִיא שַׁעֲתָא, אִלֵּין מָארֵי תּוֹרָה יְהוֹן נִכְבָּדִים. אִלֵּין דְסָבִילוּ כַּמָּה חֲבָלִים וְצִירִין כְּיוֹלֵדָה, וַהֲווֹ מְבוּזִּין בֵּין עַמֵּי הָאָרֶץ, יְהוֹן נִכְבָּדִים. וּמִיַּד יְיָ' לַמַּבּוּל יָשָׁב, לְרַשִׁיעַיָּא. אֵין מַבּוּל, אֶלָּא דִינִין דְמַבּוּל. כְּגַוְונָא דְנִפְתָּחוּ מַעְיְינוֹת תְּהוֹם וַאֲרוּבּוֹת הַשָּׁמַיִם נִפְתָּחוּ בְּיוֹמֵי טוֹפָנָא, אוּף הָכָא יִתְעָרוּן דִינִין לְגַבַּיְיהוּ עֵילָא וְתַתָּא, עַד דְלֵית סוֹף וְתַכְלִית, וְכָל בִּזְיוֹן וְקָלָנָא, דְעָבְדוּ אוּמִין עכו"ם דְעָלְמָא, לְשֵׁם יְהֹוָה וּלְעַמֵּיהּ, וְכַמָּה חֵרוּפִין דְסָבִילוּ יִשְׂרָאֵל מִנַּיְיהוּ עַל שֵׁם יְיָ', מִכֻּלְּהוּ נָטִיל נוּקְמָא קוּדְשָׁא בְּרִיךְ הוּא, וְעַל דָא אִתְקְרֵי, נוֹקֵם יְיָ' וְנוֹטֵר וּבַעַל חֵמָה לְגַבַּיְיהוּ.

תשׁג. וּבַחֹדֶשׁ הָרִאשׁוֹן, מַאן רִאשׁוֹן. דָא נִיסָן. תַּמָּן אוֹלִידַת הַהִיא חַיָּה, לְקַיֵּים מַה דְאוּקְמוּהָ מָארֵי מַתְנִיתִין, בְּנִיסָן נִגְאֲלוּ וּבְנִיסָן עֲתִידִין לְהִגָּאֵל. וּבי"ד דִילֵיהּ, וַיֹּאמֶר כִּי יָד עַל כֵּס יָהּ, תַּמָּן אוֹמֵי לְאַעְבְּרָא מֵעָלְמָא זַרְעָא דְעֵשָׂו עֲמָלֵקִיִּים, בְּהַהוּא זִמְנָא מִשְׁכוּ וּקְחוּ לָכֶם צֹאן לְמִשְׁפְּחוֹתֵיכֶם וְשַׁחֲטוּ הַפָּסַח. מִשְׁכוּ: מָשַׁךְ יָדוֹ אֶת לוֹצְצִים.

תשׁד. בְּהַהוּא זִמְנָא, כֹּה אָמַר יְיָ' לָרוֹעִים הַפּוֹשְׁעִים בִּי. וְאוֹמֵר, וְאֶל אַדְמַת יִשְׂרָאֵל לֹא יָבֹאוּ. וְאִלֵּין אִינּוּן רוֹעִים דְעָנָא, פַּרְנָסֵי דָרָא. וּבג"ד אִתְּמַר עָלַיְיהוּ, הִנֵּה אָנֹכִי מְפַתֶּיהָ וְהוֹלַכְתִּיהָ הַמִּדְבָּרָה. וְנִשְׁפַּטְתִּי אִתְּכֶם וְגוֹ', כַּאֲשֶׁר נִשְׁפַּטְתִּי אֶת אֲבוֹתֵיכֶם דְקָטִיל לוֹן בְּמַכַּת חֹשֶׁךְ. (ע"כ רַעְיָא מְהֵימְנָא).

תשׁה. וּבַחֹדֶשׁ הָרִאשׁוֹן, מַאן חֹדֶשׁ הָרִאשׁוֹן. דָא אִיהוּ חֹדֶשׁ, דְהַאי חַיָּה אִתְגַּלְיָיא בֵּיהּ וְאִתְתַּקְפַת בֵּיהּ, וְנָפְקָא לְעָלְמָא בְּאַרְבָּעָה עָשָׂר יוֹם. בְּאַרְבָּעָה עָשָׂר, אִלֵּין שְׂאָר חֵיוָתָא, דְאִינּוּן י' י' לְכָל סְטַר, בְּד' סִטְרִין דְעָלְמָא. וּבְסִפְרֵי קַדְמָאֵי, אִיהוּ י', וְחַד לְכָל סְטַר לְאַרְבַּע סִטְרִין, וְאִינּוּן אַרְבַּע עָשָׂר. כֵּיוָן דְאִינּוּן אַרְבַּע, מִתְחַבְּרָאן וּמִתְתַּקְּנָן עִם אִינּוּן עֶשֶׂר דְבִסְטְרָא דִימִינָא, כְּדֵין

י"ד, בְּחֶדְוָה לְאִתְתַּקְּנָא וְזַיְיהּ דָּא בְּתִקּוּנָהָא.

תשו. ר' אֶלְעָזָר אָמַר, וַדַּאי הָכִי הוּא. ות"ח, כְּתִיב מִשְׁכוּ וּקְחוּ לָכֶם צֹאן וְגוֹ', מִשְׁכוּ, מַאי מִשְׁכוּ. כְּמַאן דְּמָשִׁיךְ מֵאֲתַר אָחֳרָא, לַאֲתַר דָּא. מִשְׁכוּ יוֹמִין עִלָּאִין לְגַבֵּי יוֹמִין תַּתָּאִין. יוֹמִין עִלָּאִין אִינּוּן ש"ו, כְּחוּשְׁבַּן מִשְׁכוּ. יוֹמִין תַּתָּאִין, זִמְנִין דְּאִינּוּן שנ"ה, וּבְזִמְנָא, דְּאִתְנַהֲרָא סִיהֲרָא בְּאַשְׁלְמוּתָא, סַלְּקוּ לְמֶהֱוֵי אִינּוּן יוֹמִין ש"ה, כְּחוּשְׁבַּן מִשְׁכוּ וְחָסֵר וַחַד.

תשז. מִשְׁכוּ יוֹמִין עִלָּאִין לְגַבֵּי יוֹמִין תַּתָּאִין, לְמֶהֱוֵי כֻּלְּהוּ כַּחֲדָא בְּחִבּוּרָא וְחָדָא. וּמַאן מָשִׁיךְ לוֹן. אִינּוּן עֲשַׂר דְּלִסְטַר יְמִינָא, דִּכְתִּיב בֶּעָשׂוֹר. בֶּעָשׂוֹר, בַּעֲשָׂרָה מִבָּעֵי לֵיהּ, מַאי בֶּעָשׂוֹר. אֶלָּא ט' אִינּוּן לְכָל סְטָר, וּנְקוּדָה וְחָדָא דְּאַזְלָא בְּאֶמְצָעִיתָא. כְּגַוְונָא דָּא, אוּהֲהִיא נְקוּדָה, אַשְׁלִימַת לְעֶשֶׂר. וע"ד בֶּעָשׂוֹר, כְּמָה דְּאִתְּמַר זָכוֹר וְשָׁמוֹר. לְשִׁמּוּשָׁא בַּעֲשָׂרָה, אִינּוּן יוֹמִין תֵּשַׁע, בְּהַהוּא נְקוּדָה. לַחֹדֶשׁ הַזֶּה, יוֹמִין דְּלִסְטַר יְמִינָא, בְּגִין לְאִתְחַבְּרָא זֹאת בְּזֶה, לְמֶהֱוֵי כֹּלָּא וְחַד.

תשח. וּבְזִמְנָא דְּאִינּוּן ד' אִתְקַשְּׁרוּ לְד' סִטְרִין בַּהֲדַיְיהוּ. כְּדֵין אוֹלִידַת הַהוּא חַיָּה וְחֶזְוָא אָזִיל לֵיהּ וּבְהַהוּא זִמְנָא מְקַדְּשִׁין לְעֵילָּא לְהַאי חַיָּה וְקָרָאן לָהּ כָּבוֹד. וּכְדֵין אִתְקַדָּשׁ מוֹעֲדָא. מַה דְּלָא הֲוָה עַד הַשְׁתָּא, וּכְעַן קָרָאן לָהּ כָּבוֹד, הֲדָא הוּא דִּכְתִּיב וּבְהֵיכָלוֹ כֻּלּוֹ אוֹמֵר כָּבוֹד.

רַעְיָא מְהֵימְנָא

תשט. אָמַר רַעְיָא מְהֵימְנָא, מִלִּין אִלֵּין סְתִימִין, וְצָרִיךְ לְמִפְתַּח לוֹן לְגַבֵּי חַבְרַיָּיא, דְּמַאן דְּסָתִים לוֹן גְּנִיזִין דְּאוֹרַיְיתָא, אִיהוּ מְצַעֵר לוֹן. דְּלְרַשִׁיעַיָּיא נְהוֹרִין דְּרָזִין, אִתְהַדְּרָן לוֹן חֲשׁוֹכִין. וְאִיהוּ מְתָלָא לְמָמוֹנָא דְּאִיהוּ גָּנִיז, מַאן דְּחָפַר לֵיהּ, עַד דְּגַלֵּי לֵיהּ, וְלָאו אִיהוּ דִּילֵיהּ, אִתְהַדָּר בְּסוֹכְלְתָנוּתֵיהּ בַּחֲשׁוֹכָא וְקַבְלָא. וּלְמַאן דְּאִיהוּ דִּילֵיהּ, נָהִיר לֵיהּ. וּבְגִ"ד, אִית לְבַ"נ לְגַלָּאָה רָזִין סְתִימִין דְּבְאוֹרַיְיתָא.

תשי. בֶּעָשׂוֹר: ט' אִינּוּן לְכָל סְטָר, לְקֳבֵל ט' יַרְחִין דְּיוֹלֵדָה, כְּחוּשְׁבַּן א"ח. מַאן יוֹלֶדֶת. ד' מִן אֶחָד. א"ח, אִיהוּ ט', לְד' סִטְרִין דְּאָת ד', וְאִינּוּן אַרְבָּעִים. א"ח זָכוֹר, ד' שָׁמוֹר. הָא אַרְבְּעִין וּתְרֵין.

תשיא. אִשְׁתְּאַר כָּבוֹד, דְּאִתְּמַר בֵּיהּ בשכמל"ו. וְאִיהוּ כָּבוֹד ל"ב, ד' זִמְנִין לְכָל סְטָר דְּאָת ד', הֲרֵי ס"ד לְד' סִטְרִין, רנ"ו. וְאוּקְמוּהָ, כָּבוֹד לְעֵילָּא, ל"ב לְתַתָּא. וּבְגִ"ד מְיַיחֲדִין בְּכָל יוֹמָא תְּרֵין זִמְנִין, דְּאָמְרָן בְּהוּ תְּרֵין זִמְנִין כָּבוֹד, דְּאִיהוּ ס"ד. וּתְרֵין זִמְנִין ד' ד' מִן אֶחָ"ד, הֲרֵי ע"ב. הֲרֵי ד' דְּאֶחָ"ד, שְׁלִימוּ דְּמ"ב שְׁמָהָן. וּשְׁלִימוּ דְּע"ב שְׁמָהָן. וּבְגִ"ד אַמְרִין בְּמִזְמוֹר לְדָוִד מִי זֶה מֶלֶךְ הַכָּבוֹד יְיָ' עִזּוּז וְגִבּוֹר. וּבְזִמְנָא תִּנְיָינָא מִי הוּא זֶה מֶלֶךְ הַכָּבוֹד. (ע"כ רַעְיָא מְהֵימְנָא).

תשיב. מַאן הֵיכָלוֹ. דָּא הֵיכָל עִלָּאָה פְּנִימָאָה, דְּתַמָּן מִתְקַדְּשָׁא כֹּלָּא. תַּמָּן

מְקַדְּשִׁין לְמַאן דְּחָזֵי לְאִתְקַדְּשָׁא. הֵיךְ מְקַדְּשִׁין לֵיהּ בְּהַהוּא הֵיכָלָא. בְּקַדְמֵיתָא אִתְפַּתְּחוּ תַּרְעִין, וְחַד מַפְתְּחָא סְתִימָא, אַתְקִין וּפָתַח תַּרְעָא חַד, לִסְטַר דָּרוֹם, כְּדֵין עָאל כַּהֲנָא רַבָּא בְּהַהוּא פִּתְחָא, וְאוֹזְדְּרוּ בְּהֵימְיָינוֹי, וְתִקּוּנוֹי. וְאִתְעֲטַר בְּעִטְרָא דִּקְדוּשָּׁה וּלְבִישׁ חוֹשְׁנָא וְאֵפוֹדָא, וּמְעִילָא דְּשִׁבְעִין זָגִין וְרִמּוֹנִין, דְּאִינּוּן פַּעֲמוֹן זָהָב וְרִמּוֹן. וְצִי״ץ נִזְרָא דְּקוּדְשָׁא עַל מִצְחֵיהּ, דְּאִתְקְרֵי צִי״ץ נֵזֶר הַקֹּדֶשׁ, וְאִתְקַשַּׁט בַּד׳ בִּגְדֵי זָהָב, וּבַד׳ בִּגְדֵי לָבָן. וְעַל הַהוּא צִי״ץ מ״ב אַתְוָון מְלַהֲטָן בֵּיהּ, וּמְנַצְצָן עָלֵיהּ, וְנָהִיר כָּל הַהוּא הֵיכָלָא בִּנְהוֹרִין עִלָּאִין.

תשי״ג. אִסְתַּחַר הַהוּא מַפְתְּחָא, וּפָתַח סִטְרָא אָחֳרָא דִּבְסִטַר צָפוֹן, כְּדֵין עָאל לֵוִי, מַעַשְׂרָא דְּיַעֲקֹב, דְּאַפְרִישׁ לְקוּדְשָׁא בְּרִיךְ הוּא. וְכִנּוֹר דְּעָשׂוֹר נִימִין עִמֵּיהּ, וְאִתְעֲטַר בְּעִטְרוֹי, וּכְדֵין אִסְתְּחַר מַפְתְּחָא, וּפָתַח בְּהַהוּא הֵיכָלָא חַד תַּרְעָא, הַהוּא תַּרְעָא דְּקַיְּימָא בְּאֶמְצָעִיתָא, עַמּוּדָא דִּלְסִטַר מִזְרָח עָאל וְאִתְעֲטַר בְּשַׁבְעִין עִטְרִין, וְאִתְעֲטַר בְּאַרְבַּע אַתְוָון, דְּאִינּוּן תְּרֵיסַר. וְאִתְעֲטַר בְּגִלּוּפִין דְּמָאתָן וְע׳ אֲלַף עָלְמִין, וְאִתְעֲטַר בְּעִטְרִין דְּסַיְיפֵי עָלְמָא עַד סַיְיפֵי עָלְמָא, בְּכַמָּה לְבוּשֵׁי יְקָר, בְּכַמָּה עִטְרִין קַדִּישִׁין.

תשי״ד. אִסְתַּחַר הַהוּא מַפְתְּחָא, וּפָתַח לֵיהּ כָּל תַּרְעִין גְּנִיזִין, וְכָל תַּרְעִין דִּקְדוּשִׁין טְמִירִין, וְאִתְקַדָּשׁ בְּהוּ, וְקַיְּימָא תַּמָּן כְּמַלְכָּא. מִתְבָּרֵךְ בְּכַמָּה בִּרְכָאָן, מִתְעַטַּר בְּכַמָּה עִטְרִין. כְּדֵין נָפְקֵי כֻּלְּהוּ בְּחִבּוּרָא חֲדָא, מִתְעַטְּרָן בְּעִטְרַיְיהוּ כַּדְקָא יָאוּת. כֵּיוָן דְּנַפְקֵי אִתְעַר לֵיהּ בִּקְשׁוּטוֹי.

תשט״ו. וְהַאי חַיָּה אִתְעֲרָא, וְאַזְעִירַת גַּרְמָהּ, מִגּוֹ רְחִימוּ דְּשִׁירָתָא, הֵיךְ אַזְעֲרַת גַּרְמָהּ מִגּוֹ רְחִימוּ דְּשִׁירָתָא, אַזְעֲרַת גַּרְמָהּ זְעֵיר זְעֵיר, עַד דְּאִתְעֲבֵידַת נְקוּדָה חֲדָא. כֵּיוָן דְּאִיהִי אַזְעִירַת גַּרְמָהּ, כְּדֵין כְּתִיב, וַיֵּלֶךְ אִישׁ מִבֵּית לֵוִי וַיִּקַּח אֶת בַּת לֵוִי. בַּת לֵוִי וַדַּאי, מִסִּטְרָא דִּשְׂמָאלָא. הֵיאַךְ אָחִיד לָהּ. אוֹשִׁיט שְׂמָאלָא תְּחוֹת רֵישָׁהּ מִגּוֹ חֲבִיבוּ.

תשט״ז. וְאִי תֵּימָא, כֵּיוָן דְּאִיהִי נְקוּדָה חֲדָא, אֵיךְ יָכִיל לְאַחֲדָא בִּנְקוּדָה זְעִירָא. אֶלָּא לְגַבֵּי עֵילָא, כָּל מַה דְּהוּא מִלָּה זְעִירָא, דָּא תּוּשְׁבַּחְתָּא, וְדָא עִלּוּיָא וּרְבִרְבוּ עִלָּאָה. מִיַּד כַּהֲנָא רַבָּא אִתְעַר לָהּ, וְאָחִיד לָהּ, וְחָבִיק לָהּ, דְּאִלּוּ הֲוַת רַבְרְבָא, לָא יָכִלִין לְאַחֲדָא כְּלָל. אֲבָל כֵּיוָן דְּאַזְעִירַת גַּרְמָהּ, וְאִיהִי נְקוּדָה חֲדָא, כְּדֵין אַחֲדִין בָּהּ, וְסַלְּקִין לָהּ לְעֵילָא, כֵּיוָן דְּסַלְּקִין לָהּ, וְיָתְבָא בֵּין תְּרֵין סִטְרִין אִלֵּין, כְּדֵין הַהוּא עַמּוּדָא דְּקַיְּימָא בְּאֶמְצָעִיתָא, אִתְחַבַּר בַּהֲדָהּ בַּחֲבִיבוּ דִּנְשִׁיקִין, בִּרְחִימוּ דְּחִבּוּרָא חֲדָא. כְּדֵין וַיִּשַּׁק יַעֲקֹב לְרָחֵל, בִּרְחִימוּ דִּנְשִׁיקִין מִתְדַּבְּקָן דָּא בְּדָא, בְּלָא פֵּרוּדָא, עַד דְּנַקְטָא נַפְשָׁא דְּעִנּוּגִין כַּדְקָא יָאוּת.

תשי״ז. בְּשַׁעְתָּא דְּנַקְטָא נַפְשָׁא דְּעִנּוּגִין כַּדְקָא יָאוּת, וּבַעְיָא לְפַקְדָא לְחֵילָהָא, מִתְכַּנְּשִׁין כֻּלְּהוּ, וְקָרַיִין לָהּ מִגּוֹ הֵיכָלָא קַדִּישָׁא, כָּבוֹד כָּבוֹד כָּבוֹד. בְּהֵיכָלָא קַדִּישָׁא אַבָּא וְאִמָּא, פַּתְחֵי וְאַמְרֵי מְקוּדָּשׁ. כְּדֵין יְרוּחָא אִתְקַדָּשׁ

כַּדְקָא יָאוּת. וּכְדֵין כְּתִיב, וּבַחֹדֶשׁ הָרִאשׁוֹן, רִאשׁוֹן וַדַּאי, וְעַ"ד מָשְׁכוּ וְגוֹ'. וְעַ"ד בֶּעָשׂוֹר לַחֹדֶשׁ הַזֶּה, דְּאִתְחַבַּר סִיהֲרָא בְּשִׁמְשָׁא, וּמַה דַּהֲוַת נְקוּדָה וַחֲדָא, כַּד נַחֲתָא אִתְפְּשַׁט זְעֵיר זְעֵיר, וְאִתְמַלְיָיא, וְאִתְעֲבֵידַת ה', מַלְיָא מִכָּל סִטְרִין, מִתְקַדְּשָׁא כַּדְקָא יָאוּת.

רַעְיָא מְהֵימְנָא

תשיח. אִסְתַּחַר הַהוּא הֵיכָלָא, וּפָתַח תַּרְעָא אַחֲרָא דִּסְטָר דָּרוֹם בְּשַׁבְעִין וּתְרֵין עִטְרִין. לְבָתַר אַפְתַּח תַּרְעָא תְּלִיתָאָה, לִסְטַר מִזְרָח, בְּחַמְשִׁין נְהוֹרִין, דְּחַמְשִׁין תַּרְעִין דְּבִינָה. לְבָתַר אַפְתַּח תַּרְעָא אַחֲרָא דִּלְסְטַר מַעֲרָב, בְּעַ"ב עִטְרִין, וְכֻלְּהוּ רמ"ח בְּחוּשְׁבַּן תֵּיבִין דְּפָרְשִׁיָּין דק"ש. וּמַה דִּבְקַדְמֵיתָא הַהִיא חַיָּה הֲוַת זְעֵירָא, בְּהַהוּא זִמְנָא אִתְרְבִיאַת, הֲדָא הוּא דִכְתִיב, מְלֹא כָל הָאָרֶץ כְּבוֹדוֹ, דְּאִיהוּ כָּבוֹד עִלָּאָה וְתַתָּאָה.

תשיט. כַּד מָטֵי לְח"י עָלְמִין, דְּבֵיהּ ח"י בִּרְכָאן דִּצְלוֹתָא, וּפָתַח בֵּיהּ אֲדֹנָ"י שְׂפָתַי תִּפְתָּח וּפִי יַגִּיד תְּהִלָּתֶךָ. כְּדֵין עַמּוּדָא דְּאֶמְצָעִיתָא, אִתְחַבַּר בַּהֲדָהּ בְּחִבִּיבוּ דִּנְשִׁיקִין דְּשִׂפְוָון, וְאִינּוּן נֶצַח וְהוֹד, דִּלְשׁוֹן אִיהוּ צַדִּיק בֵּינַיְיהוּ. לָשׁוֹן לִמּוּדִים בְּהַהוּא זִמְנָא, וַיִּשַּׁק יַעֲקֹב לְרָחֵל, כְּדֵין קָרָאן לְהַהִיא חַיָּה, כָּבוֹד כָּבוֹד. אַבָּא וְאִימָּא, מְקוּדָשׁ מְקוּדָשׁ. כְּדֵין יְרוּתָא אִתְקַדְּשָׁא כַּדְקָא יָאוּת, כְּדֵין וּבַחֹדֶשׁ הָרִאשׁוֹן רִאשׁוֹן וַדַּאי.

תשכ. וּכְדֵין מָשְׁכוּ. וְעַ"ד בֶּעָשׂוֹר לַחֹדֶשׁ הַזֶּה, דְּאִתְחַבַּר סִיהֲרָא קַדִּישָׁא בְּשִׁמְשָׁא. דְּאִתְּמַר בֵּיהּ, כִּי שֶׁמֶשׁ וּמָגֵן יְיָ' אֱלֹהִים. וּמַה דַּהֲוַת נְקוּדָה זְעֵירָא, אִתְמַלְאַת בְּסִיהֲרָא, וּכְדֵין אִיהִי הַחֹדֶשׁ מָלֵא. וְסִיהֲרָא אִתְמַלְיָא מְלֹא כָל הָאָרֶץ כְּבוֹדוֹ. בְּקַדְמֵיתָא חָסֵר, וּכְעַן בִּשְׁלִימוּ. (ע"כ רעיא מהימנא).

○ תשכא. ר' חִיָּיא פָּתַח, בְּאַרְבָּעָה עָשָׂר יוֹם לַחֹדֶשׁ פֶּסַח וְגוֹ'. אִימְרָא דְּאִיהוּ פִּסְחָא אַמַּאי. אֶלָּא דַּחֲלָא דְּמִצְרָאֵי, וֶאֱלָהָא דִּלְהוֹן, הֲוָה אִמְרָא. בְּגִין דְּמִצְרָאֵי פַּלְחִין לְמַזַּל טָלֶה, וּבְגִ"כ פַּלְחִין לְאִימְרָא. ת"ח, כְּתִיב הֵן נִזְבַּח אֶת תּוֹעֲבַת מִצְרַיִם. מַאי תּוֹעֲבַת מִצְרַיִם. וְכִי עַל דְּשַׂנְאִין לֵיהּ, כְּתִיב תּוֹעֲבַת מִצְרַיִם. אֶלָּא דַּחֲלָא דְּמִצְרָאֵי, וֶאֱלָהָא דִּילְהוֹן, אִקְרֵי תּוֹעֲבַת מִצְרַיִם. כְּמָה דִּכְתִיב, כְּתוֹעֲבֹת הַגּוֹיִם, דַּחֲלָא דִּשְׁאַר עַמִּין.

תשכב. ת"ח חָכְמְתָא דְּיוֹסֵף, דִּכְתִיב וּמִקְצֵה אֶחָיו לָקַח חֲמִשָּׁה אֲנָשִׁים, וְאוֹלִיף לוֹן לְמֵימַר, אַנְשֵׁי מִקְנֶה הָיוּ עֲבָדֶיךָ. וְכִי מַלְכָּא דַּהֲוָה שַׁלִּיט עַל כָּל אַרְעָא, וְאַבָּא לְמַלְכָּא, עָבֵיד כְּדָא, וְעָבֵיד לַאֲחוֹי וְיִשַׂנְאוּן לְהוֹן, וְלָא יַחְשְׁבוּן לְהוֹן. אֶלָּא וַדַּאי תּוֹעֲבַת מִצְרַיִם, דַּחֲלָא וֶאֱלָהָא דִּילְהוֹן אִקְרֵי הָכִי, וְעַ"ד כְּתִיב, הֵן נִזְבַּח אֶת תּוֹעֲבַת מִצְרַיִם.

תשכג. אָמַר יוֹסֵף, כָּל מֵיטַב מִצְרַיִם הִיא אֶרֶץ רַעְמְסֵס, וְהַהִיא אַרְעָא אַפְרִישׁוּ לְדַחֲלָא דִּלְהוֹן, לְרַעְיָא וּלְמֵיהַךְ בְּכָל עִנּוּגִין דְּעָלְמָא. וְכָל מִצְרָאֵי חָשִׁיבוּ לְאִינּוּן

דְּרָעָאן לְדַחֲלֵיהוֹן, כִּדַחֲלֵיהוֹן. אַעֲבִיד לְאַחֲזֵי דְּיָרְתוּן הַהִיא אַרְעָא, וְיִסְגְּדוּן לוֹן מִצְרָאֵי, וְיַחְשְׁבוּן לוֹן כִּדְקָא יָאוּת. וְהַיְינוּ דִּכְתִיב כִּי תוֹעֲבַת מִצְרַיִם כָּל רוֹעֵה צֹאן, מְחַשְׁבִין לוֹן כִּדַחֲלֵיהוֹן.

תשכד. א"ר יוֹסֵי, וְהָא תָּנִינָן כַּמָּה דְּאִתְפְּרַע קוּדְשָׁא בְּרִיךְ הוּא מֵאִינּוּן דְּפַלְחֵי לע"ז, הָכִי אִתְפְּרַע מע"ז מַמָּשׁ, וְכִי יוֹסֵף עָבֵיד לְאַחֲזֵי ע"ז. א"ל, לָא עָבֵיד יוֹסֵף לְאַחֲזֵי ע"ז, אֶלָּא עָבֵיד לוֹן לְשַׁלְטָאָה עַל ע"ז דִּילְהוֹן, וּלְאַכְפְּיָא ע"ז דִּילְהוֹן תְּחוֹת יְדַיְיהוּ, וּלְרַדָּאָה לוֹן בְּמַקֵּל. אָמַר יוֹסֵף, אִי יִשְׁלְטוּן אַחֲזֵי עַל ע"ז דִּילְהוֹן, כ"ש דְּיִשְׁלְטוּן עַל גַּרְמַיְיהוּ, וּבְג"כ אוֹתִיב לוֹן בְּמֵיטַב אַרְעָא, וְאַשְׁלִיט לוֹן עַל כָּל אַרְעָא.

תשכה. וע"ד אִמְרָא דְּאִיהוּ פֶּסַח אַמַּאי. אֶלָּא דַּחֲלָא דְּמִצְרָאֵי, וֶאֱלָהָא דִּילְהוֹן הֲוָה אִימְרָא. אָמַר קוּדְשָׁא בְּרִיךְ הוּא, מִבֶּעָשׂוֹר לַחֹדֶשׁ סִיבוּ דַּחֲלָא דִּילְהוֹן דְּמִצְרָאֵי, וְתִפְשׁוּ לֵיהּ, וִיהֵא אָסוּר וְתָפִיס בִּתְפִיסָה דִּילְכוֹן, יוֹמָא וְחַד וּתְרֵין וג', וּבְיוֹמָא ד', אַפִּיקוּ לֵיהּ לְדִינָא, וְאִתְכַּנְּשׁוּ עָלֵיהּ.

תשכו. וּבְשַׁעְתָּא דְּמִצְרָאֵי הֲווֹ שַׁמְעִין קָל דַּחֲלָא דִּילְהוֹן, דְּתָפִיס בִּתְפִיסָה דְּיִשְׂרָאֵל, וְלָא יַכְלִין לְשֵׁיזָבָא לֵיהּ, הֲווֹ בָּכָאן, וַהֲוָה קַשְׁיָא עָלַיְיהוּ, כְּאִילּוּ גַּרְמַיְיהוּ אִתְעֲקִידוּ לְקַטְלָא. אָמַר קוּדְשָׁא בְּרִיךְ הוּא, יְהֵא תָּפִיס בִּרְשׁוּתַיְיכוּ, יוֹמָא בָּתַר יוֹמָא, אַרְבְּעָה יוֹמִין, בְּגִין דְּיֶחֱמוּן יָתֵיהּ תָּפִיס, וּבְיוֹמָא ד' אַפִּיקוּ לֵיהּ לְקַטְלָא, וְיֶחֱמוּן לֵיהּ מִצְרָאֵי הֵיךְ אַתּוּן עָבְדִין בֵּיהּ דִּינָא, וְדָא קַשְׁיָא לְהוּ מִן כָּל מַכְתְּשֵׁי דְּעָבֵד לוֹן קוּדְשָׁא בְּרִיךְ הוּא, אִינּוּן דִּינִין דְּיַעַבְדוּן בְּדַחֲלֵיהוֹן.

תשכז. לְבָתַר דַּיְינִין לֵיהּ בְּנוּרָא, דִּכְתִיב פְּסִילֵי אֱלֹהֵיהֶם תִּשְׂרְפוּן בָּאֵשׁ. אָמַר קוּדְשָׁא בְּרִיךְ הוּא, אַל תֹּאכְלוּ מִמֶּנּוּ נָא. דְּלָא יֵימְרוּן בִּרְעוּתָא וּבְתִיאוּבְתָּא דְּדַחֲלָנָא, אַכְלִין לֵיהּ הָכִי. אֶלָּא אַתְקִינוּ לֵיהּ צָלִי, וְלָא מְבוּשָּׁל, דְּאִלּוּ מְבוּשָּׁל יְהֵא טָמִיר, וְלָא יֶחֱמוּן לֵיהּ, אֶלָּא תִּקּוּנָא דִּילֵיהּ דְּיֶחֱמוּן לֵיהּ הָכִי מוֹקְדָא בְּנוּרָא, בְּגִין דְּרֵיחֵיהּ נוֹדֵף.

תשכח. וְתוּ רֵישֵׁיהּ עָלֵיהּ כָּפוּף עַל קַרְסוּלוֹי, דְּלָא יֵימְרוּן דְּחַיָּה, אוֹ מִלָּה אָחֳרָא הוּא, אֶלָּא דְּיִשְׁתְּמוֹדְעוּן לֵיהּ, דְּאִיהוּ דַּחֲלָא דִּלְהוֹן. וְתוּ, דְּלָא יֵיכְלוּן לֵיהּ בְּתִיאוּבְתָּא, אֶלָּא עַל שַׂבְעָא, אוֹרַח קְלָנָא וּבִזָּיוֹן. וְתוּ, עֶצֶם לֹא תִשְׁבְּרוּ בוֹ, אֶלָּא דְּיֶחֱמוּן גַּרְמוֹי רְמָאן בְּשׁוּקָא, וְלָא יֵיכְלוּן לְשֵׁיזָבָא לֵיהּ. וע"ד כְּתִיב, וּבֵאלֹהֵיהֶם עָשָׂה ה' שְׁפָטִים. דִּינִין סַגִּיאִין. תּוּ וּמַקֶּלְכֶם בְּיֶדְכֶם, וְלָא זַיְינָא וּרְוּמְחָא וּשְׁאַר מָאנֵי קְרָבָא.

תשכט. אָמַר ר' יְהוּדָה, הָא אוּקְמוּהָ, דְּמִצְרָאֵי פָּלְחֵי לְמַזָּל טָלֶה, וּבְג"כ פָּלְחִין לְאִימְרָא. א"ר יוֹסֵי, אִי הָכִי, טָלֶה יִפְלְחוּן, וְלָא אִימְרָא. א"ל, כֹּלָּא פָּלְחִין, אֶלָּא מַזָּל טָלֶה נָחִית וְסָלִיק בְּטָלֶה וְאִימְרָא, וּבְג"כ פָּלְחִין לְכֹלָּא. א"ל הָכִי שְׁמַעְנָא, דְּכָל בְּעִירָא רַבָּא דַּחֲלָא דִּלְהוֹן הֲוָה, וע"ד קָטִיל קוּדְשָׁא בְּרִיךְ הוּא כָּל בְּכוֹר

בְּהֵמָה. וְהָא אִתְּמַר דְּאִלֵּין אִינּוּן דַּרְגִּין דִּלְעֵילָּא, דְּאִקְרוּן הָכִי.
תשל. א"ר אֶלְעָזָר, כְּתִיב כָּל מַחְמֶצֶת לֹא תֹאכֵלוּ, וּכְתִיב לֹא יֵאָכֵל חָמֵץ. אֶלָּא דָּא דְּכַר, וְדָא נוּקְבָּא. אר"ש, אֶלְעָזָר בְּרִי, בְּדָא כְּתִיב לֹא תֹאכֵלוּ, וּבְדָא כְּתִיב לֹא יֵאָכֵל, אַמַּאי לָא כְּתִיב לֹא תֹאכֵלוּ. אֶלָּא, נוּקְבָּא דְּאִיהִי אַסְטִיאַת אָרְחָהָא, בְּאַזְהָרָה וַדַּאי, דְּכַר דְּאִיהוּ אָחִיד בְּחוּטָא דְּדַכְיוּ יַתִּיר, בְּבַקָּשָׁה. וְעַל דָּא כְּתִיב, לֹא יֵאָכֵל, לֹא תֹאכֵלוּ.
תשלא. א"ל אַבָּא, וְהָא כְּתִיב לֹא תֹאכַל עָלָיו חָמֵץ. א"ל, אַסְגֵּי תָּבִין יַתִּירִין לִיקָרָא לְקָרְבְּנָא. אֲבָל בְּקַדְמֵיתָא בְּבַקָּשָׁה לֹא יֵאָכֵל. אֲבָל לְבָתַר בְּאַזְהָרָה, לֹא תֹאכְלוּ, דְּהוּא קַשְׁיָא מִתַּרְוַויְיהוּ. מַחְמֶצֶת מ"ט. בְּגִין דְּרֵיוָזָא דְּמוֹתָא אִית תַּמָּן. וְחָמֵץ, דְּכַר. מַחְמֶצֶת, נוּקְבָּא. רַגְלֶיהָ יוֹרְדוֹת מָוֶת, בְּרֵישָׁא וְסֵיפָא דְּתֵיבָה, תִּשְׁכְּחוּן לָהּ. וּבְגִין דָּא מַאן דְּאָכִיל חָמֵץ בְּפֶסַח, אִיהוּ אַקְדִּימַת לֵיהּ מוֹתָא, וְלֵינְדַּע דְּמִית הוּא בְּעָלְמָא דֵּין, וּבְעָלְמָא דְּאָתֵי, כְּתִיב וְנִכְרְתָה הַנֶּפֶשׁ הַהִיא.
תשלב. מַצָּה אַמַּאי אִתְקְרִיאַת מַצָּה. אֶלָּא הָכִי תָּנִינָן, שַׁדַּי: בְּגִין דְּאָמַר לְעוֹלָמוֹ דַּי, דְּיֹאמַר לְצָרוֹתֵינוּ דַּי. אוּף הָכִי מַצָּה, בְּגִין דְּקָא מְשַׁדֵּד דְּמַבְרַחַת לְכָל סִטְרִין בִּישִׁין, וְעָבִיד קְטָטָה בְּהוּ, כְּגַוְונָא דְּשַׁדַּי דִּמְזוּזָה, דְּמַבְרִיחַ לְשֵׁדִים וּמַזִּיקִים דְּתַרְעָא, אוּף הָכִי אִיהִי מַבְרַחַת לוֹן מִכָּל מַשְׁכְּנֵי קְדוּשָׁה, וְעָבִיד מְרִיבָה וּקְטָטָה בְּהוּ. כד"א, מַסָּה וּמְרִיבָה. ע"ד כְּתִיב מַצָּה. וְהָא מַסָּה בְּסָמֶךְ אִיהוּ. אֶלָּא תַּרְגּוּמוֹ דְּמַסָּה, אִיהוּ מַצּוּתָא.

רעיא מהימנא

תשלג. אָמַר רַעְיָא מְהֵימְנָא, כְּגוֹן לִישָּׁנָא דְּאִיהוּ מַקֵּל לְכָל אַנְשֵׁי בֵּיתֵיהּ, וְאִיהוּ לִישָּׁנָא דְּאָת ו', וְאִיהוּ מַטֵּה דְּבֵיהּ עֶשֶׂר אוֹתִיּוֹת, וּבֵיהּ מָחָא קוּדְשָׁא בְּרִיךְ הוּא עַל יְדוֹי י' מָחָאן. וּבְגִין דְּכָל מָחָאן הֲווֹ מִסִּטְרָא דְּה' ה', ר' עֲקִיבָא אוֹמֵר, מִנַּיִן שֶׁכָּל מַכָּה וּמַכָּה שֶׁהֵבִיא הַקָּדוֹשׁ בָּרוּךְ הוּא עַל הַמִּצְרִים בְּמִצְרַיִם הָיְתָה שֶׁל חָמֵשׁ מַכּוֹת וְכוּ', אֱמוֹר מֵעַתָּה וְכוּ'. וְאָת ה' סַלְּקָא בְּאָת י' לַחֲמִשִּׁין מָחָאן, וְחָמֵשׁ זִמְנִין וְחַמְשִׁין, אִינּוּן ר"ן. וּבגַ"ד, וְעַל הַיָּם לָקוּ ר"ן מַכּוֹת.
תשלד. אָמַר יוֹסֵף, כָּל מֵיטַב אֶרֶץ מִצְרַיִם רַעְמְסֵס הִיא, וְהַהִיא אַרְעָא אַפְרִישׁוּ לְדִילָן דִּלְהוֹן, לְרַעְיָא וּלְמֵיהַךְ בְּכָל עִנּוּגִין דְּעָלְמָא. וְכָל מִצְרָאֵי חָשִׁיבוּ לְאִינּוּן דְּרָעָן לְדִחְלֵיהוֹן, כְּדִחְלֵיהוֹן. וְדָא שָׁאִיל יוֹסֵף מִפַּרְעֹה, לְשַׁלְטָאָה אַחְזוֹי עַל דְּחִלָּן דְּמִצְרָאֵי, דְּאִתְכַּפְיָין תְּחוֹת יְדֵיהּ, כַּעֲבָדִים בָּתַר מַלְכֵיהוֹן, לְמֶהֱוֵי כֻּלְּהוּ מִתְכַּפְיָין תְּחוֹת שֵׁם יְיָ' מִסִּטְרֵיהוֹן, וְלָא שַׁלִּיט בְּעָלְמָא אֶלָּא שֵׁם יְדֹוָד. וְאִתְכַּפְיָין כָּל מְמַנָּן תְּחוֹת יְדֵיהּ.
תשלה. וּלְאַחֲזָאָה לוֹן, דְּאִיהוּ עָתִיד לְאִיתְפָּרְעָא מִנַּהוֹן, הה"ד, וּבְכָל אֱלֹהֵי מִצְרַיִם אֶעֱשֶׂה שְׁפָטִים אֲנִי יְדֹוָד. כַּד מַטְעָיִין לִבְרִיָּין וְעַבְדִּין גַּרְמַיְיהוּ אֱלוֹהוּת. וּבְגִין דְּטָלֶה מְמַנָּא דִּילֵיהּ, אִיהוּ רַב עַל כָּל מְמַנָּן דֶּאֱלֹהִים אֲחֵרִים, מְנֵי קוּדְשָׁא

בְּרִיךְ הוּא לְיִשְׂרָאֵל, וְיִקְּחוּ לָהֶם אִישׁ שֶׂה לְבֵית אָבוֹת שֶׂה לַבָּיִת, וְאַשְׁלִיט לוֹן עָלֵיהּ, וְתַפְשֵׂי לֵיהּ תָּפִישׂ בִּתְפִישָׂה דִּלְהוֹן יוֹמָא וּתְרֵין וּתְלַת. וּלְבָתַר דָּא אַפִּיקוּ לֵיהּ לְדִינָא לְעֵינֵי כָּל מִצְרָאֵי, לְאַחֲזָאָה דֶּאֱלָהָא דִּלְהוֹן בִּרְשׁוּ דְּיִשְׂרָאֵל לְמֶעְבַּד בֵּיהּ דִּינָא.

תשלו. בְּגִ"ד, אַל תֹּאכְלוּ מִמֶּנּוּ נָא וּבָשֵׁל מְבוּשָּׁל בַּמָּיִם כִּי אִם צְלִי אֵשׁ רֹאשׁוֹ עַל כְּרָעָיו וְעַל קִרְבּוֹ, לְמֶהֱוֵי דָּן בְּאֵשׁ צָלִי, וּמָנֵי לְזָרְקָא לְגַרְמֵיהּ דִּילֵיהּ בְּשׁוּקָא בְּבִזּוּי. וּבְגִ"ד, וְעֶצֶם לֹא תִשְׁבְּרוּ בוֹ. וּמָנֵי לְיוֹמָא ד', בָּתַר דַּהֲוָה תָּפִישׂ ג' יוֹמִין קָשׁוּר, לְמֶעְבַּד בֵּיהּ דִּינָא. וְדָא קַשְׁיָא לוֹן מִכָּל מַכְתָּשִׁין דְּמָטָא לוֹן קוּדְשָׁא בְּרִיךְ הוּא, עַל יְדָא דְּרַעְיָא מְהֵימְנָא. וְלֹא עוֹד, אֶלָּא דְּמָנֵי דְּלָא לְמֵיכַל לֵיהּ בְּתִיאוּבְתָּא. וּמִיַּד דְּזַמְנָן גַּרְמוֹי בְּשׁוּקָא, וְלָא יַכְלִין לְשֵׁיזָבָא לֵיהּ, דָּא קַשְׁיָא לוֹן מִכֹּלָּא. וְלֹא עוֹד, אֶלָּא דְּאִתְּמַר בְּהוּ, וּמַקֶּלְכֶם בְּיֶדְכֶם, לְאִתְכַּפְיָיא כָּל דַּחֲלָן דְּמִצְרָאֵי, תְּחוֹת יְדַיְיהוּ. וּבְגִין דְּאִינְהוּ בְּכוֹרוֹת מִמָּנָן, כְּתִיב וַיְיָ' הִכָּה כָּל בְּכוֹר.

תשלז. בָּתַר כָּל דָּא כְּתִיב, לֹא יֵאָכֵל חָמֵץ שִׁבְעַת יָמִים תֹּאכַל עָלָיו מַצּוֹת לֶחֶם עֹנִי. וּכְתִיב כָּל מַחְמֶצֶת לֹא תֹאכֵלוּ. אָמְרוּ רַעְיָא מְהֵימְנָא, אֲמַאי מָנֵי דְּלָא לְמֵיכַל חָמֵץ שִׁבְעַת יוֹמִין, וּלְמֵיכַל בְּהוֹן מַצָּה. וַאֲמַאי לֹא יֵאָכֵל, וַאֲמַאי לֹא תֹאכֵלוּ. אֶלָּא ז' כֹּכְבֵי לֶכֶת וְאִינּוּן: שצ"ם חנכ"ל. וְאִינּוּן מִסִּטְרָא דְּטוֹב וָרָע, נְהוֹרָא דִּלְגוֹ מַצָּה. קְלִיפָּה דִּלְבַר חָמֵץ. וְאִינּוּן חָמֵץ דְּכַר מַחְמֶצֶת נוּקְבָא.

תשלח. מַצָּה דִּלְגוֹ שְׁמוּרָה. וְאִינּוּן, שֶׁבַע הַנְּעָרוֹת הָרְאוּיוֹת לָתֶת לָהּ מִבֵּית הַמֶּלֶךְ. וְאִתְּמַר עָלַיְיהוּ, וּשְׁמַרְתֶּם אֶת הַמַּצּוֹת. מַצָּה אִיהִי שְׁמוּרָה לְבַעְלָהּ, דְּאִיהוּ ו'. וּבֵיהּ אִתְעֲבֵיד מִצְוָה.

תשלט. וּמַאן דְּנָטִיר לָהּ לְגַבֵּי יָהּ, דִּגְנִיזִין בְּמ"ץ מִן מַצָּה, וְאִינּוּן. י"ם ה"ץ. וּמָנֵי קוּדְשָׁא בְּרִיךְ הוּא לְבָרֵךְ לָהּ שֶׁבַע בְּרָכוֹת לֵיל פֶּסַח, דְּאִינּוּן שֶׁבַע הַנְּעָרוֹת דִּילָהּ, שצ"ם חנכ"ל. וּמָנֵי לְאַעְבְּרָא מִנְּהוֹן חָמֵץ וּמַחְמֶצֶת, דְּאִינּוּן עֲנָנִים וַחֲשׁוֹכִין דִּמְכַסְיָין עַל נְהוֹרִין, דְּשִׁבְעָה כֹּכְבֵי לֶכֶת, דְּאִתְּמַר בְּהוֹן וַתְּבֹאנָה אֶל קִרְבֶּנָה וְלֹא נוֹדַע כִּי בָאוּ אֶל קִרְבֶּנָה וּמַרְאֵיהֶן רַע, וְחָשׁוּךְ כַּאֲשֶׁר בַּתְּחִלָּה. דְּכָל כַּךְ חֲשׁוֹכָא דַּעֲנָנִין דִּלְהוֹן, דְּלָא יַכְלִין נְהוֹרִין לְאַנְהָרָא לְהוֹן, וּבְגִין דָּא וְלֹא נוֹדַע כִּי בָאוּ אֶל קִרְבֶּנָה. (ע"כ רעיא מהימנא).

תשמ. רַבִּי שִׁמְעוֹן פָּתַח וְאָמַר, גְּעַר חַיַּת קָנֶה עֲדַת אַבִּירִים בְּעֶגְלֵי עַמִּים. גְּעַר חַיַּת, דָּא חַיָּה דְּאִתְאֲחִיד בָּהּ עֵשָׂו. קָנֶה: תָּנִינָן, דְּבְיוֹמָא דְּנָסַב שְׁלֹמֹה מַלְכָּא בַּת פַּרְעֹה, בָּא גַּבְרִיאֵל, נָעַץ קָנֶה בְּיַמָּא רַבָּא, וְעָלֵיהּ אִתְבְּנֵי קַרְתָּא דְּרוֹמִי. מַאי קָנֶה. דָּא דְּכוּרָא דְּהַאי חַיָּה בִּישָׁא, דְּאִית לֵיהּ סִטְרָא זְעֵירָא בְּאַחֲדוּתָא דִּקְדוּשָׁה. וְדָא אִיהוּ קָנֶה, דְּנָעִיץ בְּיַמָּא רַבָּא. וּבְגִ"כ אִיהִי שַׁלְטָא עַל עָלְמָא, וְעַל שׁוּלְטָנוּ דָּא כְּתִיב, קָנֶה וָסוּף קָמֵלוּ. קָנֶה, שׁוּלְטָנוּתָא וְרֵאשׁ לְכָל מַלְכְּוָון.

תוּ קָנֶה, דְּזַמִּין קוּדְשָׁא בְּרִיךְ הוּא לְתַבְרָא לֵיהּ כְּקָנֶה דָּא.

תשמא. ת"ו, בְּמִצְרַיִם אִיהִי שַׁלְטָא, וּמִנָּהּ נָפְקוּ כַּמָּה שׁוּלְטָנִין לְזִנַיְיהוּ, וְכֻלָּא בְּרָזָא דְּחָמֵץ, כֵּיוָן דְּתָבַר לָהּ קוּדְשָׁא בְּרִיךְ הוּא, אַפִּיק וְחָמֵץ וְאָעִיל מַצָּה. בַּמֶּה. בְּזוּטָא זְעֵירָא מִכֻּלָּא, תָּבַר ו' וְחָמֵץ, וְאִתְעָבִיד מַצָּה. אִינּוּן אַתְוָון. אֶלָּא דְּתָבַר ו' דְּהַאי וַיָּה, דְּאִקְרֵי וְחָמֵץ. וע"ד אִקְרֵי וַחַיַּת קָנֶה, דְּנָוַוח לְאִתְּבְרָא כְּקָנֶה דָּא. בַּמֶּה אִתְּבַר. בְּזוּטָא זְעֵירָא כְּנִימָא, תָּבַר ו' וְאִתְעֲבַר מֵאִיתָנָהּ, וַהֲוָה מַצָּה. וע"ד כְּתִיב, גְּעַר חַיַּת קָנֶה, גָּעַר בָּהּ קוּדְשָׁא בְּרִיךְ הוּא, וְאִתַּבַר ו' וְחָמֵץ, וְאִתְעֲבִיד ה'.

תשמב. וְזַמִּין קוּדְשָׁא בְּרִיךְ הוּא. לְתַבְרָא לֵיהּ לְהַהוּא קָנֶה, כְּגַוְונָא דָּא, יִתָּבַר רַגְלֵיהּ דְּק' מִקָּנֶה, וְיִשְׁתְּאַר הִנֵּה. הִנֵּה יְיָ' אֱלֹהִים בְּחָזָק יָבֹא וּזְרוֹעוֹ מוֹשְׁלָה לוֹ הִנֵּה שְׂכָרוֹ אִתּוֹ וּפְעֻלָּתוֹ לְפָנָיו. מַאי וּפְעוּלָּתוֹ. דָּא פָּעַל דְּהַהִיא ק' דְּיִתָּבַר לָהּ, וְאִיהִי פְּעוּלָּה לְפָנָיו, אִיהוּ יַעֲבַר רַגְלֵיהּ, וִיהֵא הִנֵּה רִאשׁוֹן לְצִיּוֹן הִנֵּה הִנָּם וְגוֹ'.

רעיא מהימנא

תשמג. רִבִּי שִׁמְעוֹן פָּתַח וְאָמַר, גְּעַר חַיַּת קָנֶה עֲדַת אַבִּירִים בְּעֶגְלֵי עַמִּים. גְּעַר חַיַּת קָנֶה, דָּא קָנֶה דְּאִתְאֲחָד בֵּיהּ עֵשָׂו, דְּאִיהִי קַרְתָּא דְּרוֹמִי רַבְּתָא, דְּנָעַץ גַּבְרִיאֵל קָנֶה בְּיַמָּא רַבָּא, וּבָנוּ עָלֶיהָ כְּרַךְ גָּדוֹל דְּרוֹמִי. קָנֶה דְּחָמֵץ. וְכַד יֵיתֵי פּוּרְקָנָא לְיִשְׂרָאֵל, יִתָּבַר לֵיהּ. הה"ד גְּעַר חַיַּת קָנֶה עֲדַת. וּמִתְעֲבַר מִיַּד וְחָמֵץ מֵעָלְמָא. מֵחוֹמֶצֶת דִּילֵיהּ רוֹמִי. וְיִתְגַּלְיָא מַצָּה בְּעָלְמָא, דְּאִיהִי בֵּי מַקְדְּשָׁא דְּבַיִת רִאשׁוֹן וּבַיִת שֵׁנִי.

תשמד. אָמַר ר"מ, דְּאִינּוּן לְקָבֵל בַּת עַיִן יָמִין, וּבַת עַיִן שְׂמֹאל. וְאִינּוּן לָקֳבֵל רוֹמִי רַבָּתִי, רוֹמִי זְעֵירָא. לָקֳבֵל תְּרֵין עֲנָנִין, דִּמְכַסְיָין עַל בַּת עֵינָא יְמִינָא וּשְׂמָאלָא. וְאִינּוּן לָקֳבֵל שְׂאוֹר וְחָמֵץ. וְעַד דְּאִלֵּין יִתְבַּעֲרוּן מֵעָלְמָא בַּל יֵרָאֶה וּבַל יִמָּצֵא וְחַד מִנַּיְיהוּ, בַּיִת רִאשׁוֹן וְשֵׁנִי לָא יִתְגַּלְיָין בְּעָלְמָא.

תשמה. וְאַסְוָותָא דַּעֲנָנָא עֵינָא, דְּאַחֲשִׁיךְ לְבַת עֵינָא יָמִין וּשְׂמָאל, מַה יְהֵא אַסְוָותָא דִּלְהוֹן. מָרָה דְּעֶגְלָא. וְהַיְינוּ שָׁם יִרְעֶה עֵגֶל וְשָׁם יִרְבָּץ. שָׁם יִרְעֶה עֵגֶל, דָּא מָשִׁיחַ בֶּן יוֹסֵף, דְּאִתְּמַר בֵּיהּ בְּכוֹר שׁוֹרוֹ הָדָר לוֹ. וְשָׁם יִרְבָּץ, דָּא מָשִׁיחַ בֶּן דָּוִד. חַד אַעֲבַר רוֹמִי רַבָּתִי. וְחַד אַעֲבַר רוֹמִי זְעֵירְתָא. דְּמִיכָאֵל וְגַבְרִיאֵ"ל לְקַבְלַיְיהוּ אִינּוּן.

תשמו. וּבְגִין דָּא ו', דְּאִיהוּ זוּטָא זְעֵירָא, תָּבַר לָהּ, וְיֵיעוֹל ה' בְּאַתְרָהָא. דִּבְקַדְמֵיתָא קָנֶה וְסוּף קָמֵלוּ. קָנֶה שַׁלְטָנוּתָא דְּרוֹמִי, וְסוּף לְכָל מַלְכִין, דַּעֲתִיד קוּדְשָׁא בְּרִיךְ הוּא לְתַבְרָא לֵיהּ. גְּעַר חַיַּת קָנֶה, גְּעַר וַיָּה בִּישָׁא, ו' מִן וְחָמֵץ, וְאִתַּבַר רַגְלֵיהּ מִן מֵחוֹמֶצֶת, דְּאִתְּמַר בָּהּ רַגְלֶיהָ יוֹרְדוֹת מָוֶת. וְעוֹד גְּעַר חַיַּת קָנֶה, יִתָּבַר רֶגֶל קוֹף מִן קָנֶה, וְיִשְׁתְּאַר הִנֵּה. מִיַּד הִנֵּה יְיָ' אֱלֹהִים בְּחָזָק יָבֹא, רִאשׁוֹן לְצִיּוֹן הִנֵּה הִנָּם וְלִירוּשָׁלַםִ מְבַשֵּׂר אֶתֵּן. הִנֵּה: ס' בָּתַר אֶלֶף וּמָאתָן.

תשמז. וְאָמַר בּוּצִינָא קַדִּישָׁא, כָּל הַנֶּפֶשׁ לְבֵית יַעֲקֹב שִׁשִּׁים וָשֵׁשׁ. שִׁשִּׁים,
לְאַתְעָרוּתָא דְּמָשִׁיחַ רִאשׁוֹן. וָשֵׁשׁ, לְאַתְעָרוּתָא דְּמָשִׁיחַ שֵׁנִי. אִשְׁתָּאֲרוּ ו' שָׁנִים
לְע"ב, לְקַיֵּים בְּהוּ, שֵׁשׁ שָׁנִים תִּזְרַע שָׂדֶךָ וְשֵׁשׁ שָׁנִים תִּזְמוֹר כַּרְמֶךָ וְאָסַפְתָּ אֶת
תְּבוּאָתָהּ, דְּאִתְּמַר קֹדֶשׁ יִשְׂרָאֵל לַיְיָ רֵאשִׁית תְּבוּאָתֹה.
תשמח. אִם כֵּן, מַה כְּתִיב לְעֵיל רָנּוּ לְיַעֲקֹב שִׂמְחָה. אֶלָּא אַרְבַּע גְּאוּלוֹת
עֲתִידִין לְמֶהֱוֵי, לְקָבֵל אַרְבַּע כּוֹסוֹת דְּפֶסַח. בְּגִין דְּיִשְׂרָאֵל מְפוּזָּרִין בְּאַרְבַּע
פִּנּוֹת עָלְמָא, וְאִינּוּן דִּיהוֹן רְחוֹקִין מֵאוּמִין, אַקְדִּימוּ לְרָנּוּ. וְתִנְיָינִין, לְשִׁתִּין.
וּתְלִיתָאִין, לְשִׁתִּין וְשִׁית. וּרְבִיעָאִין לְע"ב.
תשמט. וּפוּרְקָנִין אִלֵּין, יֶהֱוֹן בְּאַרְבַּע חֵיוָן, בְּשֵׁם יְדֹוָד דְּרָכִיב עֲלַיְיהוּ. הה"ד כִּי
תִרְכַּב עַל סוּסֶיךָ מַרְכְּבוֹתֶיךָ יְשׁוּעָה. דִּלְקֳבְלַיְיהוּ, יִתְעַר לְתַתָּא אַרְבַּע דִּגְלִין,
וּתְרֵיסַר שִׁבְטִין. בְּרָזָא דַּיְדֹוָד מֶלֶךְ, יְדֹוָד מָלָךְ, יְדֹוָד יִמְלוֹךְ לְעוֹלָם וָעֶד.
תְּרֵיסַר אַתְוָון אִינּוּן, לָקֳבֵל תְּרֵיסַר שִׁבְטִין, וי"ב אַנְפִּין דִּתְלַת אֲבָהָן, דְּאִתְּמַר
עֲלַיְיהוּ הָאָבוֹת הֵן הֵן הַמֶּרְכָּבָה. וְאִינּוּן עֲשַׂר שִׁבְטִין, אֲלַף שְׁנִין. תְּרֵין שִׁבְטִין,
מָאתָן שְׁנִין. ומי"ב אַתְוָון, תַּלְיָין ע"ב שְׁמָהָן, דְּאִינּוּן ע"ב שְׁנִין, בָּתַר אֲלַף
וּמָאתָן.
תשנ. וְאִינּוּן כ"ד, לְכָל חַיָּה מִתְּלַת חֵיוָן. כ"ד רָזָא דִּילֵיהּ, וְקָרָא זֶה אֶל זֶה
וְאָמַר. וְאִינּוּן תְּלַת כִּתּוֹת, מִן כ"ד צוּרוֹת. כַּת אַחַת אוֹמֶרֶת קָדוֹשׁ, וְכַת תִּנְיָינָא
אוֹמֶרֶת קָדוֹשׁ, וְכַת תְּלִיתָאָה אוֹמֶרֶת קָדוֹשׁ. מִיַּד אִתְּעַר שְׂמָאלָא בְּמ"ב אַתְוָון,
דְּעָבֵד דִּינָא בַּעֲמָלֵק.
תשנא. כִּי יִקָּרֵא קַן צִפּוֹר לְפָנֶיךָ בַּדֶּרֶךְ מָארֵי מִקְרָא. בְּכָל עֵץ, מָארֵי מִשְׁנָה.
דְּאִינּוּן כָּאֶפְרוֹחִים, דִּמְקַנְּנִין בְּעַנְפֵי אִילָנָא. אִית דְּאַמְרֵי, בְּכָל עֵץ, אִלֵּין
יִשְׂרָאֵל. דְּאִתְּמַר בְּהוּ, כִּי כִימֵי הָעֵץ יְמֵי עַמִּי. אוֹ עַל הָאָרֶץ, אִלֵּין מָארֵי
תוֹרָה, דְּאִתְּמַר בְּהוּ, עַל הָאָרֶץ תִּישַׁן וְחַיֵּי צַעַר תִּחְיֶה וּבַתּוֹרָה אַתָּה עָמֵל.
אֶפְרוֹחִים: אִלֵּין פִּרְחֵי כְּהוּנָּה. אוֹ בֵיצִים: אִלֵּין דְּזָן לוֹן קוּדְשָׁא בְּרִיךְ הוּא
מִקַּרְנֵי רְאֵמִים וְעַד בֵּיצֵי כִנִּים. וְהָאֵם רוֹבֶצֶת עַל הָאֶפְרוֹחִים, בְּזִמְנָא דַּהֲווּ
קָרְבִין קָרְבְּנִין. מַה כְּתִיב לֹא תִקַּח הָאֵם עַל הַבָּנִים.
תשנב. וְחָרַב בֵּי מַקְדְּשָׁא, וּבָטְלוּ קָרְבְּנִין, מַה כְּתִיב, שַׁלֵּחַ תְּשַׁלַּח אֶת הָאֵם.
וְגָלוּ הַבָּנִים, וְהַיְינוּ וְאֶת הַבָּנִים תִּקַּח לָךְ, מִסִּטְרָא דְּא' דְּאֶת ו', דְּאִיהוּ עוֹלָם
אָרוּךְ דְּאִתְּמַר בֵּיהּ לְמַעַן יִיטַב לָךְ וְהַאֲרַכְתָּ יָמִים, לְעוֹלָם שֶׁכֻּלּוֹ אָרוּךְ.
תשנג. וּבַאֲתַר דְּקָרְבְּנִין, תַּקִּינוּ צְלוֹתִין, וּמְצַפְצְפִין בְּקָלִין דְּשִׁירִין. בְּקוֹל דק"ש,
לְגַבֵּי עַמּוּדָא דְּאֶמְצָעִיתָא דְּאִיהוּ לְעֵילָּא. דְּהָא אִימָּא וּבְרַתָּא בְּגָלוּתָא, וּמִיַּד
דְּנָחִית, קָשְׁרִין לָהּ בִּבְרַתָּא, דְּאִיהִי יַד כֵּהָה, לְמֶהֱוֵי קָשִׁיר ו' עִם ה', בְּשִׁית
סְפִירָאן. מִיַּד מְלַחֲשִׁין לְגַבֵּי חָכְמָה, בָּרוּךְ שֵׁם כְּבוֹד מַלְכוּתוֹ לְעוֹלָם וָעֶד.
תשנד. אֶחָ"ד כָּבוֹ"ד, גי' מ"ה מִן חָכְמָה. דְּנָחִית לֵיהּ לְגַבֵּי אִמָּה, וּמִיַּד דְּנָחִית,

קַשְׁרִין לֵיהּ עִמָּא בְקִשּׁוּרָא דִתְפִלִּין דְרֵישָׁא. וּבְגַ"ד בְּאַרְבַּע פָּרְשִׁיִין דִתְפִלִּין, קַדֶּשׁ לִי, וְחָכְמָה. וְהָיָה כִּי יְבִיאֲךָ, בִּינָה. שְׁמַע יִשְׂרָאֵל תִּפְאֶרֶת, כְּלִיל ו' סְפִירָן, בְּשִׁית תֵּיבִין. וְהָיָה אִם שָׁמוֹעַ, מַלְכוּת, יַד כֵּהָה. צְלוֹתָא כֶּתֶר כ' עַל רֵישֵׁיהּ, אֵין קָדוֹשׁ כַּידֹוָד, דְסַנְדַּלְפוֹן קוֹשֵׁר כָּל צְלוֹתִין, וְעָבֵיד לוֹן כֶּתֶר.

תשנה. בְּהַהוּא זִמְנָא צָרִיךְ לְסַדְּרָא פָּתוֹרָא לִסְעוּדָתָא דְמַלְכָּא, וּמַשְׁכְּנָא וּמְנַרְתָּא וַאֲרוֹנָא וּמַדְבְּחָא, וְכָל מָאנֵי שִׁמּוּשָׁא דְבֵיתָא דְמַלְכָּא. וְלָאו בָּתַר פָּתוֹרָא אִלֵּין דְלָאו עוֹבָדָא דְקוּדְשָׁא בְּרִיךְ הוּא, דְלָא אִלֵּין אֶלָּא בָּתַר פָּתוֹרָא דְאִיהוּ עוֹבָדֵי יְדוֹי דְקוּדְשָׁא בְּרִיךְ הוּא, דְאִיהוּ שְׁכִינְתֵּיהּ. מַשְׁכְּנָא דִילֵיהּ, פָּתוֹרָא דִילֵיהּ, מְנַרְתָּא דִילֵיהּ, אֲרוֹנָא דִילֵיהּ, מַדְבְּחָא דִילֵיהּ, אִיהִי כְּלִילָא מִכָּל מָאנֵי שִׁמּוּשָׁא לְמַלְכָּא עִלָּאָה.

תשנו. אִינּוּן אִינּוּן דְמִתְקְנֵי חַמְרָא וְנַהֲמָא דְמַלְכָּא עִלָּאָה, דְאִתְּמַר בְּהוֹ אֶת קָרְבָּנִי לַחְמִי לְאִשַּׁי, דְלֵית לְקָרְבָא לֵיהּ לְגַבֵּיהּ אֶלָּא אִלֵּין דְאִתְקְרִיאוּ אִשֵּׁי יְיָ'. וּבְגַ"ד אֶת קָרְבָּנִי לַחְמִי לְאִשַּׁי. דַעֲלֵיהּ אִתְּמַר, לְכוּ לַחֲמוּ בְלַחְמִי. וְאִתְקְרֵי לֶחֶם הַפָּנִים, דְאִינּוּן י"ב אַנְפִּין, יְבָרֶכְךָ יְהוָה, יָאֵר יְהוָה, יִשָּׂא יְהוָה, תְּרֵיסַר אַנְפִּין דִתְלַת וַיָּיו.

תשנז. מַאי לֶחֶם דְאִלֵּין פָּנִים. דָא נַהֲמָא דְאָדָם, דְאִיהוּ יו"ד ה"א וָא"ו הֵ"א. וְאִית לֵיהּ נַהֲמָא בְאַרְבַּע אַנְפִּין, דְאִינּוּן אַרְבַּע אַתְוָן יְדֹוָד. הַאי נַהֲמָא דְפָתוֹרָא דְמַלְכָּא, אִיהוּ סֹלֶת נְקִיָּה.

תשנח. כִּבְשָׁן דִילֵיהּ, דְאוֹפֶה בֵּיהּ נַהֲמָא, שְׁכִינְתָּא. תַּמָּן אִתְבַּשַּׁל וְאִשְׁתְּלִים. וּבְגַ"ד, אֵין בּוֹצְעִין אֶלָּא מֵאֲתַר דְגָמַר בִּשּׁוּלָא. כְּגַוְונָא דִשְׁלִימוּ דְפֵרִי, אִיהוּ גְמַר בִּישּׁוּלוֹ. וְהַאי אִיהוּ אֲדֹנָי, גְמַר וּשְׁלִימוּ דִידֹוָד, דְאִיהוּ לֶחֶם הַפָּנִים. אֲדֹנָי, כִּבְשָׁן דִילֵיהּ. דְאִיהִי כְבוּשָׁה תְּחוֹת בַּעֲלָהּ. וּבְגִינָהּ אִתְּמַר, וְהַר סִינַי עָשַׁן כֻּלּוֹ מִפְּנֵי אֲשֶׁר יָרַד עָלָיו יְיָ' בָּאֵשׁ וַיַּעַל עֲשָׁנוֹ כְּעֶשֶׁן הַכִּבְשָׁן. וְלָא כְּכִבְשָׁן דְאֵשׁ דְהֶדְיוֹט, אֶלָּא כְּכִבְשָׁן, דְבֵיהּ כָּבַשׁ רַחֲמָיו לְעַמֵּיהּ, כַּד מְצַלִּין וּבָעוֹן בָּעוּתִין, כֵּן יִכְבְּשׁוּ רַחֲמֶיךָ אֶת כַּעַסְךָ. וּבֵיהּ כִּבְשֵׁי דְרַחֲמָנָא לָמָּה לָךְ.

תשנט. וּבְנַהֲמָא דְאוֹרַיְיתָא, אִית סֹלֶת דְיָהֵב לֵיהּ מַלְכָּא, לְאִינּוּן דְאִתְּמַר עֲלַיְיהוּ, כָּל יִשְׂרָאֵל בְּנֵי מְלָכִים. מֵיכְלָא דְצַדִּיקַיָּיא. וְאִית נַהֲמָא דְאוֹרַיְיתָא, דְאִיהוּ פְּסוֹלֶת, לְאִינּוּן עַבְדִין וְשִׁפְחוֹת, דְבֵי מַלְכָּא. וּבְגַ"ד בְּמַטְרוֹנִיתָא אִתְּמַר וַתָּקָם בְּעוֹד לַיְלָה וַתִּתֵּן טֶרֶף לְבֵיתָהּ וְחֹק לְנַעֲרוֹתֶיהָ, דְאִינּוּן מָארֵי מַתְנִיתִין. וּבְגַ"ד אִתְּמַר בְּמֵיכְלָא דְמַלְכָּא, וַעֲשִׂירִית הָאֵיפָה סוֹלֶת וַדַּאי, וְדָא יו"ד מִן אֲדֹנָי, אִיהִי עֲשִׂירִית. וְדָא סֹלֶת דְמֵיכְלָא דְמַלְכָּא אִשְׁתְּכַחַת.

תשס. קוּם בּוּצִינָא קַדִּישָׁא, אַנְתְּ וְרִבִּי אֶלְעָזָר בְּרָךְ, וְרִבִּי אַבָּא, וְרִבִּי יְהוּדָה, וְרִבִּי יוֹסֵי, וְרִבִּי חִיָּיא, וְרִבִּי יוּדָאִי, לְתַקְנָא דוֹרוֹנָא לְמַלְכָּא, וּלְקָרְבָא כָּל אֵבָרִין, דְאִינּוּן יִשְׂרָאֵל, קָרְבְּנִין לְקוּדְשָׁא בְּרִיךְ הוּא הַהוּא דְאִתְקְרֵי נִשְׁמָה,

לְגַבֵּי אֵבָרִים שְׁכִינְתָּא קַדִּישְׁתָּא, אֵשׁ שֶׁל גָּבוֹהַּ. דְּאוֹזִיד בְּעֵצִים, דְּאִתְקְרִיאוּ עֲצֵי הָעוֹלָה, דְּאִינּוּן עֵץ הַחַיִּים וְעֵץ הַדַּעַת טוֹב וָרָע. עֲצֵי הַקֹּדֶשׁ אִתְקְרִיאוּ, אִינּוּן מָארֵי תוֹרָה, דְּאִתְאֲחִידַת בְּהוֹן אוֹרַיְיתָא, דְּאִתְּמַר בָּהּ הֲלֹא כֹה דְבָרִי כָּאֵשׁ נְאֻם יְיָ׳.

תשא. וְאִתְּמַר בָּהּ, עוֹלָה לַיְיָ׳, קָרְבָּן לַיְיָ׳, אִשֶּׁה לַיְיָ׳, וְאִתְּמַר אֶת קָרְבָּנִי לַחְמִי לְאִשַּׁי. וְהָא כְּתִיב דְּלֵית לְקָרְבָא קָרְבָּן אֶלָּא לַיְיָ׳, מַאי נִיהוּ, אֶת קָרְבָּנִי לַחְמִי לְאִשַּׁי. אֶלָּא אֲרַוְנָא, דְּמַאן דְּקָרִיב דּוֹרוֹנָא, לְמִקְרַב לֵיהּ לְמַלְכָּא, וּלְבָתַר אִיהוּ פָּלִיג לֵיהּ, לְמַאן דְּבָעֵי. אוּף הָכִי יִשְׂרָאֵל, מַקְרִיבִין אוֹרַיְיתָא לְקוּדְשָׁא בְּרִיךְ הוּא, דְּאִיהוּ לַחְמוֹ, וְאִיהוּ יֵינוֹ, וְאִיהוּ בָּשָׂר דִּילֵיהּ, וְאִתְּמַר בָּהּ, עֶצֶם מֵעֲצָמַי וּבָשָׂר מִבְּשָׂרִי. בְּשַׂר קֹדֶשׁ, דְּאוֹקְמוּהָ עָלָהּ מָארֵי מַתְנִיתָאן, בְּבָשָׂר הַיּוֹרֵד מִן הַשָּׁמַיִם עָסְקִינָן.

תשב. קוּדְשָׁא בְּרִיךְ הוּא מַאי עָבֵיד מֵהַהוּא דּוֹרוֹנָא. לְמַלְכָּא דְּאָכִיל עַל פָּתוֹרָא. דְּקָרְבִין עַל פָּתוֹרֵיהּ מִכָּל מִין וָמִין, סֹלֶת, וּבֵינוֹנִי, וּפְסוֹלֶת. וְאִיהוּ פָּלִיג מִפָּתוֹרֵיהּ, לְכָל מָארֵי סְעוּדְתָא, לְכָל וַחַד כַּדְקָא יָאוּת, עַל יְדֵי מְמַנָּן דִּילֵיהּ. וּמֵהַהוּא נַהֲמָא, דְּאִיהוּ סֹלֶת, דְּמַלְכָּא אָכִיל, אִיהוּ מָנֵי לְמֵיהַב לְאִינּוּן דִּרְחִימִין גַּבֵּיהּ. הה״ד, אֶת קָרְבָּנִי לַחְמִי לְאִשַּׁי רֵיחַ נִיחוֹחִי. דְּהַיְינוּ אִשֵּׁי יְיָ׳ וְנַחֲלָתוֹ יֹאכֵלוּן הַאי אִיהוּ מִסִּטְרָא דְּאִילָנָא דְּחַיֵּי. אֲבָל מִסִּטְרָא דְּעֵץ הַדַּעַת טוֹב וָרָע, מָנֵי לְמֵיהַב בֵּינוֹנִי, לְמַלְאָכִים. וּפְסוֹלֶת לְשֵׁדִין וּמַזִּיקִין, דְּאִינּוּן מְשַׁמְשִׁין לְסוּסָוָון וּלְפָרָשַׁיָּין דְּמַלְכָּא.

תשג. וְאוּף הָכִי דְּפָרָשִׁין דְּמַלְכָּא, הֲווֹ מָארֵי מִשְׁנָה, דְּאִינּוּן כְּמַלְאָכִים. מְשַׁמְשִׁין לוֹן שֵׁדִים יְהוּדָאִי, דְּאִינּוּן רְשִׁימִין בְּאוֹת שַׁדַּי, וְאִית שֵׁדִין וּמַזִּיקִין מִסִּטְרָא דִּמְסָאֲבוּ, דְּאִתְקְרִיאוּ שֵׁדִים עכו״ם. וְזֶה לְעוּמַּת זֶה עָשָׂה הָאֱלֹהִים.

תשד. וּבְגִין דָּא אָמְרוּ מָארֵי מַתְנִיתִין, דְּאִינּוּן ג׳ מִינִין מִינַּיְיהוּ, וַחַד מִין דִּלְהוֹן כְּמַלְאֲכֵי הַשָּׁרֵת. וּמִין תִּנְיָינָא, כִּבְנֵי אָדָם. וּמִין תְּלִיתָאי, כִּבְעִירָן. וְאִית בְּהוֹן וְחַכִּימִין בְּאוֹרַיְיתָא דְּבִכְתָב וּדְבְעַל פֶּה. אִתְקְרֵי יוֹסֵף שֵׁידָא, עַל שֵׁם דְּאוֹלִיד לֵיהּ שֵׁד. וְלָאו לְמַגָּנָא אָמְרוּ מָארֵי מַתְנִיתִין, אִם הָרַב דּוֹמֶה לְמַלְאַךְ יְיָ׳ צְבָאוֹת תּוֹרָה יְבַקְשׁוּ מִפִּיהוּ. וְאַשְׁמְדָאִי מַלְכָּא, הוּא וְכָל מִשְׁפַּחְתֵּיהּ, הָא אוֹקִימְנָא דְּאִינּוּן שֵׁדִין יְהוּדָאִין, דְּאִתְכַּפְיָין בְּאוֹרַיְיתָא, וּבִשְׁמָהָן דְּאוֹרַיְיתָא.

תשה. וּבְנֵי אַהֲרֹן, בְּגִין דְּעָרִיכוּ קָרְבְּנַיְהוֹן, בְּגִין דָּא אִתְעֲנָשׁוּ, דְּכֻלְּהוּ קָרְבְּנִין אע״ג דְּאִתְקְרִיבוּ לְגַבֵּי מַלְכָּא, אִיהוּ פָּלִיג לוֹן לְכָל וַחַד כַּדְקָא חֲזֵי. וְנָטִיל לְחוּלָקֵיהּ מַה דְּאִתְחֲזֵי לֵיהּ. (ע״כ רעיא מהימנא).

תשו. וּבְיוֹם הַבִּכּוּרִים בְּהַקְרִיבְכֶם מִנְחָה חֲדָשָׁה וְגוֹ׳. אָמַר רִבִּי אַבָּא, יוֹם הַבִּכּוּרִים, מַאן יוֹם. דָּא נָהָר הַיּוֹצֵא מֵעֵדֶן, דְּאִיהוּ יוֹמָא מֵאִינּוּן בִּכּוּרִין עִלָּאִין. וְדָא אִיהוּ דְּאוֹרַיְיתָא תַּלְיָא בֵּיהּ, וְאִיהוּ אַפִּיק כָּל רָזִין דְּאוֹרַיְיתָא. וּבְגִין דְּאִיהוּ

אילנא דחיי, פרי אילנין אצטריכו לאייתאה.

רעיא מהימנא

תשז. וביום הבכורים בהקריבכם מנחה חדשה וגו'. רבי אבא אמר, יום הבכורים אינון בכורים עלאין דאורייתא. הה"ד, ראשית בכורי אדמתך תביא וגו'. אמר ר"מ, כגוונא דבכורים לאמהון, אוף הכי אתקריאו פירות בכורים, דפירות דאילנין, כבכורה בתאנה, הכי ישראל קדמונים ובכורים לקודשא בריך הוא, מכל אומין דעלמא, הה"ד קדש ישראל ליהו"ד וגו'. ובג"ד אתמר בהון, תביא בית יהוה אלהיך. ובגין דא אומין עכו"ם, דאתמר בהון ויאכלו את ישראל בכל פה. יאשמו רעה תבא אליהם.

תשח. אוף הכי ו' דכליל שית ספיראן, ואיהו בן י"ד, אתקרי בכ"ר. וכל ענפין דנפקין מניה דבהון ראשין, אתקריאו בכורים. ו' איהו נהר, מאינון בכורים עלאין, וההוא נהר נפיק מעדן. ודא איהו דאורייתא תלייא ביה. וכד נפיק נפקי כל רזין דאורייתא, ובגין דאיהו אילנא דחיי אורייתא, הדא הוא דכתיב, עץ חיים היא למחזיקים בה. ופקודין דילה דמיין לאיבא פרי דאילנין, אצטריכו לאייתאה.

תשט. אמר רעיא מהימנא ואי תימרון אמאי בכורים, דלהון אתקריאו מנחה חדשה, משית ירחין לשית ירחין. ומבר נש דאתמר ביה כי האדם עץ השדה לתשע ירחין, או לשבעה. ובעירא אוף הכי, שבעת ימים יהיה תחת אמו ומיום השמיני והלאה ירצה לקרבן אשה ליהוה, לקרבא קרבנא קדם יי'. ועוד ספיראן, בהון שם יהוה, וכל כנויין דיליה, אמאי אתקריאו בשם חיון.

תשי. אלא מנחה חדשה בארח רזא, דא שכינתא. משית ירחין לשית ירחין, אינון שית ספיראן, דאתקריאו שנים קדמוניות לבריאת עלמא, דאינון שיתא אלפי שנין הוי עלמא, מסטרא דאימא עלאה. ומסטרא דאימא תתאה, אתקריאו ירחין. ובגין דקדמו לעלמא, וכל בריין, אתקריאו בכורים.

תשא. ושכינתא מנחה חדשה, מסטרא דחיה, דאתמר בה ודמות פניהם פני אדם. ואיהו תשע לחשבון ועיר דחנוך. איהו בר נש דאתייליד לתשע ירחין דעוברא, דאיהי עשיראה. ובדא כליל מכלהו, ואתקרי בן בוכרא, על שם אות ברית, דאיהו י', טפה קדמאה דאתמשך מניה זרע יורה כחץ. דאיהו ו', ואיהו י', סליק על ו', כאיבא דסליק על ענפא דאילנא.

תשב. ואע"ג דכמה ענפין אית באילנא, וכמה תאנים עלייהו, אינון דאקדימו בקדמיתא, אתקריאו בכורים. אלין אינון רישין דכלהו. כגוונא דלהון אתמר שאו שערים ראשיכם. שאו מרום עיניכם וראו מי ברא אלה. שאו את ראש כל עדת בני ישראל.

תשג. שְׂאוּ שְׂעָרִים רָאשֵׁיכֶם. שְׂעָרִים אִלֵּין, אִינּוּן חַמְשִׁין תַּרְעִין דְּבִינָה. דְּאִיהִי מְתִיבְתָּא דִּלְעֵילָּא. וּשְׂאוּ פִּתְחֵי עוֹלָם, דִּמְתִיבְתָּא תַּתָּאָה, דְּכָל מַאן דְּאִשְׁתַּדַּל בְּאוֹרַיְיתָא לְסוֹף מִתְנַשֵּׂא. הה״ד, אִם נָבַלְתָּ בְהִתְנַשֵּׂא. וְאוֹקְמוּהָ מָארֵי מַתְנִיתִין, כָּל הַמְנַבֵּל עַצְמוֹ עַל דִּבְרֵי תוֹרָה, לְסוֹף מִתְנַשֵּׂא, וְיָבֹא מֶלֶךְ הַכָּבוֹד, וְלֵית כָּבוֹד אֶלָּא תוֹרָה.

תשד. מֵהָכָא, מַאן דְּיֵלִיף אוֹרַיְיתָא דְּאִתְקְרִיאַת כָּבוֹד, אִקְרֵי מֶלֶךְ. וְלָא תֵימָא בְּהַהוּא עָלְמָא דְּאָתֵי וְלָא יַתִּיר, אֶלָּא מֶלֶךְ בִּתְרֵין עָלְמִין, בִּדְיוֹקְנָא דְּמָארֵיהּ. וּבְגִין דָּא כָּפוּל פְּסוּקָא תְּרֵין זִמְנִין, וְחַד מִי זֶה מֶלֶךְ הַכָּבוֹד. תִּנְיָינָא מִי הוּא זֶה מֶלֶךְ הַכָּבוֹד. שְׂאוּ שְׂעָרִים רָאשֵׁיכֶם, מַאי רָאשֵׁיכֶם תְּרֵין זִמְנִין. אִינּוּן חֵיוָון דְּמֶרְכַּבְתָּא עִלָּאָה, וְחֵיוָון דְּמֶרְכַּבְתָּא תַּתָּאָה. (ע״כ רעיא מהימנא).

תשה. רִבִּי שִׁמְעוֹן פָּתַח קְרָא וְאָמַר, שְׂאוּ שְׂעָרִים רָאשֵׁיכֶם וְגו׳. הַאי קְרָא אוֹקְמוּהָ וְאִתְּמַר. אֲבָל שְׂאוּ שְׂעָרִים רָאשֵׁיכֶם, אִלֵּין אִינּוּן תַּרְעִין עִלָּאִין, תַּרְעִין דְּסַכְלְתָנוּ עִלָּאָה. וְאִינּוּן חַמְשִׁין תַּרְעִין. רָאשֵׁיכֶם, אִינּוּן רָאשִׁים מַאן אִינּוּן. אֶלָּא, כָּל חַד וְחַד, אִית לֵיהּ רֵישָׁא לְאִתְפַּשְּׁטָא וּלְמֵיעַל דָּא בְּדָא, וּלְאִכְלְלָא דָּא בְּדָא.

תשו. אַשְׁכַּחְנָא בְּסִפְרָא דַּחֲנוֹךְ, שְׂאוּ שְׂעָרִים, אִלֵּין אִינּוּן תַּרְעִין דִּלְתַתָּא מֵאֲבָהָן, וְאִינּוּן תְּלָתָא בַּתְרָאִין. רָאשֵׁיכֶם: אִלֵּין אִינּוּן רָאשֵׁי אַלְפֵי יִשְׂרָאֵל, וְאִינּוּן אֲבָהָן עִלָּאֵי, וְאִינּוּן רָאשִׁין דְּאִינּוּן תַּרְעִין. וּבְגִין אִלֵּין דְּאִינּוּן אוֹפַנִּים, דְּסַחֲרָן וְנַטְלִין לוֹן עַל כַּתְפַּיְיהוּ, אַמְרֵי שְׂאוּ שְׂעָרִים רָאשֵׁיכֶם, שְׂאוּ לְמַאן. לְרָאשֵׁיכֶם. דְּאִינּוּן רָאשִׁין עֲלַיְיכוּ, וְשָׁלְטָנִין עֲלַיְיכוּ. וְהִנָּשְׂאוּ פִּתְחֵי עוֹלָם. אִלֵּין אִמָּהָן וְאַרְבַּע אִינּוּן דִּלְתַתָּא.

תשז. וְיָבֹא מֶלֶךְ הַכָּבוֹד, דָּא מַלְכָּא עִלָּאָה דְּכֹלָּא, דְּאִיהוּ מֶלֶךְ מֵהַהוּא כָּבוֹד, דְּנָהִיר לְסִיהֲרָא, וּמַאן אִיהוּ. יְיָ׳ צְבָאוֹת. וְיָבֹא, לְאָן אֲתַר. לְמֵיעַל אוֹרַיְיתָא בַּאֲרוֹנָא, בְּחִבּוּרָא חֲדָא, כַּדְקָא יָאוּת. וְכֵיוָן דְּהַאי עָאל לְאַתְרֵיהּ, כְּדֵין אוֹרַיְיתָא עָאל בַּאֲרוֹנָא. וְאִתְחַבָּר חִבּוּרָא חֲדָא, אוֹרַיְיתָא עִלָּאָה, בְּאוֹרַיְיתָא דְּבְעַל פֶּה, מִתְחַבְּרוּ לְפָרְשָׁא מִלִּין סְתִימִין.

תשח. אֵימָתַי. בְּשָׁבֻעוֹתֵיכֶם. לְמִנְיָינָא דְּאַתּוּן מוֹנִין. דִּבְכָל שַׁעֲתָא דְּיִשְׂרָאֵל עַבְדִּין חוּשְׁבָּנִין לְיַרְחִין וְזִמְנִין, קוּדְשָׁא בְּרִיךְ הוּא אַתְקִין תֵּיבָה גּוֹ אִינּוּן רְקִיעִין, וְאַעְבַּר כָּרוֹזָא, הָא בָּנֵי לְתַתָּא, קַדְּשׁוּ יַרְחָא, קַדְּשׁוּ זִמְנָא, אִתְקַדְּשׁוּ כֻּלְּכוּ לְעֵילָּא. וְעָבֵיד לְכָל חֵילֵי דְּבִשְׁמַיָּא, דְּמִתְקַדְּשִׁין כַּחֲדָא בְּעַמָּא קַדִּישָׁא, וְכֻלְּהוּ נַטְרֵי כַּחֲדָא, נְטִירָא חֲדָא, וְעַל דָּא בְּשָׁבֻעוֹתֵיכֶם, לְמִנְיָינָא דְּאַתּוּן מוֹנִין אִינּוּן שֶׁבַע שַׁבָּתוֹת.

תשט. וּכְדֵין מָשִׁיךְ קוּדְשָׁא בְּרִיךְ הוּא, מְשִׁיכוּ דְּשֶׁבַע דַּרְגִּין לְתַתָּא, בְּהַהוּא דַּרְגָּא דְּאִתְאֲחַד בְּהוּ, בְּאִינּוּן שֶׁבַע שַׁבָּתוֹת. וְאִי תֵימָא, וְהָא שִׁיתָּא אִינּוּן וְלָא

יַתִּיר. אֶלָּא כְּדֵין אִימָּא יָתְבָא עַל אֶפְרוֹחִין, וְאִשְׁתְּכָחַת רְבִיעָא עָלַיְיהוּ. וַאֲנַן מְפָרְחִין לָהּ, וְנַטְלִין אִינּוּן שִׁית בְּנִין. בְּהַאי דַּרְגָּא דִּתְלִתָאָה, לְקַיְּימָא דִּכְתִיב, שַׁלֵּחַ תְּשַׁלַּח אֶת הָאֵם וְאֶת הַבָּנִים וְגוֹ'.

תשפ. רַב הַמְנוּנָא סָבָא אָמַר, בְּהַאי יוֹמָא, לָא נַטְלִין יִשְׂרָאֵל אֶלָּא וְחָמֵשׁ בְּנִין, וְאִינּוּן וְחֲמִשָּׁה וְחוּמְשֵׁי תוֹרָה. וְאִי תֵּימָא שִׁית אִינּוּן. אֶלָּא שֶׁבַע אִינּוּן, בְּחַד צִפֳּר דְּאִשְׁתְּכַחַת בֵּין גַּדְפָּהָא דְּאִימָּא. וְיִשְׂרָאֵל, יָדְעֵי לְמֵיצָד צֵידָא טָבָא, רַבָּא וְיַקִּירָא. מָה עָבְדֵי. מַפְּקֵי מִתְּחוֹת גַּדְפָּהָא דְּאִמָּהָא, הַהוּא צִפּוֹרָא, בִּלְחִישׁוּ דְּפוּמָא מְלַחֲשׁוּ לְגַבָּהּ, לְחִישׁוּ בָּתַר לְחִישׁוּ.

תשפא. וְהַהוּא צִפּוֹרָא דְּחָיִישׁ לְאִינּוּן לְחִישִׁין, וּלְאִינּוּן קָלִין, דְּקָא מְלַחֲשֵׁי לְגַבָּהּ. וְאע"ג דְּאִיהִי תְּחוֹת גַּדְפֵּי אִמָּהָא, זָקִיף רֵישָׁא וְאִסְתַּכְּלַת לְגַבֵּי הַהוּא לְחִישׁוּ דְּקָלָא, וּפָרְחַת לְגַבַּיְיהוּ, וְנַפְקַת מִתְּחוֹת גַּדְפָּהָא דְּאִימָּא. כֵּיוָן דְּיִשְׂרָאֵל נַטְלֵי לָהּ, אַתְקִיפוּ בָּהּ, וְלַחֲשִׁין לָהּ, וְקָשְׁרִין לָהּ בְּקִשּׁוּרָא דְּלָא תִפְרַח וְתֵיזִיל. מִיַּד נַטְלֵי לָהּ יִשְׂרָאֵל בְּהַהוּא קִשּׁוּרָא, וְאִיהִי בָּעָאת לְמִפְרַח וּלְמֵיזַל, וְלָא יָכִילַת לְמֵיזַל לָהּ.

תשפב. וּבְעוֹד דְּהִיא קְשִׁירָא בִּידַיְיהוּ, אִינּוּן מְלַחֲשֵׁי בְּקָלֵיהוֹן, וְאִיהִי מְצַפְצְפָא בַּהֲדַיְיהוּ, וּפָרְחַת לְעֵילָא, וְנַחְתַּת. וְכָל אִינּוּן בְּנִין דִּתְחוֹת גַּדְפֵּי אִמְּהוֹן, כֵּיוָן דְּשַׁמְעֵי הַהוּא צִפְצוּפָא דַּאֲחָתְהוֹן, וּלְחִישׁוּ דְּהַהוּא קָלָא, מִיַּד נָפְקֵי מִתְּחוֹת גַּדְפָּהָא דְּאִמְּהוֹן, וּפָרְחֵי לְגַבֵּי הַהוּא צִפּוֹרָא, וְיִשְׂרָאֵל נַטְלֵי לוֹן, וְאַחֲדֵי בְּהוּ. וְאִלְמָלֵא הַהוּא צִפּוֹרָא דְּקָא אַחֲדֵי בְּקַדְמֵיתָא, אִינּוּן לָא פָּרְחֵי לְגַבַּיְיהוּ לְעָלְמִין, וְלָא יַכְלִין לְאַחֲדָא בְּהוּ.

תשפג. הֵיךְ צָדִין צֵידָה דְּהַאי צִפֳּרָא קַדִּישָׁא. מְתַקְּנִין לְקָמָא מֵיכְלָא יַקִּירָא בְּחֶדְוָה, וְכָל עִנּוּגִין, וְעָאלִין לְבֵי כְּנִשְׁתָּא וּלְבֵי מִדְרָשָׁא, וּמְצַפְצְפָן לְגַבָּהּ בְּקָל לְחִישׁוּ כִּדְקָא יָאוּת. וְאִיהִי דְּמִטַּמְּרָא תְּחוֹת גַּדְפָּהָא דְּאִימָּא, זַקְפַּת רֵישָׁא, וְחָמַאת פָּתוֹרִין מְתַקְּנָן, וְצִפְצוּפִין לְגַבָּהּ כִּדְקָא יָאוּת. נַפְקַת וּפָרְחַת לְגַבַּיְיהוּ כְּמָה דְּאִתְּמַר, וּבָהּ אֲחָדִין כָּל אִינּוּן בְּנִין.

תשפד. וּמְשַׁלְּחִין לְהַהוּא דִּרְבִיעָא עָלַיְיהוּ וְאַזְלַת. בְּגִין דְּהָא מִן רְקִיעָא שְׁבִיעָאָה וּלְעֵילָא, בִּמְכוּסֶּה מִמְּךָ אַל תִּדְרוֹשׁ. שַׁלַּח לֵיהּ, דְּלָא תֵיכוֹל לְאַדְבְּקָה וע"ד כְּתִיב, שַׁלֵּחַ תְּשַׁלַּח וְגוֹ'.

תשפה. מִקְרָא קֹדֶשׁ, דָּא קְרִיאָה וְצִפְצוּפָא, דְּעַבְדִין לְהַהוּא צִפֳּרָא קַדִּישָׁא בְּקַדְמֵיתָא. וְכֵיוָן דְּאַחֲדִין בָּהּ שְׁאַר יוֹמִין, אִקְרוּן מִקְרָאֵי קֹדֶשׁ. הַאי צִפֳּרָא אִקְרֵי קֹדֶשׁ, דִּכְתִיב, כִּי קֹדֶשׁ הִיא לָכֶם. וּבְגִין דְּאִיהִי קֹדֶשׁ, אִיהִי קְרֵאָה לְכוּלְּהוּ וְאַתְיָין לְגַבָּהּ. וּבְגִין כַּךְ אִקְרוּן מִקְרָאֵי קֹדֶשׁ.

תשפו. אִיהִי קְרָאָה, וְיִשְׂרָאֵל מְצַפְצְפָן בַּהֲדָהּ, וְקָרָאן אוֹף הָכִי. וְעַל דָּא אִינּוּן אַתְיָין לְגַבַּיְיהוּ, וְאַחֲדֵי בְּהוּ. בְּגִין כַּךְ אֵלֶּה מוֹעֲדֵי יְיָ' מִקְרָאֵי קֹדֶשׁ אֲשֶׁר

תִּקְרְאוּ אוֹתָם. מִקְרָאֵי קֹדֶשׁ, בִּצְפְצוּפָא דִּלְהוֹן, וּבְהַהוּא צִפֳּרָא קַדִּישָׁא קֹדֶשׁ, דְּקָרָא לוֹן.

תשפו. אָמַר רַעְיָא מְהֵימְנָא, מִלִּין אִלֵּין, כַּמָּה סְתִימִין אִינּוּן, לְמַאן דְּלָא יָדַע, וְגַלְיָין לְמַאן דְּיָדַע בְּהוּ. וַדַּאי הַהוּא צִפּוֹרָא אִיהוּ שְׁכִינְתָּא. קֵן דִּילָהּ, דָּא בֵּי מַקְדְּשָׁא. וְיִשְׂרָאֵל אִינּוּן אֶפְרוֹחִין, דְּאִימָּא יָתְבָא עֲלַיְיהוּ. הה"ד, וְהָאֵם רוֹבֶצֶת עַל הָאֶפְרוֹחִים, וְאִינּוּן מָארֵי מִשְׁנָה, דְּפָרְחִין בְּפִקּוּדִין דִּילָהּ. אוֹ בֵיצִים, אִינּוּן מָארֵי מִקְרָא.

תשפז. וּבְזִמְנָא דְּחָבוּ יִשְׂרָאֵל, וְאִתְחָרִיב בֵּי מַקְדְּשָׁא, מַה כְּתִיב. שַׁלֵּחַ תְּשַׁלַּח אֶת הָאֵם, הה"ד, וּבְפִשְׁעֵיכֶם שֻׁלְּחָה אִמְּכֶם. וְאִינּוּן מָארֵי שִׁיתָא סִדְרֵי מִשְׁנָה כְּתִיב בְּהוּ, וְאֶת הַבָּנִים תִּקַּח לָךְ. דְּאִינּוּן שִׁית, מִסִּטְרָא דְּשִׁית בְּנִין דְּתַחוֹת אִימָּא עִלָּאָה, דְּאִינּוּן בְּשִׁית תֵּיבִין דק"ש. אוֹ בְּשִׁית סִדְרֵי מִשְׁנָה, אֶחָד הַמַּרְבֶּה וְאֶחָד הַמַּמְעִיט וּבִלְבַד שֶׁיְּכַוֵּין לִבּוֹ לַשָּׁמַיִם. וְקַשְׁרִין לוֹן בְּקִשְׁרִין דִּתְפִלִּין, עַל רֵישָׁא וְעַל דְּרוֹעָא.

תשפח. וּבְמַאי נַטְלִין בְּנִין בְּכַמָּה צִפְצוּפִין דְּקַלִין דק"ש. וּלְבָתַר לָחֲשִׁין בִּלְחִישׁוּ בִּצְלוֹתָא דַּחֲשַׁאי, לְגַבֵּי אִימָּא וּבְרַתָּא, וְאִינּוּן ה' ה', וְנַחְתִּין לְגַבֵּיהּ ו', בְּקֶשֶׁר דִּילֵיהּ דְּאִיהוּ יו"ד. וְשָׁרְיָא ה' עִלָּאָה, עַל ו', תְּפִלִּין עַל רֵישֵׁיהּ. ה זְעֵירָא, נָחֲתָא לְגַבֵּי י', דְּאִיהוּ קֶשֶׁר דְּה' עִלָּאָה, עַל רֹאשׁ ו', וְאִיהוּ ו', קֶשֶׁר עִמָּהּ בְּה' דְּיַד כֵּהָה.

תשצ. וּבְגַ"ד, אֶפְרוֹחִים מִסִּטְרָא דְּאָת ו', כָּלִיל ו' סִדְרֵי מִשְׁנָה. אוֹ בֵיצִים, אִלֵּין. מָארֵי מִקְרָא, דְּאִתְּמַר עֲלַיְיהוּ, בֶּן ה' שָׁנִים לְמִקְרָא, וְדָא ה'. בְּנִין מִסִּטְרָא דְּבֶן יָ"ה, אִלֵּין מָארֵי קַבָּלָה. עֲלַיְיהוּ אִתְּמַר לֹא תִקַּח הָאֵם עַל הַבָּנִים.

תשצא. וּמָארֵי קַבָּלָה, אִינּוּן מָארֵי תַּלְמוּד. וְאִתְּמַר עֲלַיְיהוּ, וְשִׁנַּנְתָּם. וְאוֹקְמוּהָ מָארֵי מַתְנִיתִין, אַל תִּקְרֵי וְשִׁנַּנְתָּם, אֶלָּא וְשִׁלַּשְׁתָּם, דְּאִינּוּן שְׁלִישׁ בַּמִּקְרָא, שְׁלִישׁ בַּמִּשְׁנָה, שְׁלִישׁ בַּתַּלְמוּד. וְרָזָא דְּמִלָּה, כִּי יִקָּרֵא קַן צִפּוֹר לְפָנֶיךָ בַּדֶּרֶךְ, בְּמָארֵי מִקְרָא. וְעָשִׂיתָ מְנוֹרַת זָהָב טָהוֹר. הָא אוֹקְמוּהָ, וְעָשִׂיתָ מְנוֹרַת, כְּלָל. זָהָב, פְּרָט. מִקְשָׁה, כְּלָל. וְכַמָּה מִקְרָאִין מָארֵי מַתְנִיתִין, אִינּוּן מַרְבִּין וּמְמַעֲטִין, כְּגוֹן רִיבָּה וּמִיעֵט. אוּף הָכִי, מַרְבִּין, אַל תִּקְרֵי מַה. אֶלָּא מֵאָה. אוּף הָכִי, אַל תִּקְרֵי וְשִׁנַּנְתָּם, אֶלָּא וְשִׁלַּשְׁתָּם. וְדַרְשִׁינָן מִנֵּיהּ, שְׁלִישׁ בַּמִּקְרָא, שְׁלִישׁ בַּמִּשְׁנָה, שְׁלִישׁ בַּתַּלְמוּד. כִּדְאִיתָא בְּקִדּוּשִׁין.

תשצב. אוּף הָכִי, בְּיוֹם כַּלֹּת מֹשֶׁה, כַּלַּת דַּרְשִׁינָן בֵּיהּ. אִי תֵּימָא דְּדַרְשִׁינָן לוֹן מִנַּהוֹן. כֵּיצַד מְאַלְּפָא בֵּיתָא, וְלָא מְעַצְּמָן דְּאִינּוּן לֵית לוֹן רְשׁוּ, לְאוֹסְפָא, וְלָא לְמִגְרַע אוֹת מִנֵּיהּ, אוֹ לְאַחְלְפָא אָת דָּא בְּאָת אוּחֲרָא. הָא כְּתִיב כַּלּוֹת מָלֵא בְּאוֹרַיְיתָא. מַאן יָהִיב לוֹן רְשׁוּת לְמִגְרַע אוֹת מִנֵּיהּ, דְּהוּא ו', הָא לָא אִית הָכָא מִלָּה דְּאִתְחַלִּיף בְּאַלְפָא בֵּיתָא. אֶלָּא עַל אִלֵּין תֵּיבִין וְחֵסְרִין, דְּאִינּוּן מְלֵאִים.

וּמְלֵאִים, דְּאִינּוּן וַחֲסֵרִים. וְעַל כָּל פֵּירוּשִׁין דְּיָכְלִין לְמֶעְבַּד לְקַשְּׁטָא כַּלָּה בְּתַכְשִׁיטִין דִּילָהּ, קוּדְשָׁא בְּרִיךְ הוּא מָנֵי לְמֶעְבַּד, כְּמָה דְּיֵימְרוּן, וּלְמֶהֱוֵי מְהֵימְנִין לוֹן, הה״ד עַל פִּי הַתּוֹרָה אֲשֶׁר יוֹרוּךָ.

תשצג. לְאוּמָן דְּחוֹתֵךְ מָאנֵי לְבוּשִׁין דְּמַלְכוּתָא, וְעָבֵד מִנַּיְהוּ חֲתִיכָן סַגִּיאִין, אִינּוּן דְּיָדְעִין אַתְרִין דְּחָסֵרִין אִלֵּין חֲתִיכוֹת, אוֹ אִלֵּין דְּמִשְׁתַּאֲרִין, אִינּוּן מְתַקְּנִין אִינּוּן לְבוּשִׁין, וְשַׁוְיָן אִינּוּן חֲתִיכוֹת דְּאִתּוֹסְפָן, בַּאֲתַר דְּמִעוּטִין, וַחֲתִיכוֹת דְּאִינּוּן מְעַטִין, מוֹסִיפִין עֲלַיְיהוּ, וְהַאי אִיהוּ עַל פִּי הַתּוֹרָה אֲשֶׁר יוֹרוּךָ.

תשצד. וְאִי תֵּימָא, אִי כָּךְ הוּא, מַאי אִיהוּ דִּלְזִמְנִין טָעֵי חַד מִנַּיְיהוּ, וְיֵימָא הַדְרֵי בִּי. אֶלָּא עַד דְּיִעָבְדֵי הוֹרָאָה מֵהַהִיא מִלָּה דְּחוֹלְקִין עָלָהּ, יָכִיל הַהוּא דְּאַקְשֵׁי עָלָהּ, לְמֵימַר הַדְרֵי בִּי. דְּלָא כָּל מְפָרְקֵי תַּכְשִׁיטִין דְּכַלָּה, יַדְעִין בַּחֲתִיכוֹת לְאָן אַזְלָן, עַד דְּיֵהֵא פָּסֵק עַל בּוּרְיֵיהּ, פְּרוּקִין דְּהִלְכוֹת עַל בּוּרְיַיְהוּ.

תשצה. מְנוֹרָה, שֶׁבַע בּוֹצִינִין דִּילָהּ, אֶת שֶׁבַע הַנְּעָרוֹת הָרְאוּיוֹת לָתֶת לָהּ מִבֵּית הַמֶּלֶךְ. לְקַבֵּל שִׁי״ן דִּתְלַת רָאשִׁין שׁ. וְשִׁי״ן דְּאַרְבַּע רָאשִׁין דִּתְפִילִּין. וְאִינּוּן לְקַבֵּל ז׳ בִּרְכָאן דְּק״ש, דְּאִינּוּן בַּשַּׁחַר מְבָרֵךְ שְׁתַּיִם לְפָנֶיהָ וְאַחַת לְאַחֲרֶיהָ, וּבָעֶרֶב מְבָרֵךְ שְׁתַּיִם לְפָנֶיהָ וּשְׁתַּיִם לְאַחֲרֶיהָ. לְבָתַר, כַּהֲנָא רַבָּא בַּעֲבוֹדָה, דִּמְשַׁמֵּשׁ בְּכַנְפֵי מִצְוָה, פַּעֲמוֹנִים וְרִמּוֹנִים, אִינּוּן קִשְׁרִין וְחוּלְיָין וְצִי״ץ תְּפִילִּין, מִתַּמָּן וְאֵילָךְ וְעָשִׂיתָ מִזְבֵּחַ מִקְטַר קְטֹרֶת.

תשצו. פָּתַח רַעְיָא מְהֵימְנָא, וְאָמַר, כְּתִיב בְּפַרְשְׁתָּא דָּא, וְהִקְרַבְתֶּם אִשֶּׁה עֹלָה לַיְיָ׳. וְאוֹקְמוּהָ, דְּעוֹלָה לָאִשִּׁים. וּבְגִ״כ סָמַךְ עוֹלָה לְאִשֶּׁה. וְעוֹד אוֹקְמוּהָ, דְּלֵית עוֹלָה אַתְיָא אֶלָּא עַל הִרְהוּר הַלֵּב.

תשצז. וַדַּאי, כָּל קָרְבְּנִין לָא אַתְיָין, אֶלָּא לְכַפָּרָא. כָּל קָרְבְּנָא וְקָרְבְּנָא, עַל כָּל אֵבָרִין דְּב״נ, כְּפוּם הַהוּא חֵטְא דְּהַהוּא אֵבֶר. עַל טִפִּין דְּמוֹחָא, עוּגוֹת מַצּוֹת כִּי לֹא חָמֵץ. אִי זָרִיק טִפִּין קַדְמָאִין, קֹדֶם דְּאַחְמִיצוּ, בַּאֲתַר דְּלָאו דִּילֵיהּ. וְעַל אִלֵּין דְּאַחְמִיצוּ, וְזָרִיק לוֹן בַּאֲתַר דְּלָא אִצְטְרִיךְ, צָרִיךְ לְאַיְיתָאָה עֲלַיְיהוּ לֶחֶם חָמֵץ, וְאִינּוּן לַחְמֵי תּוֹדָה הָכִי הֲווּ, מִנַּהוֹן חָמֵץ, וּמִנַּהוֹן מַצָּה.

תשצח. פָּרִים מִסִּטְרָא דְּדִינָא, כְּבָשִׂים וְאֵילִים וְעַתּוּדִים וְעִזִּים. בְּגִין דְּאִינּוּן אַנְפֵּי דְּשׁוֹר, כֻּלְּהוּ שְׁחִיטָתָן בַּצָּפוֹן, וְקִבּוּל דָּמָן בִּכְלֵי שָׁרֵת בַּצָּפוֹן. שְׁחִיטָה וְקַבָּלָה וּזְרִיקָה כֻּלָּם בַּצָּפוֹן. לְבַסְּמָא מִדַּת הַדִּין, דְּאָתֵי לְבֵית דִּין מִסִּטְרָא דִּגְבוּרָה. בֵּית דִּין הַגָּדוֹל מִסִּטְרָא דִּגְבוּרָה, דְּתַמָּן בִּינָה. בֵּית דִּין הַקָּטָן, מִסִּטְרָא דְּמַלְכוּת. וְכָל אִינּוּן שׁוֹפְכֵי דָּמִים לְמִצְוָה, אִינּוּן מִסִּטְרָא דִּגְבוּרָה.

תשצט. וּמַה דְּאוֹקְמוּהָ, עוֹלַת שַׁבַּת בְּשַׁבַּתּוֹ וְלָא בְּשַׁבָּת אָחֳרָא, בְּגִין דְּעָבַר יוֹמוֹ בָּטֵל קָרְבָּנוֹ. דְּקָרְבָּן דְּחוֹזֶה שַׁבָּת, וְאַדְלִיק אֵשׁ בְּשַׁבָּת, בְּגִין דְּאִיהוּ אֶשָּׁא קְדוֹשָׁה. דְּכָל אֵשׁ דְּקָרְבְּנִין אִיהוּ קֹדֶשׁ, וְשַׁבָּת קֹדֶשׁ, אֲחִידָן דָּא בְּדָא.

תת. אֲבָל אֵשׁ דְּחוֹל, אָסִיר לְאַחֲדָא לֵיהּ בְּקֹדֶשׁ, וּבְגִ״ד מָנֵי לוֹן לְיִשְׂרָאֵל, לָא

תְבַעֲרוּ אֵשׁ בְּכֹל מוֹשְׁבֹתֵיכֶם בְּיוֹם הַשַּׁבָּת. דְּהַאי אִיהוּ כִּלְאַיִם דְּטוֹב וָרָע. וּבְשַׁבָּת דְּשַׁלְטָא אִילָנָא דְחַיֵּי, דְּלֵית בֵּיהּ תַּעֲרוֹבֶת, וְחוּלִין דְּטָהֳרָה אָסִיר לְעָרְבָא בְּאֵשׁ דִּקְדוּשָּׁה. כָּל שֶׁכֵּן חוּלִין דְּטוּמְאָה, דְּאָסִיר לְעָרְבָא לוֹן בִּקְדוּשָּׁה. אוּף הָכִי כָּל קָרְבְּנִין, אִתְקְרִיאוּ בְּשַׂר קֹדֶשׁ. וְכָל קָרְבְּנִין דְּכָל מִין, אִית בְּהוֹן חוּלִין דְּטָהֳרָה, וְאִית בְּהוֹן קֹדֶשׁ וְקֹדֶשׁ הַקֳּדָשִׁים.

תתא. וְרָזָא, דְּאִית הֶפְרֵשׁ בֵּין קֹדֶשׁ לְקֹדֶשׁ, הה"ד, וְהִבְדִּילָה הַפָּרֹכֶת לָכֶם בֵּין הַקֹּדֶשׁ וּבֵין קֹדֶשׁ הַקֳּדָשִׁים. אוּף הָכָא אֶשּׁוֹת דְּקָרְבְּנִין, לָאו אִינּוּן שָׁוִין. דְּאֵשׁ שֶׁל גָּבוֹהַּ מְקוּדָּשׁ מֵאֵשׁ דְּקֹדֶשׁ דִּלְתַתָּא. דְּאִתְקְרֵי אֵשׁ עֲצֵי הַקֹּדֶשׁ, אוֹ אֵשׁ בְּשַׂר הַקֹּדֶשׁ. וְאֶשָּׁא דְּקוּדְשָׁא, אִית בֵּיהּ הַפְרָשָׁה לְבֵין אֵשׁ הֶדְיוֹט. אַף עַל גַּב דְּאוֹקְמוּהָ עָלֵיהּ, דְּמִצְוָה לְהָבִיא מִן הַהֶדְיוֹט, אַף עַל גַּב דְּאִית אֵשׁ דְּקוּדְשָׁא, דְּכָל חַד צָרִיךְ לְאַתְרֵיהּ.

תתב. יִשְׂרָאֵל אַמְתִּילוּ לְהַאי. דְּהָא יִשְׂרָאֵל בִּכְלָל אִתְקְרִיאוּ מְלָכִים כְּמָה דְּאוֹקְמוּהָ, כָּל יִשְׂרָאֵל בְּנֵי מְלָכִים. אֲבָל כַּד הֲווֹ עָאלִין לְבֵי מַקְדְּשָׁא, כָּל חַד שַׁרְיָיא בְּאַתְרֵיהּ, כַּדְּקָא יָאוֹת לֵיהּ. אוּף הָכִי כָּל קָרְבְּנִין לָאו אִינּוּן שָׁוִין, דְּאַף עַל גַּב דִּבְכוּלְּהוּ כְּתִיב קָרְבָּן לַיְיָ, אִיהוּ פָּלִיג כֹּלָּא כָּל חַד וְחַד כַּדְּקָא יָאוֹת. וְרָזָא דָא, אִשְׁתְּמוֹדַע בְּפָרֵי הֶחָג, דַּהֲווֹ קְרִיבִין לוֹן יִשְׂרָאֵל קֳדָם יְיָ.

תתג. אָמַר בּוּצִינָא קַדִּישָׁא, קוּם רַעְיָא מְהֵימְנָא מִשְּׁנָתָךְ, דְּאַנְתְּ וַאֲבָהָן יְשֵׁנֵי עָפָר אִתְקְרוּן, דְּעַד כְּעַן הֲוֵיתוּן מִשְׁתַּדְּלִין בְּאוֹרַיְיתָא, בְּאִינּוּן יְשֵׁנִים בַּמִּשְׁנָה, דְּאִתְּמַר בְּהוֹן עַל הָאָרֶץ תִּישָׁן. וּבְיוֹם הַבִּכּוּרִים בְּהַקְרִיבְכֶם מִנְחָה חֲדָשָׁה לַיהֹוָה. אַתּוּן אִינּוּן בִּכּוּרִים דִּשְׁכִינְתָּא, וּבְעוֹבָדִין דִּלְכוֹן, אִיהִי אִתְחַדְּשַׁת בִּצְלוֹתִין דַּאֲבָהָן בְּכָל יוֹמָא. דְּאוֹקְמוּהָ מָארֵי מַתְנִיתִין, תְּפִלּוֹת כְּנֶגֶד אָבוֹת תִּקְּנוּם. וּבְקַ"שׁ דְּאָמַר רַעְיָא מְהֵימְנָא שְׁמַע יִשְׂרָאֵל, וְאוֹקְמוּהָ כָּל הַקּוֹרֵא קַ"שׁ בְּכָל יוֹם, כְּאִלּוּ הוּא מְקַיֵּים וְהָגִיתָ בּוֹ יוֹמָם וָלַיְלָה.

תתד. וַדַּאי בִּצְלוֹתִין דִּלְכוֹן, בִּקְרִיאַת שְׁמַע דִּלְכוֹן, שְׁכִינְתָּא אִיהִי אִתְחַדְּשַׁת קַמֵּיהּ דְּקוּדְשָׁא בְּרִיךְ הוּא. וּבְגִ"ד, וְהִקְרַבְתֶּם מִנְחָה חֲדָשָׁה לַיהֹוָה. בִּצְלוֹתִין דְּאִינּוּן בַּאֲתַר דְּקָרְבְּנִין. בָּאן קָרְבְּנִין דִּצְלוֹתִין אִיהִי מִתְחַדֶּשֶׁת. בְּשָׁבוּעוֹתֵיכֶם. דְּהַיְינוּ שָׁבוּעוֹת, דְּבֵיהּ מַתַּן תּוֹרָה, וְאִתְקְרֵי חֲמִשִּׁים יוֹם לָעוֹמֶר. וּבֵיהּ שִׁבְעָה שָׁבוּעוֹת, מִסִּטְרָא דְּהַהוּא דְּאִתְּמַר בֵּיהּ, שֶׁבַע בַּיּוֹם הִלַּלְתִּיךָ, וְאִיהִי מַלְכוּת כַּלָּה. כְּלִילָא מִשֶּׁבַע סְפִירָן, כְּלִילָא בְּבִינָה, דְּאִיהִי אִתְפַּשְּׁטַת בָּהּ סְפִירָאן לַחֲמִשִּׁין.

תתה. יְסוֹד כֹּל, כָּלוּל מֵאִלֵּין חַמְשִׁין. כַּלָּ"ה: כָּ"ל ה'. כְּלִילָא מֵחֲמִשִּׁים, כֻּלְּהוּ נִבְלָעִים בְּגוֹ חֲמִשִּׁים, וְחָכְמָה דְּאִיהִי, י' עִלָּאָה, מוּבְלַעַת בְּגוֹ חַמְשִׁין. ה' זִמְנִין עֶשֶׂר. ה' בִּינָה. י' חָכְמָה. עֶשֶׂר זִמְנִין ה' הַיְינוּ חַמְשִׁין וּבְחוּשְׁבָן כָּ"ל. וּבְחוּשְׁבָן יָ"ם. וְאִיהוּ יַם הַתּוֹרָה. מְקוֹרָא דִּילֵיהּ כֶּתֶר, דְּלֵית לֵיהּ סוֹף. שְׁאַר סְפִירָאן,

אִתְקְרִיאוּ עַל שְׁמָהּ שִׁבְעַת יָמִים. וּמַלְכוּת יַם סוּף, סוֹף דְּכָל יָמִים.

תתו. וּבְגִ"ד דְּאִינּוּן וַחֲמִשִּׁין שֶׁבַע שָׁבוּעוֹת, מִנְחָתָם שְׁלֹשָׁה עֶשְׂרֹנִים, וּשְׁנֵי עֶשְׂרֹנִים. וַחֲמֵשׁ, דְּאִינּוּן וַחֲמֵשׁ זִמְנִין עֶשֶׂר. הה"ד, וּמִנְחָתָם סֹלֶת בְּלוּלָה בַשֶּׁמֶן שְׁלֹשָׁה עֶשְׂרֹנִים לַפָּר הָאֶחָד וּשְׁנֵי עֶשְׂרֹנִים לָאַיִל הָאֶחָד עִשָּׂרוֹן עִשָּׂרוֹן לַכֶּבֶשׂ הָאֶחָד לְשִׁבְעַת הַכְּבָשִׂים. וְשִׁבְעַת הַכְּבָשִׂים, לְקָבֵל שֶׁבַע שַׁבָּתוֹת תְּמִימוֹת תִּהְיֶינָה. כָּל וַחַד עִם שִׁית יוֹמִין דִּילֵיהּ.

תתז. וּבֶעָשׂוֹר לַחֹדֶשׁ הַשְּׁבִיעִי, דְּאִיהוּ תִּשְׁרֵי. מִקְרָא קֹדֶשׁ יִהְיֶה לָכֶם, דָּא יוֹם הַכִּפּוּרִים. דְּאִיהוּ עֲשִׂירִי י', כָּלִיל מֵעֲשֶׂרֶת יְמֵי תְּשׁוּבָה. וְתַקִּינוּ בֵּיהּ ה' צְלוֹתִין, לְחַבְּרָא עִם ה'. מַאי מִקְרָא קֹדֶשׁ. לְאַפְרְשָׁא לֵיהּ מִשְּׁאַר יוֹמִין, דְּאִית בְּהוּ פּוּלְחָנָא דְּחוֹל. וּבְגִין דָּא, כָּל מְלֶאכֶת עֲבוֹדָה לֹא תַעֲשׂוּ.

תתח. דְּיוֹמִין דְּאִית בְּהוֹן מְלֶאכֶת חוֹל, אִינּוּן מִסִּטְרָא דְּעֵץ הַדַּעַת טוֹב וָרָע. דְּאִתְהַפָּךְ מִמַּטֶּה לְנָחָשׁ, וּמִנָּחָשׁ לְמַטֶּה. לְכָל וַחַד כְּפוּם עוֹבָדוֹי, וְדָא מְטַטְרוֹן מַטֶּה, נָחָשׁ, סַמָּאֵל. אֲבָל בְּהַאי יוֹמָא דְּאִיהוּ יוֹם הַכִּפּוּרִים דְּאִתְקְרֵי קֹדֶשׁ, שַׁלְטָא אִילָנָא דְּחַיֵּי, דְּלָא אִשְׁתַּתַּף עִמֵּיהּ שָׂטָן וּפֶגַע רָע. וּמִסִּטְרֵיהּ לֹא יְגוּרְךָ רָע. וּבְגִין דָּא, בֵּיהּ נַיְיחִין עַבְדִּין בְּאִילָנָא דְּחַיֵּי, וּבֵיהּ נָפְקִין לְחֵירוּת, בֵּיהּ נַפְקֵי מִשַּׁלְשְׁלֵיהוֹן.

תתט. אִינּוּן דְּאִית עֲלַיְיהוּ גְּזַר דִּין, בְּנֶדֶר וּבִשְׁבוּעָה, וּבְגִין דָּא תַּקִּינוּ לְמֵימַר בֵּיהּ, כָּל נִדְרֵי וֶאֱסָרֵי וְכוּ', כּוּלְהוֹן יְהוֹן שְׁבִיתִין וּשְׁבִיקִין לָא שְׁרִירִין וְלָא קַיָּימִין. וּבְגִין דָּא נֶדֶר דַּיְדֹוָ"ד, דְּאִיהוּ תִּפְאֶרֶת. וּשְׁבוּעָה דַּאֲדֹנָי, דְּאִיהוּ מַלְכוּת. דְּעַבְדוּ עַל גָּלוּתָא דִּלְהוֹן, בְּחָכְמָה וּבִינָה יְהוֹן שְׁבִיקִין וּשְׁבִיתִין לָא שְׁרִירָן וְלָא קַיָּימִין, וְנִסְלַח לְכָל עֲדַת בְּנֵי יִשְׂרָאֵל. דְּחֶסֶד אִיהוּ מַיִם. גְּבוּרָה אֵשׁ. תִּפְאֶרֶת אֲוִיר. וּבְגִין דָּא אוֹקְמוּהָ מָארֵי מַתְנִיתִין, הֶתֵּר נְדָרִים פּוֹרְחִים בָּאֲוִיר.

תתי. וּבְגִין דִּשְׁבוּעָה מִמַּלְכוּת, דְּאִיהִי לְתַתָּא מִינֵּיהּ. אוֹקְמוּהָ, נְדָרִים עַל גַּבֵּי שְׁבוּעוֹת עוֹלִים. וְעוֹד אוֹקְמוּהָ, כָּל הַנִּשְׁבָּע כְּאִילּוּ נִשְׁבָּע בַּמֶּלֶךְ עַצְמוֹ. וְכָל הַנּוֹדֵר כְּאִילּוּ נוֹדֵר בְּחַיֵּי הַמֶּלֶךְ. הַמֶּלֶךְ עַצְמוֹ, אֲדֹנָי. וְחַיֵּי הַמֶּלֶךְ, יְדֹוָ"ד. וּבְגִין דָּא כִּי יִדּוֹר נֶדֶר לַיְדֹוָ"ד.

תתיא. וְאוּף הָכִי אִית רָזָא אָחֳרָא, וְחַיֵּי הַמֶּלֶךְ, חָכְמָה. הה"ד הַחָכְמָה תְּחַיֶּה בְעָלֶיהָ. כָּל הַנּוֹדֵר בַּיְהֹוָה, דְּאִיהוּ תִּפְאֶרֶת. כְּאִילּוּ נוֹדֵר בַּחָכְמָה, דְּאִיהוּ יו"ד ה"א וא"ו ה"א, וְחַיֵּי הַמֶּלֶךְ. וְכָל הַנִּשְׁבָּע בַּאדֹנָי, כְּאִילּוּ נִשְׁבָּע בַּמֶּלֶךְ עַצְמוֹ. עַצְמוֹ דָּא אִימָּא עִלָּאָה, כְּאִילּוּ נִשְׁבָּע בָּהּ, דְּאִיהִי עֶצֶם הַשָּׁמַיִם לָטֹהַר. מִסִּטְרָא דְּחֶסֶד, עֶצֶם מֵעֲצָמַי. וּבָשָׂר מִבְּשָׂרִי, מִסִּטְרָא דִּגְבוּרָה, דָּא מַלְכוּת. וּבְחָכְמָה דְּאִיהִי חַיֵּי תִּפְאֶרֶת, אִיהוּ סָלִיק לְאִתְקְרֵי אָדָם, הה"ד כְּתִפְאֶרֶת אָדָם.

תתיב. וְאִתְּמַר בְּיוֹם הַכִּפּוּרִים. וְעִנִּיתֶם אֶת נַפְשׁוֹתֵיכֶם. וּבֶעָשׂוֹר לַחֹדֶשׁ הַשְּׁבִיעִי הַזֶּה תְּעַנּוּ אֶת נַפְשׁוֹתֵיכֶם. תַּקִּינוּ בֵּיהּ ה' עִנּוּיִים, בְּגִין דְּתִתְלַבֵּן ה' זְעִירָא בָּהּ עִלָּאָה, דְּאִיהוּ ה' צְלוֹתִין. לְקַיֵּים בְּיִשְׂרָאֵל, אִם יִהְיוּ חֲטָאֵיכֶם כַּשָּׁנִים כַּשֶּׁלֶג יַלְבִּינוּ.

וְהַאי אִיהוּ רָזָא דְּלָשׁוֹן שֶׁל זְהוֹרִית, בְּגִין דְּכָל חוֹבִין דְּיִשְׂרָאֵל מָטוֹן לְגַבֵּי מַלְכוּת. וּתְשׁוּבָה דְּאִיהִי בִּינָה, מְלַבֶּנֶת לוֹן. בְּגִין דְּאִתְמַר בָּהּ, הַשּׁוֹכֵן אִתָּם בְּתוֹךְ טוּמְאוֹתָם. וד' בִּגְדֵי לָבָן, וד' בִּגְדֵי זָהָב לְמִלְבַּשׁ, יאהדונה״י.

תתיג. וְתַקִּינוּ לְתְקוֹעַ שׁוֹפָר בְּיוֹם הַכִּפּוּרִים, לְסַלְּקָא קוֹל דְּאִיהוּ ו', לְחֵירוּת. דְּאִתְמַר בָּהּ, בְּכָל צָרָתָם לוֹ צָר, בְּא, וּבוֹ, קְרֵי וּכְתִיב. וַעֲבוֹדַת יוֹם הַכִּפּוּרִים אִיהִי בַּאֲרִיכוּת, וְאִיהִי כְּלִילָא מִתְּלַת דַּרְגִּין, בְּמַחֲשָׁבָה דִּבּוּר וּמַעֲשֶׂה.

תתיד. בַּחֲמִשָּׁה עָשָׂר יוֹם לַחֹדֶשׁ הַשְּׁבִיעִי וְגוֹ', דְּאִיהִי תִּשְׁרֵי, מִקְרָא קֹדֶשׁ יִהְיֶה לָכֶם כָּל מְלֶאכֶת עֲבוֹדָה לֹא תַעֲשׂוּ וְחַגּוֹתֶם אוֹתוֹ חַג לַיְיָ שִׁבְעַת יָמִים וְגוֹ'. בַּחֲמִשָּׁה עָשָׂר, מִסִּטְרָא דְּי״ה. וְחַגּוֹתֶם אוֹתוֹ, דָּא אוֹת ו', עַמּוּדָא דְּאֶמְצָעִיתָא. שִׁבְעַת יָמִים, מִסִּטְרָא דְּבַת שֶׁבַע, דְּאִיהִי מַלְכוּת. אֲבָהָן, וְרַעְיָא מְהֵימְנָא, וְאַהֲרֹן, דָּוִד וּשְׁלֹמֹה, הָא אִינּוּן שֶׁבַע, לְקַבֵּל שֶׁבַע סְפִירָאן. אֲנָא בָּעֵינָא לְתַקְּנָא לְכוֹן סֻכָּה, דְּאִיהִי אִמָּא עִלָּאָה, לְסַכְּכָא עֲלַיְיהוּ, כְּאִמָּא עַל בְּנִין.

תתטו. וּבְגִין ז' סְפִירָאן אָמַר קְרָא, כִּי בַסֻּכּוֹת הוֹשַׁבְתִּי אֶת בְּנֵי יִשְׂרָאֵל, בְּמַפְּקָנוּתְהוֹן מֵאַרְעָא דְּמִצְרַיִם, בז' עֲנָנֵי כָבוֹד. סוּכָּה בְּאָת ו', אִיהוּ בְּרָזָא דִּתְרֵין בְּנִין, יְדוֹ״ד אֲדֹנָ״י. וְהָכִי סָלִיק סוּכָּ״ה בְּחוּשְׁבַּן יאהדונה״י. תְּרֵין כְּרוּבִים, דְּהֵם סוֹכְכִים בְּכַנְפֵיהֶם עַל הַכַּפֹּרֶת וּפְנֵיהֶם אִישׁ אֶל אָחִיו.

תתטז. וְאִית עֲשָׂרָה טְפָחִים בִּכְרוּבִים מִתַּתָּא לְעֵילָא, מֵרַגְלֵיהוֹן עַד רֵישַׁיְיהוֹן, וּמֵרֵישַׁיְיהוֹן וְעַד רַגְלֵיהוֹן, וְשַׁרְיָין עַל טֶפַח דְּאִיהוּ י'. וַעֲשָׂרָה מֵעֵילָא לְתַתָּא, וּמִתַּתָּא לְעֵילָא, הַיְינוּ יו״ד. וּבְגִּ״כ, שִׁיעוּרָא דְּסֻכָּה אָמְרוּ רַבָּנָן, לֹא פְּחוּתָה מֵעֲשָׂרָה, וְלֹא לְמַעְלָה מֵעֶשְׂרִים. סֻכָּה הָעֲשׂוּיָה כְּכִבְשָׁן מִסִּטְרָא דְּאִמָּא, עָלָהּ אִתְּמַר, וְהַר סִינַי עָשַׁן כֻּלּוֹ מִפְּנֵי אֲשֶׁר יָרַד עָלָיו יְיָ בָּאֵשׁ וַיַּעַל עֲשָׁנוֹ כְּעֶשֶׁן הַכִּבְשָׁן. וְכֹלָּא חַד.

תתיז. וְסֻכָּה תִּהְיֶה לְצֵל יוֹמָם, דְּסָכַךְ בְּעַיְינָן. וְסָכַךְ אִתְעֲבִיד לְצֵל. דְּאִתְמַר בֵּיהּ, בְּצֵל שַׁדַּי יִתְלוֹנָן. וְלֹא בְּצֵל סֻכַּת הֶדְיוֹט, דְּאַגִּין עַל גּוּפָא מִשִּׁמְשָׁא. אֶלָּא צֵל לְאַגָּנָא עַל נִשְׁמָתָא. בְּצִלּוֹ חִמַּדְתִּי וְיָשַׁבְתִּי. אֲשֶׁר אָמַרְנוּ בְּצִלּוֹ נִחְיֶה בַּגּוֹיִם. צֵל עִם ם', אִיהִי צֶלֶם. דְּאִתְמַר בֵּיהּ, אַךְ בְּצֶלֶם יִתְהַלֶּךְ אִישׁ. ם' סְתוּמָה אִית לָהּ אַרְבָּעָה דְּפָנוֹת.

תתיח. וּמַה דְּאוֹקְמוּהָ שְׁתַּיִם כְּהִלְכָתָן וּשְׁלִישִׁית אֲפִילוּ טֶפַח. וְלמ״ד שְׁלֹשָׁה כְּהִלְכָתָן וּרְבִיעִית אֲפִילוּ טֶפַח. וְאִינּוּן בְּגִין דָּא, תְּרֵין, תְּלַת, אַרְבַּע, הָא תֵּשַׁע, טֶפַח אִיהִי עֲשִׂירָאָה, לְאַשְׁלָמָא כָּל חֶסְרוֹן. וּבְגִין דָּא, שִׁיעוּר סֻכָּה לֹא פְּחוּתָה מֵעֶשֶׂר, דְּאִיהִי מַלְכוּת, עֲשִׂירָאָה דְּכָל דַּרְגִּין. וְלֹא לְמַעְלָה מֵעֶשְׂרִין, דְּאִיהִי כ', כֶּתֶר עֶלְיוֹן, דְּלָא שַׁלְטָא בֵּיהּ עֵינָא. כָּבוֹד עִלָּאָה, עָלֵיהּ אָמַר מֹשֶׁה, הַרְאֵנִי נָא אֶת כְּבוֹדֶךָ. וְאָתִיב לֵיהּ קוּדְשָׁא בְּרִיךְ הוּא, לֹא תוּכַל לִרְאוֹת אֶת פָּנָי. וְלֵית כָּבוֹד, בְּלָא כ'.

תתיט. וּבְגִין דָּא שַׁעֲרוּ מָארֵי מַתְנִיתִין לְקַבְּלַיְיהוּ, סֻכָּה הָעֲשׂוּיָה כְּמָבוֹי, מִסִּטְרָא דְּאָת ב', כְּמִין גא״ם, מִסִּטְרָא דְּאָת ג'. כְּמִין צְרִיף, מִסִּטְרָא דְּאָת ד'. וְשֶׁבַע אַתְוָון

איהון, בג"ד כפר"ת. כ, כבשן. ב, בורגנין. ושאר סכות. וכלהו רמיזי לגבי מארי מתניתין. ולית לארכא בהון.

תתכ. ואיהון לקבלייהו שבעה ככבי לכת, ואיהון דכר ונוקבא. ובגין דא אתקריאו ז' כפולות. כגון שבעה שרגין דמנרתא, דאתמר בה שבע ביום הללתיך. הכי שבעה ושבעה מוצקות. הכי שבעה ספיראן כפולות. ושבעה יומי בראשית לתתא, שבעה לעילא, אין כל חדש תחת השמש.

תתכא. לולב דא צדיק. דדמי לחוט השדרה, דביה ח"י חוליין, לקבל ח"י נענועין דלולב. ואיהון לקבל ח"י ברכאן דצלותא. לקבל שמנה עשר אזכרות, דהבו ליי' בני אלים. לקבל שמנה עשר אזכרות דק"ש. ונענוע לשית סיטרין, בחושבן ו'. תלת נענועין בכל סטרא, איהון ח"י.

תתכב. לולב בימין, כליל שיתה דאיהון ג' הדסין, גדולה גבורה תפארת. ודמיין לתלת גווני עינא. ב' בדי ערבות, נצח והוד. ודמיין לתרין שפוון. לולב, יסוד, דומה לשדרה. דביה קיום דכל גרמין. ועליה אמר דוד, כל עצמותי תאמרנה יי' מי כמוך. אתרוג, מלכות. דומה ללבא. דביה הרהורין.

תתכג. ונענועין דהלל, איהון משותפין בנענועין דנטילת לולב, ואיהון ח"י באנא. ח"י ח"י, בהודו תחלה וסוף. ח"י דנטילת לולב, הרי ע"ב. ובגין דא לולב בחושבן ח"ס, וד' מינין דלולב, הא חסד, דרועא ימינא. ובגין דא תקינו לולב בימין, לסטרא דחסד. אתרוג לסטרא דגבורה, לשמאלא לבא. ובגין דא אתרוג הדומה ללב, תקינו למהוי ביד שמאל. כמה דאוקמוה, לולב בימין, ואתרוג בשמאלו. איהון לקבל זכור ושמור. ומאן נטיל תרוייהו. עמודא דאמצעיתא. לולב בימיניה, ואתרוג בשמאליה.

תתכד. אתו אבהן, ורעיא מהימנא, ואהרן ודוד ושלמה, ובריכו ליה, ואמרו ליה, אנת בוצינא קדישא, וחבריא דילך דאיהון שית, לקבל איהון ו'. ואנת בוצינא קדישא נר מערבי באמצע, דכל שית נרות נהרין מנך. בכל חד אתמר ביה, נר יי' נשמת אדם. ורעיא מהימנא נהיר בך, ואנת בחברייא דילך, וכלא חד, בלא פרודא כלל. ומתמן ואילך מתפשטין ענפין לכל מארי חכמתא, אשלים מלין דחבורא קדמאה דילך לאעטרא לון.

תתכה. פתח בוצינא קדישא ואמר, מים רבים לא יוכלו לכבות את האהבה וגו'. מאי בה. יומא תניינא, ויומא שתיתאה, ויומא שביעאה דסוכות. דבהון הוו מנסכים מים ויין.

תתכו. דשבע יומין דסוכות, בהון היו מקריבין ישראל שבעים פרים, לכפרא על שבעין ממנן, בגין דלא ישתאר עלמא חרוב מנייהו. הה"ד, ובחמשה עשר יום והקרבתם עולה אשה לריח ניחוח ליי' פרים בני בקר שלשה עשר תמימים. וביום השני פרים י"ב. וביום השלישי י"א. וביום הרביעי עשרה. וביום החמישי

פרים תשעה. וביום הששי פרים שמנה. וביום השביעי שבעה. וכלהו שבעין. ובכל יומא הוו וחסרים. אמאי וחסרים.

תתכז. אלא הכא קא רמיז, ותנוח התיבה בחודש השביעי. ומה התם ביומי טופנא, והמים הלכו הלוך וחסור. אוף הכי בתשרי, דאיהו ירחא שביעאה, דביה כמה פקודין, ראש השנה ויום הכפורים, סכה ולולב אתרוג, מינין דלולב שופר. שכינתא עלאה שרייא על ישראל, דאיהי תשובה, סוכה. אתרוג, וקודשא בריך הוא דאיהו לולב. מיד והמים היו הלוך וחסור, מתמעטין חובין דישראל, אוף הכי מתמעטין ממנן דאינון מלאכי חבלה, דממנן עלייהו, דדמיין למי טופנא. כמה דאוקמוה, עשה עברה אחת קנה לו קטיגור אחד. בההוא זמנא דמתמעטין חובין, מתמעטין פרים דלהון, מתמעטין ממנן דע' אומין, מתמעטין ע' אומין, מתמעט טובא דלהון.

תתכח. תיבת נח, מני קודשא בריך הוא, לאעלא עמיה שנים שנים שבעה שבעה זכר ונקבה, לקרבנא, לאגנא על נח, ועל כל אינון דעאלין עמיה לתיבה. אוף הכי אלין דמנטרין חגין וזמנין, דאינון ימים טובים, שנים שנים שבעה שבעה, שנים שנים תרין יומין דר"ה, ותרין יומין דשבועות, ובגין דאינון תרין מנייהו בספק, הא אית שני ימי הפורים באתרייהו. שבעה שבעה, ז' יומין דפסח, ז' יומין דסוכות. נח לקבל יום השבת, והאי איהו מכל הוזי.

תתכט. סכה קא אגינת עלייהו דישראל, הה"ד וסכה תהיה לצל יומם מחורב. סכה קא אגינת. מה תיבת נח לאגנא, אוף הכי סכה לאגנא. ועוד מכל הוזי, וז"ו ברכאן דצלותא, מאינון ט' ט', ברכתא דמינין בה אשתלימו י' ספירן מעילא לתתא, ומתתא לעילא. ואיהו לקבל נח.

תתל. ועוד מכל הוזי, שכינתא אגינת על אלין דנטרין י', אות שבת בתוזומא דיליה, דאיהו וז' אלפים, תרין אלפין לכל צד. ועוד, מכל הוזי, אלין דנטרין י' אות ברית, דאיהו בוז' יומין, דאתמר עלייהו, וביום השמיני ימול בשר ערלתו. ועוד, מכל הוזי, אלין דנטרין אות י', תפלין בתמנייא פרשיין.

תתלא. שכינתא דאיהי סוכה, אגינת עלייהו, ופרישת גדפאה עלייהו, כאמא על בנין, ובגין דא תקינו לברכא, הפורס סוכת שלום עלינו. ובגין דא בירחא שביעאה, דביה כל פקודין אלין, מים רבים לא יוכלו לכבות את האהבה. עם ישראל באבוהון שבשמים. וליית מים רבים, אלא כל אומין וממנן דלהון. אם יתן איש, דאיהו סמאל, כל מה דאית ליה בעלמא דין, בגין דישתתף באלין פקודין עם ישראל, בוז יבוזו לו.

תתלב. וביום השמיני עצרת פר אחד איל אחד, הא אוקמוה מארי מתניתין, למלכא דזמין אושפיזין, לבתר דשלח לון, אמר לאלין בני ביתא דיליה, אנא ואתון נעביד סעודה קטנה. כמד"א, זה יעצור בעמי, וליית עצר אלא

מַלְכוּת. מִסִּטְרָא דִשְׁכִינְתָּא עִלָּאָה, עָבִיד סְעוּדָתָא רַבְרְבָא, וּמִסִּטְרָא דְמַלְכוּתָא, סְעוּדָתָא זְעֵירָא. וְנָהֲגִין לְמֶעְבַּד יִשְׂרָאֵל עִמָּהּ וִדּוּיָהּ, וְאִתְקְרִיאַת שִׂמְחַת תּוֹרָה. וּמְעַטְּרִין לְסֵ"ת בְּכֶתֶר דִּילֵיהּ, רֶמֶז ס"ת לְתִפְאֶרֶת, שְׁכִינְתָּא עֲטֶרֶת תִּפְאֶרֶת.

תתלג. אָמַר ר' אֶלְעָזָר, אַבָּא, אַמַּאי מִסִּטְרָא דְאִמָּא עִלָּאָה, זַמִּין לְכָל מְמַנָּן דְּכָל אוּמִין, וּמִסִּטְרָא דִשְׁכִינְתָּא תַּתָּאָה, לָא זַמִּין אֶלָּא לְאוּמָּה יְחִידָה, לְקָבֵל פַּר יְחִידָה.

תתלד. אָמַר לֵיהּ בְּרִי, שַׁפִּיר שָׁאִילַת. בְּגִין דְּמַלְכוּת אִיהִי רְמִיזָא לִבְרַתָּא, דְּאִיהִי צְנוּעָה בְּבֵית אָבִיהָ וְאִמָּהּ. וְאִיהִי אֲרוּסָה וְלָא נְשׂוּאָה. לָאו אוֹרַח אַרְעָא, לְמֵיכַל עִם אוּשְׁפִּיזִין. אֲבָל אִימָּא דְּהִיא נְשׂוּאָה, אוֹרַח אַרְעָא אִיהוּ בָּתַר דְּמְזַמִּין בַּעְלָהּ אוּשְׁפִּיזֵי, לְמֵיכַל עַל פָּתוֹרָא עִם בַּעְלָהּ. וְאִי אִינּוּן אוּשְׁפִּיזִין נֻכְרָאִין, לָא אַכְלֵי עִמְּהוֹן, לָא אַבָּא, וְלָא אִמָּא, וְכָל שֶׁכֵּן בְּרַתָּא. וּבְגִין כַּךְ בִּסְעוּדָתָא דְשִׁבְעִין מְמַנָּן, לָא אִשְׁתַּתַּף לְמֵיכַל עִמְּהוֹן, וְחַד מִן מָארֵי מַלְכָּא, בְּגִין דְּאִינּוּן נוּכְרָאִין. אָמַר לֵיהּ וַדַּאי כְּעַן אִתְיַישְׁבַת מִלָּה בְּלִבָּאִי, עַל בּוּרְיֵיהּ.

תתלה. עוֹלַת תָּמִיד, דָּא שְׁכִינְתָּא, דְּסָלִיקַת לְעֵילָא בְּהַהוּא דַּרְגָּא, דְּאִתְּמַר בָּהּ עֶרֶב וָבוֹקֶר בְּכָל יוֹם תָּמִיד, וְאוֹמְרִים פַּעֲמַיִם שְׁמַע יִשְׂרָאֵל. וְאִיהִי סְלִיקַת בְּעַמּוּדָא דְאֶמְצָעִיתָא, דְּאִיהוּ תָּדִיר עִמָּהּ בְּלָא פֵּרוּדָא כְּלָל.

תתלו. וּלְאָן סְלִיקַת. לַאֲתַר דְּאִתְגְּזָרַת מִתַּמָּן, דְּאִיהוּ אֵין סוֹף, וְאִיהוּ גָּבוֹהַּ מִכָּל סְפִירָאן. וּבְגִ"ד אוֹקְמוּהָ. עוֹלָה כֻּלָּהּ לַגָּבוֹהַּ סַלְקָא. וְכַד אִיהִי סְלִיקַת, אֲחִידָן בָּהּ כָּל סְפִירָן, וְאִינּוּן סַלְקִין עִמָּהּ. וּמַאי סְלִיקוּ דִילָהּ. לְרֵיחַ נִיחוֹחַ, לְמֵיהַב רֵיחָא טָבָא קֳדָם יְיָ, וּלְבָתַר אִתְּמַר בָּהּ, וַיֵּרֶד מֵעֲשׂוֹת הַחַטָּאת וְהָעוֹלָה. נְחִיתַת מַלְיָא כַּפָּרָה מִכָּל חוֹבִין דְּיִשְׂרָאֵל.

תתלז. וְהָא סְלִיקוּ דִילָהּ אִיהוּ, בְּעַמּוּדָא דְאֶמְצָעִיתָא. אוּף הָכִי נְחִיתוּ דִילָהּ אִיהוּ בֵּיהּ, וְכָל חֵילִין דִילָהּ, וּבְגִין דָּא אִקְרֵי סֻלָּם, דְּבֵיהּ כָּל כִּנּוּיִין סַלְקִין וְנַחְתִּין, דְּאִינּוּן תַּלְיָין מִן יְדֹוָ"ד. וּבְגִ"ד, כָּל קָרְבְּנִין וְעַלָּוָון אִינּוּן לַידֹוָ"ד. וְאִתְקְרִיאַת קָרְבָּן, עַל שֵׁם דְּאִתְקְרִיבוּ בָּהּ כָּל כִּנּוּיִין לַידֹוָ"ד.

תתלח. וּבְגִין דָּא אִתְּמַר עֹלָה, קָרְבָּנוֹ קַעֲרַת כֶּסֶף אַחַת. לֵית דַּרְגָּא דְאִתְקְרִיב לְגַבֵּי יְדֹוָ"ד, פְּחוּת מִנָּהּ. וְלֵית צְלוֹתָא וּפִקּוּדָא מִכָּל פִּקּוּדִין דְּאוֹרַיְיתָא, וְכָל קָרְבְּנִין וְעַלָּוָון, דְּאִינּוּן לְבַר מִנָּהּ. בְּכָל דַּרְגִּין דִּסְפִירָאן לָא מִתְקַבְּלָן קֳדָם יְדֹוָ"ד, לְבַר מִנָּהּ. וּבְגִין דָּא אִתְּמַר עֹלָה, בְּזֹאת יָבֹא אַהֲרֹן אֶל הַקֹּדֶשׁ. וּבְגִ"ד אָמַר נָבִיא, כִּי אִם בְּזֹאת יִתְהַלֵּל הַמִּתְהַלֵּל.

תתלט. אִיהִי שְׁלָמִים, שְׁלִימוּ דִשְׁמָא דִידֹוָ"ד, בְּכָל דַּרְגָּא וְדַרְגָּא. אִיהִי ה'. אֲדֹנָ"י. י' דִּידֹוָ"ד. אִיהִי ה' מִן אֱלֹהִים. אִיהִי ה' מִן אֶהְיֶה. י' מִן שַׁדַּי. סוֹף דְּכָל הֲוָיָה וְכִנּוּי. וּבְגִ"ד אִתְּמַר בָּהּ, סוֹף דָּבָר הַכֹּל נִשְׁמָע אֶת הָאֱלֹהִים יְרָא וְאֶת מִצְוֹתָיו שְׁמוֹר. אִיהִי סוֹף מֵעֶשֶׂר סְפִירָאן, יַם סוּף. שְׁלִימוּ דְעִלָּאִין וְתַתָּאִין. אִיהוּ תַּרְעָא לְאַעֲלָא לְכָל חָכְמְתָא, לְכָל כִּנּוּי וַהֲוָיָה, וּלְאַעֲלָא בְּכָל סְפִירָה וּסְפִירָה, יְדִיעָה

דְּכֹלָּא. וּפְווּת מִינָּהּ, לֵית רְשׁוּ לְשׁוּם בְּרִיָּה, לְאַשְׁגָּחָא לְשׁוּם יְדִיעָה בָּעוֹלָם. עָלָהּ אִתְּמַר, זֶה הַשַּׁעַר לַיְיָ׳ צַדִּיקִים יָבֹאוּ בוֹ.

תתמ. אִיהוּ שֵׁם מ״ב אַתְוָון, דְּבְהוֹן אִתְבְּרִיאוּ עִלָּאִין וְתַתָּאִין. אִיהִי אִתְקְרִיאַת עַיִן מִסִּטְרָא דִּימִינָא, הִנֵּה עֵין יְדֹוָד אֶל יְרֵאָיו. וְאִתְקְרִיאַת אֹזֶן מִסִּטְרָא דִּשְׂמָאלָא, הַטֵּה אֱלֹהַי אָזְנְךָ וּשֲׁמָע. וְאִתְקְרִיאַת רֵיחַ מִסִּטְרָא דְּעַמּוּדָא דְּאֶמְצָעִיתָא. וְאִתְקְרִיאַת פֶּה, מִגַּרְמָהּ. הה״ד פֶּה אֶל פֶּה אֲדַבֶּר בּוֹ.

תתמא. אִתְקְרִיאַת פִּקּוּדָא קַדְמָאָה אָנֹכִי, מִסִּטְרָא דְּכֶתֶר, דְּאִיהוּ אַיִ״ן מֵאֱלֹהֵינוּ. אָנֹכִי בֵּיהּ כ׳, כֶּתֶר. וּבֵיהּ אַיִן. וְכֶתֶר אִתְקְרֵי מִסִּטְרָא דְּאִימָא עִלָּאָה. דְּאִדְכַּר לְגַבָּהּ וַחֲמִשִּׁין זִמְנִין יְצִיאַת מִצְרַיִם בְּאוֹרַיְיתָא. וְאִיהִי בַּ״ת מִן בְּרֵאשִׁית, דִּכְלִילָא עֶשֶׂר אֲמִירָן, מִסִּטְרָא דְּחָכְמָה בַּת י׳, בְּחָכְמָה יָסַד אָרֶץ. בְּאַבָּא יָסַד בְּרַתָּא. וְאִיהוּ נָתִיב לֹא יְדָעוֹ עָיִט, דְּכָלִיל ל״ב נְתִיבוֹת, דְּאִינּוּן ל״ב אֱלֹהִים מִסִּטְרָא דְּאִימָא עִלָּאָה, דְּאִתְקְרֵי כָּבוֹד. וְכַד אִתְכְּלִילָן בִּבְרַתָּא, אִתְקְרֵי ל״ב. וּבְגִין דָּא כָּבוֹד לְעֵילָּא, ל״ב לְתַתָּא.

תתמב. וְי׳ דִּבְּרָן אִתְיְיהִיבוּ. וַחֲמֵשׁ בְּלוּחָא חֲדָא, וַחֲמֵשׁ בְּלוּחָא תִּנְיָינָא. אִיהִי כָּלִיל לוֹן, ה׳ מִכֶּתֶר עַד גְּבוּרָה. וְה׳ מֵעַמּוּדָא דְּאֶמְצָעִיתָא, עַד בְּרַתָּא. וְאִינּוּן ה׳ ה׳. וְכִי אִית לְמַלְּלָא בַּעֲשָׂרָה פִּיּוֹת. אֶלָּא כָּלִיל לוֹן בְּבַת יְחִידָה י׳ וְאִתְעֲבִידוּ כֻּלְּהוּ חֲדָא. אוּף הָכִי ו׳, אִתְקְרֵי קוֹל, וְלָא אִשְׁתְּמוֹדְעִין בֵּיהּ, עַד דְּאִשְׁתַּתַּף עִם דִּבּוּר. וּבְגִין דָּא, קוֹל דְּבָרִים אַתֶּם שׁוֹמְעִים.

תתמג. אִיהִי פִּקּוּדָא תִּנְיָינָא מִסִּטְרָא דִּגְבוּרָה, יִרְאָה בְּחוּשְׁבָּן. וּרְמִיזָא בְּמִלַּת בְּרֵאשִׁית, יָרֵא בֹּשֶׁת. וְאוֹקְמוּהָ, מַאן דְּלֵית לֵיהּ בֹּשֶׁת פָּנִים, וַדַּאי דְּלָא עָמְדוּ אֲבָהָתוֹי עַל טוּרָא דְּסִינַי.

תתמד. אִיהִי פִּקּוּדָא תְּלִיתָאָה, דְּאִתְקְרֵי אַהֲבַת וָחֶסֶד. הה״ד אַהֲבַת עוֹלָם אֲהַבְתִּיךְ עַל כֵּן מְשַׁכְתִּיךְ חָסֶד. אַהֲבָה כְּלִילָא מֵאֲבָהָן, דְּאִתְקְרֵי בְּהוֹן בַּכֹּל מִכֹּל כֹּל. וְרָזָא דְּמִלָּה, זָכַרְתִּי לָךְ חֶסֶד נְעוּרַיִךְ אַהֲבַת כְּלוּלֹתָיִךְ.

תתמה. וְאִיהִי פִּקּוּדָא רְבִיעָאָה, יִחוּד, מִסִּטְרָא דְּעַמּוּדָא דְּאֶמְצָעִיתָא, שְׁמַע יִשְׂרָאֵל. וְאִיהִי כ״ה אַתְוָון, עִמֵּיהּ בְּשִׁית תֵּיבִין, דְּאִינּוּן שְׁמַע יִשְׂרָאֵל. וּבְגִינָהּ אָמַר אַבְרָהָם נֵלְכָה עַד כֹּ״ה וְנִשְׁתַּחֲוֶה. כֹּ״ה תֹאמַר לְבֵית יַעֲקֹב.

תתמו. אִיהוּ א״ח, עַמּוּדָא דְּאֶמְצָעִיתָא, וְאִיהִי ד׳, שְׁלִימוּ דְּיִחוּדָא דִּילֵיהּ, לְאַשְׁלְמָא בֵּיהּ אֶחָד. א״ח, כָּלִיל ט׳ סְפִירָאן, דְּאִינּוּן א׳ אֵין סוֹף. וח׳ תְּמַנְיָא סְפִירָאן, מֵחָכְמָה עַד יְסוֹד. ד׳ מַלְכוּת, קוֹצָא דִּילָהּ, בָּהּ אִשְׁתְּלִימוּ לַעֲשָׂרָה, דְּאִינּוּן יו״ד הֵ״א וָא״ו הֵ״א. ד׳ כְּלִילָא מִד׳ אַתְוָון יְדֹוָד.

תתמז. פִּקּוּדָא חֲמִישָׁאָה, וְהָגִיתָ בּוֹ יוֹמָם וָלַיְלָה. אִיהִי אוֹרַיְיתָא דִּבִכְתָב מִסִּטְרָא דְּחֶסֶד. וְאוֹרַיְיתָא דְּבַעַל פֶּה מִסִּטְרָא דִּגְבוּרָה. דִּבְהוֹן חָכְמָה וּבִינָה. כְּמָה דְּאוֹקְמוּהָ מָארֵי מַתְנִיתִין, הָרוֹצֶה לְהַחְכִּים יַדְרִים. לְהַעֲשִׁיר יַצְפִּין.

ועמודא דאמצעיתא כליל תרווייהו, ובגין דא אתקרי שמים, כליל אש ומים, אש דגבורה, ומים דחסד.

תתמז. ובגין דא כתר, דאיהי כף, עשרה הכף בשקל הקדש. דאינון יה"ה, תלת אתוון, אתעבידו כף, על ו'. והיינו כנגד כתר תורה, ו' היינו ס"ת, כף עטרה על רישיה. וכלא ידו"ד, כ"ו בחושבן.

תתמט. פקודא שתיתאה, איהי תפלה של יד, בדרועא שמאלא. ומסטרא דגבורה ה' דיד כהה, מכתר ועד גבורה, ה' ספיראן, ואינון תפילין דרישא דעמודא דאמצעיתא. ואיהי קשר תלת רצועות, דאינון נצח הוד יסוד.

תתנ. ואיהי פקודא שביעאה, מצות ציצית, כליל תכלת ולבן, דינא ורחמי. בנורא, אשא חוורא לא אכיל.תכלא, אכיל ושצי, ותאכל את העולה. וחוור מימינא, תכלת משמאלא, עמודא דאמצעיתא, יחוד בין תרווייהו, ירוק. בגין דא אוקמוה מארי מתניתין, מאימתי קורין את שמע בשחרין משיכיר בין תכלת ללבן. ובגין דא תקינו פרשת ציצית, למקרי לה ביחודא.

תתנא. ואיהי פקודא תמינאה, מזוזה. שכינתא אתקריאת מזוזה, מסטרא דעמודא דאמצעיתא, דאתוון דידו"ד. ומסטרא דצדיק, רזא דברית, אתקרי שדי. שדי וחותמא דמלכא, דאיהו ידו"ד.

תתנב. פקודא תשיעאה, שכינתא אתקריאת אות ברית, מסטרא דצדיק יסוד עולם. זאת אות הברית. ביני, עמודא דאמצעיתא, ובין בני ישראל, נצח הוד. אות, דא צדיק. היא, דא שכינתא. כי ששת ימים עשה יי' את השמים, מכתר עד עמודא דאמצעיתא. דלית שית בכל אתר, אלא מסטרא דאת ו'. ולית שביעי, אלא מסטרא דאת י', עטרה על רישיה וחכמה עלאה. אות הוא. וחכמה תתאה, אות היא.

תתנג. ותקינו למגזר לתמניא, דאינון ח', מן וחכמה עד יסוד. לקבלא בהון י' זעירא, לסלקא לה עד כתר, למהוי עטרה על ראשיהון. ותקינו לשוויא לערלה במנא דעפרא, לקיים ונחש עפר לחמו.

תתנד. פקודא עשיראה, ושמרו בני ישראל את השבת. שכינתא אתקריאת שבת, מסטרא דתלת דרגין עלאין דאינון ש', ג' כתרין: כתר, וחכמה, ובינה. ואיהי בת, רביעאה לון. שית יומין, מחסד עד יסוד, בהון תעשה מלאכה, בגין דבניינא מתחיל מחסד, הה"ד עולם חסד יבנה. אבל מבינה ולעילא, איהי מנוחה וענג ושביתה לכל עובדא.

תתנה. פקודא חד סר, איהי אתקריאת צלותא דשחרית מנחה ערבית, מסטרא דתלת אבהן, ואיהי תפלת כ"ל פ"ה, לית כל, אלא צדיק דכתיב כי כל בשמים ובארץ, ותרגם יונתן בן עוזיאל, דאחיד בשמיא ובארעא. פ"ה כחושבן מילה. ומה ברית ביה מתייחדין דכר ונוקבא דלתתא, אוף ביסוד,

מִתְיַיחֵד וְחָתָן וְכַלָּה דִּלְעֵילָּא, הוּא וַוי עָלְמִין כָּלִיל וַו״י בִּרְכָאן, הה״ד בְּרָכוֹת לְרֹאשׁ צַדִּיק.

תתנו. ובג״ד, כָּל הַכּוֹרֵעַ כּוֹרֵעַ בְּבָרוּךְ וְכָל הַזּוֹקֵף זוֹקֵף בַּשֵּׁם. דָּא שְׁכִינְתָּא, בְּשֵׁם דִּידֹוָ״ד, בֵּיהּ צָרִיךְ לְזַקְפָא שְׁכִינְתָּא. הַהִיא דְּאִתְּמַר בָּהּ, נָפְלָה לֹא תוֹסִיף קוּם בְּתוּלַת יִשְׂרָאֵל, ע״י דַּרְגָּא אַחֲרָא, ובג״ד בַּיּוֹם הַהוּא אָקִים אֶת סֻכַּת דָּוִד הַנּוֹפֶלֶת. הַהוּא דְּאִתְּמַר בֵּיהּ, יְדֹוָ״ד זוֹקֵף כְּפוּפִים.

תתנז. פִּקּוּדָא תְּרֵיסַר, אִיהִי אִתְקְרִיאַת חַג הַמַּצּוֹת, וְחַג הַשָּׁבוּעוֹת, וְחַג הַסֻּכּוֹת, מִסִּטְרָא דְּג׳ אֲבָהָן. ור״ה מִסִּטְרָא דִּילָהּ, דִּינָא דְּמַלְכוּתָא דִּינָא. וְאִית דַּיְימָא, פֶּסַח דְּרוֹעָא יְמִינָא. שָׁבוּעוֹת, מַתַּן תּוֹרָה, דְּאִתְיְיהִיבַת בְּמַדְבְּרָא, דְּאִיהוּ מִמְּנָא עָלֵיהּ שׁוֹר, מִסִּטְרָא דִּגְבוּרָה. סֻכּוֹת וְיַעֲקֹב נָסַע סֻכּוֹתָה. פִּקּוּדָא תְּלֵיסַר, ק״ש.

תתנח. וְאִית לְמִנְדַּע, דְּאִיהוּ אִתְקְרֵי וְחָכָם בְּכָל מִינֵי חָכְמוֹת. וּמֵבִין, בְּכָל מִינֵי תְּבוּנוֹת. וְחָסִיד, בְּכָל מִינֵי חֲסָדִים. וְגִבּוֹר, בְּכָל מִינֵי גְּבוּרוֹת. וְיוֹעֵץ, בְּכָל מִינֵי עֵצוֹת. וְצַדִּיק, בְּכָל מִינֵי צְדָקוֹת. וּמֶלֶךְ, בְּכָל מִינֵי מַלְכוּת. עַד אֵין סוֹף. עַד אֵין וְחֵקֶר. וּבְכָל אִלֵּין דַּרְגִּין, בְּחַד אִקְרֵי רַחֲמָן. וּבְחַד אִקְרֵי דַּיָּין. וְהָכִי בְּכַמָּה דַּרְגִּין, עַד אֵין סוֹף. אִי הָכִי שִׁנּוּי אִית, בֵּין רַחֲמָן לְדַיָּין. אֶלָּא קוֹדֶם דִּבְרָא עָלְמָא, אִתְקְרֵי הוּא בְּכָל אִלֵּין דַּרְגִּין, עַל שֵׁם בִּרְיָין דַּהֲווּ עֲתִידִין לְהִבָּרְאוֹת, דְּאִי לָאו בִּרְיָין דְּעָלְמָא, אַמַּאי אִתְקְרֵי רַחוּם דַּיָּין, אֶלָּא עַל שֵׁם בִּרְיָין דַּעֲתִידִין.

תתנט. ובג״ד, כָּל שְׁמָהָן, אִינּוּן כִּנּוּיִין דִּילֵיהּ. עַל שֵׁם עוֹבָדִין דִּילֵיהּ. כְּגַוְונָא דָּא, בָּרָא נִשְׁמָתָא, בְּדִיּוּקְנָא דִּילֵיהּ, דְּאִתְקְרִיאַת עַל שֵׁם פְּעוּלוֹת דִּילָהּ, בְּכָל אֵבֶר וְאֵבֶר דְּגוּפָא, דְּאִתְקְרֵי עָלְמָא זְעֵירָא. כְּגַוְונָא דְּמָארֵי עָלְמָא, אִתְנְהִיג בְּכָל בִּרְיָין. וּבְכָל דָּרָא, כְּפוּם עוֹבָדוֹי. כַּךְ נִשְׁמָתָא, כְּפוּם עוֹבָדוֹי דְּכָל אֵבֶר וְאֵבֶר. הַהוּא אֵבֶר דְּעָבֵיד בֵּיהּ פִּקּוּדָא, אִתְקְרֵי נִשְׁמָתָא, לְגַבֵּי חֶמְלָה וְחֶסֶד וְחִנָּא וְרַחֲמֵי. וּבְהַהוּא אֵבֶר דְּעָבֵיד בֵּיהּ עֲבֵירָה, אִתְקְרֵי נִשְׁמָתָא לְגַבֵּי, דִּינָא וְזִימָה וְכַעַס. אֲבָל לְבַר מִן גּוּפָא, לְמַאן תְּהֵא חֶמְלָה, אוֹ אַכְזָרִיּוּת.

תתס. אוּף הָכִי מָארֵי עָלְמָא, קֹדֶם דְּבָרָא עָלְמָא, וּבָרָא בִּרְיָין דִּילֵיהּ, לְמַאן אִתְקְרֵי רַחוּם וְחַנּוּן אוֹ דַּיָּין. אֶלָּא כָּל שְׁמָהָן דִּילֵיהּ, אִינּוּן כִּנּוּיִין, וְלָא אִתְקְרֵי בְּהוֹן, אֶלָּא עַל שֵׁם בִּרְיָין דְּעָלְמָא, ובג״ד, כַּד מָארֵי דָּרָא אִינּוּן טָבִין, אִיהוּ אִתְקְרֵי לְגַבַּיְיהוּ, יְהֹוָ״ה בְּמִדַּת רַחֲמִים. וְכַד מָארֵי דָּרָא אִינּוּן חַיָּיבִין, אִתְקְרֵי אֲדֹנָ״י בְּמִדַּת הַדִּין. לְכָל דָּרָא, וּלְכָל ב״נ, כְּפוּם מִדָּה דִּילֵיהּ. אֲבָל לָאו דְּאִית לֵיהּ מִדָּה וְלָא שֵׁם יְדִיעַ.

תתסא. כְּגַוְונָא דִּסְפִירָאן, דְּכָל סְפִירָה אִית לָהּ שֵׁם יְדִיעַ, וּמִדָּה, וּגְבוּל, וּתְחוּם. וּבְאִלֵּין שְׁמָהָן מָארֵי עָלְמָא אִיהוּ אִתְפַּשַּׁט, וְאַמְלִיךְ בְּהוֹן, וְאִתְקְרֵי בְּהוֹן, וְאִתְכַּסֵּי בְּהוֹן, וְדָר בְּהוֹן, כְּנִשְׁמָתָא לְגַבֵּי אֵבָרִים דְּגוּפָא. וּמַה רִבּוֹן

עָלְמִין, לֵית לֵיהּ שֵׁם יְדִיעַ וְלָא אֲתַר יְדִיעַ, אֶלָּא בְּכָל סִטְרָא שׁוּלְטָנוּתֵיהּ. אוּף הָכִי לֵית לָהּ לְנִשְׁמְתָא שֵׁם יְדִיעַ, וְלָא אֲתַר יְדִיעַ, בְּכָל גּוּפָא אֶלָּא בְּכָל סְטַר שׁוּלְטָנוּתֵיהּ, וְלֵית אֵבֶר פָּנוּי מִנָּהּ.

תתסב. וּבְגִ"ד, לֵית לְרַשְׁמָא לָהּ בְּחַד אֲתַר, דְּאִי לָאו הָא וְחָסֵר שׁוּלְטָנוּתָא בִּשְׁאַר אֵבָרִים. וְלָא לְאִתְקְרֵי לָהּ בִּשְׁמָא וַחַד, אוֹ בִּתְרֵין, אוֹ בְּג'. לְמֵימַר דְּאִיהִי וְחָכְמָה מְבִינָה, וְאִית לָהּ דַּעַת, וְלָא יַתִּיר. דְּאִי עָבִיד הָכִי, הָא וְחָסֵר לָהּ מִשְּׁאַר דַּרְגִּין.

תתסג. כ"ש לְמָארֵי עָלְמָא, דְּלֵית לְרַשְׁמָא לֵיהּ בַּאֲתַר יְדִיעַ, אוֹ לְאִתְקְרֵי לֵיהּ בִּשְׁמָהָן, אוֹ לְשַׁנָּאָה לֵיהּ בְּהוֹן, אוֹ לְשַׁלְּשָׁא לֵיהּ כְּגוֹן דַּרְגָּא דְּמֶרְכַּבְתָּא, דְּאִתְּמַר בָּהּ קְדוּשָּׁה לְךָ יְשַׁלֵּשׁוּ, דְּכָל דַּרְגִּין דְּכָל מֶרְכָּבוֹת דִּילֵיהּ, אִינּוּן מְשׁוּלָּשִׁים, כְּגוֹן הָאָבוֹת הֵן הֵן הַמֶּרְכָּבָה, דְּאִינּוּן דְּמוּת אַרְיֵה שׁוֹר נֶשֶׁר, דְּאִינּוּן מֶרְכָּבָה לְאָדָם. דְּאִתְּמַר עָלֵיהּ, וּדְמוּת פְּנֵיהֶם פְּנֵי אָדָם. וּמִסִּטְרָא דְּנוּקְבָא, אִינּוּן שַׁלְטִין עַל אָדָם, וְנוּקְבָא אִיהִי מֶרְכָּבָה לְגַבַּיְיהוּ. וּבְגִ"ד אִתְּמַר עָלָהּ, קְדוּשָּׁה לְךָ יְשַׁלֵּשׁוּ.

תתסד. וְאוּף הָכִי אַתְוָון, דְּאִינּוּן אַנְפִּין דְּחֵיוָון, מְשׁוּלָּשִׁין, כְּגַוְונָא דָא: יד"ו. הו"י. וה"י. ה' רְבִיעָאָה, קְדוּשָּׁה לְךָ יְשַׁלֵּשׁוּ. אִיהִי שְׁלָמִים דְּכֻלְּהוּ, לְאַשְׁלְמָא בְּכֻלְּהוּ שֵׁם יְדוָ"ד. אֲבָל לְמָארֵיהּ דְּכֹלָּא, לֵית לְשַׁלְּשָׁא בֵּיהּ בִּשְׁמָהָן, וְלָא בְּאַתְוָון, אֶלָּא אִיהוּ אִתְקְרֵי בְּכָל שְׁמָהָן, וְלֵית לֵיהּ שֵׁם יְדִיעַ. וְכָל שֵׁם וְשֵׁם אַסְהִיד עָלֵיהּ, דְּאִיהוּ אֲדוֹן כָּל עָלְמִין. אַסְהִיד עָלֵיהּ אֲדֹנָ"י.

תתסה. דְּאִית ב"נ, דְּיָרִית ג' מֵאָה וְעֶשֶׂר עָלְמִין, הה"ד, לְהַנְחִיל אוֹהֲבַי יֵשׁ. כְּפוּם דַּרְגָּא דִּילֵיהּ, דְּאִתְקְרֵי יֵשׁ מֵאַיִן. וְדָא וְחָכְמָה עִלָּאָה. וְאִית ב"נ דְּלָא יָרִית אֶלָּא עָלְמָא וַחַד, כְּפוּם דַּרְגָּא דִּילֵיהּ, כְּמָה דְּאוּקְמוּהָ, כָּל צַדִּיק וְצַדִּיק יֵשׁ לוֹ עוֹלָם בִּפְנֵי עַצְמוֹ. וְהָכִי יָרִית עָלְמִין כָּל ב"נ מִיִּשְׂרָאֵל, כְּפוּם דַּרְגָּא דִּילֵיהּ לְעֵילָּא. אֲבָל לְמָארֵי עָלְמָא, לֵית לְרַשְׁמָא לֵיהּ עָלְמִין בְּחוּשְׁבָּן, אֶלָּא אֲדוֹן כָּל עָלְמִין, וַאֲדֹנָ"י קָא סָהִיד עָלֵיהּ.

תתסו. אוּף הָכִי יְהוָ"ה, מִנֵּיהּ תַּלְיָיא כָּל הֲוָיָין, וְאִיהוּ וְכָל הֲוָיָין דִּילֵיהּ, סָהֲדִין עַל מָארֵי עָלְמָא, דְּאִיהוּ הֲוָה קֹדֶם כָּל הֲוָיָין. וְאִיהוּ בְּתוֹךְ כָּל הֲוָיָה. וְאִיהוּ לְאַחַר כָּל הֲוָיָה. וְדָא רָזָא, דְּסָהֲדִין הֲוָיָין עָלֵיהּ, הָיָה, הֹוֶה, וְיִהְיֶה.

תתסז. דִּינָא, בְּהִפּוּךְ אַתְוָון אֲדֹנָ"י. וּבְגִ"ד אָמְרוּ רַזַ"ל, דִּינָא דְּמַלְכוּתָא דִּינָא. שֵׁם א"ל סָהִיד עַל מָארֵי דְּכֹלָּא, דְּלֵית יְכוֹלֶת לְכָל שֵׁם, וַהֲוָיָה וְדַרְגָּא. כָּל שֶׁכֵּן לִשְׁאַר בִּרְיָין, פְּחוּת מִנֵּיהּ. הֲדָא הוּא דִּכְתִיב, כֹּלָּא וְחָשִׁיבִין וּכְמִצְבְּיֵהּ עָבִיד בְּחֵיל שְׁמַיָּא וְגוֹ'. אֱלֹהִי"ם, סָעִיד עַל אֱלָהוּת דִּילֵיהּ, דְּאִיהוּ אֱלֹהִי"ם וֵאלֹהֵי הָאֱלֹהִים, וְאִיהוּ אֱלוֹהַ עַל כֹּלָּא, וְלֵית אֱלוֹהַּ עָלֵיהּ. צְבָאוֹ"ת, סָהִיד עָלֵיהּ כִּדְכְתִיב, וּכְמִצְבְּיֵיהּ עָבִיד בְּחֵיל שְׁמַיָּא. שַׁדַּ"י, סָהִיד עָלֵיהּ, דְּכַד אִיהוּ אָמַר לְעוֹלָם דַּי עָמַד בִּתְחוּמֵיהּ, וְלָא

אִתְפְּשַׁט יַתִּיר. וְאוּף לְמַיָּא וְרוּחָא וְאֶשָּׁא.

תתסח. וְאוּף הָכִי, כָּל הֲוָיָה, וְשֵׁם, סַהֲדִין עָלֵיהּ. דְּכַד הֲוָה אִיהוּ יְחִיד קוֹדֶם דְּבָרָא עָלְמָא, אֲמַאי הֲוָה אִיהוּ צָרִיךְ לְאִתְקְרֵי בִּשְׁמָהָן אִלֵּין, אוֹ בִּשְׁאָר כִּנּוּיִין, כְּגוֹן רַחוּם וְחַנּוּן אֶרֶךְ אַפַּיִם וְגוֹ׳, דַּיָּין אַמִּיץ וְחָזָק. וְסַגִּיאִין בְּכָל אִינּוּן שְׁמָהָן וְכִנּוּיִין, אִתְקְרֵי עַל שֵׁם כָּל עָלְמִין וּבִרְיָין דִּלְהוֹן, לְאַחֲזָאָה שׁוּלְטָנוּתֵיהּ עֲלַיְיהוּ.

תתסט. אוּף הָכִי נִשְׁמְתָא, עַל שׁוּלְטָנוּתָא דְּכָל אֵבָרִים דְּגוּפָא, אַמְתִּיל לָהּ לְגַבֵּיהּ. לָאו דְּאִיהִי אַדְמְיָא לֵיהּ אִיהִי בְּעַצְמָהּ, דְּהוּא בָּרָא לָהּ, וְלֵית לֵיהּ אֱלוֹהַּ עָלֵיהּ דְּבָרָא לֵיהּ. וְעוֹד, נִשְׁמְתָא אִית לָהּ כַּמָּה שִׁנּוּיִים וּמִקְרִים וְסִבּוֹת, דְּאִתְקְרִיאוּ לָהּ. מַה דְּלָאו הָכִי לְמָארֵי כֹּלָּא. וּבְגִ״ד הִיא אַדְמְיָא בְּשָׁלְטָנוּתָא דִּילָהּ עַל כָּל אֵבָרֵי גּוּפָא, אֲבָל לָא בְּמִלָּה אַחֲרָא.

תתע. וְעוֹד, שְׁמַע יִשְׂרָאֵל, שֵׁם ע׳ רַבָּתִי, ד׳ מִן אֶחָ״ד רַבָּתִי, הַיְינוּ עֵ״ד, בֵּין שֵׁ״ם מִן שְׁמַע, א״ח מִן אֶחָ״ד. עֵד יְיָ׳ בָּכֶם. וְעַל כָּל אֶחָד וְאֶחָד דִּמְיַיחֵד אוֹתוֹ בָּעוֹלָם. וְעַל כֵּן אָמַר דָּוִד, אָנֹכִי אֶשְׂמַח בַּיְיָ׳, שׁ״מ מִן שְׁמַע, א״ח מִן אֶחָ״ד, הֲרֵי אֶשְׂמַח.

תתעא. וְעוֹד. ד׳ רַבָּתִי, ד׳ בָּתֵּי תְּפִילִּין, דְּמָנֵי לְהוֹן א״ח, וְאִתְעֲטַר בְּהוּ, וְאִינּוּן פְּאֵר עַל רֵישֵׁיהּ. וְאִינּוּן יהה״ו, י׳ עֲטָרָא עַל ה׳, דְּאִיהִי בְּרַתָּא, וְהַיְינוּ יְדֹוָ״ד בְּחָכְמָה יָסַד אָרֶץ, אַבָּא יָסַד בְּרַתָּא. ה׳, אִמָּא עִלָּאָה, עֲטָרָה עַל ו׳, דְּאִיהוּ בְּרָא, וְהַיְינוּ כּוֹנֵן שָׁמַיִם בִּתְבוּנָה. בְּאִמָּא כּוֹנֵן בְּרָא. וְהַאי אִיהוּ דְּעוֹלָם הַבָּא אֵין בּוֹ לֹא אֲכִילָה וְלֹא שְׁתִיָּה, אֶלָּא צַדִּיקִים יוֹשְׁבִים וְעַטְרוֹתֵיהֶם בְּרָאשֵׁיהֶם.

תתעב. וּבְרַתָּא אִיהִי תְּפִלָּה שֶׁל יַד, כֵּהָ״ה. י׳ קֶשֶׁר דִּילֵיהּ. ה׳ עִלָּאָה אִימָּא, תְּפִלִּין דְּרֵישָׁא עַל רֹאשׁ תִּפְאֶרֶת. תְּפִלִּין דִּילֵיהּ, כְּסֵדֶר יְדֹוָ״ד, דְּאִיהוּ קַדֶּשׁ לִי. וְהָיָה כִּי יְבִיאֲךָ. שְׁמַע. וְהָיָה אִם שָׁמוֹעַ. אֲבָל בְּעָלְמָא דְּאָתֵי, הֲוָיוֹת בְּאֶמְצַע, דְּאִינּוּן ה׳ ה׳. וּבְגִ״ד אָמַר הַנָּבִיא, בְּזֹאת יִ״תְהַלֵּל הַ״מִּתְהַלֵּל הַ״שְׂכֵּל וְ״יָדוֹעַ אוֹתִי כִּי אֲנִי יְדֹוָ״ד. וּבְגִ״ד אוּקְמוּהָ מָארֵי מַתְנִיתִין, דְּאִית בְּרֵישָׁא אֲתַר, לְאַנָּחָא תְּרֵי זוּגֵי דִּתְפִלֵּי. וְדָא זָכֵי לִתְרֵין פִּקּוּדִין, דְּאוּקְמוּהָ עֲלַיְיהוּ, לֹא כָּל אָדָם זוֹכֶה לִשְׁתֵּי שׁוּלְחָנוֹת.

תתעג. י׳ חָכְמָה. ה׳ בִּינָה. ו׳ עַמּוּדָא דְּאֶמְצָעִיתָא. ה׳ מַלְכוּת קַדִּישָׁא. רֵישָׁא דְּאִתְעֲטַר בְּאַרְבַּע אַתְוָון, דָּא כֶּתֶר רִיהֲטָא דְּרֵישָׁא דְּאַסְחַר לוֹן, וְכַסֵּי לוֹן. אַהֲבָה וְחֶסֶד קִ״שׁ, דִּשְׁקִילָא לְאוֹרַיְיתָא, דְּאִתְיְיהִיבַת מִימִינָא. תְּפִלִּין עֹז, מִשְּׂמָאלָא דִּגְבוּרָה. עַמּוּדָא דְּאֶמְצָעִיתָא, כְּלִיל כֹּלָּא, כַּנְפֵי דְּמִצְוָה, נֶצַח וְהוֹד, תְּכֵלֶת וְלָבָן. מְזוּזָה רָשִׁים שַׁדַּי, צַדִּיק. וּשְׁכִינְתָּא תַּרְעָא דִּמְזוּזָה, זֶה הַשַּׁעַר לַיְדֹוָ״ד.

תתעד. וְעוֹד ש׳ תְּלַת רְצוּעוֹת. ד׳ קֶשֶׁר שֶׁל תְּפִילִּין מֵאֲחוֹרוֹי. י׳ קֶשֶׁר דִּתְפִלִּין דְּיַד. וּבְגִין דָּא שַׁדַּ״י מִלְּבַר, יְדֹוָ״ד מִלְּגוֹ, דְּאִיהִי ד׳ פָּרְשִׁיָּין. דָּ׳ד רָאשִׁין, רֶמֶז לְאַרְבַּע בָּתֵּי דִּתְפִלִּין. שַׁדַּי אוֹת דִּילֵיהּ, עוֹלֶה מְטַטְרוֹן.

תתעה. וְעוֹד. י׳ חָכְמָה קַדֶּשׁ לִי. ה׳ בִּינָה, וְהָיָה כִּי יְבִיאֲךָ. ו׳ שְׁמַע, שִׁי״ת תֵּיבִין, רְמִיזָא לְשִׁי״ת סְפִירָן, שִׁי״ת עַנְפִין דְּאִילָנָא, דְּכָלִיל לוֹן תִּפְאֶרֶת. ה׳ וְהָיָה אִם שָׁמוֹעַ

מַלְכוּת. אִלֵּין אִינּוּן דְּרֵישָׁא, דְּאִיהוּ כֶּתֶר, כ', אֵין קָדוֹשׁ כַּיְיָ' כִּי אֵין בִּלְתֶּךָ.

תתעו. שַׁדַּי, רָמִיז רְצוּעֵי וּבָתֵּי וְקִשְׁרֵי דִּתְפִלִּין מִלְּבַר. אוּף הָכִי בִּמְזוּזָה, יְדֹוָ"ד מִלְּגוֹ, שַׁדַּ"י מִלְּבַר, דְּאַרְבַּע רָאשִׁין, עִם ד', רָמִיז לְד' בָּתֵּי, וּלְקֶשֶׁר תְּפִלִּין מֵאָחוֹר, ד' כְּפוּלָה. אוּף הָכִי ש' כְּפוּלָה, י' קֶשֶׁר דְּיַד כֵּהָה, דְּאִיהוּ בֵּיתָא וְזִמְיוּשָׁאָה. ד' דְּשַׁדַּ"י, אִיהוּ מְזוּזָא, דְּאוֹקְמוּהָ עָלֵיהּ, בְּמָקוֹם שֶׁמְּזוּזוֹ שֶׁל תִּינוֹק רוֹפֵס בּוֹ. וְדָא תִּינוֹק יוֹנֵק מִשְּׁדֵי אִמּוֹ, שַׁדַּי.

תתעז. תְּפִלִּין דְּמָארֵי עָלְמָא, כֶּתֶר. וּמַאי נִיהוּ כֶּתֶר דְּמָארֵי עָלְמָא. יְדֹוָ"ד. דְּאִיהוּ: י' וְחָכְמָה. ה' בִּינָה. ו' תִּפְאֶרֶת. כְּלִיל שִׁית סְפִירָן. ה' מַלְכוּת. וּבְגִ"ד וּמִי כְּעַמְּךָ כְּיִשְׂרָאֵל כִּי מִי גּוֹי גָּדוֹל אֲשֶׁר לוֹ אֱלֹהִים קְרוֹבִים אֵלָיו, כַּיְיָ' אֱלֹהֵינוּ בְּכָל קָרְאֵנוּ אֵלָיו. אַרְבַּע קְרָאֵי, כֻּלְּהוּ רְשִׁימִין בְּכ', רָזָא דְּאָת כ': י' י'. דְּאִיהִי י' י' מִן יְאֲהדֹוָנָהִי, עֲשָׂרָה עֲשָׂרָה הַכַּף בְּשֶׁקֶל הַקֹּדֶשׁ, כ' מִן כֶּתֶר, כְּלִילָא מֵעֶשֶׂר סְפִירָאן, כְּלִילָן מֵעֵילָּא לְתַתָּא, וּמֵעֶשֶׂר סְפִירָאן מִתַּתָּא לְעֵילָּא.

תתעח. וְאִלֵּין אִינּוּן, וְהַמַּיִם אֲשֶׁר מֵעַל הַשָּׁמַיִם, מַיִם עֶלְיוֹנִים זְכָרִים, מַיִם תַּחְתּוֹנִים נְקֵבוֹת. וְעָלַיְיהוּ אָמַר ר' עֲקִיבָא לְתַלְמִידָיו, כְּשֶׁתַּגִּיעוּ לְאַבְנֵי שַׁיִשׁ טָהוֹר, אַל תֹּאמְרוּ מַיִם מַיִם, שֶׁמָּא תִּסְתַּכְּנוּ בְּנַפְשְׁכֶם. דְּלָאו אִינּוּן מַיִם כְּמַשְׁמָעָן. אֶלָּא אִיהוּ אוֹר נוֹבֵעַ. וּבְגִין דָּא, אִדְמוּ לְמַיִם נוֹבְעִים. וְהַאי נְהוֹרָא לֵית לֵיהּ פֶּסֶק, וְלָא קִצּוּץ, וּפֵרוּד. וּבְגִין דְּאִינּוּן מִכֶּתֶר, אִתְקְרִיאָן שֶׁאֵין לָהֶם סוֹף, דְּכֶתֶר אֵין סוֹף אִתְקְרֵי.
(ע"כ רעיא מהימנא).

תתעט. וְהִקְרַבְתֶּם עוֹלָה לְרֵיחַ נִיחוֹחַ לַיְיָ'. ת"ח, בְּפֶסַח כְּתִיב, וְהִקְרַבְתֶּם אִשֶּׁה עוֹלָה לַיְיָ'. וְהָכָא לָא כְּתִיב אִשֶּׁה, אֶלָּא וְהִקְרַבְתֶּם עוֹלָה. מ"ט. יוֹמָא דָּא, יוֹמָא דְּעַיְילַת כַּלָּה לְחוּפָּה אִיהוּ. וְיִשְׂרָאֵל מְנוּ יוֹמִין דְּדַכְיוּ. יוֹמִין וְשָׁבוּעִין, וְאִתְכְּלִילוּ וְעָאלוּ בְּיוֹמִין דְּדַכְיוּ. וְהִיא נָפְקַת מִכָּל סִטְרָא בִּישָׁא, וְנַטְרַת יוֹמֵי דַּכְיוּ כַּדְקָא וְזֵי. וְרָזָא דָּא, מַלְכָּא טַעַם בְּתוּלָה טָעִים. בְּגִ"כ לָא כְּתִיב בֵּיהּ אִשֶּׁה, דְּהָא אַחֲרָא לָא קָרִיב לְמַשְׁכְּנָא, וְהָא אִתְרְחַק מִתַּמָּן. וְעַ"ד אִשִּׁים לָאו הָכָא, וְלָאו אִצְטְרִיכוּ לְהָכָא, וְיִשְׂרָאֵל מְרַחֲקָן אִינּוּן מִן סִטְרָא בִּישָׁא. א"ר אַבָּא, עֲדַיִין צְרִיכִין אֲנָן לְפַתְּחָא דָּא לְמִפְתַּח.

תתפ. אר"ש, אֲרִימִית יְדַי בִּצְלוֹ לְמַאן דְּבָרָא עָלְמָא, וְרָזָא דָּא, אַשְׁכְּחָן בְּסִפְרֵי קַדְמָאֵי, אִשִּׁים אִינּוּן בְּאֶמְצָעִיתָא, וְאַתְיָין בְּסִטְרָא דָּא וּבְסִטְרָא דָּא, אִתְדַּבְּקוּ בְּאִילָנָא דְּדַעַת טוֹב וָרָע, אִתְדַּבְּקָן בְּרָע, וְאִתְדַּבְּקָן בְּטוֹב. וּבְגִ"כ, בִּשְׁאַר יוֹמִין כְּתִיב בְּהוּ אִשֶּׁה עוֹלָה. אֲבָל בְּהָנֵי יוֹמָא, דְּאִילָנָא דְּחַזֵּי קַיְּימָא, וְלָא אַחֲרָא, לֵית אֲנָן צְרִיכִין לְאִשֶּׁה, וְלָא אִצְטְרִיךְ לְמֶהֱוֵי תַּמָּן. וְיוֹמָא דָּא, יוֹמָא דְּאִילָנָא דְּחַזֵּי אִיהוּ, וְלָא דְּדַעַת טוֹב וָרָע. וּבְגִ"ד, וְהִקְרַבְתֶּם עוֹלָה לְרֵיחַ נִיחוֹחַ לַיְיָ', וְלָא אִשֶּׁה לַיְיָ' עוֹלָה. וְעוֹלָה, לָשׁוֹן עוֹלָה, כְּמָה דְּאִתְּמַר, וְהָא אִתְעָרְנָא מִלֵּי דְּפָרִים בְּנֵי בָקָר, וְכָל הַהוּא קָרְבָּן.

תתפא. ובחדש השביעי, כמה דאתמר, יומא דר"ה, דינא דכל עלמא, דינא תקיפא, ודינא רפיא. ועשיתם עולה, והקרבתם מבעי ליה, כשאר כל יומין, מאי ועשיתם. אלא ביומא דא, ועשה לי מטעמים כתיב. כמה מטעמים ותבשילים עבדו ישראל בהני יומי, בעוד דמקטרגא אזיל לפשפשא בחובין דעלמא. ועל"ד לא כתיב והקרבתם, אלא ועשיתם עולה. ולא אשה עולה. וכן בכל שאר יומין, לא כתיב אשה, דלית לון חולקא בכל הני יומי. כ"ש בהאי יומא, דאנן עבדין מטעמים ותבשילים בלא דעתא דסטרא אחרא, דהא יצחק משדר ליה לצוד צידה דחובין דבני עלמא, ולאייתאה לגביה.

תתפב. ובעוד דאיהו אזיל, ישראל נטלי עיטא ברבקה, ועבדין כל אינון פולחנין, כל אינון צלותין, מזמני שופר ותקעין ליה, בגין לאתערא רחמי. והא אוקימנא, ויבא לו יין וישת, דאתי מרחוק, מגו אתר דחמרא עתיקא, ושתי. ואטעים ליה, וחדי. ואחזר כך מברך ליה בכמה ברכאן, ואעבר על חובוי. מה כתיב, ויהי אך יצא יצא יעקב ועשו אחיו בא מצידו, טעין מכמה טוענין כמה דאתמר, והא אוקימנא מלה.

תתפג. ובג"כ איהו יומא דיבבא, וקרבנא איהו עולה. איל אחד, כמה דאתמר, בגין אילו דיצחק. ושעיר עזים אחד לחטאת, שוחד לסמאל לכפרה אנפוי, בההוא בכיה דאיהו בכי בהאי יומא, כיון דחמי דלא אתעביד רעותיה, והא למגנא צד צידה. כמה דאתמר. כגוונא דא יומא דכפורי, והא כתיב בפ' אמור.

תתפד. ובחמשה עשר יום וגו'. ר' אבא פתח, ותנח התיבה בחדש השביעי וגו', ת"ח, כל הני יומין, אולת אימא על בנייא, בגין דלא ישלוט סטרא אחרא עלייהו, ובגין לשזבא לון. כיון דאשתזיבו בנהא, והא יתבין בסכות, מתנטרין בנטורא. יומא קדמאה, ויומא תניינא, פקדת לון לישראל, למעבד סעודתא למזמן דשאר עמין, ואיהי לא שריא תמן. ביומא תליתאה, דאיהו י"ז לחדש, שריאת למשרי עלייהו. הה"ד, ותנח התיבה בחדש השביעי בשבעה עשר יום לחדש על הרי אררט, טורין דכל לווטין ומרדין שראן בגווייהו.

תתפה. אמר רבי אלעזר, יומא קדמאה דחג, לא שריא עלייהו, ולא יומא תניינא, אלא יומא תליתאה, דאוסיף וגרע שריא עלייהו, אוסיף אתוון, וגרע קרבנין. דכתיב עשתי עשר וגו'. והכי אתחזי לרע עין, בגין דיומא קדמאה ויומא תניינא חדוה דבנהא, ואינון מפלגי עדאן לון. מיומא תליתאה ולהלאה, דאיהי שריא עלייהו, מה כתיב. והמים היו הלוך וחסור עד החדש העשירי בעשירי באחד לחדש נראו ראשי ההרים והמים היו הלוך וחסור, אלין קרבנין, דאזלין ומתמעטין. וכמה דאינון מתמעטין, הכי נמי אתמעט טובא דלהון.

תתפו. אר"ש, אלעזר, ת"ח, מיומא תניינא שריאו מייא לאתחזאה, כיון דשריאו מים, מיומא תליתאה איהי שרת עלייהו, ואינון מים לא הוו ידעי בבלאי, אמאי

רְשִׁימִין הָכָא, דְּהָא טוּבָא דְּיִשְׂרָאֵל לָא הֲוֵי בַּאֲתַר דְּמִעוּטָא, אֶלָּא בַּאֲתַר דְּרִבּוּיָא. וּבְגִין דְּאִלֵּין מַיִין דִּרְשִׁימִין הָכָא אִתְמַעֲטָן, אָתֵי קְרָא לְאַשְׁמוֹעִינָן דִּכְתִּיב, וְהַמַּיִם אִינּוּן דִּידִיעָן בְּיוֹמֵי דְּחַג, אִינּוּן דִּרְשִׁימִין גּוֹ קָרְבְּנִין, דְּאִינּוּן טוּרֵי לְווֹטִין, הָיוּ הָלוֹךְ וְחָסוֹר טוּבָא דִּלְהוֹן, וּנְגִידוּ דְּאַנְגִּיד עֲלַיְיהוּ, הָיוּ הָלוֹךְ וְחָסוֹר, וּבְגִין דְּאִינּוּן מַיִם דִּלְהוֹן הוּא, לָא אִתְחַבְּרָן אִתְּוָון, דְּלָא יִתְחַבַּר טוּבָא דִּלְהוֹן, אֶלָּא זְעֵיר זְעֵיר.

תתפז. אֲבָל לְיִשְׂרָאֵל, דְּאִינּוּן מִקּוּדְשָׁא בְּרִיךְ הוּא, מַה כְּתִיב. וְדוֹרְשֵׁי יְיָ לֹא יַחְסְרוּ כָל טוֹב. רֵישֵׁיהּ דִּקְרָא, כְּפִירִים רָשׁוּ וְרָעֵבוּ, אִלֵּין מִמְּנָן דִּשְׁאַר עַמִּין. וְדוֹרְשֵׁי יְיָ, אִלֵּין יִשְׂרָאֵל, לֹא יַחְסְרוּ כָל טוֹב, אִלֵּין אַזְלִין וְאִסְתַּלְּקוּ לְעֵילָּא לְעֵילָּא. וּבְגִ"כ, טוּבָא דִּלְהוֹן דְּאִינּוּן מַיִם, הָיוּ הָלוֹךְ וְחָסוֹר. עַד הַחֹדֶשׁ הָעֲשִׂירִי. דָּא טֵבֵת, דְּהָא כְּדֵין יְמֵי הָרָעָה הֲווּ, וְאִתְעֲרַת הַהִיא רָעָה וְאִתְתַּקְּפַת, וְכַלָּה קַדִּישָׁא לָא אַנְהִירַת מִגּוֹ שִׁמְשָׁא, כְּדֵין נִרְאוּ רָאשֵׁי הֶהָרִים, אִלֵּין אִינּוּן הָרֵי חֲשׁוֹכָא, טוּרִין דִּלְווֹטִין אִתְחֲזוּן וְאִתְתַּקְּפוּ, וְעַבְדִּין בִּישִׁין בְּעָלְמָא.

תתפח. בְּיוֹמִין אִלֵּין, אִשֶּׁה בְּהַאי עוֹלָה, דְּהָא כְּדֵין הָנֵי אִשִּׁים אָכְלֵי חוּלָקְהוֹן. שִׁבְעִים פָּרִים אִלֵּין, אִינּוּן לְקַבֵּל שִׁבְעִים מְמַנָּן, דְּשַׁלְטוּ עַל שַׁבְעִין עַמִּין. וְסַלְּקִין בְּיוֹמָא קַדְמָאָה, וְנַחְתֵי בְּכָל יוֹמָא וְיוֹמָא, וְאִקְרוּן פָּרִים מְנַגְּחִין בְּיוֹמִין דִּלְהוֹן. אֵילִם, אַרְבֵּיסָר, תְּרֵין בְּכָל יוֹמָא אִינּוּן י"ד יְהוּ"ה. יְדָא דְּשַׁלִּיטָא עֲלַיְיהוּ תָּדִיר, בְּכָל יוֹמָא וְיוֹמָא. אַמְרִין בְּנֵי שָׁנָה, מִנְיָינָא דִּלְהוֹן ח"ן.

תתפט. וְאִי תֵּימָא אִי הָכִי, רַע עַיִן הֲוֵינָן לְגַבַּיְיהוּ. אִין, דְּהָא כְּתִיב, כִּי גֶּחָלִים אַתָּה חוֹתֶה עַל רֹאשׁוֹ. אֲבָל אֲנָן לָא יַהֲבִינָן אֶלָּא בְּחֶדְוְותָא, דְּלֵית בְּיוֹמֵי שַׁתָּא, חֶדְוְותָא, כְּאִלֵּין יוֹמִין. וּבְגִין דַּאֲנָן יַהֲבִין בְּטוּב לִבָּא, וּבְחֶדְוְותָא דִּרְעוּתָא, אִתְהַפַּךְ עֲלַיְיהוּ גֶּחָלִים עַל רֵישַׁיְיהוּ, גּוּמְרִין מְלַהֲטָן, דְּחֶדְוְותָא דִּילָן, עַבְדֵי לוֹן בִּישׁ. י"ד, ע', ח"ן.

כַּךְ סַלְּקִין בְּחוּשְׁבָּנָא דִּילְהוֹן.

תתצ. וְכָל דָּא אִיתֵימָא מַאן יָהִיב לָן לְאַקְרְבָא עֲלַיְיהוּ, דִּלְמָא אִינּוּן לָא בָּעָאן כָּל דָּא. אֶלָּא לֵית חֶדְוָה לְכָל אִינּוּן מְמַנָּן, בְּכָל אִינּוּן תּוֹרִים אֵילִים וְאִמְרִין כְּהָנֵי, בְּשַׁעֲתָא דְּיִשְׂרָאֵל יַהֲבֵי לוֹן סְעוּדָתִין אִלֵּין. וְעִם כָּל דָּא לָא מִתְקָרְבוּ כְּלָא, אֶלָּא לְקוּדְשָׁא בְּרִיךְ הוּא בִּלְחוֹדוֹי, וְאִינּוּן מִתְקָרְבֵי תַּמָּן, וְאִיהוּ פָּלִיג לוֹן. וְעַל דָּא כְּתִיב, אִם רָעֵב שׂוֹנַאֲךָ הַאֲכִילֵהוּ לָחֶם, אִלֵּין אִינּוּן קָרְבְּנִין דְּחַג. וְאִם צָמֵא הַשְׁקֵהוּ מָיִם, אִלֵּין מַיִם דִּרְשִׁימִין הָכָא בְּיוֹמֵי דְּחַג. וּבְיוֹמָא תִּנְיָינָא, וּבְיוֹמָא שְׁתִיתָאָה וּשְׁבִיעָאָה, וְסִימָן בו"ז יָבוּזוּ לוֹ.

תתצא. מַיִם רַבִּים לֹא יוּכְלוּ לְכַבּוֹת אֶת הָאַהֲבָה, אִלֵּין אִינּוּן מַיִם, דִּי מְנַסְּכֵי יִשְׂרָאֵל, בְּחֶדְוָה וּבִרְחִימוּ דְּקוּדְשָׁא בְּרִיךְ הוּא, דִּכְתִּיב וּשְׁאַבְתֶּם מַיִם בְּשָׂשׂוֹן. וּנְהָרוֹת לֹא יִשְׁטְפוּהָ, אִלֵּין אִינּוּן נַהֲרֵי דְּאַפַּרְסְמוֹנָא דַּכְיָא, דְּכֻלְּהוּ דַּבְקֵי וּמִתְקַשְּׁרֵי בִּרְחִימוּ דָּא. אִם יִתֵּן אִישׁ אֶת כָּל הוֹן בֵּיתוֹ בְּאַהֲבָה בּוֹז יָבוּזוּ, דָּא סַמָּאֵל, בְּאַהֲבָה דְּיִשְׂרָאֵל, לְמֶהֱוֵי לֵיהּ חוּלָקָא בַּהֲדַיְיהוּ, בְּאִינּוּן מַיִם דִּרְשִׁימִין הָכָא בְּפָרְשָׁתָא,

דכתיב אם יתן איש את כל הון ביתו באהבה בוז יבוזו, סימנא דאינון מים בו"ז, יבוזו לו ודאי, דהא כלהו אתוושיבו לגבן, וזרש נשבר, דלית ליה תקנה לעלמין.
תתצב. מים דלהון אתפליגו ביומין בו"ז, אשתארו שאר יומין, דאינון וחמישי רביעי שלישי, וסימן, וזר"ש את וזרעי האדמה, ולית לון תקונא בהדן, ולא לעלמין. ואי תימא בוז יבוזו לו כתיב. התם כי לא בזה ולא שקץ ענות.
תתצג. יומא קדמאה מאי עביד ליה. אלא לא אקרי ראשון, ולא אקרי אחד, אלא וחמשה עשר סתם, בלא רשומא כלל. אבל שירותא דרשימו דמיין, מיום שני הוי. והכי אתחזי, בגין דלית טוב בשני, ובג"כ, לא רשים ראשון ולא אחד כלל, והוי בסתם, ושרי רשימו דיומין, ביום שני. ואתפלגו מים בבו"ז, ואשתארו ביומין וזר"ש, כמה דאתמר, וכלא כדקא יאות.
תתצד. זכאה וזולקהון דישראל, דידעי לאעלאה לגו מוזא דאגוזא. ובגין למיעאל לגו מוזא, מתברין קליפין אלין, ועאלין. מה כתיב לבתר כל האי. ביום השמיני עצרת תהיה לכם. לבתר דתברו כל הני קליפין, ותברו כמה גוזין, וכמה נחשים קטלו, וכמה עקרבים דהוו לון באינון טורי דחשוכא, עד דאשכחו אתר דישובא, וקרתא קדישא, מקפא שורין סוזור סוזור, כדין עאלו לגבה, למעבד נייחא תמן, ולמחדי בה. והא אוקימנא מלה.
תתצה. ודא איהו עצרת, כנישו. אתר דמתכנש כלא לגבה. תהיה לכם, ולא לאחרא, למחדי אתון במאריכון, ואיהו בהדייכו. ועל דא כתיב, שמחו ביי' וגילו צדיקים והרנינו כל ישרי לב.